새로운
사회를
여는 교육
혁명

새로운 사회를 여는 교육혁명

진보적인 교육학자 18인이 쓴 한국 교육의 희망 찾기

초판 1쇄 발행 2012년 12월 12일
초판 3쇄 발행 2015년 3월 23일

지은이 한국교육연구네트워크
펴낸이 김승희
펴낸곳 도서출판 살림터

기획 정광일
편집 조현주
북디자인 구화정 page9
인쇄·제본 (주)현문
종이 월드페이퍼(주)

주소 서울시 영등포구 양평로21가길 19 선유도 우림라이온스밸리 1차 B동 512호
전화 02-3141-6553
팩스 02-3141-6555
출판등록 2008년 3월 18일 제313-1990-12호
이메일 gwang80@hanmail.net
블로그 http://blog.naver.com/dkffk1020

ISBN 978-89-94445-32-8 03370

진보적인 교육학자 18인이 쓴

새로운
사회를
여는 교육
혁명

심성보·강순원·김언순·한만길 엮음

한국교육의 희망 찾기

살림터

머리말

대한민국의 교육은 지금 대전환기를 맞이하고 있다. 우리 교육은 지금 기형적인 근대 패러다임에서 벗어나기 위한 교육혁명이 진행 중이다. 21세기를 맞이한 지금은, 단순한 노동력을 구비한 근대적 인간의 양성을 요구하는 교육에서 보다 창의적인 인간을 육성하는 유연한 지식을 요구하는 시대로 진입하였다. 새로운 시대에 부응하는 창의적 교육은 기술적·사회적 변화와 함께 지구적 변화를 반영하고 있다. 새로운 상상력을 요구하는 '창의성 교육'은 우리의 아이들이 생각하고, 배우고, 성찰하고, 함께 작업하도록 준비시키는 기회를 갖도록 하는 것으로서 학교의 문과 교실의 벽을 넘어서고 있다. 그것은 사람과 사람, 그리고 사람과 세상의 관계를 바로 세우는 일에서부터 시작된다. 이에 따른 새로운 교육체제란 교육 패러다임의 근본적 변화를 요구한다.

이 땅에 근대 교육이 시작한 지 120여 년이 되는 지금 우리는 교육에 대한 근본적 물음을 제기하고 있다. 특히 우리는 지난 50년 동안 빠른 속도로 교육의 성장과 발전을 이루었으며 국가의 경제 규모 또한 엄청나게 성장하여 세계 10대 국가로까지 성큼 다가섰다. 이러한 성장은 모두 잘 살아보겠다는 국민의 소망과 열망이 표현된 것이기도 하다. 그러나 1995년 5·31교육개혁 이후 한국의 교육은 시장주의에 기초한 경제 논리를 바탕으로 경쟁 중심의 교육정책이 추진되었다. 그 결과 교육은 서열화와 차별화, 획일화의 길을 걷게 되었다. 특히, 이명박 정부가 들어서면서 그 정도가 극에 달해 일제고사 등 획일적 시험과 함께 경쟁 중심주의, 서열주의, 차별주의 정책으로 나타났다.

지금까지 한국 사회의 높은 교육열은 경제 발전 등에 긍정적 영향을 가져왔지만, 다른 한편으로 한국의 다수 학생들은 무한 경쟁의 정글 속으로 내몰리고 있다. 그들은 세계 최장의 학습 노동에 시달리며 자신들의 미래를 위해 청춘을 저당 잡혔다. 동시에 학부모들은 세계 최고의 교육비를 지출하며 사교육을 위해 허리띠를 졸라매어야 했다. 살인적인 공·사 교육비를 감당하느라 가족이 함께하는 시간마저 빼앗겼다. 이러한 무한 경쟁의 전쟁터로 몰린 학생들이 공부의 즐거움을 전혀 느끼지 못하는 것은 필연적이다. 그래서 학생들은 학교 안에서 수업을 기피하거나 학교를 자퇴하기도 한다. 또한 학생들은 왕따와 학교 폭력, 그리고 자살하는 학생 등 집단 병리 현상을 보이기도 한다. 이런 현상의 발생은 우리 교육의 성장과 팽창 이면에 고질적 병폐로서 과열 입시 경쟁과 사교육의 만연, 그리고 학력·학벌주의 문제가 도사리고 있기 때문이다. 이렇게 우리 사회 발전의 원동력이고 희망이었던 교육은 역설적으로 또 다른 고통과 질곡으로 나타나고 있다. 그것은 계층 간, 지역 간, 학력 간 불평등 현상을 고스란히 드러내고 있다.

직업체제에 어울리지 않는 고학력 현상과 청년 실업 문제 또한 심각한 실정이다. 고졸자의 80% 이상이 대학에 다니고 있는 고등교육 대중화 시대를 맞이하고 있음에도 명문대 진학을 향한 무한 질주는 계속되고, 그래서 사회적 긴장과 갈등은 더욱 커지고 있다. 게다가 한국의 젊은이들은 직장을 구하지 못한 채 만성 실업 상태에 놓여 있다. 젊은 세대는 자녀 양육과 과중한 교육비 부담으로 결혼과 출산까지 기피하는 등 위험 사회의 징후를 보인다. 그래서 직장 포기, 결혼 포기, 출산 포기 등 이른바 '3포 세대'라고 불리기도 한다. 이러자 다수의 국민들은 대한민국의 교육에 대한 심각한 우려와 불안을 감추지 못하고 있으며, 그에 따른 학교교육에 대한 국민적 피로감이 극에 달하고 있다. 그것은 단적으로 해마다 200여 명의 청소년들이 꽃다운 나이에 스스로 세상을 등지고, 학교 밖에 청소년이 30만 명이나 방치되고 있는 데서 잘 드러난다. 그리고 우리나라 어린이와 청소년들의 행복지수가 경제협력개발기구(OECD) 국가 중 최하위인 것에서도 증명되고 있다. '행복하다'고 답한 고교생의 비율은 고작 11.7%에 불과하다. 한마디로 그들은 자신이 하는 일에 대한 의미를 발견하지 못한 채 강제된 공부와 시험에 시달리며, 자신의 재능과 적성이 무엇인지도 모르고 살아가고 있다. 그래서 그들의 삶은 불행하다.

이런 어두운 터널을 벗어나기 위해 우리는 새로운 학습을 모색해야 한다. 모름지기 진정한 학습이란 새로운 세계와 만나 소통하고 이해하는 상호작용의 행위이다. 이를 위한 학습 역량으로 유엔교육과학문화기구(UNESCO)는 '알기 위한 학습', '행동하기 위한 학습', '함께 살기 위한 학습', '존재하기 위한 학습'을 제시하고 있다. OECD는 21세기의 모든 사람들에게 필요한 핵심 역량으로 관계 맺고 소통할 수 있는 능력, 사물을 분석 비판하는 능력, 창의적으로 사고할 수 있는 능력, 스스로 성찰하여 자율적으로 행동할 수 있는 능력을 제시한다. 2015년 실시될 국제학력성취도평가(PISA)에서는 '협동적 문제 해결 능력'을 추가하고 있다. 그런데 지난 2009년 실시된 국제교육협의회(IEA)의 설문조사에서 한국 중학생은 사회적 상호작용 역량 지표가 36개국 중 35위로 최하위라는 놀라운 결과가 나왔다. 이런 결과들은 우리나라가 학교 폭력과 왕따 현상을 빈번하게 보이면서 뛰어난 학업성취도에 비해 '더불어 사는 능력'의 부족을 지적받고 있는 것과 무관해 보이지 않는다. 그러기에 우리 교육은 이제 3R(reading, writing, arithmetic)을 넘어 '공동체적 관계 능력', 즉 4R(relationship)을 더욱 필요로 한다고 할 수 있다.

　이런 교육적 역량을 계발하려면 학교체제의 목표를 근본적으로 달리 설정해야 한다. 그래서 우리는 '교육혁명'을 요청한다. 교육혁명은 교육의 핵심적 가치와 목표를 재평가하고 주변으로 밀려난 교육적 요구들을 더욱 포용하는 새로운 패러다임을 필요로 한다. 효율성 등 미시적인 기술공학적 교육개혁이나 혁신을 넘어 근본적인 교육혁명이 필요하다. 경쟁과 성장 그리고 자본 중심의 교육체제를 벗어나 인간 존엄성을 바탕으로 사람과 공동체 중심의 새로운 사회를 향한 교육혁명을 시작해야 한다. 새로운 사회를 여는 교육혁명을 통해 순응보다는 창의성, 성과보다는 과정, 차별보다는 지원이라는 시대정신이 구현되어야 한다.

　경쟁에는 동기 유발적 요소도 있기에 반드시 악으로 귀결되는 것은 아니지만, 기본적으로 자신과의 경쟁이 최우선이어야 하고, 타인과의 경쟁은 부차적이어야 한다. 또한 학생이 육체적·정신적·경제적·문화적으로 감당할 만한 수준에 머물러야 한다. 모든 학생이 숨이 턱에 차도록 질주하는 교육이 아니라, 자신의 체질과 속도에 맞게 배우고 쉴 수 있는 적절한 교육이어야 한다. 이런 교육을 위해 교사에게는 그런 교육을 할 수 있는 문화적 여유와 함께 정치적 자유가 주어져야 한다. 그리고 미래의 시민이며 현재의 준(準)시민인 학생들의 인권과 민주적 자치 역량을 신장시켜야 한다. 나아가 교육제도의 변혁과 함께 학부모의 교육관 등 가치와 문화의 변혁이 동시에 이루어져야 한다. 그것이 교육혁명이 요구하는 새로운 교육 패러다임이다.

　이러한 문제의식에서 『새로운 사회를 여는 교육혁명』은 출발한다. 1부에서는 공교육의 역사적 성격과 사례를 짚어보고 새로운 방향을 탐색해본다. 먼저 「한국 공교육의 역사적 성격」(이윤미)에서는 한국 교육이 국가주의와 개인주의 사이에서 공공성을 발전시키지 못했다고 비판한다. 국가주의로 인해 '공적' 성격이 강한 것처럼 보이지만 교육열로 표현되는 '사적' 열망이 강하게 드러나는 것이 한국 교육의 이미지이다. 신자유주의 교육체제는 문민정부 이래 국민의 정부, 참여정부, 그리고 이명박 정부를 거치면서 민주화, 자유화, 시장화는 가속화되었고, 이명박 정부에서 정점에 이르렀다. 교원 평가, 국가수준학업성취도 전수평가(일제고사), 정보공시제, 학교 다양화 정책, 학교 자율화 조치, 교육과정 수시 개정 등이 '미봉(彌縫) 풀린 신자유주의'라고 할 수 있다. 그러기에 이제 한국 교육은 각 개인의 자유를 전제로 한 공공성의 원리에 바탕을 두면서 자유의 보편성을 존중하기 위한 기회 균등과 정의의 원칙을 견지해야 한다. 그리고 그것은 사회문화적 차원에서도 보다 적극적인 시민적 혹은 공동체적 가치를 포괄해야 한다.

「공교육의 이상과 현실」(유성상·유진영)에서는 미국, 독일, 영국의 공교육 변화과정을 통해 공교육의 현실과 이상을 제시한다. 미국은 대중적인 교육 기회의 확대를 포함하여 개인의 자유를 최대로 신장시키기 위해 공교육 개혁이 진행되었다. 독일은 독일인의 정체성 형성을 위한 노력이 교육개혁에 투영되었다. 영국은 자아실현이라는 오랜 전통이 21세기 들어와 국가의 경쟁력 확보와 국력 신장을 위한 중요한 도구로서 공교육이 개편되고 있다. 공교육의 핵심 이념인 보편성과 평등성을 어떻게 실현할 것인가라는 문제를 안고 각 국가들은 교육개혁에 대해 치열한 논쟁을 벌이고 있다. 특히 미국과 영국은 신자유주의 체제하에서 무한 경쟁을 추구하면서 학생의 다양성과 창의성을 키우는 학교가 되기보다는 상급 학교 진학을 위한, 국가 경쟁력을 강화하는 수단으로 변모하고 있다. 그러나 공교육의 본래 모습은 개인의 역량과 재능을 개발하고 '더불어 살아가기'에 더 적합한 사회를 만들어 내는 것으로 나아가야 한다.

「공동체로서의 민주적 학교 만들기」(심성보)에서는 우리가 겉으로는 '민주공화국'을 표방하고 있음에도 불구하고, 실제로는 학교에서 민주주의를 실현하는 데 실패하고 있다고 비판한다. 그것은 교과부의 행정력에 의하여 교장 중심의 권위주의, 강압적 정책 수행, 관료적 풍토에서 교사의 자율성이나 전문성을 억압하고 있기 때문이다. 따라서 학교의 비교육적이고 비인간적인 상황을 극복하기 위해 학교의 공동체적이고 민주적인 기능을 회복해야 한다. '교육의 민주주의'를 위해서는 교육 제도, 학교 운영, 교육 내용 등이 정의롭거나 '공의(公義)'에 부합해야 한다. 거대 학교의 비인간성을 극복하고 인간적이고 민주적인 학습공동체로서 '작은 학교'로 거듭나야 한다. 이를 위한 과제로서 현재의 교장 임용 제도를 학교 구성원에 의한 공모 개념으로 바꾸어 교장-교사 간의 권위적·수직적 관계를 민주적·수평적 관계로 전환해야 한다. '학교자치위원회'를 설치하여 학교 구성원들의 학교 운영 참여권과 자율적인 활동을 보장해야 한다. 교사의 '교권'은 교사의 '교육권'으로 재개념화하여 교사의 전문성과 자율성을 존중하고 보장하는 민주적 개념으로 자리매김해야 한다.

「공교육체제 위에 서는 평생학습사회」(한숭희)에서는 해방 후부터 한국 교육은 아파트나 명품 보석과 같이 돈을 주고 사는 상품으로 간주되고 있다고 비판한다. 이런 가운데 공교육은 이름뿐이고, 교육은 개인의 욕망을 위한 무한 경쟁으로 이용되었다. 한국 교육에서 공공성의 원리는 처음부터 존재하지 않았으며, 그 전통은 이름을 달리하여 지식경제, 인적 자원 개발, 국제 경쟁력, 최근에는 학습사회나 창의인재와 같은 정책으로 이어지고 있다. 문민 정부 이후 지금까지 학교는 평준화라는 기치를 내걸고 홀로 신자유주의 풍파를 다 막아내려고 한다. 그러나 그 거대한 파도는 이명박 정부 들어 학교 다양화라는 이름으로 공교육의 마지막 보루라고 할 수 있는 평준화 체제마저 거침없이 허물고 있다. 그러기에 우리 교육은 생애 주기가 연속적으로 변화하는 시대에 부응하는 생애 단계에 따른 평생교육체제를 수립해야 한다. 이제 겨우 30% 수준을 넘어서고 있는 한국은 북유럽 국가들처럼 평생교육 참여율이 70%를 넘어서도록 해야 한다. 이제 우리는 초기 의무교육에 머문 것에서 탈피하여 전 생애 단계에서 공동체적 집단 경험 안에서 형성하는 모든 과정을 '공교육'으로 포괄해야 한다.

2부는 교육혁신을 위한 방안으로서 혁신학교, 교육과정, 고교 체제와 사교육, 국립대학 개편 방안을 다룬다. 먼저 「혁신학교의 발단과 전개」(송순재)에서는 혁신학교가 진보 교육감들의 정책으로 시작한 것이지만, 지금까지 우리 교육을 옥죄어 왔던 대학 입시 경쟁 교육을 넘어서고자 하는 현장의 여러 교육운동에서 출발하였음을 강조한다. 그것은 먼저 농어촌 지역의 '작은 학교 살리기 운동'이라는 방식으로 나타났다. 이 운동으로 지역 주민과 학부모, 교사들 간의 연대가 이루어졌고, 이제는 '학교 지키기' 단계를 넘어 '새로운 학교 만들기 운동'으로 진화하고 있다. 관료주의적 교육 관행을 넘어 단위 학교의 바탕이 된 교육활동 중심 체제로 바뀌기 시작했다. 또 새로운 학교운동을 위한 상상력을 불러일으키며 혁신적 교육이론을 제시한 대안교육운동의 영향도 적지 않다. 결국 혁신교육이 경쟁 지상주의 교육을 배격하는 이유는 이 체제들이 '어린이 체험'을 동반하지 않기 때문이다. 혁신학교는 지금 어린이 체험을 전제로 하는 어린이를 존중하는 교육 공간으로 변모해가고 있다. 따라서 이제 참삶을 가꾸는 교육, 행복한 학교, 공동체교육 등 혁신학교의 교육철학을 시작으로 하여 모든 학교가 혁신되는 새로운 출발 계기로 삼아야 한다.

「국가교육과정 혁신의 방향과 전략」(성열관)은 이명박 정부의 2009 개정 교육과정이 자율화, 다양화, 적정화를 표방하고 있는데 그것은 형식적 차원일 뿐이며, 오히려 경쟁 교육이 강화되어 교육의 획일화를 초래하고 말았다고 비판한다. 그뿐만 아니라 권위적 관료주의를 뒤에 엎고 일방적으로 추진되는 바람에 정작 교육과정 운영의 주체여야 하는 교사들을 소외시킨 결과를 낳았다. 또한 이명박 정부의 교육과정 정책은 배타적 민족주의 강화 교육, 녹색성장 교육으로 미화시키고 있지만 사실은 토건 개발주의, 경쟁 욕망에 부응하는 교육을 강화함으로써 교육과정을 정권의 시녀로 전락시키고 말았다. 이를 극복하기 위해서는 교육과정 의사결정의 민주화, 교사의 자율성을 확대하는 법적 조치, 교사별 평가 도입, 인권과 평등을 강조하는 교육 내용의 신장 등 10가지 국가교육과정 혁신이 요구된다.

「입시 산업에 포위당한 학교교육을 해방시키기」(이두휴)는 오늘날 한국의 학교가 학부모들의 자녀 교육에 대한 무한한 욕망을 동력으로 한 입시 산업과 국가의 왜곡된 대응 방식으로 인해 더 이상 인간교육을 실현하는 공간이 되지 못하고 있다고 질타한다. 입시 산업의 규모와 영향력이 점차 확대되고 있으며, 학교교육과의 경계가 점차 허물어지고 있다. 국가는 다양한 학교개혁을 통해 공교육을 강화함으로써 사교육을 무력화하겠다는 목표를 내세우고 있지만, 새로운 정책들은 사교육의 공교육 진출을 위한 발판을 마련해주고 있을 뿐이다. 그러기에 국가는 학부모들의 맹목적이고 이기적인 욕망을 직접 충족시키기 위한 교육개혁을 시도하기보다는, 분배구조와 복지제도의 개선, 학벌 사회 타파 등과 같은 사회 시스템의 개선을 통해서 명문대 입학으로만 집중되고 있는 욕망의 분출구를 다양화해야 한다. 이러한 출구가 전제되었을 때 대학입학시험제도나 국립대학 통합네트워크 등은 의미를 가질 수 있으며, 혁신학교를 비롯한 학교의 교육력을 강화하려는 정책이 그 효과를 기대할 수 있게 될 것이다.

「고교 체제의 문제점과 개편 방향」(성기선)은 이명박 정부 들어 효율성과 경쟁력 제고라는 미명하에 학교 다양화, 교육 민영화, 학교 선택, 자율과 경쟁 등을 내세우는 정책들이 우리의 공교육을 사적 시장의 공간으로 전환시키고 있다고 비판한다. 그 정책의 기저에는 모두 신자유주의가 개재되어 있다. 특히 '고교 다양화 300프로젝트'라는 이름 아래 추진된 자율형 사립고등학교를 위시하여 마이스터 고등학교, 자율학교, 기숙형 공립학교, 국제중학교 등은 입시 명문고의 부활, 사회 양극화 교육의 확대, 사교육비의 증가, 교육 기회의 불평등 심화 등 공교육의 근간을 위협하고 있다. 이제 우리는 다양성 속에서 창의력과 자기주도성을 키워나갈 수 있는 학교를 만들기 위해 현재의 입학선발제도에 대한 논쟁에 머물지 말고, 교육과정의 다양화를 위한 노력에 집중해야 한다.

「국립대학 통합네트워크 구축을 위한 시안」(장수명)은 한국의 대학 체제를 움직이는 가치와 원리가 경쟁을 강조하는 시장주의와 경영주의, 이와 결합된 과도한 관료주의가 문제라고 비판한다. 이 원리들은 대학의 서열체제와 사립 위주의 고등교육 체제를 더욱 고착화하여 경쟁력도 높이지 못하면서 초·중등 교육에 지속적인 악영향을 미치고 있을 뿐 아니라, 국가의 불균형 발전을 심화시키는 동시에 민주주의와 공공성을 훼손한다고 지적한다. 그 대안으로 역할 분담을 전제로 한 체제 수준의 고등교육 개혁, 부문별·권역별 협력의 대학 네트워크 구축, 대학의 개혁을 위한 국가와 대학사회의 협력이 필요하다고 보고, 이를 실현하기 위한 사회적 협치 기구로서 전문성, 독립성, 일관성을 갖고 종합적으로 장기적 계획을 세우는 '국립(공공)대학위원회'의 설치를 제안한다.

3부는 보편적 교육복지의 방향에 기초하여 무상교육, 사회 안전망, 교육재정 확보 방안을 모색해본다. 먼저 「보편주의 교육복지의 방향과 과제」(한만길)에서는 최근 심각해지고 있는 사회 양극화 현상, 학교 폭력 등 위기 학생 증가 등을 해결하기 위해 보편적 교육복지의 실현이 중요한 과제라고 지적한다. 한국의 GDP 대비 공공사회 복지비는 OECD 평균 19.3%에 비해 절반도 안 되는 7.5%이며, 이는 교육복지 선진국이라 불리는 스웨덴 27%, 핀란드 24%와 비교해볼 때 턱없이 낮을 뿐만 아니라 멕시코와 비슷한 수준이다. 교육 여건의 대표적 지표로서 교사 1인당 학생 수는 우리가 OECD 국가 중 하위 수준에 머무르고 있다. 아동·청소년의 '삶의 만족도'는 OECD 26

개 국가 중에서 가장 낮다. 이에 보편적 교육복지가 추구하는 가치란 누구나 가지고 있는 잠재적 가능성을 존중하는 데에서 출발하며, 비록 학습 결핍을 보이는 소외 계층 학생이라 하더라도 가능성과 역동성을 신뢰하면서 이를 최대한 키워주는 것이다. 그렇게 하여 교육복지 체제는 보편적 교육복지를 기반으로 하면서 선별적 교육복지를 보완해나가야 한다.

「무상교육과 사회적 기본권 보장」(김용일)에서는 무상의무교육은 생존권으로서 교육을 받을 권리, 즉 '사회적 기본권'을 보장하기 위한 제도적 장치임을 강조한다. 무상성 원리의 강화는 우리 아이들 모두의 교육받을 권리를 더 확실하게 보장하기 위해서다. 이렇게 볼 때 고등학교까지의 무상교육 확대는 우리나라의 경제 발전 수준에 걸맞은 최소한의 조치이다. 게다가 우리의 대학 등록금은 미국 다음으로 가장 비싸며, 사부담률이 73.1%로 세계 최고 수치를 기록할 정도로 큰 문제다. 그래서 무상교육의 정신이 투영된 반값 등록금 제안은 중장기적으로 국공립대 수용력을 현재의 25%에서 50%까지 늘리고, 동시에 정부가 지원하는 사립대를 30%까지 확대해나가는 기획을 함께 집행해야 한다. 그리고 유아교육과 고등학교 단계의 무상화를 시작으로 유아교육(1년)-초·중등교육(12년, 의무교육) 총 13년의 무상교육 체제와 함께 반값 등록금이 실현된 고등교육 체제를 갖추어야 한다.

「위기 학생을 위한 교육 안전망 구축」(윤철경)에서는 위기 청소년의 문제를 진단하고 교육 안전망 구축을 대안으로 제시한다. 한국의 위기 청소년 규모는 약 160만 명(전체 청소년 인구의 14.5%) 정도로 추정된다. 한 해에 7만 6,000여 명의 학생이 중도에 학교를 포기하고, 350명 정도의 10대 청소년이 자살한다. 주의력 결핍, 과잉행동장애 발생률이 5~12% 수준을 넘는 등 정서 및 행동장애 학생들이 증가하고 있다. 이런 현상은 낮은 자아 존중감 등 개인적 요인에다가 가정 빈곤 등과 같은 사회경제적 지위, 이혼이나 한 부모 등과 같은 가족 해체가 맞물린 결과이다. 여기에 과도한 입시 위주 교육이

주는 학업 스트레스와 경쟁 중심의 교육환경 등의 요인도 결합되어 소외된 청소년을 양산하고 있다. 그러기에 '교육 안전망'의 구축이 시급하다. '작은 학교'를 만들어서 학생들이 자유롭고 공동체적 관계를 배우는 곳으로 바꿔야 한다. 학교마다 상담사, 사회복지사, 청소년지도사 등 위기 학생을 지도할 전문 인력을 시급하게 배치해야 한다.

「교육복지 재정의 확보와 방향」(반상진)에서는 복지가 단순히 일부 계층에게 부여되는 시혜적인 개념이 아니라 국민의 당연한 권리이고, 국가의 당연한 기능으로 확장되고 있다는 점을 거론한다. 교육복지는 헌법이 보장하는 학생들의 기본권이라는 인식에서 출발해야 한다. 우리의 경우 교육 양극화 해소를 위한 중앙 정부의 교육복지 투자 노력도 미흡하지만, 지방 정부의 노력도 미미한 실정이다. 교육복지를 실현하기 위해서는 향후 중학교 학교 운영비 폐지 및 고교 무상교육, 노후시설 개축 등 추가적인 교육복지 재정이 소요된다. 유아교육, 특수교육, 급식 지원 확대 등 교육복지적 성격을 지닌 항목까지 확대해야 한다. 교육복지 예산의 안정적 확보를 위한 법제적 장치로서 매년 보통교부금의 일정액을 확보하는 방안 등이 마련되어야 한다.

4부는 학생, 교사, 학부모, 지역사회의 측면에서 민주적 공동체 형성을 위한 방안을 모색해본다. 먼저 「학생인권 보장의 방향」(강명숙)에서는 현장의 목소리가 반영되어 발전한 '학생인권조례' 제정이 왜 학교 현장에서 표류하고 있는지를 분석하며 대안으로서 아동청소년법 제정을 제시하고 있다. 진보적 교육감이 시도하고 있는 학생인권조례 제정이라는 방식을 통한 학생인권의 제도화는 그간 축적되어온 학생인권운동 역량의 결실로서 지방교육자치의 성과라고 볼 수 있다. 하지만 학생인권조례의 제정 과정에서 지자체와 중앙 정부 간의 갈등은 특히 보수 대 진보라는 이념적 대항 구조를 만들고 있어 학생인권이 제기하는 근본적인 문제를 간과하는 결과를 낳았다. 그렇게 된 이유는 학생인권조례 제정 과정에서 교사의 수동적 참여와 소극적인 역할의 설정 그리고 학생을 여전히 미성숙한 존재라고 가정함으로써 적극적으로 이들의 의견을 반영하지 못했기 때문이다. 이제 지자체 수준이 아닌 범국가적 차원에서 아동청소년 인권을 증진시킬 수 있는 행정 단위를 만들어서 학생인권에 관한 실질적 방안을 만들 때가 되었다.

「교권의 기초」(김언순)에서는 교육을 통제의 관점에서 보는 이명박 정부의 왜곡된 교권 인식이 교권 침해의 근거로 작용하고 있다고 보고, 민주적인 교육 실현을 위해 교권 개념의 재정립을 제안한다. 정부는 「교권보호종합대책」을 내놓았지만, 학생과 학부모를 교권 침해 주범으로 규정하는 결과를 낳았으며 일제고사, 시국선언, 정당 후원 등 정부 정책에 비판적인 교사들을 중징계함으로써 적극적으로 교권을 침해하였다. 또한 '학생인권조례가 교권을 추락시키고 학교 폭력을 심화시켰다'는 담론은 교권을 학생 통제권과 동일시함으로써 학생의 인권과 교권에 대한 진지한 논의를 왜곡시켰다. 따라서 교권은 헌법이 보장한 인권과 교육기본권의 관점에서 재정립되어야한다. 즉 학생의 교육기본권, 교사의 인간으로서의 권리, '교육의 자주성·전문성·정치적 중립성' 원칙을 중심에 두어야 한다. 이를 위해 교권의 기초로서 교육의 자유와 정치적 자유를 보장해야 한다. 즉 교사는 교육과정 운영등 가르치는 일에 대해 국가의 간섭으로부터 자유로워야 하며, 시민의 기본적 권리로서 정치적 표현의 자유를 향유하는 동시에 공직 선거 피선거권과 정당 활동 및 후원 등 정치활동의 자유가 보장되어야 한다.

「학부모주의를 넘어서는 학교」(강순원)에서는 자녀의 교육권을 보호하고 교사와 협력하여 상생적인 학교공동체를 만들어가기 위한 학부모운동이 학부모운동의 세력화라는 명분 아래 공생적 학교교육 문화를 건설하기 위한 협력 모델로 거듭날 것을 제안한다. 그동안 학부모의 참여 증대를 통해 교육의 질을 개선한다는 목적으로 학부모회는 학교 단위로 후원회, 사친회, 기성회, 육성회라는 틀을 거쳐 지금의 학교운영위원회(1996년 이후~)로 발전해왔으며, 이명박 정부에 이르러서는 교과부 안에 '학부모정책과'를 만들어 학부모 목소리를 교육정책에 반영하고 있다. '학부모주의'로 지칭될 수 있는 새로운 변화 조짐은 세계적인 것으로서 '제3의 물결'에 해당하지만 교원을 통제하는 기제로 이용할 수 있기에 경계해야 한다. 신자유주의 하에서 전개되고 있는 '학부모주의'라는 틀 속에 갇혀 '교권주의'와 불필요하게 갈등하는 것은 학교공동체의 상생 철학을 훼손할 수 있다. 학부모운동이 아동 권리의 담지자로서 지역공동체 안에서 착근하기 위해서는 학부모와 교사들이 협력하여 교육공동체를 회생시키는 방안들을 창출해야 한다.

「평생교육 정책」(정민승)에서는 기존의 산업 사회적 패러다임에서 지식기반 사회나 정보 사회로의 전환을 해야 한다는 시대적 요청에 부응한 평생교육의 담론들이 개인을 하나의 기업으로 상정하면서 인간을 '자본'으로 전환시키는 기제로 평가될 수 있지만, '학습권'과 '문화적 민주주의'의 확장 과정이라는 의미를 동시에 가지고 있다고 주장한다. 이런 관점에서 출발한 '평생학습도시 정책'도 신자유주의적 기획에서 '시민 주체화'로 전환함으로써 공생적 지역사회로 발전해야 한다. 이 정책은 도시의 경쟁력 제고를 지향하는 동시에 교육을 주민의 일상적 환경으로까지 확장하는 이중적 의미를 갖는다. 그러기에 평생교육 정책의 기본 지향을 인프라나 시스템이 아니라, '주민들의 학습력'에 맞추어야 한다. 평생학습도시 사업은 학습을 통해 각 지역의 차이가 차별/소외로 연결되지 않도록 체제적으로 진화시켜야 한다. 모름지기 학습도시는 개인과 사회, 마을과 국가, 생산과 놀이가 결합될 수 있는 평생학습 공동체의 초석이 되어야 한다. 동시에 지역 주민의 평생학습은 학교를 포함한 현재의 교육 문제 해결의 주요 장치로 설정될 필요가 있다. 입시는 문화의 문제이기에 하나의 제도를 바꾼다고 해서 해결될 수 있는 문제가 아니다. 학부모 교육-교장에 대한 지역사회의 기대 변화-교사의 관점 변화가 없이는 입시문화의 변화는 근본적으로 불가능하다. 교육의 변화는 문화의 변혁이고, 교육 문제의 해결을 위해 생태학적-지역사회적 시각에서 사태를 보는 평생교육적 관점이 우리 교육에 절실히 요청된다.

지금까지의 논의를 정리하면 교육혁명의 기본 철학을 민주주의, 인권, 정의, 평화, 복지, 생명, 생태, 협력, 창의성, 자치 등의 가치에 두어야 한다는 것으로 정리할 수 있다. 이제 우리는 대한민국 교육 패러다임의 철학을 바로 세우고, 그에 따른 미래 비전과 합리적 대안을 마련해야 한다. 우리 청소년들이 미래 사회의 주역으로 건강하게 성장할 수 있도록 힘을 모아야 한다. 학부모와 젊은 세대가 안심하고 자녀를 출산하고 양육하고 교육할 수 있는 사회적 풍토를 만들어야 한다.

우리 사회는 지금 민주주의와 평화, 복지를 추구하는 새로운 사회를 여는 교육혁명에 착수하느냐, 아니면, 여전히 시장의 효율성과 경쟁을 중시하는 신자유주의 교육의 극단적인 방향으로 치달려 갈 것인지 기로에 서 있다. 그것은 국민의 지혜로운 선택과 지도자의 현명한 결단에 의해 결정될 것이다.

이러한 문제의식에서 출발한 『새로운 사회를 여는 교육혁명』은 마땅한 해법을 찾지 못하고 허둥대는 국가의 교육정책에 대한 진보적 교육학자들의 진심 어린 염려에서 나온 집단지성의 산물이라고 할 수 있다. 지난 일 년여 동안 공동 편집자로서 심성보 교수, 강순원 교수, 한만길 박사, 김언순 박사가 이 책을 기획하고 집필 방향을 조정하고, 원고를 청탁하고 검토하고, 전체 방향을 위해 수정 지시하거나 원고 마감을 재촉하는 등 처음부터 끝까지 함께하였다. 전체 편집의 방향과 내용을 논의하는 과정에 여러 집필자가 참여하여 의견을 보태기도 했다. 이러한 일은 무한한 인내를 필요로 하였고, 때로는 고통스럽기도 했다. 때로는 짜증을 내거나 싫은 소리를 해야 하기도 했다. 책 작업 도중에 무산될 뻔한 적도 있다. 정말 공동체적 작업은 말하기는 쉬워도 실천하기는 대단히 어려운 일임을 다시금 실감하였다.

그러다가 공동 편집자의 중심에 있던 심성보 교수는 책의 출판을 보지 못한 채 호주의 시드니 대학으로 연구차 떠나게 되었다. 그리하여 국내에 남아 있는 다른 편집위원들이 모두 그 수고를 떠맡게 되었다. 여러 어려움에도 불구하고 공동 편집자의 추진력과 신뢰와 우정이 없었다면 이 책의 출판은 불가능했을 것이다. 특히 책이 만들어지기까지 지루한 시간을 기다려준 정광일 사장님께 감사를 드리고 싶다. 특히 진보적 교육 논의에 대한 남다른 출판 소명의식을 갖고 있는 사장님께 거듭 감사의 마음을 전한다. 모쪼록 이 책을 계기로 하여 새로운 사회를 여는 대한민국의 행복한 교육혁명이 실현될 수 있기를 고대해본다.

집필자를 대표하여
심성보 씀

차례

1부

교육개혁의 한계와
새로운 지향

한국 공교육의 역사적 성격
-사적 자유와 공적 가치를 중심으로[1]

이 윤 미

1. 서론 – 얼굴과 가면의 비유

한국의 공교육은 취약한 공공성을 특징으로 한다. 국가주의와 이기주의 만이 극단화되고 '공공 영역에 대한 인식'은 지체되어왔다. 교육의 공적 가치에 대한 담론화나 시민 주체로서의 개인의 자유에 대한 논의가 본격화된 것은 그리 오래되지 않았다.

한편으로는 국가주의로 인해 '공적' 성격이 강한 것처럼 보이고, 다른 한 편으로는 교육열로 표현되는 '사적' 열망이 강하게 드러나는 것이 한국 교

---

1) 이 글은 필자의 논문인 「한국 교육에서 공적 가치와 사적 자유-'가면'의 비유를 통한 역사적 고찰」, 『열린교육연구』 16(3), 2008, pp.37~53의 내용을 수정·보완한 것이다. 초고는 2007년 11월 한국교육사학회·한국교육사회학회 공동학술대회(대주제: 교육의 공적 가치와 사적 자유)에서 발표된 바 있다. 이 글에서는 논지를 전체적으로 보완하고 결론을 재구성하였다. 정신분석학자였던 프란츠 파농(F. Fanon)은 '검은 피부, 하얀 가면'이라는 은유로 아프리카 프랑스령 식민지의 엘리트들이 지니고 있던 모순적 정체성을 표현한 바 있다. 이 글에서도 '가면'의 은유를 통하여 한국 사회에서 나타나는 공과 사의 문제가 지닌 모순성을 표현해보고자 한다.

육의 이미지이다. 이 글은 한국 교육을 특징짓는 이 두 가지 이미지가 어떻게 공존해왔는지를 다루고 있다. 사적 열망이 가면으로 스스로를 가려야 한다면 그것은 스스로 드러내는 것이 '허용'되지 않기 때문이다. 사적 열망은 때로는 교육의 기회 균등이나 공공성 추구와 같은 비교적 '정당한' 이유에 의해 제한되기도 하고, 때로는 '국가주의'와 같은 초사회적 원리에 의해 강압적으로 제한되기도 한다.

이러한 사적 열망이 '사적 자유'라는 이름으로 자신을 보이기 시작한 것은 오래되지 않았다. 구체적으로는 1990년대 5·31개혁 전후라고 볼 수 있다. 사적 열망은 교육권, 학습권, 선택권 등 '권리'를 표면에 내세우며 더 이상 가면 뒤의 어둠 속에서 작동하는 숨은 동력이 아니라는 것을 강력하게 드러내기 시작했다. 사적 열망은 어둠으로부터 끌어올려졌으나, 이는 '시장주의'가 쓴 또 다른 가면이기도 했다. 1990년대 이후 교육에서 개인적 자유의 문제는 시장주의와 결합하여 본격적으로 제기되었고, 이는 공공성 논의라는 '새로운' 담론과 대립하기 시작했다.

공적 가치와 사적 자유가 진정한 자신의 얼굴을 찾기 위해서는 개인/자유와 타자/공동체를 연계하는 상위의 교육철학이 필요하다. 이 글에서는 한국에서 교육의 공적 가치와 사적 자유가 논의되어온 과정을 '가면'의 비유를 적용해서 살펴보고 그 함의에 대해 논의한다.

2. 국가주의와 공공성의 한계 – 역사적 조망

전통적 제도교육의 근간이 된 유교 이념에서 무리(집단)를 뜻하는 '윤(倫)'의 반대어는 사사로움을 의미하는 '사(私)'이다. 사사로움을 버리고 인륜(人倫)을 추구하며, 학문의 목적을 수기치인(修己治人)에 두었던 유교 이념하에서 제도교육은 치세를 위해 인재를 양성하는 것이었다고 할 수 있다. 개개인의 배움의 목적은 수양에 있었지만 그 수양의 완성은 천도(天道)와 하나가 되는 이치를 사회적 차원에서 실현하는 것이었다. 이렇게 유교적 이념은 근본적으로 '공적(公的)'인 가치를 지향하였고, 유교를 국가 이념화한 국가들에서 교육은 관학(官學)을 기간으로 하는 체제로 이루어졌다.

그러나 전통적 교육의 '공적 성격'은 관리(official governance)의 측면에서 나타나는 특징으로, 이는 현대 사회에서 논의되는 공적 가치와는 그 성격이 다르다. 현대 사회에서 공적 가치는 공공(public) 혹은 공동(common)의 선(good)을 지향하고 정의(justice 혹은 'the right'에 대한 추구)를 실현하고자 하는 적극적 목표라고 할 수 있을 것이다. 이 개념이 만민에게 확장된 것은 근대 시민사회 이후이므로 이는 기본적으로 근대적 개념이라고 할 수 있다.

서구에서는 프랑스혁명기를 거치면서 시민의 교육을 '권리'로서 법적으로 보장하려는 노력이 전개되었고 국민교육은 '공권력의 의무'가 되었다. 공교육은 국가에 의해 운영 관리되는 교육제도로서 이 제도의 근거는 인민의 교육받을 권리를 평등하게 적용하려는 것이다. 프랑스혁명 시기에 나타난 공교육 아이디어는 비록 혁명 이후 정치적 과정에서 희석화되었으나 개인의 자유에 기반한 공교육의 기본적 원리를 분명하게 명시하고 있었다. 왕권신수설에 기초한 절대주의 국가에서 교육이 공사(公事)로서 신민(臣民)의 의무로 명시되었다면, 프랑스혁명기에 나타난 공교육 이념은 국가가 개인의 교육권(천부인권, 인민주권)을 보장해주어야 한다고 보았다.

근대 이후 한국 교육사에 나타나는 교육의 공적 성격은 국가의 행정 관리 권한에 주로 초점이 맞춰져 있고, 교육받는 당사자로서의 사회 구성원의 자유와 평등에 대한 인식은 두드러지지 않았다. 한국 교육에 나타난 교육의 공적 외양은 '국가주의'로 환원된, 불철저하고 취약한 것이었다. '가면'의 은유를 다시 사용하면, 그 가면은 공적 외양을 취하고 있지만 상당히 일그러진 모습이었다고 하겠다. 가면을 쓴 자들을 교육 당사자라고 한다면, 그 가면은 자발적으로 쓴 것이라기보다는 아직 수면 위로 떠오르지 않은 그들의 이익과 필요를 침묵시킨 것으로, 비자발적으로 '씌워진' 가면이었다고 할 수 있다.

한국에서의 근대 교육은 법제적으로 독일 및 일본의 영향을 받았다고 알려져 있다. 시민혁명을 거치지 않은 독일이나 일본은 소위 '국가교육권'이라는 관점에서 공교육제도를 운영해왔다. 독일과 일본은 국가주의적 절대사상에 입각하여 교육법제를 형성하였고, 이들 국가는 사사(私事)로서의 교육에 대한 기본 개념 없이 국가에 의한 교육 관리를 전면에 내세웠다.

독일(프로이센)에서 의무교육제도는 국민의 권리가 아니라 신민의 의무였다. 즉, 부국강병책인 국책에 봉사하는 제도로 국가질서 유지와 국력 증진을 목적으로 하였고, 병역·납세 의무와 함께 신민(臣民)의 3대 의무 중 하나였다. 일본에서는 1872년 「학제」 성립 이후, 1886년 소학교령에 의해 수업료 납부 의무를 포함한 취학의무제, 1890년 「교육칙어」 등으로 이어지는 교육 칙령주의에 입각한 교육법제가 정비되었다. 특히 천황의 교육칙어는 그것 자체가 법규는 아니면서 교육칙령, 명령의 취지를 규정하는 법규 이상의 효력을 지닌 특수한 정무 조칙이었다.

학교교육 권력은 부모로부터 유래한 것이 아니라 국가 의사의 실현에 이바지할 독자적 권력으로 간주되었다. 국가는 교육과정행정을 중심으로 학교감독권을 확보하였고, 법령에 의해 지방자치단체에 위임한 학교관리권을 통하여 물적 부담을 책임지도록 하는 이원적 체제를 지니고 있었다. 교육의 일반 행정으로부터의 자주성 및 교사의 교육적 자유 등은 인정되지 않았다.

한국의 경우 갑오개혁 이후 1895년 「교육입국조서」로 알려진 고종의 「교육에 관한 조칙」이 발표되었고, 칙령으로 학부관제 및 「소학교령」 등 각종 학교들에 대한 관제가 공포되었다. 고종의 「교육에 관한 조칙」은 갑오개혁 이후 근대 교육에 대한 공식적 천명으로서 허명을 버리고 실용을 추구하고

자 하는 방향을 담고 있었다. 그 진술의 방식에서 인민의 교육권보다는 신민으로서의 의무가 부각되고 있음을 알 수 있다. 이 시기에 국민교육이 강조되었으나 그것은 부국강병, 충군애국 등의 차원에서 국민의 교육 없이 국가의 위기 극복 및 발전이 불가능하다는 인식에 의한 것이 대부분이며, 의무교육이나 강제교육의 개념도 인민의 인권이나 교육권보다는 국가에 대한 의무로 논의되었다.

국가주의 교육관은 식민지배 실시 이후 더욱 강화되었고, 이때 식민지민의 권리는 극히 제한되었다. 식민지 교육은 1910년 10월 24일 일본 천황으로부터 조선 총독에게 교육칙어가 시달되어 소위 '新府民敎育의 大本'이 되고, 1911년 제1차 조선교육령에서 "교육에 관한 칙어의 취지에 따라 충성스럽고 선량한 국민을 육성하는 것을 본의로 한다(제2조)"고 규정함으로써 국가주의 이념이 식민지 지배의 기본이 되었다. 이러한 식민주의적 국가주의 교육 이념 체제에서 교육의 사적 자유와 관련한 적극적 개념화는 허용되지 않았다.

이렇게 인권이 제한된 식민지체제에서 1920년대 이후 근대 교육에 대한 지향성이 강해지면서 '교육을 권리'로 보는 인식이 높아졌다. 1920년대 이후 나타나는 소위 근대 학교 지향성은 초중등학교 지원자 수의 증가와 당시 '입학난'으로 표현되었던 양상들에 잘 반영되어 나타난다. 그러나 식민지하에서 나타난 교육적 권리에 대한 인식은 '국가의 부재'를 특징으로 하기 때문에 복잡성이 있다. 당시 추구되던 공적 가치란 '제국의 신민'이라는 한층 더 왜곡된 외양으로 나타나기도 했다. 식민지하에서의 사적 열망은 한편으로는 인간으로서의 기본적 권리에 대한 요구이기도 했고, 다른 한편으로는 공적 출구가 상실된 상황에서의 이기적 열망이기도 했다. 예컨대 1931년 이후 고등문관 시험에 첫 조선인 합격자가 배출되면서 관료를 지향하는 식민지적 학력 경쟁은 강화되었다. 당시 경성제국대학 법학과 출신이면 "못해도 군수는 한다"는 인식이 있을 정도로 제대 법학과 졸업자들의 '출세'가 보장되어 있

었다. 식민지배에 의해 한국인이 '제국의 신민'으로 되는 과정에서 한편으로
국가주의적 교육의 공적 가치는 더욱 모호해졌고 다른 한편으로는 학력주의
도입으로 공적 가치가 배제된 이기적 사적 열망이 형성되었던 측면이 있다.

해방 이후, 미군정 기간 동안 새로운 교육 이념과 제도 원리가 도입되었
지만 제헌헌법이 만들어지기까지 교육권과 관련한 체계적인 법제화는 시도
되지 않았다. 교육법제는 1949년 문교부의 교육3법안(교육기본법, 학교교육법,
사회교육법)이 제출된 후 국회에서 단일화한 대한민국교육법안이 공포되었다.
이 교육법은 서구식 민주주의와 민족주의가 타협한 이념적 성격을 지녔다고
평가된다. 반공주의와 국가주의가 강하게 나타나고 있었고, 교육받을 당사
자의 권리나 교육의 자주성 보장은 명문화되지 않았다고 지적된다. 해방, 단
독정부 수립, 한국전쟁 등을 거치면서 국가사회적 혼란을 극복하기 위한 국
가주의적 교육 담론은 두드러지게 나타났다. '국란의 타개를 위한 교육', '건
국을 위한 교육' 등 국가주의적인 교육 의제는 주요 교육 담론을 구성했다.

특히, 초기 법제에서부터 교육적 권리의 보장이 명문화되지 못한 상태에
서 권위주의적 정권들이 집권함에 따라 교육 이념으로 '국가주의적 민족교
육'은 강화되었다. 교육법제상으로도 정부가 교사 및 학교를 엄격히 통제하
는 법 구조를 가지고 있어 교육 주체의 교육권 및 학습권에 대한 논의는 철
저히 억압되었다. 1969년 국민교육헌장이 제정되면서 국가주의 교육 이념
은 더욱 강화되었고, 유신체제하에서 교육의 자주권이나 교육 주체의 참여권
등은 무시되었으며, 이러한 현상은 제5공화국으로 이어지면서 심화되었다.

이렇게 국가주의 이념 및 제도하에서 교육의 외양은 국가주의적 색채를
띠었지만, 한국인의 교육에 대한 관심은 '사적 교육열'의 형태로 높게 나타
났다. 한국전쟁 직후 대입 경쟁은 심화되어 교육에 대한 '열심'은 거의 '결사
적'이라고 표현될 수 있을 정도였다. 이 현상은 해방 후의 고질적 현상으로
현재까지 고착되어온 것이 사실이다.

1960년대 중반에는 소위 '의무교육 위기론'이 교육계의 주요 화두였다. 1964년 『새교육』지의 권두언에서는 과다한 노후 교실을 보수할 대책이 없는 상태에서 한 학급의 수요 인원을 70명에서 100명까지 늘리거나, 3부제·4부제를 실시하는 상황에서 의무교육 기간을 6년에서 4~5년, 심지어 3년 반으로 단축하자는 주장까지도 나왔다. 이러한 양상은 국민의 교육받을 권리가 최소한의 의무교육으로 보장되지 못하는 상황에서 국가주의 이념에 의해 공민적 의무가 추상적으로 강조되고, 실제로는 희소 자원(기회)을 둘러싼 치열한 사적 경쟁이 교육의 현실을 주도하는 방식으로 나아갔음을 보여준다. 게다가 '과도기적'이라고 인식된 일류 학교 중심의 '특권' 체제가 기대처럼 쉽게 소멸되지 않은 상황에서 생존을 위한 사적 열망의 외줄타기가 공적인 가면의 이면에서 '처절하게' 이루어지고 있었음을 목격할 수 있다.

3. '수요자 중심 교육'과 '공공성' 담론의 전개
─ 5·31 이후 역대 정권에서의 교육개혁

이 글에서 비유적으로 '공적 가면'이라는 용어를 사용한 이유는 공적으로 보이는 외양이 실제로 충분히 '공적'이 아니기 때문이다. 사회 구성원의 '실제적' 이해와 요구에 기반한 공공성보다는 그것을 '국가적'으로 '해석'한 의미의 공적 목적이 우선시됨으로써 구성원들의 실질적 이해와 요구는 비공식적이고 개인적 형태로 해소되었다고 할 수 있다. 즉 교육권이나 학습권 차원에서 볼 때도 그것이 보장 가능한 형태로 명문화되지 않음으로써 교육의 실질적 권한은 국가에 집중되어 있었다.

해방 후 권위주의 정권들 하에서 전개된 소위 '교육 민주화 운동'은 반독재 민주화를 정치적 차원에서 주장한 사회운동이었음과 동시에 교육공무원이라는 신분적 제한 속에서 억제되어 있던 교사들의 전문적 권한 및 수업권과 학습자들의 학습권을 보장받고자 하는 형태로 전개되었다. 특히 1980년대 말 이후 가열화된 교사운동은 교육권 및 학습권이라는 용어들을 직접적으로 사용하면서 소위 '교육 주체'들의 권리를 요구하였다. 이 시기에 교육 민주화 운동에 의해 정립된 교육권 개념으로 학부모 단체, 청소년인권 단체 등을 비롯한 교육 관련 시민운동도 활성화되기 시작했다.

이러한 교육권 요구는 1990년대 이후 민간정부에 의한 교육개혁의 흐름과 맞물려 그간 억제되어 음성적으로 표출되던 사적 열망들을 '양성화'하는 것이었다. 특히, 한국 교육의 방향을 크게 변화시킨 계기가 된 1995년 5·31 교육개혁안은 교육권 문제와 관련하여 '사적 자유'의 개념이 현실화하는 데에 중요한 배경이 되었다.

1995년 5·31개혁에 의해 수요자 중심 교육 및 학습자 중심 교육이 부각됨에 따라 1949년 제정 이후 39차례의 개정을 거치면서도 명시되지 않았던 '학부모교육권'이 1997년 교육법 재편(교육기본법, 초중등교육법, 고등교육법)에 따라 법령에 반영되었다. 학부모교육권과 관련한 사항을 보면, 교육기본법 제5조 제13조에 '학부모' 또는 '부모'라는 용어가 등장하여 학부모는 교육 당사자의 지위를 부여받게 되었고, 1997년에 초중등교육법으로 학교운영위원회에 대한 근거 조항이 포함되어 학부모의 참여권이 제도화되었다. 이러한 법제화는 한편으로는 1995년 이후 교육개혁 방향에 근거한 것이지만 다른 한편으로는 1990년대 초 이후 학부모교육권에 대한 관심 증대로 각종 판례 등의 형태로 이미 나타나고 있었다. '교육 수요자'라는 용어를 헌법조항에 근거하여 적극적으로 해석함으로써 법적으로 수용하여 보장하고자 하는 입장도 있다.

이러한 논의는 국가 중심적 교육 권한 행사의 문제점을 지적하고 교육에서 개인들이 지니는 사적 자유를 적극적으로 보장하고자 하는 경향이 현저해졌음을 보여준다. 학교선택권, 학부모참여권 등에 대한 요구는 이념적 논의 수준에서만이 아니라 법치주의에서 핵심인 법적 논쟁(1995년 평준화 제도와 관련한 헌법소원)으로도 나타났다. 이러한 논란은 기본권으로서의 자유권과 사회권을 보는 방식에 따라 다른 해석을 낳을 수 있다. 헌법 제37조 제2항에서 "국민의 모든 자유와 권리는 국가안전보장, 질서유지 또는 공공복리를 위하여 필요한 경우에 한하여 법률로써 제한할 수 있으며, 제한하는 경우에도 자유와 권리의 본질적인 내용을 침해할 수 없다."고 규정하고 있는데, 이때 '필요한 경우'라든가 '본질적 내용의 침해' 등에 대한 판단은 상위 원칙을 해석하는 방식에 따라 달라질 소지가 있다. 즉, '판결 환경'에 따라 달라질 수 있는 것으로, 결국 가치관과 이념에 의해 해석이 달라질 수 있음을 시사하는 것이다.

1995년 5·31 이후 현재까지는 영미로부터 시작된 신자유주의 세계화가 한국 교육에 적용되어온 과정이다. 1990년대는 소위 '87년 민주화 이후 자유화의 바람이 사회의 각계에 파급된 시기로, 교육계도 예외가 아니다. 이 자유화의 바람은 한편으로는 권위주의에 대한 저항의 의미도 있었지만, 다른 한편으로는 신자유주의와 결합하여 전개되었다.

문민정부 이래 국민의 정부, 참여정부, 그리고 이명박 정부를 거치면서 민주화, 자유화, 시장화가 가속화되었다. 문민정부의 교육개혁은 민주화에 대한 요구와 국제 교육개혁 흐름(신자유주의)을 결합시킨 것이다. 민주화와 신자유주의의 공존은 한편으로는 전례 없이 사적 자유를 강조함으로써 공적 가면을 해체시키기도 했고, 다른 한편으로는 신자유주의에 맞서는 과정에서 공적 가치의 진면목(眞面目)을 찾는 작업에 자극을 가한 측면도 있다. 공교육의 원리는 무엇이어야 하며 공공성은 왜 강화되어야 하는가에 대한 원론적이고 원칙적인 문제 제기들은 국가주의적 가면이 아닌 진정한 공공적(public, 公) 이상이 무엇이어야 하는가에 대한 성찰들을 반영해왔다.

문민정부에서는 5·31개혁안을 통해 이후 개혁의 청사진이 포괄적으로 제시되었다고 할 수 있다. 학습자 중심 교육, 교육의 다양화, 자율과 책무성에 바탕을 둔 학교 운영, 자유와 평등이 조화된 학교 운영(학부모 및 학교 관련 인사의 자발적 참여), 교육의 정보화, 질 높은 교육(평가체제와 견실한 재정 지원, 서비스 중심의 교육행정 등) 등이 신교육체제의 기본 특징으로 강조되었다. 문민정부 교육개혁의 주요 내용은 총 4개 분야(초중등, 고등, 평생직업, 교육 인프라 추구 분야)에 120개 개혁 실천안으로 구성될 정도로 방대했다. 문민정부 교육개혁은 그 공과와 무관하게 국가 수준의 종합적 교육 청사진을 제공하여 십여 년간 영향을 발휘했다는 점에서 주목되지만 학교교육의 본질적 가치 추구나 정책 실적은 미흡하다는 평가를 받아왔다.

국민의 정부는 교육개혁의 일관성 유지를 위해 문민정부 교육정책을 교육 현장에 착근하는 데 역점을 두었고, 후반부에는 국가 인적 자원 개발이라는 패러다임을 모색했다는 특징이 있다. 교육개혁위원회와 달리 새교육위원회는 전문가, 시민단체, NGO 등을 중심으로 하여 개혁이 현장에 뿌리내리도록 하는 데 주안점을 두었다. 한편, 국민의 정부에서는 자유 경쟁의 논리가 강화되고 급속화되었던 점을 지적할 수 있다. IMF로 인한 경제 부흥의 필요를 배경으로, 교원정년 단축, 2002 대학입학제도 변화, 교원 법적 지위 변화, 사학제도 개선 등의 변화를 급속히 추진하여 교육 현장과 갈등하였다.

참여정부도 기본적으로 5·31교육개혁정책안에 근거하고 있으며 교육혁신위원회에서 교육개혁을 기획하고 교육인적자원부가 집행을 하는 체제를 설정했다. 학교교육 정상화라는 기치 아래 '3불 정책'을 지속적으로 추진했으며, 교육적 가치로서 교육복지를 확대했다. 참여정부는 교육 격차 해소를 위한 정책적 노력을 시도하였고 학벌 타파 및 대학 서열화 등을 근본 문제로 파악하고 접근했다. 그러나 정책 추진을 위한 전략이 미흡했고 비판 방어를 위한 논리 개발에 시간을 많이 들임으로써, 국민의 신뢰감을 얻는 데 실패했다는 평가가 있다. 교육 공공성과 자율성 등 이념 간의 조화나 정책에 대한 이해와 광범한 공감을 이끌어내는 데 한계가 있었다.

2007년 말 이후 이명박 정부하에서 신자유주의 교육체제는 정점에 이르렀다. 이명박 정부에서는 (5·31교육개혁에서 제시되었지만) 교육 형평성, 공공성 등을 고려하여 앞선 정권들에서 시도하지 못했던 조치들이 본격화되는 것을 볼 수 있다. 교원 평가, 국가수준학업성취도 전수평가(일제고사), 정보공시제, 학교 다양화 정책, 학교 자율화 조치, 교육과정 수시 개정 등이 그것이다. '미봉(彌縫) 풀린 신자유주의'라고 할 수 있다. 이러한 이명박 정부의 교육정책은 자율과 다양성을 표방하지만, 학교자치의 민주화가 보장되어 있지 않은 상태에서 학교장 권한 강화, 입시 경쟁 체제 강화, 국영수 위주의 왜곡된 교육과정 심화, 표준화된 평가체제에 의한 획일적 통제 등 자율, 다양성, 민주화에 역행하는 효과를 초래해왔다고 비판된다. 2010년 민선 교육감 체제가 열리면서 5개 시·도에 소위 '진보 교육감'들이 등장하게 되었고 교과부와 시·도 교육청 간의 갈등이 일상화됨으로써 자율과 공공성을 둘러싼 '진검(眞劍) 겨루기'가 본격화되고 있다.

4. 결론 – '사적 자유'라는 가면의 시장주의와 그 해체

학교가 공적 체제(public system)로부터 시장(marketplace)으로 변화되는 동안 개인과 타자/사회 간의 유기적 연계는 해체되어왔다. '사적 자유'라는 또 다른 가면을 쓴 '시장주의'가 공공성을 자율성과 대립시키고, 형평성/평등성을 수월성과 대립시키면서 소유와 경쟁의 이데올로기에 명분을 제공했다. 교육 현장은 단지 소비하고 소유하고 경쟁하는 파편화된 개인들이 불안하게 떠도는 약육강식의 비정한 정글로 변모했다. 구매력에 따른 욕망의 위계가 반영되도록 학교들이 서열화되고, 보다 정확한 상품 정보 제공을 위해 일제고사라는 표준적 잣대로 위계적으로 학교의 품질을 매긴다. 이 결과는 소비자들의 구매 준거로 작동되도록 공시된다. 양화되기 어렵고 측정할 수 없는 가치들은 계산을 위해 버려지며, 학생은 더 좋은 상품으로 시장에 나가기 위해 스펙이라는 상품 명세서를 작성한다.

신자유주의적 사적 자유란 결국 시장 작동 메커니즘의 기초로, 거기에는 시장을 통해 구하려는 효율성 이외에 어떠한 가치의 개입도 원천적으로 기대되지 않는다. 시장주의가 초래한 해악은 개인/자유로부터 타자/공동체를 분리시켰다는 것이다. 사적 자유와 공적 가치가 각각 무엇의 가면이 아닌 자신의 얼굴, 즉 진면목을 찾기 위해서는 양자를 결합할 상위의 교육철학이 고민되어야 할 것이다.

수요자 중심 교육이 교육개혁의 방향으로 대세화하는 과정에서 나타난 또 다른-의도하지 않은 결과로서의-'성과'가 있다면 그것은 소위 교육의 '공공성 담론'의 성장이라고 하겠다. 국가주의적 이념에 기반한 것이 아닌 '공적 가치'로서의 공공성과 관련한 담론의 역사는 짧은 편이다. 오히려 사적 자유에 대한 담론에 비해 '신생 담론'이라고 할 수도 있겠다. 공교육이 지니는 '공공적 위상'을 재평가하고 국가의 교육적 역할을 재확인하는 논의와 국가주의적 공공성을 벗어나고자 하는 논의가 다양하게 이루어지고 있는 점은 주목된다.

한편으로는 1990년대 중반 이후 본격화된 학교 다양화 정책에 의한 위기의식으로 '공교육 강화'를 주장하는 흐름들이 있고, 다른 한편으로는 공공성 없는 국가주의 교육의 한계를 지적하고 국가 주도 학교교육 중심 체제를 대체/보완하는 '민 중심의 공공성'을 주장하는 입장들도 있다. '보편이익'의 담지자인 국가를 경유하지 않고, 시민사회의 균형만으로 공적 가치의 실현이 가능한가 하는 점은 의문이다. 그러나 이러한 주장들은 음성적 사적 열망을 정당한 '사적 자유'로 전환시키고, 실질적인 '공적 가치'를 모색하는 과정에서 고민해야 할 것이 무엇인가를 보여준다고 하겠다.

'공적'이라는 표현은 '사적'이라는 말의 대립어로서 그 범위가 포괄적이지만 '공적 가치'라고 할 때는 '공공성'을 뜻한다고 보아야 할 것이다. 이러한 의미에서 봤을 때 해방 후까지 이어진 국가주의적 공공성은 그 보편성과 개방성에 있어 상당히 제한적이었다. 보편성과 개방성은 각 개인의 자유를 전제로 한다. 각 개인의 자유를 전제로 한 공공성은 그 자유의 보편성을 존중하기 위한 기회 균등, 정의 등의 원칙을 견지해야 하며, 적극적인 시민적 (혹은 '공동체적') 가치들을 포괄해야 할 것이다.

교육권 실현의 역사에서 나타나는 자유권과 사회권 간의 갈등과 공존은 자유와 공공성의 공생이 쉽지 않음을 시사한다. 교육적 자유는 개인의 '천부인권'의 실현이지만 타자와의 공존을 전제로 하지 않으면 안전장치를 상실한 정글(jungle)로, 역사적으로 축적해온 공생의 원리들을 무효화하는 결과를 초래할 수도 있다.

국가주의로 환원된 '공적 가면' 안에서 억압되었던 사적 열망의 분출은 한편으로는 정당한 자유의 복권이다. 가면의 해체와 대면은 사적 자유의 발견임과 동시에 다른 한편으로는 공적 가치가 그 진짜 얼굴을 찾는 계기이기도 한 것이다. 국가주의로 환원되지도 않거니와 국가를 경유하지도 않는, 그러면서도 '교육이 교육답게 이루어짐으로써 공동의 선'에 이르는 철학과 방법론의 모색은 가능한가? '시민사회적 공공성'이라는 해법으로 공적 가치의 실현이 얼마나 가능할 것인가?-이러한 질문들은 사적 자유와 공적 가치가 '불편한 동거'가 아닌 '상호 보완적 공생'의 관계로 나아가도록 하는 과정에서 매우 필요한 것들이다. 사회적 정의와 공공성 논의를 위해 칸트에게서 해법을 찾는 일본의 마르크스주의자 가라타니 고진[柄谷行人]의 주장은 공적 가치와 사적 자유의 결합 문제에 시사점을 준다.

현재의 윤리학에서 우세한 것은 칸트(Kant)가 부정한 공리주의이다. 공리주의는 선을 이익이라고 하여, 계산할 수 있는 것처럼 간주하고 있다. 그 때문에 윤리학은 경제학으로 환원된다. 물론 그것은 자본주의 경제를 긍정하는 입장에서 생각된 것이다. 그에 비해 칸트로 돌아가 생각한 롤스(Rawls)는 사회적 정의를 주창했다. 그러나 그것은 누진과세에 기초한 부의 재분배로 사회적 불평등을 해소한다는 것이며, 기껏해야 복지국가 또는 사회민주주의 원리를 제공할 뿐이다. 그것은 공리주의를 넘어서는 것이 아니다. 거기서는 "타자를 수단으로서만이 아니라 동시에 목적으로 대하는" 사회로의 지향이 결여되어 있다.

진정한 사회 정의를 찾기 위해서는 스스로 자유로워지는 동시에 타자를 목적(자유로운 존재)으로 대하고자 하는 적극적 윤리가 필요하다고 강조한다. 개인의 자유와 타인의 자유를 함께 존중하는 이러한 관점은 자유와 공공성의 문제를 대립시켜온 논쟁에 시사점을 준다.

'공적 가면(국가주의)'의 해체 또한 '공공성'이 '자신의 내면적 행위의 준칙'이 될 때, 즉 자기 자신의 본얼굴이 되어 사적 자유와 겉돌지 않을 때 비로소 가능해질 것이다. 개인적 자유와 공공성이 대립하지 않고, 공공성이 각자의 자유를 실현하는 기반으로 이해될 때 사적 자유와 공적 가치 간의 조화는 가능해질 것이다. 개인의 자유는 타인의 자유를 전제로 해야 한다. 공적 가치가 국가주의로부터 벗어나 제 모습을 찾아가야 하듯이 사적 자유 또한 시장주의가 만들어내는 착시와 결별해야 한다. 개인의 자유를 실현하는 것이 모두의 자유와 배치되지 않는, 적극적인 사회 원리와 교육 철학이 요구된다. 국가주의와 이기주의(시장주의) 사이에서 실종된 공공 영역을 바로 세워가야 한다.

참고문헌

- 강인수(2002), 「고등학교 평준화제도의 헌법 적합성 검토」, 『교육행정학연구』 20(4), 23~54쪽.
- 강현철(2004), 「교육수요자법제에 관한 연구」, 『법제연구』 27, 283~306쪽.
- 김경미(1998), 「갑오개혁 전후 교육정책 전개과정 연구」, 연세대학교 박사학위 논문.
- 김종엽(2009), 「교육에서의 87년 체제: 민주화와 신자유주의 사이에서」, 『경제와 사회』 84, 40~69쪽.
- 김진만(1964), 「군정이 교육에 남긴 발자취」, 『새교육』 16(2).
- 김철수(2002), 「고교 평준화는 위헌이다」, 『동아일보』, 2002. 2. 17쪽.
- 나병현(2004), 「공교육의 의미」, 황원철 외, 『공교육』, 원미사.
- 박도순 · 김용일 · 성병창 · 이윤미 · 김영석 · 김상무(2007), 「한국 교육개혁의 평가와 대안탐색연구」, 교육인적자원부 정책연구보고서.
- 배성룡(1956), 「특권의식의 교육의욕」, 『새교육』 8(3), 34~42쪽.
- 송흥국(1948), 「공민교육에 대하여」, 『새교육』 1(2), 38~39쪽.
- 신현직(1990), 「교육기본권에 관한 연구」, 서울대학교 법학과 박사학위 논문.
- 오성철(2000), 『식민지초등교육의 형성』, 교육과학사.
- 오태진(1994), 「한국 근대 교육권 사상의 형성에 관한 연구」, 고려대학교 박사학위 논문.
- 윤성로(1949), 「건국과 교육」, 『새교육』 2(3), 80~83쪽.
- 이만규(2010), 『다시 읽는 조선교육사』, 살림터.
- 이성무(1994), 『한국의 과거제도』, 집문당.
- 정선이(2002), 『경성제국대학연구』, 문음사.
- 정유성(2006), 「국가주의 의무교육 비판연구」, 『사회과학연구』 14(2), 80~106쪽.
- 정재걸, 이혜영(1994), 『한국 근대 교육 100년사 연구』, 한국교육개발원.
- 정태수(1988), 「독자적 교육법리로서의 교육권론」, 『교육법학연구』 1, 1~26쪽.
- 조석훈(2006), 「학부모교육권의 내용과 한계」, 『교육행정학연구』 24(3), 367~390쪽.
- 주요섭(1931), 「의무교육 면제는 조선아동의 특전: 세계초등교육 개황을 논하야 조선현상을 곡함」, 『동광』 20, 61~72쪽.
- 최규남(1956), 「교육으로써 국난을 타개하자」, 『새교육』 8(2), 8~11쪽.
- 『새교육(1963. 6)』, 권두언-「의무교육 삼년반론」.
- 연합뉴스(2002. 3. 19), 「경기도 의왕시 중학교 졸업생 학부모 위헌제소」.
- Chang, H.(1971), Liang Ch'i-Ch'ao and the intellectual transition in China, 1890-1907. Cambridge: Harvard University Press.
- Condorcet, Marqui. 장세룡 옮김(2002), 「공교육5론」, 『인간정신의 진보에 관한 역사적 개요』, 책세상.
- Fanon, F., Black skin, white masks. 이석호 옮김(1998), 『검은 피부, 하얀 가면』, 인간사랑.
- Pusey, J. R.(1983), China and Charles Darwin. Cambridge: Harvard University Press.
- 가라타니 고진[柄谷行人], 송재욱 옮김(2005), 『트랜스크리틱: 칸트와 마르크스 넘어서기』, 한길사.

공교육의 **이상과 현실**
-**미국, 독일, 영국**의 **시사점**

유 성 상 · 유 진 영

1. 공교육, 어떻게 질문할 것인가?

공교육이란 일반적으로 '공공성이 있는 교육, 공적 성질을 지닌 교육'으로 '국가와 공공단체가 설립·경영하는 국공립학교교육', '국가 수준에서 제도적으로 확립되고 법률의 통제를 받는 교육 혹은 이보다 확대된 개념으로 국가가 공적으로 제공하는 모든 형태의 교육'으로 개념화되고 있다. 모두 '공교육'의 개념을 이야기하고 있지만, 어떤 교육활동을 포함하고 있는가(혹은 포함할 수 있는가), 혹은 배제하고 있는가(혹은 배제할 수 있는가)라는 측면에서 딱히 합의된 것은 없어 보인다. 그럼에도 불구하고 ①공교육은 공적인 것으로 공공성을 지니며, ②그 자체로 공익, 즉 공공선을 추구해야 하고, ③법률에 의하여 보장되는 것으로 성격이 지어진다. 그리고 공교육이 형성되어온 역사적 과정에서 국가나 개인에 의해 요구 혹은 기대되고 있는 공교육의 이념은 보편적이고, 평등하며, 국가의 의무로서 무상 실시되어야 하는 제도이고, 전문성을 갖춘 것이어야 한다.

　이상에서 제기한 공교육의 개념과 성격, 이념에 대한 논의가 이어져왔지만 '공교육이란 무엇인가'라는 질문은 '교육이란 무엇인가'가 갖는 포괄적이고 논쟁적인 성격을 그대로 안고 있다. 이 질문에 어떻게 대답하는가에 따라 공교육을 둘러싼 다양한 질문(예를 들어 공교육의 이상은 존재하는가?, 공교육의 이념은 무엇인가?, 공교육의 형성과정은 어떠한가?, 국가별 공교육은 어떤 차이를 보이고 있는가?, 공교육은 어떻게 구현되고 있는가? 등)에 따른 답변이 달라진다. 질문을 어떻게 던지는가에 따라 다른 답변을 듣게 되는 것이 당연하지만 복잡한 실타래처럼 엉켜 있는 우리나라의 교육현상을 '교육'과 '공교육'의 틀로 읽어내고 합의할 수 있는 수준의 답변을 기대하기는 어렵다. 그만큼 질문의 명확성과는 관계없이 한국의 '교육'과 '공교육'에 대한 견해 차이는 아주 크다.

　그러나 뭔가 명쾌한 답변을 듣기 어렵다고 해서 당장 질문하기를 그치거나 혹은 학문적 담론의 복잡함 때문에 해답을 찾아가는 과정을 뛰어넘을 수는 없는 노릇이다. 1998년 한창 한국 사회를 잡아끌었던 '학교 붕괴' 담론이라든지 사교육 팽창과 힘에 밀려 고전을 면치 못하며 내던지는 '교육력 회복', '공교육 살리기' 그리고 교사와 학생 간의 관계 회복을 외치면서 내뱉는 '공교육의 위기'라는 말 속에서 '교육'과 '공교육'의 개념적·근본적 쟁점을 다시 돌아보아야 한다.

　이를 위하여, '도대체 공교육은 무엇인가?' 그리고 '공교육은 교육이라는 말과 어떻게 다른가?' '공교육을 주어진 하나의 조건이라고 한다면 공교육이 추구하는, 궁극적 도달점, 즉 '이상'은 무엇인가?' '과연 그것이 존재하기는 하는가?' '공교육의 이상을 실현해내기 위한 이념들은 무엇인가?' '이를 실현해내기 위한 현실의 과정은 어떠한가?' 등의 질문을 다시 제기할 수 있다.

　이 장에서는 한국의 학교교육에 던져지는 수많은 비판과 질문의 핵심에 '학교교육은 공교육 이념인 공익과 평등을 실현하는 데 충실해야 한다.'는 명제가 존재한다고 보고 미국, 독일, 영국의 공교육 개혁 과정에서 적절한 시사점을 찾고자 한다. 공교육을 시작하고 대중을 위한 공교육 시스템을 일찍이 발전·전파해온 국가들이 공교육을 무엇이라고 인식했었는지, 지속된 교육개혁의 역사 속에서 지켜내고자 했던 공교육의 본질은 무엇이었는가를 돌아봄으로써 학교교육을 둘러싼 얽히고설킨 질문을 통해 한국 교육의 희망을 이야기하고자 한다. 한국의 공교육을 비판적으로 검토하는 일, 즉 공교육의 이상을 되돌아보는 것은 단순히 교육과정을 새롭게 하고, 교육방법을 선진화하고, 평가방법을 정밀하게 하는 것 이상의 작업이다. 이런 측면에서 공교육의 이상을 돌아보고, 목적에 충실한 공교육의 상을 제시하는 것은 진정한 한국 교육의 혁명을 이야기하기 위한 전제이자 중요한 토대이다. 이런 점에서 대한민국 교육혁명은 곧, '공교육의 이상'을 오늘날 되살리기 위한 교육운동으로 읽혀야 할 것이다. 이것이 곧 새로운 희망 교육의 시작점이 될 것이다. 여전히 공교육의 목적을 어떻게 실현해나갈 것인가에 대한 방법론상의 쟁점은 존재하지만, 공교육의 중요한 특성으로서 공공성을 지켜가기 위한 교육개혁의 중요한 흐름을 미국, 독일, 영국의 사례를 통해서 확인할 수 있을 것이다.

2. 미국 공교육의 역사와 개혁

미국은 영국 식민지령이었던 시기에 1642년과 1647년의 매사추세츠 교육령을 제정함으로써 최초의 의무교육법제를 마련한 것으로 알려져 있다. 이는 부모와 자녀에게 교육의무를 부과하고 교육행정청에게 감독권을 부여하며 주민들에게 교육세를 부과하여 무상교육을 실시하도록 한다는 내용을 담고 있다. 그러나 미국 독립 이전의 학교교육은 영국의 전통에 따른 그래머

스쿨(Grammar School)로 대표되는 사립학교교육이 대부분이었다. 모든 사람들이 굳이 학교에서 배워야 할 필요도 없었고 특별히 여성의 경우에는 굳이 가르쳐야 할 사회적 필요를 느끼지 않았다. 성인 남성에게 요구되었던 식자(識者)로서의 능력은 신문과 성경을 읽을 수 있고 세금과 관련된 돈을 계산할 수 있는 정도였다. 이런 상황에서 학교교육은 하나의 사치로 여겨졌다.

토머스 제퍼슨이 제안한 것으로 여겨지는 미국의 공교육 아이디어는 이러한 맥락에서 '정도를 넘어선 급진적 사상'으로 받아들여졌다. 그래봐야 토머스 제퍼슨은 헌법의 초안을 작성하면서 모든 미국민들이 자신의 능력에 따라 교육을 받을 수 있도록 해야 하며 학교교육을 통한 민주적 시민의식을 키움으로써 하나의 국가로서 미국을 만들어가야 한다고 강조했을 뿐이다. 두 번의 의회 표결에서 거부될 정도로 당시의 '공교육'에 관한 논의는 실현되기 어려운 '이단적 사상' 취급을 받았다. 그럼에도 불구하고 미국 헌법은 민주 시민교육을 포함한 모든 미국민들의 평등한 교육 기회 보장을 담은 연방헌법을 제정함으로써 향후 공립학교교육의 기초를 마련할 수 있었다. 물론 이러한 공교육 아이디어가 바로 실현되지는 않았다. 학교를 세우고 운영하기 위해 세금을 더 내야 한다는 점과 평등한 학교교육의 수혜자로서 '미국민'에 대한 정의가 깔끔하게 정리되어 있지 않았기 때문이다.

미국 공교육의 역사는 보통학교(Common School)에서부터 출발하고 있다. 보통학교는 주나 시정부의 예산에 의해 운영된다기보다는 지역민들의 교육세로 설립되고 교육위원회에 의해 운영되는 방식을 취하고 있다. 그렇다 보니 교육과정이 통일되어 있지도 않고 교사의 수준 또한 일정하지 않았으며 그 자격이라는 것이 명확하게 성립되어 있는 것도 아니었다. 학교 시설의 수준이나 교육 결과에 대한 책무성 또한 명확하게 제시되어 있지 않았다. 차이가 있다고 하지만 단일 교실에 다양한 연령대의 학생들을 모두 수용하여 한 명의 교사가 서로 다른 내용을(혹은 같은 내용을) 가르치는 식이었다. 보통학교는 사립학교와 공립학교의 중간적인 성격을 띠지만 내용 면에서는 사립학교에 좀 더 가까운, 다시 말해 운영 면에서는 공립학교에 좀 더 가까운 것이었다.

19세기 중반까지의 보통학교는 매사추세츠 주의 교육위원회 위원장이었던 호레이스 만(Horace Mann)에 의해 발전의 계기를 맞게 되었다. 이 당시 미국민들은 학교교육을 그리 긍정적이라 여기지 않았는데, 그 이유는 학교교육이 청교도적 기독교 신앙에 반하는 세속화를 가져올 것이라 염려했기 때문이었다. 이 점에서 호레이스 만은 신실한 청교도로서 학교교육이 기독교에 기반을 두어 확고한 애국민주 시민을 길러내는 중요한 수단임을 강조했다.

무상의무교육이라는 공교육체제는 미국의 주 및 지방교육체제가 안정적으로 자리 잡고 주정부의 공교육에 대한 예산 확보와 더불어 보다 구체적인 공립학교로 실현되어왔다. 초등학교 수준의 무상의무교육이 전국으로 확대되는 과정 중 1874년에 이르러 미시간 주에서 처음으로 중등학교 무상교육이 시작되었다. 당시 공립학교교육을 두고 벌였던 핵심적 논쟁은 세금으로 학교교육을 하는 것이 타당한가 하는 점이었고, 곧이어 무상의무교육의 수혜 대상인 공립학교의 범위가 어디까지인가가 쟁점이 되었다. 사실 아메리카 대륙 원주민들의 의지와는 상관없이 정착한 영국계 이주민이 독립국 미국의 국민으로 정체성을 형성하는 것이 절실한 상황에서 학교교육은 절대적 가치를 지닌 것이었다. 그러나 이후 아일랜드, 스코틀랜드, 독일, 이탈리아, 프랑스, 중국 등의 집단 이주민들이 유입되고, 기독교 국가로서의 미국적 가치가 다른 종교 특히 가톨릭 및 기타 소수 종교와의 집단 정체성 형성 과정에서 생기는 긴장과 갈등을 피할 수 없었다. 학교교육에 있어 무엇이 국가적 가치여야 하는지, 신생 독립국 미국의 집단 정체성을 형성할 수 있는 교육 내용은 무엇이어야 하는지, 이를 위해 무엇은 포함하고 무엇을 포함해서는 안 되는지에 대해 지루한 싸움이 이어졌다.

노예로 강제 이주했던 흑인들은 초기 공립학교 논쟁에서 그다지 중요한 고려의 대상이 아니었다. 하지만 노예 신분에서 자유로워진 흑인 수가 늘어나고, 이들 또한 교육에 대한 열망으로 지역에 따라 학교를 설립해가면서 흑인 또한 공립학교교육의 대상으로 포함시키지 않을 수 없었다. 문제는 흑백 간의 사회·문화·경제적 격차가 워낙 컸고, 피부색에 따른 차별이 노골적으로 이루어지는 미국 사회에서는 공립학교 교육체제에 고스란히 흑인에 대한 차별정책이 반영되었고, 곧 별도의 학교 운영이라는 배제 전략이 이어졌다. 학교교육을 둘러싼 흑백 간의 갈등은 1946년 보스턴 교육위원회에 제출된 인종차별 폐지 청원서 제출, 1955년 매사추세츠 주의 학교 내 인종분리 폐지 법안 통과, 1896년 미 대법원의 인종 간 분리가 평등성을 보장한다는 이유로 학교 분리 정책 승인, 그리고 1954년 연방대법원이 '브라운 대 교육위원회' 사건을 통하여 인종분리 정책이 미 공립학교에서 폐지되는 단계로 발전했다. 실제 100년 가까운 법정 소송을 통해 미국의 대표적 가치라 여겨지는 '공평한 기회에 터한 능력 발휘'가 학교교육에 자리할 수 있는 터전이 마련되었다. '브라운 대 교육위원회' 사건에 대한 1954년도 연방대법원의 판결은 주지사들의 공식적 저항에 부딪히며 완전히 실현되지 않았고, 이로써 미국 공립학교의 진정한 가치가 무엇인가에 대한 의문을 던졌다.

이상의 미국 공립학교 역사는 공교육에 대한 중요성을 국가가 인지하고 공동체에 의해 구체화되고 개인 수준의 선택적 참여로 이어지면서 발전해 온 것임을 알 수 있다. 연방국가로서의 미국은 여전히 주정부를 가장 중요한 정책 결정 단위로 삼고 있기 때문에 미국이라는 연방정부의 교육정책이 단위 학교의 개혁과 혁신을 가름하는 핵심 의제라고 보기는 어렵다. 세금을 부담하는 주민(州民)들의 자기 이해관계에 기반을 둔 파당적 요구와 정책 이행 과정에서의 저항은 '이상적 공교육의 아이디어'가 결코 역사적 과정으로 당연히 실현되리라는 기대를 축소시킨다.

미국 공교육의 역사에서 1980~2000년대는 '교육개혁의 시대'로 불린다.

모든 미국 시민이 신분에 구애받지 않고 시민으로서 갖추어야 할 능력을 공평하게 교육받을 수 있도록 했던 제퍼슨의 공교육 아이디어는 이러한 교육개혁의 시대를 가로지르며 여전히 현재 진행 중이다. 공교육의 이상에 부합하는 큰 발전이 있었지만 여전히 이루고 갖추어야 할 도전 과제가 남아 있다. 성취와 도전이 이루어져온 지난 시기 동안 미국의 공교육은 '공평한 기회에 터한 능력 발휘'가 가능할 수 있는 공간으로서의 학교는 '학교란 무엇인가', 그리고 '학교는 무엇을 하는 곳이어야 하는가'라는 질문에 대한 다양한 답변이 정치적 이슈와 연계되면서 '학교의 기능'과 '학교 비판'으로 연결되었다. 우선 학교교육은 사회적 '차별'을 재생산하는 공간으로 인식되었으며 이를 바꾸기 위한 인종 간 통합, 성별 통합, 장애아 통합, 지역 간 통합을 개혁의 주요 주제로 다루어졌다.

또한 학교교육을 통하여 학생들의 지식 습득을 강조하는 시각과 비판적인 사고력과 생활 역량을 키워야 한다는 시각이 각각 학교의 교육과정을 어떻게 설정하고 그에 따른 교수방법을 어떻게 관련지어야 하는지를 결정짓는 혁신 방안을 내놓고 있다. 특히 ICT가 발달하면서 교육방법의 혁신이 곧 교육개혁의 초점이라고 보는 시각이 존재하고 있는데 이는 전자의 입장을 잘 보여준다. 학업성취도, 즉 학교에서의 교수-학습 결과를 어떻게 평가하고 이를 학교교육의 혁신으로 연결할 것인가 하는 문제는 교육개혁의 핵심적 사안이었고 앞으로도 가장 큰 관심을 끌 교육개혁의 화두이다. 문제는 '누구를 대상으로' '무엇을' '어떻게' '얼마나 자주' 평가할 것인가에 있어서 일치된 사회적 합의가 존재하지 않는다는 점이다. 또한 평가 결과를 어떻게 이후의 교육개혁과 혁신 방안과 연결 지을 것인가라는 점 또한 그다지 명료해 보이지 않는다. 이런 상황에서 연방정부 차원의 큰 청사진으로서 '교육개혁'은 미국민들의 지역 간, 집단 간, 문화적 공동체 간 신뢰를 얻지 못하고 있다. 특히 자유주의적 자본주의의 발전으로 이해되고 있는 미국 사회

에서는 교육 또한 사고 팔 수 있는 소비재의 일환으로 여기면서 학교교육의
성과 또한 시장 경쟁 논리에 따른 경제적 효율성과 효과성의 잣대로 설명되
는 상황까지 벌어지고 있다.

3. 독일 공교육의 역사와 개혁

독일에서 국가의 교육 관여는 16세기 루터의 종교개혁 이후 시대에 따
라 다양하게 이루어져왔고, 근대적 의미에서 공교육의 시발은 19세기 중반
이후에 초등학교 의무화가 독일 영방 국가들에서 산발적으로 나타나기 시
작하면서 찾아볼 수 있다. 공교육제도가 이루어질 수 있었던 역사적 기반은
1806~1807년 나폴레옹 군대에 의해 괴멸적인 패배를 당하고 나서 프로이센
의 지도자들이 개혁에 착수한 데서 주목할 수 있다. 프랑스군으로부터 해방
되고자 펼친 전반적인 개혁 가운데, 철학자 피히테(1762~1814)는 1807~1808
년 베를린에서 「독일 국민에게 고함(Reden an die deutsche Nation)」을 발표하
여 이러한 교육의 철학적 기반을 마련했다. 그것은 새로운 교육은 인간 자체
를 새로 형성하는 것으로서, 특정한 계급의 사람들뿐만이 아니라 독일 국민
모두에게 실시되어야 하며 학자를 양성하는 것이 아니라 인간을 만드는 교
육이라는 것이었다. 이러한 새로운 교육의 구상은 국민교육이라는 측면에서
빌헬름 폰 훔볼트가 페스탈로치의 교육 이념에 입각하여 3단계 학교 제도, 즉
초등학교-김나지움-대학이라는 교육체계의 기초를 삼는 데 영향을 끼쳤다.

그런데 오늘날의 독일의 공교육, 의무교육제가 실시된 것은 독일이 정치
적으로 하나의 통일체를 형성한 독일제국 시기(1871~1918)였다. 수상인 비
스마르크가 교회와의 싸움인 '문화투쟁(Kulturkampf)'에서 승리함으로써 프로
이센에서는 학교교육의 권한이 국가로 이양되었고, 이로써 독일제국의 영방

국가들에서 초등학교 취학 의무화 규정이 실시되게 되었다. 즉 국가가 교육 권한을 갖고서 국민에 대한 의무교육화를 추진, 공교육제도를 확립해갔다. 1차 대전 후 1919년 1월 19일 세워진 바이마르 공화국의 헌법 제146조 제1항은 공립학교는 모든 사람들이 다닐 수 있도록 제도화되어야 한다고 선언했다. 그러나 1933년 말부터 급속히 전체주의 국가로 바뀌면서 나치 시기에는 교육의 국가 종속화가 전면적으로 드러났으며, 당시 국가교육의 이상은 나치가 원하는 인간상을 구현하는 것이었다.

제2차 세계대전(1933~1945년)이 끝나고서 서독(1949~1989)은 과거 청산과 새로운 국가 건설에 합당하게 교육개혁에서도 박차를 가했다. 1955년 2월 17일에 각 주의 총리들이 문화정책을 통일하기 위해서 뒤셀도르프에서 회의를 열었고, 이 회의에서 유명한 '뒤셀도르프 학교 협정(Düsseldorfer Schulfriede)'이 맺어졌다. 그래서 오늘날의 독일 학교 규정이 되는 내용들, 예를 들어 학교의 개학일을 4월 1일로 통일, 초등학교는 4년으로 한다는 내용 등이 정해졌다. 그 이후 1959년의 '독일 교육제도 위원회'의 '보통교육 공립학교제도의 개조와 통일에 관한 계획안'과 1964년의 함부르크 협정(Hamburger Abkommen)을 통해 독일에서는 능력에 따른 교육 기능의 균등화를 도모한다는 미명하에 전통적인 학교제도를 원칙적으로 견지하는 오늘날까지 이어지는 공교육체계가 자리 잡게 되었다.

1970년 4월, 서독의 교육심의회는 '교육제도의 구상'을 공표하고, ① 취학 전(3, 4세)의 교육 확대, ② 5세 아동의 입학, ③ 기초학교의 개편, ④ 의무교육 연한의 1년 연장(10년으로) 등의 교육개혁을 실시하였다. 이뿐만 아니라 종래의 복선형 학교제도에 대한 대안으로서 종합제학교(Gesamtschule)의 설립을 시도했다.

1990년 3월에 동독과 서독의 재통일이 선포되면서 연방공화국이 동·서독 영토 전체에 대해 완전한 주권을 행사하게 되었다. 교육제도는 연방헌법

7조 1항(Art. 7 Abs. 1 Grundgesetz)에 따라 전체 학교제도는 국가의 감독을 받고, 이 범주 안에서 연방주들은 교육자치권(Kulturhoheit)을 가지며 각 주의 학교에 대한 책임을 지고 있다.

그러나 최근 2002년에는 OECD 학력평가인 PISA에서 독일 학생들이 저조한 성적을 보인 이후 독일 교육제도의 질적 향상을 위한 공교육 차원의 제도적 개혁이 논의되었다. 이러한 결과의 배경으로는 여러 가지가 지적되지만, 주로 1960년대 이후 받아들인 이민자 집단의 자녀들에게서 그 심각성이 대두되고 있다. 특히 터키계와 러시아계 이민 가정 출신 청소년들의 학습 수준이 매우 낮다는 결론으로부터 독일 취약 집단을 위한 교육 지원 정책이 많이 나왔다. 그래서 우선 학력 신장을 지원하기 위해 반나절 학교만 하던 독일의 학교제도에 전일제 학교(Ganztagsschule)가 도입되었다. 오전 수업만 하던 전통을 깨고 전일제로 운영하도록 정부가 지원하여 2003년부터 2009년까지 미래 교육과 돌봄(Zukunft Bildung und Betreuung, IZBB) 프로그램으로 8,200여 개의 학교가 지원을 받았다. 둘째, 사회도시정책(Stadtteile mit besonderem Entwicklungsbedarf – Soziale Stadt, Soziale Stadt)은 취약 지역의 사회·정치·경제적 낙후 가속화를 방지하기 위해서 구역 매니저가 지역 주민과 함께 관리하는 정책이다. 1999년 시작해서 2010년 375개의 코뮌에 603개 지역이 참가하고 있다. 셋째는 히피 프로그램(home instruction for preschool youngsters, HIPPY)으로 4세 이상의 아동이 있는 12~15가정을 한 단위로 묶어 2년간 방문하여 부모의 양육 능력을 개발, 아동의 취학 과정에서의 어려움을 해소하기 위한 정책이 시행되었다.

또한 취약 집단의 직업교육을 지원하기 위해서 연방정부와 주정부는 공동위원회(BLK)를 설립하고 주정부나 지역 차원에서 촉진연합(Das Förderband), 학습소 연대, 스파르타쿠스 프로젝트, 모듈 형식 자격증 획득과 같은 다양한 프로젝트를 지원하고 있다. 이외에 최근의 교육개혁으로 개별적 고등학교 졸업시험(아비투어)보다는 대부분의 주정부가 주관하는 중앙 아비투어를 도입하였고, 게다가 수업 보장 정책이 실시되면서 교원의 병가 등으로 인한 수업 결손 발생 시 퇴직교원 등을 동원하는 일이나 중요한 변화로서 유럽의 고등교육 입학 시기를 맞추기 위해 주정부의 결정에 따라 전통적인 13학년 제를 폐지하고 12학년제(2012년까지 공동)를 도입하였다.

이상에서 본 바와 같이 독일의 공교육제도는 시기별로 정치적 환경과 당대 사회가 추구하는 교육 이상에 따라 변화되어왔다. 유럽에서 공교육제도가 가장 일찍 시행되었던 독일은 두 번의 세계대전과 분단국가라는 엄청난 역사적 과제를 겪으면서 이처럼 지향하는 공교육의 방향이 수시로 변화하였다. 그렇다고 하더라도 오늘날의 독일 교육제도에 깊숙이 내재해 있는 틀은 18, 19세기 시기의 교육적 이상과 독일제국 시기에 형성된 복선형 제도에서 이어져오고 있음을 볼 수 있다. 즉 공교육의 틀은 여러 번 바뀌었음에도 그 안에 들어 있는 교육을 통한 독일인의 정체성 형성이라는 교육의 내용은 오늘날까지 독일의 교육제도가 꾸준히 지속될 수 있었던 하나의 중요한 근원이 되어왔다. 이는 일제강점기와 미군정기를 거치면서 전통적인 교육과 단절되었던 우리나라가 현재의 교육 문제에 그때그때 임기응변으로 대처하고 있는 것과 대조적인 모습을 보인다.

독일의 최근 공교육 개혁은 현장 중심의 정책으로 실제 취약 계층 아동·청소년 및 가정에게 많은 혜택을 주고 있다. 정권에 따른 정치적 의견차에도 불구하고 자국의 사회보장제도의 기본 노선을 유지하는 독일에서는 최근의 이처럼 '이주민'에 따른 교육 문제에 대한 공교육적 처방을 신속히 내놓고 있다.

세 번째로, 영국의 공교육 역사와 공교육 개혁의 시사점에 대해서 살펴보고자 한다.

4. 영국 공교육의 역사와 개혁

영국의 산업화와 교육은 세계 어느 나라보다 일찍 발달했으나 국가 주도 하의 국민 교육은 유럽의 여타 다른 국가보다 늦게 발달하였다. 19세기 말까지 영국 정부의 학교에 대한 입장은 국가는 존재하지만 간섭하지 않는다는 아담 스미스(Adam Smith)의 자유방임주의에 기초하고 있었다. 국가가 국민 교육에 간여하기를 꺼려한 것은 국가가 교육을 통제하면 학교교육의 획일화를 초래하게 된다는 생각과 국가 주도의 교육은 자유로운 인간의 성장 대신에 규격화된 인간이 되기 쉽다는 이유 때문이었다. 그래서 공교육보다는 산업화의 발달과 함께 노동대중을 위한 교육이 더 발달되었다.

하지만 1902년 국가가 국립중등학교를 설립하면서 전반적 교육행정 체계 수립의 계기가 마련되었다. 1902년의 영국 보수당의 교육법으로 지방교육 행정의 강화와 공립중학교 확충의 기초가 만들어졌고, 특히 1918년의 교육법과 1922년 노동당이 제시한 '모든 사람에 중등교육을(secondary education for all)'이라는 강령을 통해 중등교육제도가 정비되었다.

교육제도의 기본은 1944년 법이 제정된 후 수차례 수정을 했지만 대강(大綱)은 보존되었다. 의무교육은 5세부터 16세까지 11년간(1971년 이전에는 15세까지)이다. 공립학교 체계는 대체로 11세를 기준으로 개혁의 방향을 세우고 있다. 영국은 교육 내용에 대해 심하게 통제를 하지 않는 나라로서, 교과서의 검정도 없으며 교과서 채택도 학교의 자주성에 맡겼다. 그러나 교육과학성(Department of Education and Science)이 정한 학력 표준 및 지도표, 장학관의 지도 조언, 특히 현장 교사의 양식(良識) 등이 초·중등학교 교과 내용 편성에 큰 영향을 주었다. 1950년 후반부터 영국 교육은 대 개혁기를 맞아 유아교육 시설의 확충, 중등학교의 종합화와 의무교육 연한 1년 연장, 고등교육의 대규모 발전계획 등이 세워졌다.

산업혁명의 발상지이며 20세기 세계적 강대국이었던 영국은 1970년대 들어서자 산업전반에 걸쳐 경쟁력이 급격히 떨어지고 결국 1970년대 말 IMF 구제금융 지원을 받게 되었다. 심한 경제적 불황으로 대량 실직 및 실업사태가 난무하며 1979년 집권한 대처 수상은 교육을 통한 국가 경쟁력 회복을 선언하였고, 전통적 학문 중심의 학교교육을 직업 · 기술 교육으로 전환하면서 대학교육에서의 질적 통제를 강화해왔다. 이후 1988년 교육개혁법은 지역 교육당국의 권한을 대부분 거두어들여서 중앙 정부로 대폭 이관하였다. 그 이유는 지방 교육당국에 맡겨둔 학교교육 목표와 비전이 표류하고 특히 국제적인 비교에서 영국 학교의 성취가 낙후되고 있기 때문이었다.

1988년 교육개혁법은 영국의 교육철학부터 교육제도, 수업방법에 이르기까지 영국 교육을 근본적으로 바꾸었다. 교육개혁법 제4장 제52조에 초 · 중등학교는 중앙 정부로부터 직접 지원을 받는 재정 지원 학교(GMS : Grant maintained school)에 지원할 수 있고, 이를 통하여 지방 교육당국의 감독을 완전히 벗어날 수 있게 되었다. 또 지역 경영학교(LMS: Local Management School)라는 개념이 도입되어 모든 학교는 지역 교육당국의 재정 통제에서 벗어나 학교장과 운영위원장이 재정에 대한 직접적인 통제권을 갖도록 했다. 이처럼 법 개정을 통하여 학교가 지역 교육부에서 멀어지게 하여 결국은 학교가 교육부의 통제를 받게 되었다. 1988년 교육개혁법 이후 2007년 전체 유· 초 · 중등학교 3만 3,892개 중 92% 이상인 3만 1,244개교가 정부 직할인 GMS(Grant maintained school), 'State School'이라는 명칭을 사용하고 있다. 이 학교가 국립학교(State School)로 인식되면서 동시에 사립학교는 공립학교(Public School)로 불리게 되었다. 이러한 체제 변화와 함께 1988년 교육개혁법은 국가교육과정의 도입, 학부모와 학생의 학교 선택 자유, 학교의 성적과 순위 공개 등 시스템 변화를 통하여 학교 경영의 자율을 보장하는 동시에 책임성을 요청하였다.

고등교육개혁에서도 개혁 변화가 일어났는데 영국 정부는 21세기의 고등교육의 장래를 진단해보고자 「디어링 보고서(Dearing Report)」라 불리는 이 위원회의 제안을 받아들여 1998년부터 대학교 수업료의 수익자 부담 원칙이 도입되었다. 그 내용은 대학교 전일제 학부 학생에 대해 그동안 면제되었던 수업료를 이제부터는 부모의 가계 수입에 기초해서 3등급으로 부담해야 하며 생활보조금은 1999년부터 전면 폐지되었다.

영국 교육이 갖고 있었던 개인의 자아실현이라는 오랜 교육철학적 전통은 20세기 들어 시대적 요구에 따라 수정안을 통해서 점점 더 국가의 필요에 맞는 교육적 제도로 변화되었다. 이는 공교육 개혁이 교육 그 자체로서의 개혁뿐만이 아니라 국가의 생존과 경쟁력 확보라는 차원에서 이루어지고 있음을 드러내는 것이다.

영국 공교육제도의 변화에 대한 최근의 관심은 1980년대와 90년대 이후부터 더욱 증폭되었다. 1988년의 교육개혁법과 함께 이후의 노동당의 교육정책이 현재 영국 교육에 끼친 영향이 크기 때문이다.

이러한 교육개혁에 대해 비판의 목소리가 높아가고 있는데 그것은 1988년 교육개혁법의 결과가 그 이전의 전통적인 방식과 너무나 달랐기 때문이다. 이전의 교육은 '공장이나 국가의 요구에 의해 따르도록 훈련받는 로봇'이 아니라 인간을 형성하고자 하는 '가정 교육'에 기반을 두고 있었다. 복지국가라는 사회적 풍토 속에서 주입식 교육을 부정하였고 아이들이 여러 경험을 통해 배운다는 활동주의 교육법을 추진시켜 아이들의 상황에 따라 실질적으로 평등한 교육을 추구해왔다. 그러나 교육개혁법 이후 1997년 5월 보수당을 누르고 노동당이 승리하면서 당수였던 토니 블레어는 대처 수상 때의 교육철학을 이어받아 능력 경쟁의 장으로 바뀐 학교와 교육정책이 그대로 인계되었다. 그래서 당시까지 시험과 무관했던 노동자계급까지 경쟁으로 끌어들였고, 시험을 위한 공부가 학교를 지배하고 학교 간의 우열을 정하기 위한 '학교 순위표'가 도입되었다. 이러한 과도한 성과주의는 교실을 침묵하는 장소로 만들고, 교사·교장이 되려는 자들이 줄어드는 현상이 발생하였다. 또한 학교선택제가 도입되어 경쟁 원리에 기초하여 학교의 다양화로 아이들도 학교도 서열화되어 자유로운 선택이 사실상 불가능해졌다. 이는 전체적으로 다양성과 다문화를 무시하고 신자유주의 시대의 경제 발상에 맞는 무한 경쟁 체제로 교육제도를 들어서게 했기 때문에 생긴 결과였다.

국가는 노동당이 집권한 1990년대 이후부터 사회 저소득층 지역, 가족·학교·아동들에 대한 지원이 대폭 확대되었다. 그러나 지원 시스템이 매우 복잡하고 표준이 없어 각종 사업들이 현장에서 중복되거나 충돌하여 비효율적으로 운영되고 있다. 따라서 빈곤 문제가 교육의 학업성취도와 밀접한 관계를 맺고 있음이 지적되고 있다. 가난한 가정의 아이들이 부유한 부모를 둔 아이들보다 학교 성적이 훨씬 떨어지고 있다는 것이다. 공립학교가 사립학교와 비슷한 수준이 유지되려면 교육비가 가장 중요하다는 것으로 지난 20년간의 영국 학교 현황을 보면 알 수 있는데, 사립학교는 엄청나게 성장한 데 비해 공립학교의 발전은 재정적인 측면에서 어려움을 많이 겪었다. 그 이유는 영국의 사립학교의 존립은 권력과 밀접하게 연관되어 있기 때문이며, 보수당이 집권하면서 공립보다는 사립학교를 더 선호하는 경향을 보이면서 영국 교육의 역사는 부유층 자녀들에게는 안락한 안식처를 제공해준 반면, 공립학교에는 최소한의 정치적 보호만 받도록 내버려두었다는 것이다. 이는 엄밀히 말해 사립학교가 적극적으로 공립학교 영역을 침범하도록 방치한 내력을 갖고 있는 것이다.

5. 교육혁명, 한국 교육의 도전 과제와 희망 만들기

앞서 미국, 독일, 영국의 사례를 통하여 공교육이 형성되어온 역사적 과정과 교육개혁의 의제들을 살펴보았다. 세 국가의 사례는 서로 다른 국가의 공교육이 지향하는 이상과 목적, 개혁의 방향이 어떻게 다른지 잘 보여주고 있다. 미국은 기회 확대를 포함한 개인의 자유를 최대로 신장시키기 위하여 공교육 개혁이 이루어졌고, 독일은 오랜 긴장과 분열 속에서도 강한 독일인의 정체성을 갖도록 하기 위한 노력을 교육개혁에 투영해왔는가 하면, 영국은 국가의 경쟁력 확보와 국력 신장을 위한 중요한 도구로 공교육이 도구화되었다. 물론 서로 다른 강조점이 있음에도 서로 유사한 목적과 이상을 공유하고 있다는 점은 분명하게 나타난다. 문제는 각 국가가 내세운 교육개혁의 수사학은 공유할 수 있는 이념을 담고 있음에도 현실적 도전 과제와 구체적으로 풀어야 할 문제에 대응하는 방식은 상당히 달랐다는 점이다. 공교육의 주요한 이념인 보편성과 평등성을 어떻게 실현할 것인가라는 문제를 두고 각 사회의 역사 속에 등장하는 사건들이 이에 해당한다. 즉, 모든 사람에게 교육이 의미 있다고 하지만 정작 교육으로 인해 갈등과 긴장이 연속되고 무엇을 목적으로 누구를 대상으로 무슨 내용을 가르칠 것인가에 따라 공교육은 전혀 다른 '무엇'이 된다는 것이다.

교육이 정치적이냐, 아니면 교육은 정치적으로 중립성을 가지는 것으로 이를 추구해야 하는가라는 질문은 교육을 '공교육'으로, 교육을 국가에서 지원하는 '학교교육'으로 한정할수록 더 이상 성립하지 않는 질문이 되어버렸다. 즉, 공교육은 개념 그 자체에 '정치적 이념성'을 담지하고 있기 때문이다. 따라서 교육개혁의 수사적 표현들은 특정한 국가적 목표, 좀 더 정확하게 이야기하자면 국가를 대변하는 특정한 정치적 이념의 목표를 달성하기 위한 프로퍼갠더인 셈이다. 이는 어쩌면 앞으로도 변하지 않을 유일한 공교육의 속성이지 않을까 싶기도 하다.

'교육개혁'과 '혁신', 이제는 '혁명'이라는 단어를 과감하게 채택해야 할 만큼, 한국 대중은 교육이 반드시 바뀌어야 하는 변화의 대상이라 지목하고 있다. 영국, 미국, 독일을 포함한 전 세계의 빠른 변화는 1980년대 이후를 개혁의 시대라고 이야기할 정도로 교육제도의 변화를 위한 싸움이 거세다. 짧지 않은 시간 동안 교육을 둘러싼 변화를 갈망해왔고 또 바꾸어왔지만 아직도 바라던 교육에 대한 이상적 모습은 마련되지 않았다. 정확하게 이야기하자면 이상적인 교육의 모습이라기보다는 '공교육'의 상을 정립하지 못했기 때문이다. 공교육이 무엇이며, 이것을 추구해야 하며, 어떻게 기능하는지 제법 잘 정리하고 있는 듯함에도 불구하고, 그것이 어떻게 현실세계에 구현되어야 하는지에 대해서는 합의가 이루어지지 않고 있는 것이다. 이런 점에서 우리는 '공교육의 위기'를 겪고 있다고 말한다.

21세기를 10년도 더 지난 시점에서 한국의 학교교육은 여전히 질문과 비판의 대상으로만 여겨진다. 못마땅한 것뿐이다. 1997년 이래 전국을 강타했던 '학교 붕괴' 담론 이후 학교는 그 자체로 희망을 만들어내는 교육적 공간이라는 개념이 희박해지고 있다. 1995년 5·31교육개혁 이후 학교는 시장경제의 논리에 따라 우열 경쟁의 장으로 바뀌었다. 이에 따라 학교교육을 둘러싼 규제와 차별을 철폐하고 자율성에 기초한 높은 학업 성취가 강조되고 있다. 새로운 학교 형태가 등장하고 학교 간-학생 간 성적에 따른 분류와 줄 세우기가 일상적 가정생활에까지 영향을 미치고 있다. 학생인권조례를 둘 것인가 말 것인가, 어떤 내용으로 어떻게 마련할 것인가라는 문제가 학교정책을 혼란스럽게 하고 있다. 더욱이 학생들의 폭력이 일상화되어버린 상황을 개탄스럽게 바라보면서 안전지대로서의 학교 환경에 대한 최우선적인 정책 논의가 이루어지고 있다. 이명박 정부 시기가 저무는 현재 학교 폭력의 피해자로서 혹은 성적을 비관하여 자살하는 학생이 늘어나고 교실에서 학생이 무서워 이러지도 저러지도 못하는 교사들의 한숨은 깊어만 간다. 서열화된 대학의 관문을 준비하는 입시학원으로서의 학교 역할에 대한 문제 제기는 지난 시기 한 번도 변한 바 없지만 이를 해결할 방법은 어렴풋이나마 여전히 손에 잡히지도 않는다.

무엇이 문제인가? 어떻게 해야 할까? 말 그대도 '공교육의 위기'를 내세운 한국의 교육은 위기에 처한 것일까? 미국의 「위기에 처한 국가(Nation at Risk)」라는 보고서와 영국의 「디어링 보고서(Dearing Report)」는 각 국가가 처한 상황을 '위기'로 적시하고 이를 극복할 방안을 개혁 과제로 내세우고 있다. 한국 또한 이상의 학교교육이 처한 상황을 위기로 직시한다면, 또한 비슷한 종류의 정책보고서와 함께 또 한 번의 개혁을 단행하면 될 것인가? 답하기 쉽지 않다.

일반적으로 공교육의 위기는 교육의 위기와 동일시되는 표현이다. 공교육의 목적을 달성하기 위한 다양한 전략들이 공교육이 수행되는 시간적 · 공간적 위치에서 그리 효과적으로 작용하고 있지 못하다는 말을 '공교육의 위기'로 보기 때문이다. 그러나 공교육의 위기를 교육의 위기라고 등치시킬 수 있을까? 공교육의 목적과 이념이 곧 '교육의 목적과 이념'과 동일할까? 이보다 우리는 '공교육의 위기'를 곧 '교육의 위기'로 보는가라는 질문보다는 어떻게 하면 교육의 목적을 공교육이 구현해낼 수 있도록 만들어갈 것인가라는 질문을 던져야 할 것이다.

6. 공교육혁명, 새로운 희망의 시작

공교육은 국가의 이념적 목적을 달성하기 위한 수단이 아닌 교육을 구현하는 수단이 되어야 한다. 미국의 공교육은 민주 시민을 길러내기 위한 도구였지만 결국 자본화된 계급적 속성과 종교 이데올로기가 복잡하게 얽혀 정치적 이전투구의 장으로 기능해왔다. 어마어마한 돈을 쏟아부으면서도 미국의 공교육이 점차 퇴보의 길을 걷고 있다며 비판받는 것과 같은 맥락이다. 즉, 개인주의가 발전하고 민주 시민사회를 실현하기 위한 제도를 발전시켜온 미국에서 개인의 '가장 교육적인 방법의 배움'이 공교육제도로 잘 실현되고 있는가에 대한 회의가 점점 커지고 있다.

영국 공교육제도의 변화는 한국에서의 교육 현상과 문제와 무척 비슷하게 보인다. 한국의 교육 또한 신자유주의 체제하에서 무한 경쟁을 추구하였고, 학교는 학생의 다양성과 창의성을 키우는 곳이라기보다는 시험을 준비하고 대학 입학을 준비하고 대학은 랭킹은 준비하는 곳으로 바뀐 지 오래기 때문이다. 본래 교육철학이 담고 있었던 교육의 진정한 의미가 최근의 경제질서에 밀려서 그 위치를 상실한 것이 안타깝다. 그리고 이러한 영국 공교육제도의 변화를 통해서 한국의 공교육은 그 미래를 다시 한 번 곰곰이 생각해보아야 할 것이다.

공교육은 완성된 제도를 만들고 유지하는 것으로 이해되어서는 안 된다. 미국, 독일, 영국의 공교육 역사를 돌아보면서 교육개혁이 여전히 떠들썩한 과정 중에 있고, 그들이 놓치고 싶어 하지 않는 공교육의 토대가 여전히 공공성에 놓여 있다는 것을 발견하였다. 이 점이 우리가 교육을 통하여 희망을 이야기할 수 있는 지점이라 확신한다. 교육은 개개인의 역량과 관심을 개발하고 '더불어 살아가기'에 더 적합한 사회를 만들어내도록 기능해야 한다. 안타깝게 이에 대한 합의가 아직 존재하지 않는 듯하다. 그렇다고 충분히 늦지는 않았다. 굳이 '교육혁명'이라는 단어를 쓰면서까지 교육의 본질과 의미를 살리자고 외칠 수밖에 없는 현실의 소통 구조를 바꾸고 보다 교육적인 대화와 합의를 이끌어낼 수 있는 교육의 장을 만들어야 할 것이다. 그 중심에 '공교육의 이상'과 '희망교육'이 놓여야 할 것이다.

참고문헌

- 김창환(2008), 『인재강국 독일의 교육』, 서울: 신정.
- 나병현(2004), 「학교교육의 위기와 공교육 이념의 재검토」, 황원철·김성열·고창규 편저(2004), 『공교육: 이념, 제도, 개혁』, 446~468쪽.
- 닉 데이비스 지음, 이병곤 옮김(2007), 『위기의 학교: 영국의 교육은 왜 실패했는가』, 서울: 우리교육.
- 박성숙(2010), 『독일 교육 이야기: 꼴찌도 행복한 교실』, 서울: 21세기북스.
- 서울대학교 인문과학연구소 편(1993), 『영국, 독일, 프랑스의 교육제도와 교양교육 현황』, 서울: 서울대학교 인문과학연구소.
- 정영근(2005), 「지성과 학문의 전당 독일의 대학교육」, 정영근 외, 『동서양 주요 국가들의 대학교육』, 서울: 문음사, 264~334쪽.
- 주은희(2005), 「수익자부담 경쟁시대의 개막 영국의 대학교육」, 정영근 외, 『동서양 주요 국가들의 대학교육』, 서울: 문음사, 210~263쪽.
- 한국교육개발원 교육 안전망 지원센터 정책개발팀 편(2007), 『외국의 교육 안전망 사례: 스웨덴·독일·영국·일본·미국』, 서울: 한국교육개발원.
- 후쿠타 세이지[福田誠治], 박찬영·김영희 옮김(2010), 『영국 교육의 실패와 핀란드의 성공: 교육, 100년을 내다본다』, 서울: 북스힐.
- Bernard, Sheila, Sarah Mondale(2002), School: The Story of American Public Education, New York: Beacon Press.
- Ravitch, Diane(2010), The Death and Life of the Great American School System, New York: Perseus Books Group, 『미국의 공교육 개혁, 그 빛과 그림자』(윤재원 옮김, 김재웅 감수), 서울: 지식의 날개.
- Tyack, David & Larry Cuban(1995), Tinkering Towards Utopia: A Century of Public School Reform, Cambridge: Harvard, 『학교 없는 교육개혁: 유토피아를 꿈꾼 미국 교육개혁 100년사』(권창욱·박대권 옮김), 서울: 럭스미디어.

공동체로서의
민주적 학교 만들기

심 성 보

1. 민주적 조정 기능을 잃어버린 학교공동체

우리나라는 겉으로는 민주공화국을 표방하고 있음에도 불구하고, 실제로
는 학교의 민주공화국을 건설하는 데 실패하고 있다. 그것은 교과부의 행정
력에 의하여 교장 중심의 권위주의, 강압적 정책 수행, 관료적 풍토에서 교
사의 자율성이나 전문성을 억압받고 있기 때문이다. 오늘날 한국 교사들은
정부의 교육정책을 수동적으로 따르기만 하는 말단 공무원으로 전락하고 있
다. 그 결과 학생들을 교육적으로 지도해야 할 교사들은 학교 폭력이 발생하
자 자기 학생을 경찰서에 넘기는 '순사' 역할을 하고 있다고 해도 과언이 아
니다. 이러한 현상은 1989년 6월 민주화 항쟁을 통해 획득한 교사의 교육권
이 붕괴된 결과이기도 하다. 더욱이 이명박 정권의 출현과 함께 밀려들어온
경쟁 중심의 교육정책과 권위주의 교육행정이 커지면서 교사들의 자율성과
전문성이 심대하게 저하한 결과이기도 하다. 이렇게 교육자의 자율성 상실

은 교사의 자기소외와 의욕 소진을 가져와 결국 학생의 학습의 질을 저해하고 있다. 매년 수만 명의 학교 중퇴자를 양산하고, 수십 명의 학생이 자살로 내몰리고 있고, 교사와 학생 간 그리고 학생들 간의 폭력 사건이 끊이지 않는 학교 현실은 한국 공교육의 최대 위기를 맞이하고 있다. 그것은 모두 우리 학교를 신자유주의적인 경쟁 교육으로 몰아갔기 때문이다.

이러한 학교의 비교육적이고 비인간적인 상황을 극복하기 위해서는 학교의 공동체적이고 민주적인 기능을 회복하는 길밖에 없을 것이다. 학교의 갈등을 평화롭게 해결하기 위해 민주적 리더십을 발휘하여 새로운 민주적 학교를 건설하고, 구체적 실천을 해야만 한다. 학교 내 민주주의의 실천을 가장 잘한다고 알려진 영국의 서머힐 학교는 민주적인 학교에서 학교 폭력이 가장 적게 일어난다는 것을 보여준다. 민주주의의 절실함을 역설하고 있는 '혁신학교' 교사의 말을 들어보자.

> 말이 좋아 민주적인 학교 운영 시스템의 정착이지, 민주적인 협의를 하는 것이 처음부터 잘된 것이 아니다. 회의를 하면서 그동안 교사들이 학교에서 민주적인 회의다운 회의를 한번도 해본 적이 없었고, 또 서로 다른 의견을 인정하고 조정하는 일을 한번도 해보지 않았다는 것을 깨달았다. 그래서 한동안 회의를 하는 것이 낯설었고 회의도 오래 걸리고 서로 다른 의견 자체를 힘들어하고, 조정하는 것이 꽤 힘들었다. 그동안 학교가 관리자의 지시 전달 체계를 수동적으로 따르면서 운영해왔기 때문에 모든 문제 하나하나 다 협의하고 결정해서 진행하는 것이 만만치 않아 처음엔 누구나 좌충우돌하고 시행착오도 겪는다. 그러나 서로 다른 의견을 조정하는 과정에서 본교 교사들은 참으로 많은 것을 배웠다고 말하고 있다. 서로 다른 사람들이 모여 힘든 협의과정을 경험하면서 아이들을 바라보는 관점이 달라지고, 수업이 저절로 개선되었다고 하기도 한다(K학교 모 교사).

민주적 회의와 협의를 민주주의의 요체로 이해하고 있는 '혁신학교' 교사는 민주적 학교 운영을 통해 아동관의 변화를 가져오도록 하고, 나아가 그것이 수업의 개선에도 매우 효과적이었음을 체험을 통해 보여주고 있다.

2. 교육의 민주주의란 무엇인가?

우리는 여기에서 민주주의의 교육적 효과를 다시 생각해보게 된다. 민주주의(democracy)란 말 그대로 국민이 주인이 되는 정치체제를 말한다. 데모스(demos, 인민/국민)와 크라토스(kratos, 지배)의 조합이 민주주의의 어원인 것에서 알 수 있듯이 정부나 통치자에 대해 국민이 '권한을 행사하는 것'이다. 그것은 과두제처럼 소수가 통치하는 것이 아니다. 사실 한 정치체제가 모든 국민의 요구를 모두 반영하는 것이 불가능하기에 민주주의는 그 타협의 선상에서 다수의 요구와 이익을 반영하는 합리적 방안을 찾아야 했다. 그래서 나온 대안적 제도가 '대의민주주의'이다. 그런데 대의민주주의가 좋은 지도자를 고르는 일에 지나지 않는다면 대중은 단순히 지도자를 따라가는 양떼로 전락하고 말 위험이 있다. 대중 스스로 자신의 삶을 가꾸는 주체적 능력을 갖고 있지 않을 때, 그들은 자신의 삶을 지배하는 권력에 의탁할 수밖에 없는 조건에 놓이게 된다. 즉, 대중은 무능과 두려움 속에서 이 대표, 저 대표를 따라 말만 갈아타는 노예의 삶을 반복할 것이다. 그렇게 되면 민주주의의 운명은 결국 소수의 파워에 의존하게 되고, '데모스의 힘'이 아닌 '엘리트의 힘'이 곧바로 민주주의의 역량으로 귀결되고 만다. 민주주의의 필요성을 말하기는 쉬워도 그 가치를 실제 실현한다는 것은 매우 어려운 일이다.

또한 그것을 실천하는 데는 능력이 요구된다. 제도가 아무리 민주적이라고 하더라도 제도를 구성하고 있는 국민의 역량이 받쳐주지 않으면 사상누

각이 되어 타락하는 것은 순식간일 것이다. 그래서 일찍이 듀이는 『민주주의와 교육』이라는 책에서 민주주의란 단순히 특정한 형태의 정치/제도를 넘어 경험을 공유하며 더불어 살아가는 '결사체적 삶(associated living)'의 방식을 뜻한다고 역설하였다. 학교에서의 민주주의란 사람들이 다른 사람과 우호적으로 살아가는 법을 경험과 토론을 통해 배울 수 있는 제도나 절차를 제공하는 것이라고 하였다. 영국의 유명한 교육철학자 피터스(R. S. Peters)는 구체적으로 민주적 생활방식이 공적으로 시행되기 위해서는 적어도 세 가지의 정치적 절차가 필요하다고 하였다. 첫 번째는 이익에 관련된 집단의 심의를 거치도록 하는 절차, 두 번째는 토론 및 집회의 자유를 보장하는 절차, 세 번째는 공적 책임을 묻는 절차를 요구한다고 보았다.

그렇다면 교육에서의 민주주의는 구체적으로 어떻게 운영되어야 한다는 말인가? 구체적으로 '교육의 민주주의'는 첫째로, 한 사회의 교육제도가 '민주적으로' 분배되고 조직되어야 한다. 교육이 '민주적'이라는 것은 교육제도, 학교 운영, 교육 내용 등에 있어 정의롭거나 '공의(公義)'에 부합해야 한다는 뜻이 담겨 있다. 공교육(公敎育)의 이념도 여기에서 출발한다. 교육 기회의 출발선이 다른 상황에서 교육과정의 참여만을 유독 강조하는 것은 민주적이라고 할 수 없다. 또한 학습과정에서 엄연한 격차가 있음에도 불구하고 그 결과만을 가지고 학습평가를 하는 것도 민주적이라고 할 수 없다. 민주주의는 법 앞에서의 평등을 의미하고 모든 사람들에 대한 기회 균등을 전제로 하기에 학습체제가 일부 아이들에게만 유리하고, 다른 아이들에게는 불리하다면 그것은 민주적이라고 할 수 없다. 그러기에 가장 취약한 계층에게 특별한 교육적 혜택과 복지를 제공하는 것이 교육의 민주주의를 달성하는 국가의 최소한의 공적 의무라고 할 수 있다. 민주적 국가라면, 교육정책을 결정하는 데 있어 학교조직과 교육과정 등 국가의 주요 교육정책에 대한 민주주의 이념을 우선적으로 구현해야 한다.

일반적으로 교육의 민주주의를 잘 달성하려면 국가와 시민사회가 대립적이지 않고 대화적이어야 한다. 그런 관계에 있는 민주 국가일수록 정부가 재정을 지원하되 학교 통제를 하지 않는 것이 세계적 추세이다. 사회적 의견 대립이 있을 때 교육의 민주주의는 교육에 관한 결정권을 누가 갖는지, 그리고 그러한 권한의 한계를 판단할 수 있는 기준을 어떻게 설정할 것인지를 말해준다. 민주적 교육이론이 교육의 이상에 대한 유일한 대안이라고 할 수는 없지만, 민주사회가 자녀를 어떻게 양육할지, 정부는 어느 자녀에게 교육 재정을 지원할지, 정당은 어떤 교육 법안을 제정할지, 학교의 지배구조는 어떻게 해야 할지, 학생의 자치 활동을 어떻게 강화할지, 학부모의 학교 참여는 어떻게 해야 할지 등 여러 교육정책에 대해 민주주의 이론을 적용해보아야 한다. 국민이 통치하는 민주사회에서는 서로 다른 의견을 공개적으로 소통하는 민주적 논의 과정 중에 각기 다른 교육관을 제시하고 수정하고 조정해나가는 절차가 반드시 필요하다.

둘째로, 교육의 민주주의는 학교의 조직 자체가 '민주적'이어야 한다는 것을 뜻한다. 예컨대 학교 운영에 있어서 직원, 학생 등 학교 구성원 전부의 권리를 존중해야 한다. 교육의 과제가 국민 모두의 이익과 관심 영역으로 간주되는 민주사회라면 학교도 민주적 결정을 내리는 민주적 조직체여야 한다. 국민의 반 정도에게밖에 교육의 기회가 주어지지 않거나, 혹은 그것을 조직하는 데 있어서 국민의 발언권이 없는 제도는 비민주적이라고 볼 수밖에 없다. 학교가 구성원들의 참여와 합의에 의해 운영되어야 한다는 원리는 바로 여기에서 나온다. 민주적 참여를 위해서는 학교에서 민주주의를 실질적으로 체험하는 것이 중요하다. 학교에서 민주주의를 실천한다는 것은 민주사회에서 살아가기 위한 민주적 참여 능력과 방법을 학생들이 배우도록 하는 것이다.

학생들이 이러한 일을 잘 수행하도록 도와주는 일이 민주 시민을 양성하는 공교육의 본래적 사명이라고 할 수 있다. 민주주의를 위한 교육은 책을 통한 학습이라기보다는 체험하는 것이며, 단순히 암기하는 것이라기보다는 창조적 상상력을 요구하는 것이며, 아동과 공동체 사이가 수동적·관망적 관계가 아니라 상호작용적 관계에 기반을 두어야 한다. 논의, 협상, 대화의 능력을 통한 개인과 집단 간의 의사소통을 원활하게 하는 수단일 뿐 아니라 학교에서 이루어지는 각종의 교육행정을 협력과 타협의 방식을 통해 해결함으로써 학교의 민주화는 물론 사회의 민주화로 나아가는 중요한 징검다리가 되어야 한다. 학교가 민주적 방식에 따라 학교 내의 구성원인 교직원과 학생들의 의사결정 참여를 합법적으로 보장한다면, 이러한 민주적 참여는 교육적 측면에서 매우 가치 있는 일이다. 왜냐하면 아동들이 학교에서의 민주적 절차와 운영에 참여하도록 힘쓰지 않는다면, 나중에 어른이 되어 실제 참여를 기피하거나 배제되는 결과를 초래하고 말 것이기 때문이다.

셋째로, 교육의 민주주의는 교육 내용이 '민주적'이어야 한다는 말이다. 이것은 학교가 민주사회의 성원으로서 갖추어야 할 식견과 태도를 함양시켜야 한다는 뜻이다. 민주 시민은 권리와 책임을 동시에 져야 한다. 학교는 미래의 주인이 될 민주 시민을 준비시키는 중요한 시민교육을 하는 보통교육 기관이기에, 민주주의는 언제나 학교를 민주적 관계를 지지하거나 증진시키는 기능을 하는 사회기관의 하나로 보아야 한다. 의무교육 제도로서 발전된 근대 공교육은 인류의 문화유산을 계승하고 동시에 미래에 전개될 세상을 전망하고 개척해가는 지식과 교양을 갖춘 시민을 양성하는 기본교육을 매우 중요하게 여겨야 한다. 학교에서의 민주적 실천 경험은 학생들이 미래의 민주 시민이 되어가는 준비라고 할 수 있다. 학교는 젊은이를 전체 사회의 완전한 구성원이 되도록 준비시키는 데 있어 특별한 책임을 지는 공적 기관이고, 그들로 하여금 민주주의를 이해하도록 중심적인 역할을 해야 한다. 국민 대중이 적극적으로 민주사회에 참여하는 것은 더 많은 관심을 필요로 하며, 학교가 이러한 관심을 갖도록 하는 데 국가는 중심적 역할을 해야 한다.

무조건 복종을 강요하는 권위적 학교 제도 아래에서 학생을 교육한다는 것은 민주적 삶을 준비하는 데 매우 취약한 구조라고 할 수 있다. 이런 취약한 구조를 벗어나기 위해 제창되는 '민주적 교육'이란 국가에 의해 획일적으로 하향식 방식으로 이루어지는 교육정책도 아니고, 또한 교사가 주입식 방식을 통해 일방적으로 전달하는 권위적인 교육방식도 아니다. 결국 민주주의를 실천하는 학교는 학생이 학교와 교실의 시민으로 활동하도록 학교 생활 속에서 민주적 삶을 일상화하려는 것이다. 그렇게 하여 학생들이 미래의 민주 시민으로 살아가도록 하는 것이다.

민주 시민으로 살아가기 위해 가장 중요한 것은 '절차적 민주주의'의 구현이다. 학교의 운영에 있어 강제된 규칙보다 학생 스스로 입법하고 집행하는 자율 규범을 더 중요하게 여겨야 한다. 스스로 규칙을 만드는 '입법자'가 되고, 규칙을 실행하는 '집행자'가 되고, 규칙을 어겼을 경우 '심판자'가 되는 세 가지 역할을 동시에 해야 한다. 그리고 이런 민주적 자치 능력이란 학교의 규범과 규칙의 형성을 이끄는 방법을 학생들에게 보여주고, 공공선을 위해 시민의 의무를 학생들에게 가르치고 서로 돌보는 공동체 구성원의 중요성에 관해 가르치는 것이다. 그것은 학생을 학교 운영의 주체로 여기며 그들의 목소리를 경험하는 것에서 시작된다. 그들의 목소리 경청은 민주적 공동체의 출발이기도 하다. 이를 위해 그들이 학교에 소속되어 있다는 공동체적 경험을 할 수 있도록 하면서 자신들의 영향력을 행사하는 민주적 시스템을 갖추어야 한다.

학교에서 민주주의를 체험하는 과정은 듀이가 강조한 대로 '공동체'를 건설하는 것이나 다름없다. 그는 '공동체(community)'를 '식물'로 비유하였다. 민주주의가 번성하도록 하기 위해서는 그 씨앗과 자손들을 잘 보살펴야 하고, 거기서 자라는 아이들이 나중에 민주사회에서 민주적 시민으로 살아갈 수 있도록 충실하게 준비를 해야 한다. 작은 규모의 민주주의가 살아 있는 학교란 민주주의의 꽃을 피우는 하나의 '폴리스(polis)'라고 할 수 있다. 민주주의 사회의 건설을 위한 작은 실험학교는 더욱 큰 사회를 위한 작은 맹아/배아 사회인 것이다. 공동체적 삶 속에서 민주적 경험을 많이 한 아이들이야말로 어른이 되었을 때 민주적 시민의 능력과 자질을 체득하게 될 것이다. 학교 안에서의 민주주의는 민주주의를 위한 교육의 일부분이고, 모두 민주사회 내에서 교육의 필수적 구성 요소이다. 궁극적으로 민주적 학교를 건설한다는 것은 새로운 공동체의 건설, 즉 사회적 변혁으로 완결되어야 할 것이다.

3. 민주주의 교육에 있어 유념할 사항

물론 민주주의를 만병통치약처럼 여길 수는 없다. '혁신학교'를 운영하고 있는 한 교장은 민주주의를 지나치게 강조할 경우, 다음과 같은 위험성이 나타날 수 있음을 경고한다.

목소리가 센 사람의 의견이 반영되는 것이 민주주의라는 생각하는 교사들이 많다. 그런데 다수결에 의한 의사결정 과정을 민주주의라고 생각하는 교사들은 제기된 문제에 대한 성찰과 숙고가 부족한 경향이 있다. 충분한 반성이나 숙고 없이 숫자로 밀어붙이는 경우가 많다. 이렇게 되면 사태를 교육적으로 해결할 수가 없다. 교장에 대해 늘 권위주의적이라고 말하는 교사들이 교실에 들어가서 학생들 앞에서는 권위주의적 모습을 보이는 경우가 많이 있다. 민주적 의사결정을 하였으면 그 결정에 따라 후속적으로 실천을 해야 하는데 그렇지 않은 경우를 많이 보게 된다. 그러기에 실천하고 모범을 보이는 생활민주주의가 잘 되어 있지 않는 것은 문제이다(B학교의 모 교장).

혁신학교의 교장 선생님이 지적하듯 '다수'가 모든 것을 결정하는 정치체제를 우리가 민주주의라고 부른다면, 민주주의 이념이란 기껏해야 한 사회를 지배하는 상식과 통념 이상이 아닐 것이다. 그것은 다수당이 언론 조작이나 폭력 그리고 거짓이나 자기기만 등의 방법으로 진리를 왜곡하거나 와해시키는 것과 같다. 이러한 다수결의 원칙은 민주적이라고 말할 수 없다. 왜냐하면 소수의 의견과 이익을 최대한 반영할 수 있도록 마지막까지 토론과 타협, 설득과 절충을 거쳐 모든 사람의 의견을 모으는 과정이 필요하기 때문이다. 그러기에 다수결의 원칙은 그러한 모든 과정을 거치고서도 의견이 나뉠 때, 가장 마지막으로 선택하는 수단이어야 한다. '다수결주의'의 힘에 의해 소수자의 주장이 무시당하거나 충분한 논의와 사려 깊은 숙고/숙의가 생략된 채 학교정책이 결정되어서는 안 된다. 왜냐하면 학교의 민주적 생활방식의 특징이 토론과 이성을 중요시하는 데 있기에 민주적인 태도는 그러한 생활양식이 점차 일반적인 관례로 확립됨에 따라 발달해왔기 때문이다. 여기에서 우리는 '민주적 교육'에 대한 다음과 같은 지적을 경청할 필요가 있다.

> 민주주의라고 하면 무조건 좋은 것으로 여겨지고 '민주적 교육' 하면 '권위주의적 교육'이나 '교육적 방치'와는 달리 항상 좋고 중요한 것이라고는 생각이 널리 펴져 있지만, 그러한 현상은 서구에서 제2차 세계대전 이후에나 이루어진 것이다. 『사회계약론』을 쓴 루소는 서구 정신사에서 직접민주주의의 가장 뛰어난 신봉자이지만 동시에 가장 통렬하게 의심을 했다. 그래서 그는 다수가 다스리는 민주주의는 결코 실현될 수 없고, 그것은 자연 질서에도 맞지 않는 체제라고 했다(Reichenbach, 2012).

이렇게 루소의 생각을 현대적으로 해석해낸 스위스의 교육철학자 라이헨바하는 학교를 '폴리스'로 보는 일련의 사고를 '일탈'로 보고, "학교란 결코 동등하고 자유로운 어른들로 구성되어 있는 '폴리스'와는 다르기 때문에 학교는 결코 완전히 민주적일 수 없다."는 주장을 펴면서 학교에서의 '정치교육'은 항상 그 '한계'를 지닐 수밖에 없다는 점을 역설한다. 사실 정치와 교육은 서로 밀접하게 연관되어 있지만, 둘을 서로 혼합해서는 안 될 것이다. 이 둘은 책임성의 종류에 있어 서로 다를 것이다. 즉, 정치란 자유로운 행위가 가능한 동등한 성인들 사이의 일이지만, 교육이란 아직 성숙하지 않은 학생과 성인인 교사 사이의 불평등한 관계 속에서 일어나는 일이기도 하다. 그러기에 민주주의가 아동과 어른의 경계를 지나치게 허물어서는 안 된다. 어른들의 당파성으로 인해 세계에 대한 올바른 이해를 어렵게 하는 상황은 막아야 한다. 그러므로 10대들이 미래를 준비할 겨를도 없이 너무 일찍 '늙은 아이'가 되어서는 안 된다. 이 요청은 지나친 정치 과잉과 이념 대립으로 발전되어 교육의 본래적 기능을 하지 못할 가능성에 대한 우려라고 할 수 있다. 이러한 '신중한' 접근은 아동이 성장과정 중에 있는 미완성된 존재이고, 아직 분별력이 없고 신념화되지 않는 발달 과정 중에 있음을 전제하고 있다. 이런 주장은 20세기 미국 진보주의 교육을 비판한 여성 철학자 아렌트(H. Arendt)의 입장이기도 하다. 그녀는 아동들의 인지적 능력은 계발 중에 있기에 민주주의나 평등한 자아와 주체의 이름으로 학교교육에서 모든 권위가 사라지게 해서는 안 된다고 보았다. 이는 성인 세계의 주입된 기준으로부터 아이들을 해방시키고자 해왔던 급진적 시도, 즉 아이들만의 자율적인 세계가 존재한다는 것에 대한 반론이기도 하다. 민주적이고 아동중심적인(child-centered) 교육이 기존사회의 이념과 실천들을 전제로 하여 출발하지 않는다면, 그것은 현실로서 존재할 수 없는 유토피아나 무주공산(無主空山)이 되고 말 것이다. 일리가 있는 말이다.

교육자들의 책무는 오래된 세계(과거)와 새로운 세계(미래)의 간격에 다리를 놓는 매개자의 일이기도 하다. 그러기에 민주주의적 원리가 학교교육에서 "주요한 일은 바로 독립적으로 활동하고, 결코 다른 사람에게 통제당하지 않는 일이야!"라고 외치며, 학생들의 과도한 주체성과 활동성의 원리에 주로 의존하면서 진리를 파악하고 습득하는 교육 행위를 방해해서는 안될 것이다. 이 말은 흔히 아동의 흥미와 관심 그리고 발달 단계를 소중하게 여기는 '소극 교육(negative education)'의 입장을 취하는 '진보주의 교육(progressive education)'에 대한 지나친 옹호에서 초래될 맹점을 지적하는 말이다. 즉, 아이들의 성장에 필요한 인류문화 유산이나 사회의 가장 기본적인 가치의 전달을 간과하거나 무시해서는 안 된다는 의미를 담고 있다. 하나의 인간으로서 형성 과정에 있는 아이들에게 주어지는 지나친 해방으로 인해 때로는 교육자의 교육적 책무를 망각하거나 방치하는 일종의 '직무유기'가 초래될 수 있는 위험성을 지적하는 말로 이해할 필요가 있다. 그리고 모든 민주적 결정에는 시행착오가 늘 따라붙는 문제임을 유념해야 한다. 능력이 동등하지 않은 학생들의 조건을 고려하지 않은 학습의 참여는 '사이비 참여'가 될 가능성도 크다. 학생의 참여가 잘 이루어졌다고 하여 곧바로 '진리'가 발견되는 것은 아니기에 학생들의 민주적 합의가 곧 진리나 절대선이 될 수는 없다. 서로의 의견 표출을 통해 또는 쉽게 발견되는 상식적 주장을 통해 옳음과 착함에 근접할 가능성도 있으나 다수자의 합의가 곧 '진리'가 되는 것은 아닐 것이다.

그렇다고 이 말을 곧바로 아이가 비정치적인 '정치 문외한'으로 남아 있어야 한다는 의미로 협소하게 이해해서는 안 된다. 민주적 결정의 위험성이 염려된다고 하여 민주적 절차를 포기할 수는 없는 것이다. 교육에 대한 의사결정에 대해 책임이 따르고, 잘못한 의사결정을 했다면 그 실책에 대한 비난을 받는 것은 당연하다. 그리고 참여 자체를 원하지 않는 소수자 문제나 항상 결정을 내리는 일에 대해 보이지 않는 소수의 가진 사람들에 의해 영향력이 독점됨으로써 비민주적인 참여가 이루어질 가능성이 크다. 학교와 교육기관들은 보다 넓은 의미의 사회 속에 존재하기 때문에 교육에 관한 의사 결정이나 교육 재원의 분배 등은 시민의 참여가 필요하고, 그것은 또한 최소한 시민과 함께 논의되어야 할 민주사회의 필수적인 정치적 사안으로 다루어져야 할 과제이다.

4. 민주적 학교를 만드는 경로

그렇다면 우리는 앞서 지적한 민주주의 교육을 과도하게 신뢰하여 초래될 가능성을 최대한 제어하면서도 다른 한편으로 그것의 진보성을 더욱 공고하게 추동할 필요가 있다. 우리가 주지하듯 아동중심 교육 또는 진보주의 교육이 지나치게 아동의 흥미와 민주적 참여를 강조함으로써 초래될 위험성을 경계하면서도, 교육방법의 비민주성으로 인해 교육 내용의 정당성조차 확보하지 못하는 관료적인 교육행정과 억압적 수업 상황을 감안할 때, 학교 운영의 절차적 민주주의와 함께 학생들을 민주적 주체로 바라보는 진보적 아동관의 견지는 여전히 절실하게 필요하다고 할 수 있다.

이러한 한국 교육의 현실을 감안하면 절차적 민주주의와 진보적 아동관을 바탕으로 한 다음과 같은 민주적 학교의 상을 상정할 필요가 있다.

첫째, 억압적이고 비인간적인 전통적 학교에서 벗어나는, 즉 탈학교(deschooling) 형식인 '대안학교(alternative school)'의 이념을 수용할 필요가 있다. 급진적 대안학교의 대표적 유형인 '자유학교(free school)'는 세상을 해방시키는 민주주의 학교를 구현하고자 한다. 이런 자유학교의 유형은 루소의 영향을 받은 러시아의 낭만주의자 톨스토이 학교, 그리고 학생들로 하여금 교회와 국가의 쇠사슬을 끊고자 했던 스페인의 아나키스트 페러(F. Ferrer)의 '모던 스쿨'이 대표적이다. 톨스토이 학교는 전쟁을 혐오하고 평화의 이

넘을 존중하였고, 모던 스쿨은 인간주의적이고 반군국주의적인 가치를 존중하였다. 이렇게 자유학교의 추종자들은 스스로 자신의 생각과 행동을 결정할 줄 아는 자유로운 인간을 만드는 교육이 '정의'라고 생각한다. 자유학교의 민주주의 실험은 아동의 내재적 가치를 중시하는 심리적 치유를 중요한 요소로 간주하는 동시에, 학교 운영 참여권 등 아동의 민주적 관심을 소중하게 여긴다. 이들 학교는 제도권, 즉 제도교육 밖에서 국가로부터 독립을 추구하고, 강제와 간섭이 없는 대안교육의 이념을 추구한다.

대표적인 자유학교인 서머힐 학교 또한 반사회적인, 종종 폭력적이기까지 한 청소년들에게 자치를 가르치면서 그들이 공격적이고 적대적인 태도를 보이는 파괴적인 행동을 치유할 수 있는 심리학적 대안을 권장하고 있다. 이 학교는 점점 폭력화되어가는 청소년들의 마음속에 강압적으로 깊게 자리한 권위주의를 거부하거나 없앨 방안을 '학교자치(self-government)'에서 찾았다. 학교자치는 학교 구성원들의 권리와 책임, 상호 존중, 자발적 참여와 자율적 통제, 민주적인 의사결정 과정을 중시한다. 학교자치는 교사와 학생은 물론 학부모와 지역사회 인사들이 참여하여 학교의 교육 활동에 대해 논의하고 결정한다는 점에서 주민 참여와 주민 통제라는 교육자치의 근본 목적을 실현한다. 학교자치의 과정에 학생과 학부모가 참여하게 되어 이른바 학생의 학습권과 부모의 교육권을 최대한 존중할 수 있으면서도, 교사(교육자)들의 교육적 전문성에 바탕을 둔 교육권도 함께 또는 우선적으로 존중하게 될 것이다. 학교자치는 교사의 학교 운영 참여가 최대한 이루어지는 형태란 점에서 교사의 자율성 요구 실현의 완결 형태라고 할 수 있다. 핀란드, 영국, 호주, 프랑스 등의 청소년의회(Youth Parliament)처럼 학교 밖의 청소년의 자치 활동을 권장함으로써 학생들의 삶과 관련된 이슈를 지방의회와 협의할 수 있도록 하는 민주적 참여권을 허용하여 그들을 미래의 참여적 민주시민으로 양성하는 것은 좋은 사례이다. 결국 이러한 참여적 시민 활동을 통해 어른들의 성숙한 민주국가 운영을 가능하게 하는 동량으로 자랄 것이다.

두 번째, 민주적 학교의 대안 모형은 국가 영역, 즉 제도교육 안에서 민주적 학교 실험을 시도한다. 이 유형은 국가 체제 안에서 민주적 학교를 건설하고자 하는 실천적 노력을 중시한다. 민주주의 학교는 학생들에게 지배적 가치를 주입하려고 하는 교육을 문제로 보고, 사회 정의를 위한 가치를 창출하는 비판적 사고 능력을 함양하는 교육에 관심을 둔다. 이러한 교육은 더욱 정의롭고 창조적인 미래 사회의 희망을 보여주는 민주적 학교 모델이다. 그러기에 민주적 학교는 국가의 일방적인 교육행정 체제에 대한 거부를 표명한다. 이를 위해 주류 학교의 틈새를 파고들면서 학교의 변방에서 교실의 작은 민주화를 추구하는 비판적 실험을 시도하는 전략을 구사한다. 학교교육의 민주화는 다양한 지역사회의 관점을 구체화함으로써 공식적 지식에 도전하는 비판적 교육과정의 혁신으로 나타나기도 한다. 예를 들어 국가교육과정의 큰 틀을 지키면서 '비판적 교육과정'의 구성을 시도하는 것은 좋은 실험들이다. 그러기에 학생들이 기존 사회에서 잘 기능하기 위해 기본적으로 어느 정도 기존의 오래된 가치질서를 전달받는 입문 과정이 되어야 하면서도, 그것을 바탕으로 그 사회의 변화를 위한 새로운 비판적 도전 능력을 동시에 갖도록 해야 한다.

우리는 억압적인 국가의 경우 체제 밖에 교육운동으로 존재했던 비판적 학교 모델이 민주적인 국가로 이행하면서 체제 속으로 '제도화'되어가는 경로를 밟는 경험을 갖고 있다. 제도교육 밖의 많은 진보적 대안학교는 지금 제도교육 안으로 편입되었다. 이것은 '학교 안의 작은 학교들(schools in school)'을 만드는 실험이라고 할 수 있다. 제도교육 안의 혁신적 실험학교들은 대부분 국민의 세금을 통해 운영되는 국가로부터 재정 지원도 받는다. 국민이 낸 세금을 국민의 교육을 위해 적극적으로 돌려받아야 한다는 관점이기도 하다. 국가로부터 재정 지원을 받는다고 하여 곧바로 친체제적, 친정부 교육으로 이어지는 것은 아닐 것이다. 이런 형태의 민주적 학교는 계급, 인종, 종교 등의 영역에서 경제적 박탈이나 정치적 주변화에 도전하면서 학교의 민주적 경험과 교사와 학생의 민주적 소통을 매우 중요한 가치로 여긴다.

독일의 헬레네랑에 학교(Helene-Lange Schule)처럼 기존의 커리큘럼 대신 새로운 방식의 프로젝트 수업을 도입하는 경우도 좋은 사례이다. 프로젝트 수업을 통해 학생들은 이론만 배우는 것이 아니라, 관련 자료를 수집하고 토론하고 실제 모형을 만들어보는 등의 작업을 통해 스스로 지식을 습득하고 다양한 체험을 한다. 이 학교는 획일적인 교육을 거부하면서 학생 각자의 관심사와 그들의 꿈을 고려하여 하고 싶은 공부를 선택할 수 있는 기회를 제공한다. 바로 학생들 누구나 '내가 수업시간의 주인'이라는 생각을 할 수 있는 까닭은 이처럼 일방적으로 가르쳐주는 것을 배우는 것이 아니라, 자신의 관심사와 생각을 탐구하고 실현해볼 기회가 주어지기 때문이다. 공교육 안의 대안교육 실험을 시도한 프랑스의 프레네(Freinet) 학교도 효율과 경쟁, 지식 전수를 강조하지 않고, 무슨 문제가 닥치더라도 스스로 상황을 분석하고 능력에 맞게 대응하며 자신이 한 일에 철저히 책임지는 능력과 함께 타인의 의견을 경청하고, 자유롭게 의견을 개진하는 비판적 능력을 키워주는 것을 가장 중요한 교육 목표로 설정한다. 프레네 학교는 교사와 학생의 공동체적 유대 같은 문제나 경쟁에서 패배한 약자, 결손 가정의 아이들, 노동자와 실업자 아이들, 이민과 망명자의 아이들을 주변으로 내몰리게 하는 공교육체제의 개혁을 시도하고 있다.

제도권 안의 민주적 학교 유형으로 우리가 잘 알고 있는 미국의 심리학자 콜버그의 '정의로운 공동체 학교(just community school)'도 공교육 안에서 작은 학교를 구현한 의미 있는 실험이다. 이 학교는 정기적으로 '학생자치위원회'를 열어 집단적 의사결정을 하고 학생의 참여권을 인정하기도 한다. 이러한 민주적 학교의 경험은 미국과 영국의 실험학교 역사에도 잘 나타나 있다.

우리나라에서 새로운 학교운동으로 부상하고 있는 '혁신학교' 운동도 공교육 개혁운동으로서 학교 변화를 위한 의미 있는 도전이고 실험이라고 할 수 있다. 불리한 계층이 거주하는 지역에서 이들의 민주적 학교 실험은 거대 학교의 비인간성을 극복하고 더욱 인간적이고 민주적인 학습 공동체로서 '작은 학교'로 거듭나는 것이다. '작은 학교' 실험은 경기도 남한산초등학교를 비롯하여 전국의 혁신학교에서 그 성과를 크게 거두고 있다.

5. 민주적 학교 운영을 위한 정책적 제안

지금 우리에게 절실히 요구되는 민주적 학교를 새롭게 만들기 위해 기존 제도를 혁신해야 한다. 그것을 위해 우선적으로 필요한 것이 '교장제도의 혁신'이다. 현재의 교장 임용 제도를 관료적 승진 개념에서 학교 구성원에 의한 공모 개념으로 바꾸어 교장-교사 간의 관계를 권위적·수직적 관계에서 민주적·수평적 관계로 전환해야 한다. 이를 위해 최소한 교장 자격증이 없더라도 전문적이고 민주적 능력이 있는 사람이 교장이 될 수 있는 '교장공모제'의 시행이 절실하게 요청된다.

둘째, 민주적 학교를 만들기 위해서는 '학교자치법'이 제정되어야 한다. 현재의 우리나라 학교자치는 법에 의해 뒷받침되지 못하고 있다. 교장을 제외한 어떤 학교 구성원도 학교 운영에 있어 법적인 결정권을 가지고 있지 않다. 따라서 학교자치법을 제정하여 학교운영위원회를 대체하는 '학교자치위원회'를 설치하여 교사회, 직원회, 학부모회, 학생회의 법제화를 통해 학교 구성원들의 학교 운영 참여권과 자율적인 활동을 보장하여야 한다.

셋째, 민주적 학교의 건설을 위해서는 학교를 '인간적 규모(Human Scale)'로 재구조화해야 한다. 교육활동이 제대로 이루어지고, 학교가 교육공동체로 온전히 발전하기 위해서는 지금과 같은 비인간적인 과밀 학급과 거대 학교를 학교 구성원 간의 소통과 상호관계가 가능한 인간적인 규모로 바꿔야 한다. 학급당 학생 수는 20인을 기준으로 하고, 거대 학교를 분할하여 다수의 작은 학교를 만들어야 한다. 거대 학교는 과밀 학급 이상으로 비교육적이다. 각 개인이 익명으로 존재하여 주체성과 책임성이 부족해지고, 인간적 관계 형성에 한계가 주어지고, 관료주의적 효율성의 원리가 지배하게 된다. 최근 학교 내에서 학년군, 혹은 교과군으로 학교를 구분한 '작은 학교'를 운영하거나, 교육과정 운영 및 조직 운영의 자율권을 부여하는 방식 등이 있을 수 있다.

넷째, 민주적 학교의 건설을 위해서는 '교권 중심'에서 탈피해야 한다. 교육활동에서 교사의 전문성과 그 전문성에 기초한 학교 운영의 주도성은 존중되어야 한다. 그러나 교사의 전문성과 주도성이 교사 외의 교육 주체의 학교 운영 참여와 자주적 활동을 가로막아서는 안 된다. 교육 주체 간의 인격적 평등과 상호 존중 및 소통이 전제되어야 한다. '교권'이 전근대적, 권위주의적 의식과 관행을 온존시키고 교육 주체 간의 벽을 쌓는 수단으로 악용되어온 관행은 시정되어야 한다. 그러기에 교사의 '교권'은 '교사의 교육권'으로 재개념화하여 교사의 전문성과 자율성을 존중하고 보장하는 민주적 개념으로 자리매김해야 한다. 민주적 교사의 교육권은 학생의 학습권과 인권, 학부모의 보호자로서의 교육권과 시민으로서의 권리를 존중하는 바탕 위에서 성립할 것이다. 그것은 학생과 학부모를 견제하는 권한이 아니라 그들과 소통하고 공존하며 협력하는 동반자적 권한으로 이해해야 한다.

다섯째, 민주적 학교의 건설을 위해서는 '학교 구성원의 민주적 성숙'이 동시에 이루어져야 한다. 일정한 정도의 자치 조건, 즉 제도와 분위기가 충족되었다고 해서 곧바로 학교자치가 올바로 확립되는 것은 아니다. 예를 들어 정작 민주적 자치 제도가 시스템화되었음에도 구성원들이 참여를 기피하는 경우, 자치 기구의 결정이 자신의 의견과 상반되면 결정 자체를 인정하지 않는 경우, 자신의 권리 요구에는 적극적이지만 책임 분담에는 소극적인 경우에는 모두 참여자의 준비 부족으로 인해 제도 운영이 형식화되는 경우 등이 나타날 수 있다. 우리가 경험한 바 있듯 학교운영위원회 제도가 도입되었음에도 제 기능을 하지 못하는 사례에서 역사적 교훈을 얻을 수 있다.

이 문제는 학교 구성원의 '민주성'이란 차원에서 재고되어야 할 과제이다. 민주성이란 집단의 이념과 정신을 존중하는 마음, 교육활동 과정에서 책임을 다하려는 자기 성실성, 토론과정에 적극적으로 참여하는 태도, 집단의 결정이 자기의 의견과 다른 경우라도 이를 차기의 평가가 나올 때까지 신뢰하고 존중하며 기다려주는 아량 있는 태도, 그리고 조직의 명예를 자기 인생의 한 부분으로 생각하는 교양 있는 행동 양식이 요구된다. 민주적인 시스템이 충족된 조건에서도 민주적 학교자치의 면모가 보이지 않는 것은 모두 '민주성의 한계'라 할 수 있다. 즉, 구성원의 내적 민주성이 제도적·형식적 민주성을 넘어서지 못하는 문제인 것이다. 이를 해결하는 과정과 방안이 필요하다. 결국 민주적 학교자치의 완성은 제도를 운영하는 '사람'에 달린 문제이기도 하다. 제도 개혁도 중요하지만 구성원의 성장을 위한 세심한 배려와 의식의 변화를 꾀하는 지속적 노력이 함께 가야 한다. 인권의식의 함양과 함께 양보와 책임도 수반하는 시민적 교양/예의가 동시에 필요하다.

그런데 우리 교사들은 민주주의를 교과서를 통해서만 배웠지 실제 경험과 실천을 통해 민주주의를 체험하지 못했기 때문에 학교 현장에서의 민주주의 실천 능력의 한계를 보이고 있다. 이것은 제도의 결함에만 원인이 있는 것이 아니다. 요즘 문제가 되고 있는 학교 폭력의 문제도 학교사회가 민주주의를 내면화하고 생활화하지 못해 빚어진 일이라고 볼 수 있다. 학생이나 교사 모두가 갈등을 평화적으로 해결하는 민주 시민의 자질을 가지고 있지 못한 데서 빚어진 학교교육의 실패이며 위기이다. 이러한 실패를 극복하기 위해 학교는 민주주의의 선봉장이자 최후의 첨병 역할을 해야 한다. 학교가 민주주의 최후의 보루가 되려면 교사와 학생의 협동적 공동체 활동을 활성화해야 한다. 선거와 법과 정책을 통한 제도적 변화를 한 축으로 하고, 동시에 학교와 지역에서의 실천을 통한 변화를 또 한 축으로 하는 학교와 교육의 민주주의를 구현해야 한다. 이는 정치의 변화를 통한 교육정책의 전환과 제도의 민주적 개혁, 교육에 대한 사회적 합의, 그리고 지역을 바탕으로 하는 풀뿌리 교육운동의 전개 등과 맞물려 진행될 때 학교의 민주적 개혁은 가능할 것이다. 학교의 민주주의는 학교 자체의 노력만 가지고 이루어질 수 없다. 제도 개혁이 뒷받침되어야 한다. 그 제도 개혁의 필요성과 당위성을 학교 현장에서의 실천을 바탕으로 정치사회적으로 부각시키며 담론화하고, 정부와 국회 그리고 지자체와 지방의회의 정책 수립과 법제화를 요구하고 추동하는 것은 시민사회운동의 몫이 아닐 수 없다. 그런데 제도 개혁이 끝은 아니다. 제도 개혁과 함께 주체의 변화, 즉 내면화와 생활화를 동시에 추구해야 한다. 교장제도 등 제도의 민주적 개혁과 동시에 민주적 생활태도 등 주체들의 민주적 실천이 동시에 작동할 때 학교의 민주주의는 더욱 공고해질 것이다. 그것이 우리가 달성하고자 하는 제2의 민주주의이다.

참고문헌

● 심성보(2011), 『인간과 사회의 진보를 위한 민주시민교육』, 서울: 살림터.
● 양은주 엮음(2007), 『교사를 일깨우는 사유』, 서울: 문음사.
● 이은선(2003), 「한나 아랜트의 '인간의 조건'과 '공동성'에로의 교육」, 『교육철학』 제29집, 교육철학회.
● Apple, M. W. & Beane, J. A.(1995), Democratic Schools. Buckingham: Open University Press.
● Arendt, H., 서유정 옮김(2005), 『과거와 미래 사이』, 서울: 푸른숲.
● Baillet, D., 송순재 외 옮김(2002), 『프레네 교육학에 기초한 학교 만들기』, 서울: 내일을여는책.
● Becker, T. L. & Couto, R. A.(1996), Teaching Democracy by Being Democracy. Prager.
● Dewey, J.(1916), Democracy and Education. The Free Press.
● Ferrer, F., 이훈도 옮김(2002), 『꽃으로라도 아이를 때리지 말라』, 서울: 우물이 있는 집.

- Gutman, A., 민준기 옮김(1991), 『민주화와 교육』, 을유문화사.
- McCowan, T.(2009), Rethinking Citizenship Education. London & New York. Continuum.
- Peters, R. S., 이홍우 옮김(1966/1983), 『윤리학과 교육』, 서울: 교육과학사.
- Riegel, Enja., 송순재 옮김(2012), 『꿈의 학교』, 서울: 착한책가게.
- Reichenbach, R.(2012), 'Democracy and Education', 한국교육철학회 4월 월례회.
- Roberts, J. W.(2012), Beyond Learning by Doing: theoretical currents in experiential education. N.Y & London. Routledge.
- Sergiovani, T., 주철안 옮김(2004), 『공동체 학교 만들기: 배움과 돌봄을 위한 도전』, 서울: 에듀케어.
- Tolstoy, L., 신창호 옮김(2011), 『서민교육론』, 서울: 쎄네스트.

공교육체제 위에 서는 평생학습사회[2]

한 숭 희

1. 실패자를 양산하는 한국 공교육의 허상

한국 사회에서 공교육은 실제로는 사교육의 연장선상에 있다. 우선 많은 부분이 사립학교에 의존한다. 중학교의 20%, 고등학교의 41%, 대학교의 83%를 사립학교에 의존하면서도 그것을 공교육체제라고 믿는 환상에 사로잡혀 있다. 이런 기형적인 공교육은 입시 사교육이라는 그림자를 만나 하나의 입체적 실체로 완성된다. 지위 상승이라는 사적 욕구가 국가교육체제라는 공적 틀 안에 숨어 자기 재생산하는 모습, 이것이 한국 공교육의 실상이다.

일찍이 해방 후부터 한국 교육은 돈을 주고 사는 상품이었다. 유럽 대부분의 국가에서 교육이 무상으로 제공하는 공적 서비스인 것과 달리, 우리의 학교는 당연히 '내 돈 내고' 다니는 것이고, 그 점에서 보면 '내 돈 내고' 학

---

2) 이 글은 계간 『사회비평』 2007 겨울호에 게재된 글을 확대 보완한 것입니다.

교에 보내는 것과 '내 돈 내고' 과외를 시키는 것 사이에 하등의 차별성이 존재하지 않았다. 그들이 보기에 학교가 학원과 다른 점은 국가 인정 졸업장을 준다는 것일 뿐, 어느 것도 '공공성'의 차원에서 접근하지 않았다. 학부모들은 교육을 '내 돈 내고 구매하는 사치재'쯤으로 생각했고, 명문학교는 고가의 '명품' 브랜드와 별반 다를 것이 없게 되었다. 교육 명품을 구매하는 수단도 예전에 비할 수 없을 만큼 다양해져서, 예컨대 원정출산, 명품 유아교육, 영재교육, 특목고, 교육특구를 향한 부동산 열풍 등은 이러한 흐름의 연장선상에 있었다. 하지만 1970년대 평준화 정책의 연장선상에서는 샤넬이나 루이비통, 아우디와 롤렉스에 익숙한 상류층을 만족시킬 만한 명품 학교는 별로 없었고, 그 욕구는 결국 조기 유학을 통한 해외 명품 학교로 눈을 돌리게 만들거나 특목고 등 자체 브랜드를 건설하는 형태로 나타났다. 강남 학부모들은 명품 학교 생산을 억제하는 평준화 정책을 맹렬히 비난하였고, 시장에서 자유 거래될 수 있을 정도로 풍부한 고급학교 상품의 수량과 질을 요구하기 시작하였다. 이제 아파트처럼 학교도 업자들에 의해 자유로이 만들어지고, 가격이 매겨지고, 프리미엄이 붙는 것을 원했다. 모든 명품이 그런 것처럼 값은 그리 중요하지 않았다.

결국 공교육은 이름만 남았을 뿐이고, 그 안에서 벌어지는 실상은 끊임없는 교육을 사유화하려는 욕망의 무한 경쟁이었다. 이 경쟁 체제는 체계적으로 일정 수의 실패자를 양산하도록 프로그램되었다. 겉으로는 모든 사람에게 공평한 접근의 기회를 열어놓는 것처럼 보였지만, 그 안에서는 일정한 패배자를 체계적으로 생산함으로써 학교교육의 사적 가치를 재생산했다. 학교는 사회 선발의 성전이었고, 교육은 그 시녀였다. 일정 수를 차별적으로 선발하기 위해서는 그만큼의 일정 수를 체계적으로 실패자로 낙인찍어야 했다. 이것이 상대평가와 정규분포 곡선의 비밀이었다. 상대적 비율만큼 학교교육은 이른바 '불량품' 혹은 '함량 미달 학생'을 계획적으로 생산해온 것이다. 동일한 등록금을 받으면서도 계약된 학업 성취를 만족시켜주지 않았다. 오히려 책임은 학습자에게 돌아갔다. '머리가 나쁘다', '노력을 덜 하였다', '상대평가 때문에 어쩔 수 없다'는 등의 이유를 붙여 불량 서비스를 정당화하였다. 일정 수준의 학습 성취를 기대하고 등록금을 지불하고 교육 서비스를 제공받았지만, 돌아오는 것은 수준에 못 미치는 성취도와 함께 어디에도 써먹을 수 없는 불량 성적표일 뿐이었다. 그걸 학교는 내신등급이라고 불렀다. 처음부터 일정 수의 학생들이 불량 등급을 받게 프로그램되어 있는 과정을 과연 교육이라고 부를 수 있을까? 그리고 그런 불량 프로그램을 내장하고도 반성하지 않는 학교를 과연 공교육 기관이라고 부를 수 있을까?

2. 끊임없이 진행되는 교육의 시장화

우리 교육은 언제나 사유재로서 기능하였다. 그 안에 공공성은 처음부터 존재하지 않았으며, 그 전통은 이제 이름을 달리하여 지식경제, 인적 자원 개발, 그리고 최근의 학습사회 논의 안에서 다시 이어지고 있다. 그동안 변화된 것은 별로 없다. 상품교환의 논리가 교육 현상의 전반에 편재해 있고, 그 본질이 보다 표면화되어갈 뿐이다. 더구나 교육을 감싸고 있는 지식의 상품성과 시장성은 이제 교육의 본질이 무엇인지도 까맣게 잊게 만들고 있다. 우리가 무엇을 위해서, 무엇 때문에 교육을 하는지를 묻는 것은 아둔하기 짝이 없는 우문이 되어버렸다.

공공재는 시장에서 거래되는 것이 부적절하거나 부적합한 특성을 갖고 있다. 그러한 공공재를 다루는 영역을 공공 영역이라고 한다. 이런 점에서 공공성의 반대말을 상품성이라고 할 수 있다. 상품의 가치는 존재 그 자체의 가치와 아무 상관이 없는 새로운 형태의 사회적 가치이다. 바로 이 점이 모든 문제를 야기한다. 상품은 오직 교환관계 속에서만 가치를 획득한다. 이때 교환가치는 상품의 사회적 관계일 뿐 그 상품의 본질적 가치와는 상관이 없다. 이 순간 그 악명 높은 전도 현상, 즉 어떤 사태나 물건이 그 본질적 가치가 아닌 사회적 교환관계에 의해 그 본질과 가치가 규정되는 현상이며, 그러한 관계가 본질적 관계를 대체해가기 시작한다는 것이다. 특히 자본주의 사회는 이러한 교환관계를 '부분적 현상'이 아닌 '전면적 현상'으로 재위치시키게 된다.

지난 세기를 '사유화와 상품화에 의해 지배된 세기'였다고 제레미 리프킨은 말한다. 이러한 관점에 따르면 시장(market)이라는 미다스의 손은 모든 것을 황금으로 만듦으로써 그것을 사고팔고 소유할 수 있는 것으로 변화시켰다. 그런데, 경제인들이 보기에 아직까지 미다스의 손이 제대로 작동하고 있지 않는 곳이 있는데, 그것이 바로 초중등학교다. 기업인들과 보수 경제학자들은 틈나는 대로 "자본주의 시대에 교육만 유독 사회주의를 신봉하고 있다."라는 비난을 서슴지 않았다. 이들은 고교 평준화 폐지를 주장하면서 공교육에서 '공(公)' 자를 떼어내려 하였다. 평준화 해체를 통해 30조 규모의 교육 재정 및 학부모로부터 나오는 등록금 수입을 합친 규모의 중등교육체제가 학습시장으로 편입되어 들어가고, 그것이 이미 존재하는 10조 원이 넘는 사교육 시장에 더하여 발생하게 되면, 현재 실물경제에서 죽을 쑤고 있는 시장주의 경제의 돌파구로서는 참으로 매력적인 호재가 아닐 수 없다. 지식기반 경제를 향한 신천지 개척 프로젝트의 일환이었다.

토니 블레어 전 영국 수상이 교육을 최고의 경제로 표현한 적이 있지만, 사실 그 말은 박정희 정권 시절에 이미 등장했다. 그리고 보면 대한민국 교육이 경제적 가치로 대접받기 시작한 것은 꽤 오랜 전통이 있다. 1970년대부터 고개를 들기 시작한 인적 자본론(human capital theory)의 뒤를 이어 1990년대 말에는 교육부의 이름도 교육인적자원부로 개편하였다. 교육이 돈을 주고 사는 상품이라는 사용 가치적 수준을 넘어 이제 교육은 새로운 자본 가치를 창출하는 '인적 자원 개발'과 등치되기 시작하였다. '교육혁명', '인재혁신', '교육의 국제 경쟁력', '교육의 투자 수익률', '제2의 경제' 등의 단어들이 교육 마당의 중심지를 차지하게 되었다. 대학들은 저마다 '세계적 수준의 연구 중심 대학'을 외쳤고, SCI급 학술지에 논문을 올릴 때마다 신문은 대서특필했다. 경제 신문사마다 지식경제, 글로벌 인재 개발 등을 내걸고 엄청난 규모의 국제학술대회를 개최하였다. 기업인들은 한국의 대학을 지독히 혐오하였고, 그 결과 한국 대학은 국가 경쟁력의 발목을 잡는 주범으로 인식되었다.

인적 자본이란 인간의 능력 가운데 성과로 표현되고 화폐로 보상받을 수 있는 형태의 능력을 말하는 것이다. 최근 이와 관련하여 통용되는 개념 가운데 대표적인 것이 바로 역량(competencies)이라는 것이다. 역량이란 '상품화될 수 있는 조건을 가진 인간 능력'을 의미한다. 역량이란 개념은 결코 가치중립적으로 규정될 수 있는 보편개념이 아니며, 혹은 인간 능력을 객관적이면서도 과학적으로 탐색 분류해놓은 것이라고 볼 수 없다. 그것은 특정 사회가 전제로 하는 생산양식을 반영하며, 그 안에서 규정된 성공의 개념을 반영한 능력 규정 방식이다.

그런데 '상품화될 수 있는 능력'이란 과연 어떤 특성을 갖는 것일까? 공기가 아무리 중요해도 상품이 될 수 없는 것은 그것이 상품의 일반적 특성을 조건으로 갖추고 있지 않기 때문이다. 인간의 능력 가운데에 덕성이나 영성과 같이 아무리 중요한 능력이라고 할지라도 자본주의 생산양식 안에서 상품적 가치를 가지지 못하는 것이 있으며, 반대로 어떤 능력은 매우 높은 인적 자본으로서의 가치를 인정받는 경우가 있다. '역량'이란 요컨대 후자의 경우를 말하며, 그것은 상품성이라는 형식을 만족시킬 수 있어야 한다.

상품은 우선 '비가치적 비인격적인 교환관계, 즉 판매'를 전제로 한다. 상품은 자신을 위한 것이 아니며 오직 판매되기 위해 기다리는 것이다. 상품적 관계란 모든 관계가 물화된 화폐적 매개체에 의해 중개되는 경우를 전제로 한다. 대상이 물건일 경우 화폐가 매개물이 되며, 적어도 화폐를 거치는 순간 교환 주체들 사이의 어떠한 종류의 주관적·인격적·가치적 관계도 매장된다. 단지 시장의 등가가치만이 위력을 발휘할 뿐이다. 학습이 이미 고통이 되었고, 자신의 삶과는 분리된 채 암기와 시험을 통한 타자적 삶이 일반화된 현실은 이러한 학습 양식의 상품화를 예시한다. 이제 학습은 판매될 상품으로서 인식되는 것이다.

이제 어느 누구도 한국의 교육이 '국가와 민족을 위한' 기제라고 생각하는 사람은 없어 보인다. 대신, 부동산 투기하듯 '교육 투기'가 이루어질 뿐이다. 예를 들면 유아기부터 투자되는 고가의 사교육비, 영재교육 열풍, 특목고, 자사고에 대한 선택은 이제 서울대를 지나 하버드를 구매 대상으로 삼는다. 그 안에서 우리가 말하는 '공공성'이란 과연 무엇인가? 공교육은 과연 존재하는가?

3. 공공성이 제거된 학습사회

평생교육이 사회 핵심쟁점으로 회자되면서 이제 '학습사회(learning society)'는 과거의 '학교사회(school society)'를 대체하는 새로운 교육의 맥락이 되었다. 흔히 학습사회는 '언제 어디서나 누구나 학습할 수 있는 에듀피아' 같은 장밋빛 꿈으로 그려져왔다. 그러나 학습사회는 아름다운 미래 비전을 담은 희망적인 모습만을 가지고 있는 것은 아니다. 세계 자본주의 체제에서 급부상하고 있는 학습사회의 본질은 학습자본주의 체제이다. 학습자본주의 체제는 지식을 탑재한 노동력을 대량생산하기 위한 인적 자원 개발 시스템을 가동하고 그 비용의 상당 부분을 노동자에게 부담시키고 있다. 한편으로는 지식의 폐기 속도만큼이나 빠르게 고용구조를 '유연화'함으로써 기업으로 하여금 '인간을 고용'하는 것이 아니라 '지식을 고용하는 구조'를 정착시키고 있다. 그래서 지식이 용도 폐기되는 순간 그 지식을 담지하고 있던 노동자도 쉽게 해고할 수 있는 구조를 정착시키고 있다. 최근 영미 계통 국가들이 선포하고 있는 학습사회의 모습은 신자유주의(neo-liberalism)적 조건을 동반하고 있으며, 이 점에서 다양한 학습사회 '버전' 가운데 주로 학습시장 모형에 대표성을 실어주고 있다.

학습사회는 교육의 모든 장면을 바꾸어놓을 것이다. 마치 FTA가 새로운 경제활동의 배경으로 등장하고, 그로 인하여 기존 경제 질서에 상당 부분 위기와 기회가 동시에 찾아오게 되는 것과 같다. 학교 중심의 완결된 사회체제가 학습사회라는 전대미문의 사회, 즉 학습이 전 사회, 전 생애의 구석구석에서 생산되고, 그 결과를 학교뿐만 아니라 다양한 사회체제가 인증하며, 전통적인 교과지식보다는 노동시장이 요구하는 능력이 학습의 전면에 배치되는 현상 속에서 수많은 교육 문제들이 새롭게 정의될 것이며, 새로운 학습시장, 즉 성인교육과 노인교육, 여성 능력 개발 등의 마당이 힘을 얻게 될 것이다.

학습사회는 글로벌 지식자본주의가 요구하는 거대 변화의 한 기둥이며(피터 드러커 등 미래학자들이 입이 닳도록 교육체제 개혁을 요구하는 이유가 무엇인지 생각해보라), 마치 닥쳐오는 태풍과 같다. 이는 우리가 피할 수는 없지만 만반의 대비를 해야만 하는 상황을 의미한다. 조만간 학교만으로는 새로 발생하는 가공할 만한 학습 수요를 감당해낼 수 없게 될 것이다. 작은 개울 하나만으로 마을의 치수(治水)를 할 수 있는 시절과 달리 그 마을에 홍수가 나고 댐이 무너질 때에는 보다 넓은 범위의 치수대책이 필요하다. 그와 마찬가지로 대한민국 사회경제 전체가 글로벌 지식경제로 전환되는 순간 이미 학교는 '개울물'처럼 그 한계를 드러내게 된다. 이제 해일과 태풍을 관리할 수 있는 학습의 치수대책이 필요하다. 이러한 맥락에서 평생학습정책은 국가, 시민사회, 시장이 함께 수행하는 교육 훈련 시스템에 대한 확대된 공급체계를 말한다. 다시 말하면 학습기회 조절체계, 학습도시 등의 학습환경 조절체계 등을 포함한 거대 정책체계를 말한다.

불행하게도 우리의 공적인 교육 댐 관리 체제는 부실하기 짝이 없다. 우리나라처럼 사학, 즉 민간에게 국가교육의 상당 부분을 내맡기고 있는 나라도 별로 없으며, 그마저도 학습시장, 즉 사교육 재벌들에게 열쇠가 내맡겨져 있다. 대한민국이 북유럽 수준의 복지 체제를 갖추지 못하고 '작은 정부'를 지향하는 한 교육부문에서 자본화된 학습시장은 학교를 결코 고립적으로 내버려두지 않는다. 학교만의 고립된 평준화 정책은, 사회 전체의 평등화가 전제되지 않는 한 독자적으로 작동하기 어렵다. 문민정부 이후 지금까지 학교는 평준화라는 기치를 내걸고 홀로 신자유주의 풍파를 다 막아내려고 했다. 너무도 준엄한 결단이었지만, 교육체제라는 가래만으로 사회구조의 변화의 파도를 막아내기는 어렵다. 그러한 거대한 파도가 이명박 정부 들어서 학교 다양화라는 이름으로 거침없이 평준화 체제를 허물고 있는 현실이다.

지난 반세기 동안 우리 사회는 20대 후반을 전후로 하여 개인의 성장 잠재력을 억압하는 희한한 시스템을 가지고 있었다. 인간의 학습이 성장의 동력임에도 불구하고 학습은 어릴 때만 하는 것이라고 믿고 있으며, '공교육'의 범위는 초기 학교교육으로 제한되어 있다. 우리의 교육은 20대까지의 젊은이들을 너무도 열심히 키우지만, 그 나무가 자라 재목이 되면 곧바로 수분과 양분의 공급을 중단한다. 자연히 물 오른 나무들이 말라죽기 시작한다. 그때까지 형성된 생각틀을 껴안은 채 그대로 고사(枯死)하고 있다. 그리고 잘라내 버린다. 그러다보니 세대마다 정지된 생각틀을 가지고 갈등한다. 생각이 유연하게 바뀔 수 있는 학습의 기회를 줄 수 있는 시스템이 아예 존재하지 않는다. 그래서 세대 간 갈등이 어느 나라보다 심각하다. 사회개혁과 세대교체가 동의어처럼 맞물리는 희한한 사회에 살고 있다.

그러나 구세대는 교체되어야 할 대상이 아니라 계속해서 성장하는 주체이어야 한다. 그러한 성장과정을 지원하는 공적 교육체제가 존재해야 한다. 고용 유연화라는 이름으로 오십 세도 안 된 노동자들을 아무 주저 없이 해고할 것이 아니라 그들의 성장과 재충전을 위해 공적 자금을 과감하게 투자하고 여성과 노인들의 학습을 위해 국가 교육 재정을 투자할 수 있어야 한다. 교육은 초중고교 학생들에게만 하는 것이 아니라 남녀노소를 불문하고 우리 사회 모든 국민을 대상으로 할 수 있어야 한다.

4. 생애 단계별로 새롭게 요구되는 평생학습

해방 후 지난 40년 동안 기대 수명이 10년 늘어났고, 앞으로 40년 이후 즉 2050년에는 또 다시 10년이 늘어날 것이다. 결국 모든 사람들이 싫어도 90세 근접하게 살 수밖에 없다. 초고령사회는 이미 일본이 겪고 있는 문제인데, 평생에 걸친 생애 단계별 삶의 양태가 우리와는 현격하게 달라지고 있다. 또한 그들을 받아주는 사회의 정책적 구조도 근본적으로 바뀌고 있다. 지금 고령기를 맞는 우리 사회의 선배들은 사실 껍데기뿐인 공교육으로부터도 소외된 삶을 살아왔다. 이들은 이제 앞으로 전혀 공교육 냄새도 나지 않는 평생학습에 몸을 얹어야 한다. 그건 우리나 우리 다음 세대들도 마찬가지다.

이제 인생의 패턴이 달라진다. 예전에는 12~18년 공부하면 이후에는 30년 동안 일하고, 은퇴한 후에는 10~15년을 여가로 보냈다. 이제 90년을 산다고 치면, 그런 단선형 사이클로는 살아갈 도리가 없다. 오히려 30년짜리 인생을 '삼세번' 사는 인생이 바야흐로 시작되는 셈이다. 예컨대 첫 번째 30년은 아마 지금과 크게 다르지 않을지 모른다. 초등학교에 들어간 후 대학을 졸업할 때까지 공부가 중심이 되는 생활이다. 그리고 첫 직장에 입직한다. 운이 좋다면 그 직장이 마지막 직장이 될 수 있겠지만, 점점 더 그런 경우는 희박해지고 있다.

그래서 두 번째 인생이 이때부터 시작되는 것이다. 한번 취업한 사람 가운데 절반 이상이 회사를 그만두고 나와서 다른 걸 준비한다. 회사를 다니다가 때려치우고 치과의사가 되기 위해 다시 대학 입시를 본 사람, 대기업에 몇 년 다니다가 회의감이 생겨서 그만두고 IT 벤처 기업을 창업한 사람, 간호대를 나와 간호사로 하다가 실증을 느껴서 교대에 입학한 사람, 결코 남의 얘기가 아니다. 필자가 가르치는 서울대 출신 학생들 중에도 이런 사람들이 참으로 많다. 혹은 40대의 '인생 역전'을 준비하는 사람들이 늘어나고 있다.

이런 얘기는 정규직이 아닌 비정규직 계약직 종사자들에게 보다 빈번하게 일어난다. 사범대학을 나왔지만 교사임용고사에 합격하지 못한 사람들 가운데 많은 수는 학습지 교사가 되거나 학원 강사가 된다. 이들은 모두 비정규직이고, 계속해서 더욱 안정된 직장을 구하기 위해서는 끊임없이 자격증을 획득한다. 그게 스펙이다 보니, 정말로 필요한지 아닌지는 크게 중요하지 않다. 그러다 보면 이제 나이가 50대를 훌쩍 넘어가고, 퇴직 후 쉽게 시작하는 게 영세 자영업이다. 그러자면 창업 교육이라도 받아야 하고, 그 업계를 좀 안다는 사람을 쫓아다니면서 물어물어 배워야 한다.

이런 변화의 배후에는 우리가 1997년 경험했던 IMF 사태의 충격이 자리하고 있다. 그 사태 이후 기업들은 고용 유연화라는 이름으로 정규직의 수를 줄이기 시작했다. 전반적으로 일자리 사정이 나빠졌고, 대량 감원은 이후에 기업의 정례 행사가 되었다. 이런 상황에서 특히 가방끈이 짧은 노동자들은 생존의 위협을 받는다. 학력이 이런 차이를 만들었고, 그래서 대한민국의 대학들은 경제위기 속에서도 꾸준히 등록금을 올릴 수 있었다. IMF 이후 나타난 또 한 가지 특징은 근로소득 총량이 재산소득 총량에 비해 꾸준히 줄어들고 있다는 것이다. 말하자면 재산소득을 통해 일하지 않으면서 높은 소비 수준을 유지하는 집단이 늘어나고 있다는 뜻이다. 이중 상당 부분은 소위 불로소득에 해당하는 것이며, 그것이 금융자본주의 혹은 주주자본주의를 만들어낸다. 1997년 이후 일자리의 규모와 질도 계속 나빠지고 있다. 직업 안정성이 취업의 최우선 기준이 된 건 어제오늘의 일이 아니다.

이런 노동시장의 변화는 평생학습과 직접 관련된 현상이다. 평생학습의 상당 부분은 먹고사는 일과 관련이 있기 때문이다. 젊은이들은 어쨌건 간에 공무원이 되려고 하고, 대기업 관리직으로 취업하려고 하고, 의사나 변호사가 되려고 한다. 그러나 대기업에 취업할 수 있는 인원은 전체 취업 희망자의 10% 정도에 불과하다. 그리고 또 다른 10% 정도는 전문직 등이다. 게임은 여기까지이다. 나머지 80%는 좋든 싫든 다른 일자리를 알아봐야 한다. 중소기업, 영세 자영업, 농림어업, 건설노동자, 그리고 소위 '알바'의 대부분이라고 할 수 있는 판매점 점원이나 식당일 등을 하게 된다. 대학을 나와도 사정은 달라지지 않는다. 가장 좋다고 하는 수도권 주요 사립대학 및 전국 주요 국립대학들을 뺀 나머지 대학은 '괜찮은 직업'을 얻는 데 그리 큰 도움을 주지 못한다. 우리나라 전체를 흔드는 대입 경쟁은 결국 상위 20%만을 위한 게임일 뿐이며, 그 게임에 참여하는 80%는 들러리인 셈이다. 결코 공정한 경쟁이라고 할 수 없다.

흥미로운 점, 대학입학 시험이나 입사 시험 등에서 그렇게도 위력을 발휘하던 스펙, 즉 점수, 학력, 영어점수, 수상 경력 등이 30대 이후 지속적인 경력 개발과 승진 과정에서는 뒷전으로 물러난다는 것이다. 가장 큰 이유는 그런 스펙들이 업무와 승진 과정에서 별로 실제 능력을 보장해주지 못하기 때문이다. 이 점은 우리 사회의 인재 선발 및 경력 관리의 허점을 여실히 보여준다. 우리는 대개 공정성을 내건 초기 교육과 선발을 통해 인생을 결정해버린다. 그리고 나머지 인생은 그 그림자 아래 산다. 인생 역전을 위한 기회는 좀처럼 부여되지 않는다. 그러나 실제 직업생활과 인생 여정은 초기 입직 이후에 이루어진다. 직장을 바꾸고, 직업을 바꾸고, 승진하는 과정에서 그런 초기 선발의 효과는 별로 나타나지 않는다. 평생 경력 개발과 평생학습이 필요한 대목이다. 인생 100세 시대에는 더더욱 그렇다.

상황이 이렇다 보니 인생 초기의 '공부'에 너무 많은 투자를 하게 되고, 이후 인생에 투자할 돈이 남아나지 않는다. 가정을 이루면 자녀들을 가르치는 데 집중하게 되고, 자신의 두 번째 인생 단계에서 다시 공부할 여유는 사라지게 된다. 가난한 사람들도 첫 번째 인생기의 자녀 공부에 '몰빵'을 하게 될 것이지만, 모르긴 몰라도 좋은 대학에 가기도 어렵고 '괜찮은 직장'에 취업하기도 어렵게 된다. 이제 인생의 두 번째 단계에 투자해야 할 때가 되면 결국 경쟁에서 탈락하고 마는데, 이 단계에는 공교육이라는 개념 자체가 존재하지 않기 때문에 이들에 대한 국가적 지원을 기대하기는 어렵다.

물론 사람들이 좋은 일자리만을 위해 공부하는 건 아니다. 인생을 음미하는 여가도 마찬가지로 공부를 동반하지 않으면 안 된다. 사람이 여가를 가지는 건 결코 낭비가 아니다. 자기만의 시간을 가지고 생각하며, 영생을 염원하고, 차 한잔을 마시면서 내가 살아온 인생을 회상하고, 아이들과 함께 놀아주면서 가족의 의미를 생각해보고, 회사에서도 야유회를 가서 팀워크의 의미를 생각해보는 등 이루 말할 수 없이 많은 활동들이 여가라는 이름으로 이루어진다. 여가는 인생이며, 인생의 의미를 구성하는 적극적 행위라고 할 때, 최근 불고 있는 인문학 열풍은 이런 점에서의 인생 의미의 재발견이라는 테제가 사회적 기반을 획득하는 과정으로 해석할 수 있다.

지금까지 대한민국은 인생을 경시했고 여가를 소비로 보았다. 적어도 산업역군을 자처했던 지금의 60대 이상 남성들은 극한의 노동을 이겨내기 위한 마약과 같은 것으로서 여가를 이용했을 뿐이다. 노동하면 할수록, 일에 몰입하면 할수록, 내가 왜 살아야 하는지, 세상이란 무엇인지, 정의란 무엇인지 등을 깨닫기는커녕 자신의 본질을 잃어가게 되었던 것이 대한민국 근대의 삶이었다. 노동이 인간성을 보장해주지 못한다면, 결국은 노동으로부터 분리된 계획된 여유를 통해서 그 의미를 되찾아야 한다. 그리고 이 과정은 공부와 분리될 수 없다. 공부는 배우는 과정, 깨닫는 과정, 되새기는 과정이고, 그 안에서 인생을 생각하는 과정이다. 이것이 어쩌면 평생학습의 중핵 과정일지 모른다.

대한민국 인구의 상당 부분은 교육으로부터 통째로 소외된 인생을 살았다. 통계에 의하면 현재 60세 이상 고령자들의 평균 학력은 중졸이 채 안 된다. 여성의 평균 학력은 초등학교 졸업이 채 안 된다. 일제 통치, 가난, 한국전쟁을 겪었고 초등학교 진학도 생각하지 못한 사람들이 많았다. 누구나 중학교에 갈 수 있게 된 것은 1970년대 중반을 지나서였다. 지금도 중학교를 졸업하지 못한 대한민국 국민이 전국에 200만 명가량 있다.

대한민국 정부는 이렇게 공부할 기회를 가지지 못해서 가슴에 한이 맺힌 사람들을 돌보지 않았다. 지금도 방송통신고등학교나 야간 학교, 혹은 학력인정 평생교육 시설을 졸업하면서 감격의 눈물을 흘리는 분들의 이야기가 방송을 타곤 한다. 21세기도 한참 지난 지금이지만, 우리의 교육정책은 여전히 인생 초기 아동과 청소년에만 관심을 두고 있다. 교육과학기술부 예산 45조 원 가운데 대부분인 37조 원 정도가 초중등학교 예산에 사용된다. 그리고 나머지는 대부분 과학기술 예산이다. 중장노년기 인구에 투자할 교육 예산은 거의 없다고 봐도 과언이 아니다.

영국에서도 우리와 비슷하게 교육 예산의 대부분은 학교와 대학교육에 투자된다. 점차 늘어나는 50대 이상 인구에 대한 교육 투자를 늘리기 위해 영국의 평생교육진흥원(그곳에서는 NIACE, 즉 국가 성인계속교육원이라고 부른다)은 미래 평생교육 진흥을 위한 보고서에서 다음과 같은 제안을 하였다. 중등교육을 마치는 18세 이상 성인 인구를 연령대별로 분류하되, 18~24세,

25~49세, 50~74세, 75세 이상의 네 집단으로 나누어보았다. 이 가운데 가장 많은 인구가 25~49세와 50~74세의 두 층위에 비슷하게 몰려 있다. 고령사회로 가는 대표적인 인구분포 형태이다. '논리적'으로 볼 때 국가 교육 예산은 이 네 계층에 대해 공평하게 분배되어야 하지만, 현실은 고등교육 대상인 18~24세 계층에 86%가 몰려 있고, 나머지 연령 계층에 대해서는 나머지 10여 %를 예산을 나누고 있을 뿐만 아니라, 그나마도 75세 이후의 인구층에 대해서는 0.1% 정도밖에는 배정되어 있지 않은 것이 현실이다. 그래서 영국의 평생교육진흥원은 아주 조금만 젊은이들을 위한 교육 예산에서 떼어내서 나이가 좀 더 많은 사람들을 위해 재배분하자고 제안했다. 물론 만만치 않은 반발이 있었던 것이 사실이다.

교육 예산의 공정 배분 문제는 매우 심각한 쟁점이며, 어쩌면 교육 기회의 공정성 문제에 있어서 핵심적인 사안일 것이다. 우리나라처럼 '소 팔아서 교육받는' 것을 당연시하는 국민은 세계 어디를 찾아봐도 그리 흔하지 않다. 신자유주의를 신봉하는 영미 계열 국가들을 제외한 대부분의 국가에서 교육은 의료처럼 공공재이며 사회적 책무의 대상이다. 교육을 자기 돈 들여서 받는다면 그건 상품이나 다름없고, 그런 교육을 받은 사람들은 결국 그 투자가치를 어디선가 뽑으려고 한다. 그것이 교육경쟁과 학력주의를 낳는다.

5. 전 생애에 걸친 공교육체계를 세우자

한국의 대학교 취학률이 세계 최고인 것과는 대조적으로, 성인들이 평생학습에 참여하는 비율은 거의 남유럽이나 제3세계 수준이다. 한국 성인의 평생학습 참여율은 2010년 현재 30% 정도였다. 말하자면 나머지 70%는 일년에 단 하루도, 단 한 번도 어디에 가서 교육받은 적이 없다는 말이다. 다른 나라를 보면, 일본은 48%가 참여하며, 영국은 49%, 미국도 마찬가지로 49%가 참여한다. 놀랍게도 북유럽 국가들, 예컨대 덴마크, 스웨덴, 노르웨이, 핀란드 등은 70%가 넘는 참여율을 보인다. 우리와 같이 30% 이하를 보이는 국가들은 유럽의 경우 지금 경제위기를 겪고 있는 PIGS(포르투갈, 이탈리아, 그리스, 스페인) 국가들과 동유럽 국가들뿐이다.

만약 모든 연령층의 시민들이 상시적으로 학습하는 사회가 된다고 가정할 때, 우리나라의 성인교육 참여율은 향후 10년 안에 60% 대로 치솟게 될 것이다. 그럴 경우 지금의 교육 프로그램으로 새로운 수요를 충당하기는 어렵다. 대략 추정해본다면, 우리나라 성인 인구(평생학습 참여율 조사는 25~64세 인구만을 대상으로 하므로 여기에서도 이 인구층만을 포함시켜 본다면) 약 2,500만 명 정도 가운데 새롭게 750만 명 정도가 교육 프로그램을 찾아 나서게 된다. 현재 우리나라 전체에서 1년 동안 제공되는 교육 프로그램의 수는 어림잡아 20만 개를 조금 넘을 것으로 추정하는데, 성인교육 참여율이 30%에서 60%로 상승한다고 할 때 그에 따라 또 다른 750만 명이 교육에 참여할 새로운 20만 개의 프로그램이 필요하게 된다는 계산이 나온다. 결국 연인원 20만 명의 강사가 필요할 것이고, 그 프로그램을 공급할 새로운 성인교육 기관들이 수없이 확대되어야 할 것이다.

스웨덴은 세계에서 학교 평준화 체제가 가장 발달한 나라이면서도 우리보다 국민소득이 2배나 많은 나라이다. 교육은 민주 시민을 기르는 일이라고 말하면서 엘리트주의 교육은 틀렸다고 과감히 말할 수 있는 나라가 스웨덴이다. 이뿐만 아니라 스웨덴은 임금의 절반을 소득세로 내면서도 공교육 발전을 위해 세금을 더 낼 용의가 있다고 말하는 나라, 사비를 들여 과외를 시키는 일은 생각도 하지 않는 나라이다. 스웨덴은 참여정부 후기에 정부 관계자들이 끊임없이 이 나라를 들락거리며 뭔가를 배우려고 했던 이유가 분명히 있었다. 물론 민간 교육 기업들이 다양한 형태의 사교육을 제공하지만,

대부분은 지자체와 기업 등에서 일괄 구매하여 시민과 노동자에게 배분하는 것을 보았다. 어쨌든 학습자의 입장에서 교육은 마치 백화점에서 물건을 사듯 일일이 돈을 주고 사는 것이 아니었다. 교육은 거래의 대상이 아니었고, 그것이 공교육의 핵심 철학이었다.

사실 우리나라의 교육 경험은 글로벌한 관점에서 보았을 때는 매우 기이하고 특별한 것이었다. 그 가운데에는 기회주의 사회 안에 담긴 기회주의 교육 질서의 왜곡상이 고스란히 담겨 있었다. 사람 '인'을 근간으로 하는 인본, 인권, 인문, 인성, 인간 등의 개념이 교육의 중심에서 추출되었고, 그 자리에는 물신주의적 투기가 자리 잡았다. 아마도 사람 '인' 자를 근간으로 하는 사상과 내용은 자본주의 체제의 인적 자본으로 전환하기에 부적합하거나 부적절한 개념들이기 때문이었는지 모른다.

이제 공교육을 초기 의무교육으로 한정 짓는 좁은 소견에서 과감히 탈피해야 한다. 전 생애에 걸쳐, 유아에서, 아동기를 거쳐, 성인기, 그리고 은퇴기에 이르는 흐름 속에서 인본, 인권, 인문, 그리고 인성을 공동체적 집단 경험 안에 형성하는 모든 과정을 공교육이라고 부르자. 어차피 이런 것들은 시장에서 인적 자본으로 거래되기에 적합하지 않은 것이지만 우리에게 반드시 필요한 것들이니까. 그리고 그러한 교육의 경험은 비단 학령기뿐만 아니라 성인기와 노인기에 이르기까지 전체 생애 과정에서 필수적으로 흡수해야 할 호흡과 같은 것임을 명심했으면 좋겠다.

참고문헌

● 김기석(2008), 「한국고등교육연구」, 서울: 교육과학사.
● 김신일, Ed.(2005), 「학습주의 관점에서 본 현대교육제도의 문제」, 「학습사회의 교육학」, 서울: 학지사.

- 이계학 · 조정호, et al.(2004), 『근대와 교육 사이의 파열음』, 서울: 아이필드.
- 이범(2010), 『교육특강』, 서울: 다산에듀.
- 이종재, 김성열, et al.(2010), 『한국 교육 60년』, 서울: 서울대학교출판문화원.
- 한숭희(2005), 『포스트모던 평생교육학』, 서울: 집문당.

2부

우리 교육을
어떻게 개혁할 것인가?

혁신학교의 발단과 전개
—철학과 제반 구조상 특징을 중심으로

송 순 재

'혁신학교'는 지난 몇 년간 경기도와 서울시를 비롯해 모두 6개 시·도 진보 교육감들의 핵심 정책으로 도입되어 뿌리를 내리기 시작한 후 빠른 확산세를 보이고 있다. 이 글에서는 그 생성과 전개과정을 토대로 혁신학교의 철학과 제반 특징을 소개하고 주요 쟁점에 대한 간략한 이론적 논의를 더해보고자 한다. 경기도 교육청과 서울시 교육청 사례를 논의의 중심으로 삼았다. 단 혁신학교의 발화처(發火處)라는 점과 그 전개 양상으로 보아 경기도를 주로 거론하는 것이 마땅하겠으나 지면에 비해 다룰 내용이 너무 많아서 다른 기회를 보기로 하고, 대신 서울이 수도로서 필자가 속해 있는 지역이라는 이유에서 여기에 초점을 맞추었다.

1. 혁신학교의 전개과정과 교육사적 의미

1) 새로운 학교 만들기 운동과 작은 학교 운동

'혁신학교'는 서두에서 진보 교육감들의 정책으로 구현되기 시작한 것이라 했지만, 이를 정책 도입 이전, 현장에서 전개된 여러 운동들과 결부 지어 언급하지 않고는 그 성격을 제대로 밝히기 어렵다. 좀 더 정확히 말하자면 이 운동들은 정책의 기반을 제공했으며, 이제는 거꾸로 정책적 환경 속에서 전개되고 있다고 할 수 있다. 애초에 이 운동들은 여러 맥락을 타고 또한 여러 상이한 이름들 하에 전개되었는데, 그 주축을 이룬 것은 우리의 어린이와 청소년 그리고 학교교육 문제를 붙들고 줄기차게 씨름해온 교사와 학부모, 실천가와 이론가들이었다.

이들의 공통된 관심사는 근대화 과정에서 지금까지 우리 교육을 옥죄었던 대학 입시 경쟁 교육과 이런 식으로 도구화된 학교교육 및 그 비판적 노력에 모아져 있다. 그 성격을 한마디로 말하자면 '학교교육 패러다임의 전환'을 위한 노력이라 할 수 있다. 도구화된 학교 체제하에서 우리의 어린이와 청소년들의 삶과 청춘은 추하게 뒤틀렸으며, 우리 학교의 일상은 강요와 억압, 무기력과 지루함, 폭력과 죽음에 내몰린 형국이 되어버렸다. '제도'란 본래 '삶'을 촉진하고 증진하기 위해서 존재하는 것인데 오히려 삶을 억압하고 노예로 만들어버렸다. 이러한 도치와 왜곡으로부터 벗어나 '삶을 위한 학교'로 전환해야 한다는 것, 이것이 바로 학교교육 패러다임 전환의 골자이다.

그 발단은 먼저 세간에 널리 알려진 '남한산초등학교(경기도 광주, 2001년 이후 현재까지)'의 성공 사례[3]에서 찾아볼 수 있다. 이 학교의 교사들은 폐교 위기에 직면한 농촌 학교의 상황에 직면하여 이 학교를 살려내되, 종래와는 전혀 다른 시각에서, 즉 경쟁 교육의 거대한 흐름 속에서 난관에 봉착해 있는 공교육의 새로운 물꼬를 트기 위한 문제의식을 가지고 접근하고자 했으며, 몇 년간의 고투 끝에 매우 참신하고 의미 있는 성과를 도출해냈다. 이 시도는 당시 교사와 학부모들 사이에서 차츰 우리 학교교육의 새로운 지평을 여는 놀라운 사례로 회자되기 시작했으며 얼마 지나지 않아 농촌 지역에 위치한 몇몇 작은 학교들이 합류하면서 확장된 흐름으로 나타났다.

이 초기 상황에 대해서는 좀 더 면밀한 이해가 필요한데, 왜냐하면 이 학교들이 처음부터 현재의 혁신학교 같은 명료한 상(像)을 염두에 둔 것은 아니었기 때문이다. 그 일차적, 직접적 원인은 1999년 교육부의 대대적인 농어촌 학교 통폐합 정책으로 촉발되었다(당시 971개교가 통폐합됨). 당시 당국의 무리한 조치들은 지역 주민들의 반발을 불러일으켰고, 이는 농어촌 지역의 '작은 학교 살리기 운동'이라는 방식으로 나타났던 것이다. 남한산초등학교도 2000년에 그렇게 폐교될 운명에 처한 학교였다. 이 작은 학교를 살리는 과정에서 지역 주민과 학부모, 교사들 간의 연대가 이루어졌고 이는 최초의 '학교 지키기' 단계를 넘어서서 '새로운 학교 만들기 운동'으로 진화하게 된 것이다. 처음 단계에서 학교를 살리기 위해 자원해 들어갔던 교사들은 그때까지 존재했던 학교와는 다른, 그들이 오랜 교사생활을 통해서 꿈꾸어왔던 '새로운 학교'를 상상력의 나래를 펴 만들어보고자 했다. 이 맥락을 타고 2002년에는 충남 아산에서 거산초교가, 2003년에는 전북 완주에서 삼우초교가, 2005년에는 경북 상주에서 상주남부초교가 동일한 방향을 모색했다. 시간이 흐르면서 이 학교들은 서로 도움을 주고받을 수 있는 네트워크를 필요로 하게 되었고 그렇게 해서 '작은학교교육연대'라는 모임이 결성되었다(충남 공주-이때 부산의 금성초교 교사 몇 분이 자리를 같이했다). 이것이 최초의 발화점이

---

3) 남한산초등학교에 대해서는 강벼리·조선혜(2010), 『안순억 교사와 남한산 학교 이야기, 얘들아! 들꽃 피는 학교에서 놀자』, 푸른나무 참조. 최근 남한산초등학교 졸업생들(권새봄 외 6인)이 자신들의 학창시절 경험을 묶어 『남한산초등학교 졸업생들의 이야기, 학교 바꾸기 그 후 12년』(맘에 드림, 2012)이라는 책으로 펴냈다. 모두 일곱 명의 졸업생들은 기고문들을 통해서 당시 선생님들의 시도가 얼마나 열정적이며 진정성 있는 것이었는지를 가슴 벅차게 입증해주고 있다.

라면, 그 흐름을 타고 이어서 다시금 새로운 학교들이 생겨나기 시작했는데, 금성초교(부산, 2006), 송산분교(전남 순천, 2007), 조현초교(경기도 양평, 2006) 들이 바로 그런 학교들이다. 중요한 점은 이들 학교들을 거점 삼아 인근의 작은 학교들이 합류하기 시작한 것이다. 이들 시도 모두 초기 일 년여 동안의 준비과정을 거쳐 2~3년 안에 새로운 학교의 핵심적 상을 만들어냈다.[4]

그렇다면 새로운 학교 틀에서 시도한 골자는 무엇인가? 한마디로 "아이들이 건강하고 조화로운 삶을 살 수 있도록 교육을 하자"는 것이었다. 아이들이 기준이 되어야 한다는 것이다. 이를 위해 염두에 둔 몇 가지 목표가 있었다.

첫째는 관료주의적 관행을 단위 학교가 바탕이 된 교육활동 중심 체제로 바꾼 것이다. 통제와 지시, 경쟁으로 굳어진 판을 자발성과 협력이 생동하는 마당으로 만들고자 했다. 실적 쌓기 행사, 전시성 행정, 선발 위주의 시상 제도를 없애고 일체의 권위주의적 시설물들도 걷어냈다. 둘째는 교육과정의 틀을 바꾼 것이다. 하지만 국가교육과정을 기본 구조로 하는 공교육제도의 한계 때문에 법적으로 보장된 범위 내에서 자율성을 최대한 살려 작은 학교의 특성에 맞는 교육과정을 발전시켰다. 블록 수업, 체험학습, 프로젝트 학습 등이 그런 것들이었다. 수업시간이 늘어나면서 교수-학습 방법도 다양해졌다. 소주제 중심의 차시 학습 방식에서 단원 목표 중심으로 변화가 가능해졌고, 아이들의 집중력과 흥미도 높아졌다. 프로젝트 학습은 교과 중심 수업 구조에서 벗어나 교육과정을 통합적으로 재조직할 수 있도록 했다. 프로그램을 공동으로 개발하니 자연스레 수업을 중심으로 학교공동체가 형성되어갔다. 계절학기 프로그램은 기존의 40분 단위로 운영되는 교사 중심의

---

4) 조현초등학교 사례에 대해서는 이중현 교장의 혁신학교 조현초 4년의 기록을 담은 『학교가 달라졌다』 (우리교육, 2011)가 있다.

시간표 틀을 벗어나 학생들이 선택한 주제 교과를 '주기별 집중학습' 방식으로 학습하도록 했다. 이런 과제는 인력이 부족한 작은 학교에서 감당하기 벅차기 마련이어서 학부모와 지역민들의 도움을 요청할 수밖에 없었다. 이런 식으로 학교와 가정, 지역사회가 하나로 어울리는 배움의 공동체가 형성되었다. 작은 학교들은 위에서 서술한 방식이 보여주는 것처럼 새로운 교육 틀을 제각기 모색·실천했으며, '작은학교교육연대'는 그렇게 추구된 가치를 '참삶을 가꾸는 교육', '행복한 학교', '공동체 교육'으로 요약하고 있다.

이들 사례는 종래의 교육개혁운동이 거대 담론, 즉 정책이나 이념 등을 중심으로 전개되었던 것에 비해, 학교와 교실이라는 일상적, 구체적 현장에 초점을 맞추어 살아 있는 성과를 냈다는 데 그 의의가 있다. "작은 학교는 (그들이 추구하는) 가치를 구호화하지 않고 실제 교육 현장에서 바꾸어나간다." 정책 대결이나 이념 논쟁의 와중에서 아이러니하게도 학교 현장은 빈곤하고 공허해져버렸다는 자기비판적 시각이 있었고, 여기서 학생과 교사의 삶의 자리인 학교 현장과 그 문제들, 철학, 교육과정, 교수-학습의 문제들이 새로이 천착되었던 것이다.[5]

결국 이들 '새로운 학교 만들기 운동' 사례는 진보적 교육감들의 정책 도입 초기 단계에서 유의미한 기초 자료로 제시되었던 바, '혁신학교'라는 정책 용어는 그러한 시도들을 핵심적으로 표현한 것이라 할 수 있다.

2) 새로운 학교 만들기 운동과 대안교육운동

앞에서 살펴 본 새로운 학교 운동을 위한 제반 시도들에서는 분명 공교육

---

5) 이상 남한산초교를 비롯한 '작은학교운동'에 대해서는 '작은학교교육연대'가 펴낸 『작은 학교 행복한 아이들』(우리교육, 2010) 중 서길원의 글 「작은학교운동이 걸어온 길」(277~289쪽)의 논지 참조.—이 과정에서 '교장공모제'를 통해 임용된 교장들의 역할이 주효했는데, 그 생생한 경험을 담은 책이 최근에 출간되었다. 김성천·박성만·이광호·이진철의 『학교를 바꾸다』(우리교육, 2010).

교사들의 독창적인 문제의식인 새로운 학교 만들기라는 구체적 주제와 인상 깊은 실천들을 확인할 수 있거니와, 이 맥락에서 1995년을 기점으로 파상적으로 전개되어온 '대안교육운동'에서 발전시킨 새로운 학교교육 패러다임을 위한 이론 및 실천 사례들과의 흥미로운 연관성도 확인할 수 있다. 대안교육운동의 뜻은 다음 두 가지로 요약해볼 수 있다. 하나는 '교육의 본령 찾기'요, 다른 하나는 '교육의 다른 길 모색'이다. 전자는 교육의 본령에 관한 것이다. 학교를 포함한 우리 사회 전반의 교육이 경쟁 교육과 사교육 등에서 나타내는 폭넓은 심각한 병리적 현상에 대한 비판적 시각에서, '어린이 삶의 정당한 촉진', '교육의 사회공동체적 기능 수행', '바른 공부법', '삶을 위한 교육'을 가능케 하는 길을 모색코자 한 것이었다. 이런 시도들은 '공교육을 포함하여' 사회 전반에 걸쳐 존재하는 다양한 교육들의 철저한 내적 쇄신 내지 변혁이라는 맥락에서 수행되었다. 후자는 교육에 대한 또 다른 시선을 뜻한다. 교육에는 종래 사회에서 통용되던 규범적이요 모범적인 하나의 길만이 있는 것이 아니라 여러 다른 길이 있을 수 있지 않겠느냐는 것이다. 위에서 주어지는 방식이 아니라 사회 구성원들의 자발적 의사에 의해서, 기존의 공교육적 학교 틀을 넘어서 다양한 방식으로, 학교와 나란히 방과후학교나 주말학교, 계절학교 식으로, 학교 틀을 넘어서 즉 자유학교 식으로 혹은 홈스쿨링 식으로 전개되었다. 이 과정에서 생산된 이론과 실천들은 실로 다양하고 다대한 것이었다. 이즈음 그때까지 국내에 거의 소개되지 않았거나 단편적으로 소개되었던 교육 및 학교 이론들과 실천 사례들이 저서와 역서, 저널(1997년 창간된 교육전문지 『처음처럼』과 1998년 창간된 『민들레』는 그 대표적 사례) 등을 통해 매우 조직적으로 또한 밀도 있게 다루어졌으며 여러 교육운동 현장을 뒷받침했다. 발도르프 학교와 전원학사, 몬테소리 학교센터, 프레네 학교, 서머힐 학교, 러시아의 아름다운 학교 운동, 톨스토이 학교, 덴마크 등 북유럽의 자유학교 및 혁신학교, 일본의 자유학원, 태국의 무반덱 학교 등을 비롯하여 독일의 혁신학교인 헬레네랑에 학교와 서구 개혁교육운동의 주요 명제와 사례들이 그것이다.이들 실천 사례와 이론들이 혁신학교운 동에 끼치고 있는 지속적 영향력에 대해서는 재론의 여지가 없을 것이다.

아울러 대안교육운동 맥락에서 전개된 '학교교육연구회'의 활동은 특 히 중요하다(cafe.daum.net/edudialog). 이 연구회는 학교가 변화를 위한 기 초 단위가 되어야 한다는 취지하에 '학교를 단위로 한 변화란 무엇인가?' 라는 물음을 내걸고 2002년부터 현재까지 전국적 규모로 일하고 있으며, 역시 혁신학교 운동에 일정한 배경을 이루고 있다고 할 수 있기 때문이 다. 이는 혁신은 '학교를 단위로'라는 여러 교육청들의 정책 방향에서 확 인할 수 있다.

이 연구회는 우리나라 학교교육 전반에 걸쳐 변화를 모색하자는 취지하 에 다양한 공교육 현장의 교장들과 교육이론가들이 함께 발의하여 시작된 모임이다. 폭과 유형에 따라 다양한 구분이 가능한 참여자들, 즉 공립학교와 사립학교와 대안학교, 종교계 학교와 일반 학교, 유·초·중·고등학교 등 다 양한 교육 현장의 실천가와 이론가들이 참여하였다. 이 시도는 앞에서 소개 한 '대안교육의 첫 번째 범주'에 해당한다. 그 핵심은 2004년도 행사에서 밝 힌 다음 일곱 가지 지향점에 잘 드러나 있다.

① 학교가 스스로를 변화의 주체로 발견하기, ② 학교와 학교 간의 대화와 교류, 협력을 촉진하기, ③ 교사 하나하나의 철학과 삶을 닦아나가기, ④ 우리 문화와 학교 현장을 바탕으로 한 교육 이론과 방법론을 발전시키기, ⑤ 이론 과 실천 사이의 생생한 교류 및 협동을 촉진하기, ⑥ 타자의 관점과 입장의 차이를 생산적인 것으로 만들어내기, ⑦ 작은 변화를 진지하게 받아들이기.

운동 방식의 골자는 "1년을 단위로 한 변화"에 있다. 즉 현재 학교의 상 태를 기술하고, 변화해야 할 목표를 설정한 뒤, 학교 스스로 1년 동안 꾸준 히 노력하여 도달한 모종의 성과를 전체 모임 때 가지고 나와서 발표하고 또 참여 학교들과 교류를 시도하는 방식을 말한다(학교 발표·강연·전시회 같은 방법들이 주로 활용되고 있다).[6] 이 학교교육연구회에 차츰 현재의 혁신학교 활동가들도 참여하기 시작했으며, 이 자리에서 소개된 대안학교 내지 학교 혁신 이론들과 운동 방식은 이후 현재 시점까지 혁신학교 현장과 활동가들에게 지속적 영향력을 끼쳤다.

대안학교와 혁신학교에 관한 문제의식은 종래 우리 학문 영역에 '학교교육학'이나 '학교론'이라는 것이 거의 존재하지 않았으며 따라서 이러한 시각에서 우리 문제를 새로이 천착하자는 문제의식과 맞닿아 있기도 하다. 이 맥락에서 대안학교와 혁신학교론이란 우리 교육을 종래와는 다른, 새로운 학교교육 패러다임에 따라 변혁시키려는 특수한 관심사를 뜻한다. 그 패러다임은 무엇을 추구하는가? 한마디로 어린이와 청소년의 삶을 담보로 한 '무자비한' 경쟁 교육의 판을 넘어서자는 것이다. 이는 이 판을 추동하는 기본 틀, 즉 현 사회와 미래를 위한 시대정신을 반영하지 못하는 '낙후하고 완고하며 때로는 황폐화된 학교교육 체제' 전반에 관한 비판적 극복의 노력을 뜻하는 것이다.

2. 혁신학교의 법적 근거와 지형도

혁신학교운동이 정책적 환경 안에서 전개되는 양상이라면, 그 법적 근거와 정책의 주요 특징은 무엇인가? 혁신학교는 '자율학교' 설치에 관한 '초중등교육법 제61조 및 동법 시행령 제105조'와 훈령, '교육과학기술부 훈령 제185호(2010. 7. 29. 자율학교의 지정 및 운영에 관한 훈령)'에 근거한다. 동 훈령

---

6) 송순재(2006 여름), 「한국에서 대안교육의 전개과정, 성격과 주요 문제점」, 『신학과 세계』 56: 156~201쪽.

에 따르면 자율학교의 핵심은 제4조~제6조에 드러나 있듯이, 초등학교와 중학교는 교과별 수업 시수를 20% 내에서 자율적으로 운영할 수 있고, 고등학교의 경우 필수 이수 단위를 72단위 이상으로 하고, 교과(군) 및 교과 영역의 필수 이수 단위는 준수토록 한 것과, 교장 공모 및 단위 학교당 정원의 50% 범위 내에서 교사를 초빙할 수 있도록 한 데 있다. 이에 따라 혁신학교를 설치·운영하게 된 시·도 교육청은 전국적으로 서울, 경기, 강원, 전북, 전남, 광주 등 모두 6곳이며, 그 명칭은 지역에 따라 조금씩 다르다(서울은 서울형 혁신학교, 경기는 혁신학교, 강원은 행복 더하기 학교, 전북은 혁신학교, 전남은 자율무지개학교, 광주는 빛고을혁신학교). 경기교육청에서 2009년에 처음 13개교로 시작했으며, 운영 학교 수로 보면 2012년 9월 현재, 서울 61개, 경기 154개, 강원 41개, 전북 50개, 전남 55개, 광주 10개로 총 351개교이며 여기에 예비 지정교 78개교 정도가 더 있다.[7]

조례를 제정한 곳은 전라북도와 광주광역시 두 곳으로, 그 취지는 제1조(목적)와 제2조(정의)에 드러나 있으며, 그 뜻은 대체로 동일하게, '학생과 교육 주체 간의 민주적 소통 및 자발적인 참여와 협력', '공교육 내실화', '미래지향적 창의 인재 육성'에 맞추어져 있다. 예컨대 전라북도 혁신학교 운영에 관한 조례(제정 2012. 6. 8. 조례 제3703호) 제1조와 제2조는 다음과 같다.

> 제1조(목적) 이 조례는 교육 주체 간 민주적 소통 및 자발적인 참여와 협력을 바탕으로, 전라북도 내 유·초·중·고등학교의 공교육 내실화에 기여하고, 미래지향적 창의 인재 육성을 위한 혁신학교의 운영 및 지원에 필요한 사항을 규정함을 목적으로 한다.

---

7) 지면을 빌려 자료를 제공해주신 서울시 교육청 한상윤 학교혁신과 과장님과 오성환 장학사님께 감사드린다. 아울러 같은 감사의 말씀을 경기도 교육청 비서실 안순억 선생님께 드린다.

제2조(정의) 이 조례에서 "혁신학교"란 공교육 내실화의 성공 모델을 창출하여 이를 확산 보급하기 위한 목적으로 전라북도 교육감이 지정·운영하는 학교를 말한다.

경기와 서울의 경우, 많은 수에도 불구하고 조례 제정 없이 운영되고 있는 문제가 있는데, 이 점에 대해서는 향후 논의가 필요하다.

3. 교육청 정책으로 본 혁신학교 사례

이제 혁신학교가 어떠한 철학과 구조상 제반 특징을 가지는지에 대해 좀 더 자세히 논의할 차례이다. 지역에 따라 차이가 있겠으나 그 대강에 있어서는 같은 노선을 추구한다는 점에서, 먼저 그 시발점이 된 경기도 교육청의 경우를 살펴보고 이어서 서울시 교육청의 경우를 상세히 살펴보기로 한다.

1) 경기도 교육청 혁신학교

경기도 교육청 자료「2011 경기도 혁신학교 운영 성과 보고서」(2012. 2. 22)에 소개된 혁신학교 운영 개요(초등 9-10-초중등 내용 동일)[8]에 의하면, 혁신학교 '철학'은 '공공성', '창의성', '민주성', '역동성', '국제성'의 5개 축을 중심으로 하며, 이를 기본 축으로 하여 4개의 영역, 즉 '창의지성 교육과정 운영'(교육과정의 특성화, 다양화, 배움 중심 수업, 성장 참조형 평가), '전문적 학습 공동체 형성'(집단지성의 학습공동체, 학교조직의 학습조직화, 학습 지원 환경 구축),

---

8) 이 주제에 관해서는 최근 경기도 김상곤 교육감이 '국회혁신교육포럼 기념 토론회'에서 발표한 글「민선 교육감 2년을 통해 본 초중등교육의 혁신 과제」, 『토론회 자료집』(2012. 7. 13), 7~33쪽 참조.

'민주적 자치공동체 형성'(존중과 배려의 학교문화, 참여와 소통의 자치공동체, 대외 협력과 참여 확대), '자율 경영 체제 구축'(비전 공유와 책무성 제고, 권한 위임 체제 구축, 변화와 혁신의 리더십)이라는 영역이 전개되어 있다.

그 구체적 내용은 보고서 뒷부분(197)에 별도로 편집 배치된 '경기도 혁신학교 추진 성과 및 발전 과제'의 주요 부분에서 제시된 다음과 같은 일련의 '기본 질문들'을 통해 일견할 수 있다.

> 혁신학교가 갖고 있는 철학, 이념을 실질적으로 구현하는 정도에 이르는 과정으로 창의력과 함께 소통(관계) 능력, 존중과 배려, 나눔과 돌봄, 민주 시민으로서 살아가는 능력 등 미래 핵심 역량을 갖춘 미래형 인재를 길러내고 있는가, 그러기 위해 교육과정을 다양화 특성화하고 있는가, 그 교육과정에 따른 교수·학습 및 평가방법을 구안해서 적용하고 있는가, 새로운 학교 문화를 위한 안전과 돌봄 시스템, 배려와 존중의 학교공동체 구축을 위해 노력하고 있는가. ……

이러한 정책적 논점을 설정한 이유는 발전 과제 부분(205)에서 거론된 다음 몇 가지 사항, 즉 '입시 위주의 교육과 그에 따른 좁은 의미의 학력에 얽매인 교육 목표', '경직된 교육과정', '관료적 학교 운영 체제' 등을 보면 잘 알 수 있다.[9]

2) 서울시 교육청 혁신학교

서울시 교육청에서는 행복의 추구, 책임과 공공성, 자율과 창의, 자발과 참

---

9) 경기도 교육청 산하 혁신학교 주요 사례에 대해서 경태영(2011)의 『대한민국 희망교육, 나는 혁신학교에 간다』(맘에 드림) 참조.

여, 소통과 협력이라는 5개 항의 기본 정신을 바탕으로 '참여와 협력의 교육 문화공동체'라는 철학을 중심축으로 하고 여기에 6개 영역, 즉 교육과정, 수업, 학생 평가방법, 학교 운영, 생활지도, 교육복지 영역의 혁신을 추구하는 학교 상을 제시하고 있다(107ff).[10] 이와 관련하여 중요한 것은 2011년 10월 5일 이후 현재 시점까지 이어지고 있는 '학생인권조례 제정'에 관한 것으로, 이는 현재 추진되고 있는 혁신학교의 성격이 무엇인지를 단적으로 가늠해준다.[11]

① 교육과정 혁신: 온전한 성장을 꿈꾸는 학교: 교육과정의 특성화, 다양화, 문예체 교육의 부흥 등

② 수업 혁신: 함께 배우고 성장하며 신나는 학교: 참여와 소통을 통한 협력 수업 등

③ 학생 평가방법 혁신: 성장과 발달의 과정을 평가하는 학교: 성장과 발달 중심의 평가 등

④ 학교 운영 혁신: 민주주의가 살아 숨 쉬는 학교: 민주적·협력적 학교 문화 구축 등

⑤ 생활지도 혁신: 인권이 존중되는 평화로운 학교: 인권 존중, 체벌 금지, 비폭력 평화교육 등

⑥ 교육복지 혁신: 지역사회와 교류하는 돌봄과 배려의 학교: 빈곤·위기 학생 안전망 강화 등

---

10) 서울형 혁신학교에 대해서는 서울시 교육청에서 펴낸(2012) 『서울혁신학교 이야기, 기분 좋은 설렘』을 주로 하고, 아울러 서울시 교육청 홈페이지 참조. http://www.dreamschoolinseoul.net/custom/custom.do?dcpNo=28927(2012. 8. 20 인출).

*본문에서 괄호 안 숫자 표시는 『서울혁신학교 이야기』의 쪽수를 지시.

11) 경기도 교육청은 2011년 10월 5일에, 광주광역시 교육청은 2011년 10월 28일에, 서울시 교육청은 2012년 1월 26일에, 전북교육청은 2012년 6월 8일에 조례를 제정·공표하였다. 전남교육청은 2012년 2월 9일에 도의회에 상정하였고, 강원도 교육청은 의견 수렴 중이며 2013년 도의회에 상정할 계획으로 있다.

첫 번째 세 분야, '교육과정', '수업', '평가방법'의 혁신은 본질적 영역의 혁신을 뜻하는 것으로 입시 위주 교육으로 본말이 전도된 교육의 정상화를 꾀하기 위한 목표이다. 현 입시제도는 내신, 본고사, 예비고사, 학력고사, 수학능력시험 등 여러 변천 과정을 겪었지만 변별력과 객관성을 확보하기 위한 평가방법이라는 점에서 동일한 구조를 가지고 있다. 이에 따라 입시 위주 평가는 교육과정과 수업을 결정짓는 기준이 되고, 이렇게 해서 교육은 자연 변별력과 객관성을 위해 존재하게 되므로, 필연적으로 획일적 교육과정과 수업을 필요로 하게 되는 문제가 있다는 것이다.

이에 따라 입시 위주 평가 방식을 지양하고 대신 학생 개개인의 전인적 성장과 발달을 추구하는 평가체제를 도입한다. 이 전제하에서 교육과정과 수업 구조에도 변화를 기대할 수 있게 되는데, 획일화된 현 구조에서 특성화, 다양화된 방향으로 변화를 추구하면서 문화·예술·체육을 강조하자는 것이다. 이러한 교육과정상의 자율성을 자율학교 지정을 통해 보장하고 있다.

수업 역시 획기적 변화가 필요하다. 그것은 교사와 학교공동체가 탁월한 수업 역량을 갖추는 것을 말하는 것으로, 이를 위해서 기존의 강의식·주입식 수업을 탈피한 학생의 참여가 대폭 보장된 다양한 방식, 예컨대 블록식 수업, 협동 학습, 참여중심 학습, 프로젝트 학습, 토의 토론 학습, 미디어 활용 교육 및 미디어 교육 등을 도입한다(107~108). 교사의 수업 역량을 강화하는 데 가장 큰 걸림돌은 잡무이다. 따라서 교무행정 전담 팀을 구성하고 '교무행정지원사'를 배치하여 교사가 수업에 집중할 수 있도록 교무행정 체제를 개혁하는 과제도 있다.

이어서 두 번째 세 분야, '학교 운영', '생활지도', '교육복지'의 혁신은 지원적 영역의 혁신을 뜻한다.

여기서 돋보이는 혁신학교의 주된 목표 중 하나는 '민주 시민' 양성이다.

이는 우리 사회가 현재 민주화, 다원화 방향에서 변화를 겪고 있는 상황과도 맞물려 있다. 그렇다면 학교 운영 전반과 생활지도 면에서도 당연히 그러한 정신이 구현되어야 한다는 것이다.

첫째, '학교 운영상', '관료제적 권위주의적 구조'에 대한 언급은 종래의 상명하달식의 지시-복종 문화를 탈피하여 토론과 협의, 지원과 협력이라는 민주적 문화가 학교 운영 전반에 뿌리내려야 함을 뜻한다. 교사에 대한 교장의 관계 방식, 학교에 대한 교육청의 관계 방식의 수정을 요하는 과제로, 이를 통해 교사와 단위 학교는 종래의 수동적 위치에서 능동적 위치로 전환할 수 있는 기반을 갖게 된다(111).

둘째, 학생들의 '생활지도'는 규범과 통제가 아니라, '인권 존중', '체벌 금지', '비폭력 평화교육'의 정신에 따라 이루어져야 한다(110). '서울시 인권조례'의 철학과 정신은 이러한 맥락에서 그 뜻을 갖는다. 제정 과정에서 체벌 금지나 두발자유 같은 사항들이 전면에 부각되기는 했으나, 그 요체는 아이들의 마음을 읽고 공감하는 데 있다. 교사의 감정적 언어 구사 능력이 필수적으로 그에 상응하는 교사 재교육 과정을 활성화한다.

셋째, '공동체'는 이 점에서 혁신학교가 추구해야 할 주요 목표가 된다. 학교는 화합과 통합의 구심점을 이루어야 한다는 뜻이다. 이를테면 현재 우리 사회가 직면하고 있는 사회경제적 양극화에 따른 교육 소외 계층의 증가, 소득 수준에 따른 교육 격차의 확대 등의 상황 앞에서, 학교는 위기 학생에 대한 안전망 강화를 비롯하여 친환경 무상급식이나 무상교육 등 '교육복지' 문제에 앞장서야 한다는 것이다. 이는 지역사회와의 긴밀한 연계 구조를 통해 효과를 볼 수 있는 과제로 사업은 학교 안팎에서 수행한다. 이 맥락에서 혁신학교는 평생학습사회 건설을 위한 과제도 수행할 필요가 있는데, 지역의 문화센터이자 평생학습센터의 역할을 맡아야 한다는 것이다(110).

이상 6개 분야에서 설정된 혁신의 세부 목표와 지향점들은 혁신학교 현장들에서 두루 섭렵해야 할 바이나, 특정 분야를 심도 있게 특화시켜 성과를 보기 시작한 학교들도 나타나고 있다.[12]

서울형 혁신학교는 '4년'을 단위로 운영되며 공모계획서를 제출하여 지정을 받도록 되어 있다. 이 기간 동안 교육청의 '간섭'은 최소화하는 대신 '지원'은 최대화한다. 이는 종래 1년 단위의 학교 운영 방식을 지양하고, 그 대신 중장기적 시야를 확보하여 긴 호흡 속에서 단위 학교마다 특유한, 착실한 변화를 자발적으로 유도하기 위한 것이다. 교장은 '공모제'로, 교사는 '교사초빙제'를 통해 혁신학교에 임용할 수 있다. 최대 2억 원의 운영비가 주어지며, 이 재정 규모는 프로그램 개발과 운영, 교직원 현장연수, 문예체 교육, 학생과 학부모 활동에 쓰인다. '승진가산점제'를 활용하지 않고 그 대신 교사들의 자발적 의지와 열정을 근간으로 삼는다. '문화 예술 체육' 활동을 중시한 것도 또 하나 특기할 만한 점이다. 수업을 학생과 교사 간의 살아 있는 교감이 이루어지는 자리로 만들자는 문제인식이 특히 도드라진다. 수업 혁신에 관한 다양한 연수과정들이 이를 뒷받침하며, 교무업무지원사 채용과 전시성 행사 폐지 등의 제도적 보완책이 시행되고 있다. '학부모'는 이 혁신의 전 과정에서 적극적·능동적 참여자이다. 학교교육은 학부모와 함께할 때 비로소 그 정당성과 유효성, 그리고 옹골찬 성과를 기대할 수 있다는 인식이 기초를 이룬다. 학부모는 학교 운영위원회를 통해서 학교 예결산 심의, 교육과정 협의 등에 참여할 뿐 아니라, 학부모회의를 통해 또 다른 경로로 학교 운영에 참여할 수 있다. 근래에 들어 학부모 연수가 부쩍 활성화되고 있으며, 독서모임, 지역 봉사활동 등 다양한 참여의 기회를 제공하고 있다. 학부모들은 이 과정에서 다른 집 아이들도 내 아이처럼 느끼고 함께할 수 있다

---

12) 개개 사례들에 대해서는 서울시 교육청, 『서울혁신학교 이야기』 중 111~127쪽 참조.

는 교육에 있어 매우 중요하고 근본적인 자각에 이르게 되었다는 보고가 있다. 서울형 혁신학교가 위치한 구청들은 재정, 환경, 인력 등에서 협력적 위치에 있다. 방과 후 돌봄을 위한 지역 공부방 지원, 문예체 활동을 위한 제반 시설과 인력 제공, 다양한 예술 공연 감상을 위한 할인 혜택 제공, 학생들의 봉사활동 체험을 위한 도움 제공 등이 그 예이다. 이 협력 사업은 학교의 신청에 따라 이루어진다.–여기서 제시된 상은 어디까지나 기본 틀일 뿐 서울형 혁신학교들은 이 기본 틀을 바탕으로 '저마다' 학교를 독특하고 다양하게 만들어가고 있다(128~139).[13]

이 패러다임 전환에 대한 요청은 기존의 체제가 '삶을 볼모로 하고 있다'는 이유에서뿐 아니라 그 '낙후성'이라는 점에서도 불가피하게 제기되고 있다. 왜냐하면 근대 사회와 산업화 시대에 초점을 맞춘 기존의 낙후한 학교 틀을 가지고는 탈산업화와 정보화 시대에 진입한 현재는 물론 미래 역시 준비할 수 없음이 자명하기 때문이다.

이를테면 경쟁 교육의 산물인 '소위 PISA 척도에 따른' 세계 최고 수준의 학업성취도란 언어, 수학, 과학 등 몇몇 주요 교과에 국한된 것으로 고답적 지식교육의 산물에 대한 평가라는 한계를 가진다. 그것도 삶의 다양한 역량 차원을 조명하지 않은 평가 척도에 의한 것이라는 한계를 가진다(최근 하워드 가드너Howard Gardner는 '다중지능이론'을 통해서 이 문제의 중대성을 과학적으로 탐구해냈다). 그것도 대체로 강요에 의한, 따라서 내적 동기에 추동되지 못한 피동적 산물이라는 점에서 그렇다. 이 학업성취도에는 진정성이 결여되

---

13) 경기도의 주요 혁신학교 사례 및 현황에 대해서는 경태영의 『대한민국 희망교육』 참조.
14) PISA 연구에 의하면 지난 10년간 한국 학생들이 수업 및 방과 후 수업에 투자하는 시간은 전체 대상 국가 중 가장 많다. 최상위 성적을 보이지만 가장 많은 시간을 투자한다는 점에서 학업 효율성은 높은 게 아니다. 교육 투자 대비 효율성 지표에서 한국은 핀란드나 캐나다를 앞질러 상위권에 속하지만 사교육비가 고려되지 않았다는 점에서 회의적이다. 또 학습 동기는 전체 분석 대상 국가 중 평균 이하이다. 자세한 것은 한국교육개발원이 펴낸(2011) 『지표로 본 세계 속의 한국 교육』 참조. 특히 6~13쪽.

어 있는 것이다.[14] 그런 점으로는 역시 교육 재정 규모, 관료주의적 학교 운영 체제, 학교교육 전반의 비민주성, 교실의 구조, 일방적·획일적 교육과정과 수업 방식, 상당수 학부모들의 경쟁적 교육관 등도 거론할 수 있다. 따라서 이 새로운 혁신학교는 '창의성과 혁신, 문제 해결 능력, 의사소통과 협력, ICT 소양, 생태 감수성' 등에서 탁월한 학교를 지향한다.-이 문제는 2015년 예정된 PISA가 새로운 평가 척도의 도입을 준비하고 있다는 점을 고려해보면 좀 더 절박하게 다가올 수 있는데, 이는 기존의 학교교육 틀로서는 전혀 책임 있게 응답할 수 없는 과학의 사회적 책임, 협동적 문제 해결 능력, 환경 소양 등의 문제들이 새로 다루어지기 때문이다. 혁신학교는 요컨대 기존의 학교와는 전혀 다른 학교문화를 발전시키려 한다.

마지막으로 또 한 가지 중요한 점은 이 혁신학교라는 것이 '특목고'나 '자율형 사립학교'같이 어떤 특정한 범주의 학교가 아니라, 최종적으로 학교 전반의 혁신을 위해 확보할 필요가 있는 '교두보'를 뜻한다는 점이 분명해졌다.
이를 위해 최근 흥미로운 구상 하나가 제시되었는데 가칭 '혁신교육지구'가 바로 그것이다. 자치구를 단위로 자치구청, 교육청, 시민단체가 공동으로 학교의 성장 지원망(자치구청에는 교육 전문가가, 모든 학교들에는 지역 전문가가 배치되어 협력하는 구조)을 구축하여 교육혁신을 전개하는 지구를 뜻하는 것으로 여건이 좋지 않은 자치구와 준비된 자치구부터 시작할 예정이다. 이 지구 안에 있는 학교에는 주요 교과와 문·예·체 영역의 정규 수업을 지원하는 수업 보조교사를 단계적으로 배치하고, 초등학교는 물론 중학교도 학급당 학생 수를 25명 이하로 감축할 예정이다.[15]

---

15) 곽노현의 국회혁신교육포럼 기념 토론회 발제문(2012. 7. 13), 「21세기에 걸맞은 공교육으로 진화시키겠습니다」, 『토론회 자료집』, 2~5쪽.

4. 혁신학교 철학과 제반 특징에 대한 이론적 논의

앞서 1~3장에서는 혁신학교 출현과 전개과정, 혁신학교의 법적 근거와 지형도, 여러 교육청 정책에 나타난 혁신학교 사례에 대해 살펴보았다. 교육청들의 정책 수립과 수행 과정에는 초창기 작은학교연대 운동에 참여한 교사들과 학교혁신을 위해 참여적으로 활동한 교사, 그리고 대안교육운동의 실천가와 이론가들이 함께 결합해 일하고 있다. 교육청들의 최근 정책 방향과 교육감들의 입장을 보면 혁신교육이 계속 진화해가고 있음을 알 수 있다.

교육청들의 철학과 제반 특징들은 대충 다음 7가지 정도로 요약·정리해 볼 수 있겠다.

① 경쟁 교육 대 협력적 인간교육: 인간적 삶과 가치, 어린이와 청소년의 행복을 추구하는 교육

② 교육의 사사화 대 교육의 공적 가치 추구: 사회공동체적 가치 실현과 복지교육

③ 전통적 관료제 학교 대 민주적·참여적 자치공동체 학교: 살아 있는 유기체로서의 학교

④ 획일적 교육과정 대 자율성, 독창성, 다양성을 추구하는 교육과정: 유연한 교육과정

⑤ 주입식·강의식 수업 대 자기생산적·협력적·창의적 학습: 가르침과 배움, 경쟁과 협력, 모방과 창조 사이에서 적정한 균형점 모색

⑥ 객관적 지식교육 대 개성적·인격적 지식교육: 개성의 발현과 성숙

⑦ 주요 교과목 교육 대 문화·예술·체육을 포괄하는 전인교육: 통섭과 융합에 의한 상호 연계적 전일성

그 각각은 모두 엄밀한 이론적 논의를 요하는 논쟁적 주제이나, 지면상의 이유로 다른 자리로 돌리고, 다만 전체를 관통하는 주요 논지만을 간추려 제시한다.

대학 입시 경쟁 교육과 학교교육

혁신교육을 위한 기초적 논의에서 경쟁 교육 대신에 전인적 성장·발달을 위한 교육을 추구하자는 목적 설정은 백번 지당하다. 하지만 상위 단계로 진학할수록 입시 문제가 현실적 압박으로 작용할 수밖에 없다는 점에서 혁신교육의 정당성을 위한 좀 더 견고한 논거가 필요하다. 그 논거는 학교에 대한 비판적 논의를 통해서 찾을 수 있다. 우리 사회에서 학교는 보통 그 자체로서보다는 하나의 도구, 즉 대학 입시를 위한 '도구'로서만 이해되는 경향이 짙다. 따라서 학교는 존재하기는 하나 본질적으로 존재하지 않는다는 문제를 안고 있다. 학교가 본질적으로 존재하기 위해서는 학교가 교육 본연의 길을 추구하는 것 외에 다른 길이 없다. 경쟁이 입시 구조 때문에 발생하는 것이라면, 그 대학 입시제도는 반드시 고쳐야 한다. 하지만 또 다른 시각에서 볼 때 그러한 개혁 작업이 완료될 때까지 아무것도 할 수 없는 것은 아니다. 입시제도를 고침으로써 그 하위 단계의 학교제도를 정상화할 수 있다는 말도 맞지만, 하위 단계의 학교교육을 정상화하는 노력을 꾸준히 기울이다 보면 대학 입시제도 개선의 길도 열릴 수 있다고도 생각할 수 있다. 실제로 '현 제도하에서도' 좋은 교육을 하는 학교 사례들이 적지 않다는 사실을 확인할 수 있기 때문이다.

문제 많은 대학 입시 때문에 아무것도 할 수 없는 게 아니라, 대학 입시에도 불구하고 우리는 새로운 방향을 찾아야 하고, 혹은 좀 더 정확하게 말해서 이렇게 문제 많은 대학 입시 때문에라도 학교교육은 새로운 방향을 찾아야 한다. 요는 학교는 대학 입시를 위한 단순한 도구로서가 아니라, 더 근본적인 목적, 즉 어린이와 청소년의 삶의 정당한 발현과 전개를 촉진하기 위해 존재해야 하며, 대학 진학은 그러한 과정의 자연스런 결과여야 한다는 말이다. 좀 더 정확히 말해서 학업의 과정에서 우선권을 가지는 것은 대학 진학이 아니라 '진로 지도'이다. 21세기 한국의 변화된 상황에서 대학 진학은 더 이상 무조건적 명령이 될 수 없다.

경제 세계화 경쟁 교육과 인간교육-생태적 교육

현 혁신학교 정책에서 경쟁 교육을 추동하는 또 다른 요인은 1990년대 이래 가속화되기 시작한 경제 세계화로 인해 힘을 얻게 된 '기술 만능주의적-경제적 교육 모형', 즉 시장(市場)이라는 신(神)이 요구하는 논리에 따라 경제적 생존과 사회문화적 생존을 교육의 초미의 관심사로 보고 '무한 경쟁'과 '승자독식'의 법칙을 추종하는 교육 모형이다. 이 모형의 정당성을 어느 선까지 인정할 것이냐 하는 물음은, 최근 극단화된 자본주의 사회의 모순, 즉 흔히 20 대 80 혹은 1 대 99로 대변되는 사회적 양극화의 모순 속에서 저울질을 해볼 필요가 있다. 교육을 이 모순을 첨예하게 하는 식으로 쓸 것인지, 아니면 이 모순의 극복을 위해서 쓸 것인지 하는 문제다. 이 모형이 안고 있는 치명적인 약점은 그러한 과정의 최종적인 목적에 대해서는 침묵을 지키고 있다는 것이다. 그것은 "하나의 인간적 존재가 된다는 것은 무엇을 뜻하는가?"라는 물음이다. 이것을 학교교육 본연의 과제로 삼고 있는 곳. 그곳이 바로 혁신학교이다. 혁신학교는 '인간성의 학교'인 것이다.

현 시점에서 인간교육이란 주제는 생태학적으로도 조명할 수 있는 과제를 뜻하는데, 다음 네 가지 차원에서 그러하다.

① 자신과의 관계에서: 타자와의 경쟁이 아니라 '자기 자신과의 교류'에 중점을 두며, 따라서 인간됨, 인간 형성 문제를 공부의 근간으로 삼는다.

② 타자와의 관계에서: 공동체를 경쟁 위에 놓는 사회생태학적 시각을 추구한다. 따라서 평준화 정책은 포기할 수 없는 정당성을 갖는다. 특수목적고와 자율형 사립고의 출현은 유감스럽게도 이 구조를 무력화하였는데, 이로써 일반계 고교는 전반적으로 점차 황폐화되는 상황에 빠져들게 되었다. 또한 경쟁을 통해서 학교 역량을 제고하자는 일제고사와 학교별 성적 고시제는 현장에서 많은 반감을 불러일으키고 있다. 교수-학습 차원에서 학습자는 자발적으로 또한 협력적으로 공부해야 하며, 평가 역시 서열화 방식보다는 개개인의 적성과 능력에 맞게, 또한 공동체가 조화롭게 성장할 수 있는 방식으로 시행되어야 한다.

③ 국제적 관계에서: 오늘날 한 나라의 교육은 경제 세계화에 따른 무한 경쟁과 승자독식의 법칙에 따라 재편된 세계 질서에 부득이 편입되었다. 혁신학교는 무한 경쟁과 승자독식이 아니라 상호 존중과 상생이 가능한 세계 질서를 교육의 목적과 목표로 설정한다. 그런 뜻에서 의미 있는 '세계 윤리'를 터득하고 배우는 곳이다.

④ 자연환경과의 관계: 경제 세계화, 즉 '고삐 풀린' 자본주의와 기술문명의 구가라는 판에서 전 지구적 자연환경의 파괴라는 참사가 대대적으로 진행 중이다. 그러나 기존의 공교육체제가 그 철저한 변혁을 위해 패러다임을 전환했다는 증거는 찾기 어렵다. 혁신학교는 그런 점에서 생태적 학교이고자 한다. 이는 21세기의 시대적 정신이기도 하다.

어린이 체험과 상호 관계적-대화적 모형

혁신교육이 경쟁(지상주의) 교육을 배격하는 이유는 이 체제들이 '어린이 체험'을 동반하지 않기 때문이다. 혁신학교는 어린이 체험을 전제하는 어린이를 존중하는 교육의 자리이다. 단 좀 더 예민하게 보아야 할 부분은 어린이 존중이 어린이 중심주의 교육을 뜻하지는 않는다는 점이다. 어린이 중심주의 교육은 교육적 진실 전체를 전적으로 옳게 대변하지 않는다. 이는 자칫 아동의 신격화로 빠져들 수 있는 바, 어른 중심 교육이 문제가 많은 것처럼 또 다른 편에서 문제가 있는 접근 방식이다. 실제로 아동은 연약하며 인간 일반이 가지고 있는 결함 많은 존재로서 적합한 교육적 도움을 필요로 하는 존재인 것이다. 여기서 바로 변증법적 사유 형식에 의한 '상호 관계적-대화적 모형'이 출현하게 되었는데, 이 모형은 교사와 아동 간의 관계 방식을 정당하게 규정할 뿐 아니라, 학교 영역 전반에 걸쳐 현실 적합적 의미를 갖는다고 할 수 있다.

교육과정과 교수-학습 방식의 다변화

어린이를 존중하는 변증법적-상호 관계적 교육 모형은 그에 상응하는 교육과정을 발전시켰다. 이 점에서 유연한 교육과정의 필요성은 끊임없이 제기되어왔다. 그 요체는 객관적 목적 설정에 의해 아동에게 일방적·획일적으로 주어지는 교육과정이 아니라, 과거만이 아니라 현재, 교사만이 아니라 아동, 학교 안만이 아니라 학교 밖, 교과부와 교육청만이 아니라 단위 학교와 교사들의 요인이 정당하게 고려되는 교육과정 구성에 있다.

새로운 교육과정은 교수-학습 방식의 다변화를 예고한다. 그 주요 특징으로는 전일성, 자발성, 창조성, 인격적·개성적 지식, 협력 등을 촉진하는 구조를 들 수 있다. 전일적·통섭적 교육과정, 월요아침모임, 이야기법, 프로젝트법, 모둠대화식 협력학습법, 주기별 집중수업, 실천학습법, 4시간 단위 수업-통합교과적 열린 학습법 등은 그 주요 사례들이라 할 수 있다(이 점에 대해서는 다음 과제와 전망에서 언급하는 헬레네랑에 종합학교 부분 참조).

단 이 새로운 방법들을 도입함에 있어 '전통적 교육과정과 수업 방식'에 대해서는 어떻게 해야 할지에 대한 문제가 제기될 수 있다. 즉 교과교육과정과 강의식 수업의 위치 문제이다. 새로운 방법으로 그것을 전적으로 대치 내지 폐기하는 방안이 있겠고, 제한적으로 보전하면서 새로운 방법과 병행하는 방법이 있을 수 있겠으나, 후자가 좀 더 타당하다고 하겠다. 아이들에게 체계적이고 지속적으로 이루어지는 교수-학습 과정도 필수적이기 때문이다. 아이들이 '모든' 해석과 맥락을 스스로 알아내고 자기의 경험을 바탕으로 추리할 수 없다는 이유에서이다. 만일 강의법이 문제가 많다면 강의법 그 자체를 개선하는 쪽으로 노력을 기울이는 게 옳다. 이것을 무조건 협력학습법으로 대치한다고 해서 문제가 해결되는 것은 아니라는 뜻이다. 교수-학습 구조를 단순히 '배움'으로 대치하는 것은 옳지 않다. '가르침'의 차원이 상존하기 때문이다. 모든 것이 배움이라면 '교(敎)'의 차원은 어디에 존재하는가? 학교는 배움의 공동체일 뿐 아니라 가르침의 공동체이기도 하다. 한학 공부법에서 말하는 '교학상장(敎學相長)'은 현재 시점에서 다시금 많은 것을 뜻할 수 있다.

5. 과제와 전망

'혁신학교 패러다임'의 핵심은 요컨대 인간다운 교육, 행복한 아이들, 자유와 자발성, 협력과 공생, 민주 시민, 생태적 위기에 봉착한 인류사회의 미래를 제대로 담보해낼 수 있는 학교 등에 있다. 해방 후 학교라 하면 늘 '그렇고 그런' 학교만 다녔던 우리에게 이런 새로운 학교 형태와 또 그 전국적 확산도와 영향력을 볼 때 현재의 흐름은 분명 우리 교육사의 중대한 분기점이 아닐 수 없다.

그럼에도 "좋은 이야기긴 하지만 그래 가지고 변변한 대학에 보낼 수 있을까?"라는 식의 판에 박힌 응수를 예견할 수 있다. 장황한 논의보다는 우리의 혁신학교 같은 독일의 혁신학교 사례 하나를 들어본다. 헤센 주, 비스바

덴 시에 있는 헬레네랑에 종합학교(Helene-Lange-Schule)는 1980년 중반 고답적이었던 종래의 학교 틀을 벗어나 개혁을 시도했는데, 그 결과 오늘날 독일은 물론 국제적으로도 널리 알려지게 된 학교이다. 그 이유는 다음과 같다. 즉 2001년에 시행된 OECD의 피사(PISA-국제학생학업성취도평가) 연구 결과, 이 학교 학생들은 독일 전국 평균은 물론 핀란드나 한국 학생들의 평균 성적보다도 더 뛰어난 점수를 얻은 것으로 나타났기 때문이다. 주목할 만한 것은 그 성과가 우리나라처럼 유치원 때부터 달달 볶아서 점수 따는 공부에 몰아넣는 식으로가 아니라, 교육 본연의 길을 찾아 정도를 걸은 결과라는 점에 있다.[16] 이 사례에 비추어보면 우리의 공부가 그 목적이나 내용뿐 아니라 방법에서도 치명적 결함을 가지고 있음이 드러난다. 교육 본연의 길은 학업성취도를 추구하는 길과 배치되지 않는다. 인간교육과 학업성취도, "이 둘은 두 마리의 토끼가 아니다." 인간교육 본연의 길은 학업에서도 좋은 결과를 낳을 수밖에 없다는 것이 우리의 살아 있는 경험이다. 지난 세월 동안 도처에서 주력해온 우리의 혁신학교들도 이미 그러한 희망의 증거들을 보여주기 시작하고 있다.

혁신학교 운동은 아직은 초창기로 갈 길이 멀다. 현 시점에서 우선 필요한 것은 긴 호흡이다. 가장 긴요한 것은 문제를 풀어내는 학교 안의 소통적 협의구조일 것이다. 적지 않은 현장 사례에서 그렇지 못한 현상들이 보고되고 있어 개선이 요구된다. 폭넓고 다양한 시각에서 철학과 방법론에 대한 이론적 공부가 지속적으로 이루어져야 한다. 현 단계에서 어떤 하나의 교수방법의 논리를 지배적 위치에 올려놓는 것은 바람직하지 못하다. 또한 국제적 비교 연구는 어느 모로 보나 유익하여 촉진해야 한다. 특히 유럽의 경우 공교육과 혁신학교 전개에 있어 앞선 역사와 풍부한 사례를 가지고 있다는 점

---

16) '헬레네랑에 종합학교에 대해서는 Enja Riegel(2012)의 『꿈의 학교, 헬레네랑에』, 송순재 역(착한책가게) 참조.

에서 생산적 대화가 기대된다. 그러나 무엇보다 중요한 것은 '자기 자신의 작품'을 만들어내는 것이다. 이상 여러 점들에서 풀무농업고등기술학교(충남 홍성)가 지난 오십여 년의 역사를 통해서 견지하고 발전시켜온 정신과 방법의 의미는 아무리 강조해도 지나치지 않을 것이다.

참고문헌

● 강벼리 · 조선혜(2010), 『안순억 교사와 남한산 학교 이야기, 얘들아! 들꽃 피는 학교에서 놀자』, 푸른나무.
● 권새봄 외(2012), 『남한산초등학교 졸업생들의 이야기, 학교 바꾸기 그 후 12년』, 맘에 드림.
● 경태영(2011), 『대한민국 희망교육, 나는 혁신학교에 간다』, 맘에 드림.
● 곽노현(2012), 「21세기에 걸맞은 공교육으로 진화시키겠습니다」, 『국회혁신교육포럼 기념 토론회 자료집』.
● 김상곤(2012), 「민선 교육감 2년을 통해 본 초중등교육의 혁신 과제」, 『국회혁신교육포럼 기념 토론회 자료집』.
● 김성천 · 박성만 · 이광호 · 이진철(2010), 『학교를 바꾸다』, 우리교육.
● 이중현(2011), 『학교가 달라졌다』, 우리교육.
● 서울시 교육청(2012), 『서울 혁신학교 이야기, 기분 좋은 설렘』.
● 송순재(2000), 『유럽의 아름다운 학교와 교육개혁운동』, 내일을여는책.
● 성열관 · 이순철(2011), 『한국 교육의 희망과 미래 미래, 혁신학교』, 살림터.
● 심성보(2011), 『인간과 사회의 진보를 위한 민주시민교육』, 살림터.
● 작은학교교육연대(2010), 『작은 학교 행복한 아이들』, 우리교육.
● 초등교육과정연구모임(2011), 『비고츠키 교육철학으로 본 혁신학교 지침서, 행복한 혁신학교 만들기』, 살림터.

국가교육과정 혁신의
방향과 전략

성 열 관

1. 이명박 정부의 교육과정 정책

종래의 많은 교육과정학자들은 교육과정에 대해 다양하게 정의해왔으며 그 후학들 역시 기존의 다양한 의견을 종합하여 나름대로의 정의를 덧붙여 왔다. 이러한 다양성에도 불구하고 교육과정의 요체는 '학생들이 학교에서 배워야 하는 또는 배우는 것'임에 틀림없다. 배우는 것이 가르치는 것과 동일한 것은 아니다. 그렇지만 어떤 경우에든 가르치려는 계획이 있어야 하며 그 계획에는 교육 내용, 방법, 평가의 요소가 포함된다. 이러한 요소들에는 옛것이 중시되는 가운데 또한 새것이 가미되어야 한다. 주로 사회의 변화에 따른 요구, 개인적 필요의 변화, 학문 내에서 새롭게 발견된 것들 중에 이 '새것'에 포함될 수도 있는 고려 대상이 있다.

이러한 고려를 함에 있어 교육과정 거버넌스상의 권한 배분 문제는 중요한 논의 사항이 되고 있다. 우리나라의 경우 현재의 교육과정 체제는 국가 통제가 강하고 매우 획일화된 측면이 있어, 더욱 분권화되고 자율적인 방향으로 나아갈 필요가 있다. 이러한 의견은 필자 개인만의 것이기보다 이미 교육과정학계는 물론 우리 사회에서 상당한 합의가 이루어졌다고 해도 무방한 관점으로 보인다. 특히 제6차 교육과정(1993~2000) 이후부터는 지역의 실태와 학교의 상황에 맞는 교육과정의 편성, 운영의 가능성이 보다 높아졌다. 그러나 여전히 이론적·사회적 기대를 충족한 상태라고 보기 어려우며, 교육과정의 다양화, 자율화, 적정화 등의 과제가 빈번히 언급되고 있는 실정이다.

이명박 정부의 2009 개정 교육과정은 실로 자율화, 다양화, 적정화라는 이름으로 기존의 교육과정을 개악한 사례에 해당한다. 그 결과 경쟁 교육을 강화하고, 오히려 교육의 획일화를 초래하였다. 그뿐만 아니라 권위적 관료주의를 뒤에 업고 일방적으로 추진되는 바람에 현재 많은 학교에서 '누더기식' 교육과정이 운영 중이다.

첫째, 중학교 8개 교과 이내 편성을 요구한 집중이수제는 밀어붙이기식 행정의 대표적 사례이다. 집중이수제는 나름대로 유용성이 있는 정책이다. 그러나 이것을 준비 없이 밀어붙이다 보니, 발달 수준과 맞지 않는 교과서를 사용해야 하고, 또 '몰아서' 가르쳐야 하는 문제를 낳게 되었다. 집중이수제를 하더라도 교과서를 모두 개발한 다음에 적용해야 했다. 교과부가 이를 모를 리 없었음에도 불구하고, 일방적으로 밀어붙여 현장에서는 교육과정의 파행을 낳을 수밖에 없었다.

둘째, 교과부는 학교마다 다른 시간표를 갖는 것을, 교육과정 다양성의 일환으로 착각하였다. 학기당 이수 교과목이 너무 많다는 것은 그동안 줄곧 문제시되었기 때문에 조절해야 했다. 그러나 집중이수를 개별 학교에 맡겨 학생들이 전학을 가는 경우 미이수, 중복 교과가 발생하도록 만들었다. 전국 모든 중학교의 학년, 학기별 이수 과목을 일치시키도록 총론에서 지정을 하는 것이 대안이다. 한국의 맥락에서는 전국 공통의 교육과정을 가졌다고 교육과정이 획일화되었다고 보기는 어렵다. 오히려 교육과정 통합 및 재구성, 수업의 혁신, 석차 산출 위주의 객관식 평가 지양 등이 획일화를 극복하는 전략이다.

셋째, 2009 개정 교육과정의 수업시수 20% 증감은 교육과정 자율화 및 다양화의 명분을 내세우고 도입하였다. 그러나 그 결과 입시 교과목이 늘고, 그 밖의 교과들의 약화를 가져와 전인교육의 관점에 위배되는 교육과정을 만들도록 유도하였다. 이는 오히려 학교 간 경쟁을 강화하고, 학교의 정체성을 학원으로 만들어가는 정책 드라이브로 볼 수 있다. 결국 탈규제의 이름으로 경쟁의 획일화, 입시 준비의 강화라는 문제에 스스로 봉착한 것으로, 나중에는 이 문제를 극복하느라 상당히 많은 국가적 에너지를 낭비하였다.

넷째, 이명박 정부의 교육과정 정책은 교육과정을 정권의 시녀로 전락시키고 말았다. 특히 국가정체성 교육, 녹색성장 교육은 이명박 정부의 토건 개발주의, 보수주의 이데올로기를 강화하기 위한 것이었다. 역사과에서는 현대사 비중을 축소하여 역사학계의 반발을 샀고, 도덕과에서는 다문화·세계시민교육 대신에 한국인으로서의 정체성을 강조하는 등 정권의 보수주의적 역사관을 교과서에 주입하고자 노력하였다.

이상과 같이 이명박 정부는 교육과정 개편의 주요 원리인 자율화, 다양화, 적정화를 매우 정치적이고 보수적으로 해석하여 오히려 한국 교육과정에 내재된 모순과 문제를 심화시켰다. 이러한 현실에 직면하여, 이 글은 국가교육과정의 적정화, 다양화, 정상화, 자율화 등의 측면에서 혁신해야 할 사항은 무엇이고, 또 모든 학교에서 당초 국가교육과정 개정의 철학이 실행될 수 있도록 하는 데 필요한 사항이 있다면 그것은 무엇인지를 살펴보고자 한다. 이러한 목적을 달성하기 위해 이 글은 ① 교육과정 체제를 '바람직한' 상태로 유도하기 위한 방향을 설정하고, ② 동시에 이의 '실행 가능성'을 높이기 위한 과제 및 전략에 대해 논의하고, ③ 이러한 방향과 과제를 실현하는 데 필요한 현실적 정책은 무엇인지에 대해 논의하고자 한 것이다.

2. 국가교육과정 혁신의 방향과 대상은 무엇인가

1) 적정화 문제

'적정화'한다는 것은 무엇인가를 알맞은 수준으로 조절한다는 의미일 것이다. 그렇다면 교육과정 적정화라는 것은 그 양의 측면에서 너무 많거나 적어, 또는 수준의 측면에서 너무 높거나 낮아 '알맞은' 상태가 아님을 시사한다. 교육과정의 적정화 논의에서는 대체로 현재의 양과 수준을 '감소시키고 낮추는' 방향으로 진행되고 있다.

이 문제의 심각성이 매우 부각되었던 국가교육과정 시기는 제6차에서 제7차로 넘어가는 과정이라고 볼 수 있다. 이 전환 시기에는 '30% 감축'이라는 구체적 목표 수치를 설정하고 적정화를 추진하게 되었다. 이러한 조치는 그 방법 면에서 지나치게 획일적일 수 있고, 또 '30'이라는 수치가 도출된 임의성-실제로 일본에서도 30% 감축 조치가 있기도 하였으나-문제를 안고 있었다. 그럼에도 불구하고 교육 내용의 과다는 물론 지나치게 난도가 높아 초래되는 더 큰 문제를 해결하기 위한 의지의 천명이라는 측면에서 이해될 수 있는 조치로 보기도 한다. 그러나 이러한 조치에도 불구하고 학교 현장에서는 교육 내용이 '많고 어렵다'는 문제 제기가 사라지지 않고 있음을 직시한다면, 적정화는 여전히 해결되지 않은 과제이다.

왜 적정화되지 않은 교육과정이 문제인가? 이에 대해서는 '그냥 많고 너무 어려워서' 조정해야 한다는 식의 논의 수준에 그치고 있다. 하지만 적정화되지 않은 교육과정은 다음과 같은 문제를 노정한다.

① 성취도 격차 심화: 고난도 수업은 천천히 학습하는 스타일인 학생이

나 저소득층 학생들에게 불리하며, 그 결과 교육(과정)의 불평등을 심화한다.

② 부진 학생 양산: 학생의 발달 수준에 맞지 않아, 학습 부진을 유발한다. 발달 수준에 맞으면 항상 성취할 수 있는 학생 또는 약간의 보충 지도로 성취가 가능한 학생들이 지속적으로 부진 학생으로 낙인찍힐 가능성이 높아진다.

③ 획일식 교육 강화: 일제식 수업을 강화하고, 협력학습 등 비가시적 교수(Bernstein, 1996)를 방해한다. 교사가 진도의 압박을 받으면 시간을 효과적으로 활용하기 위해 획일식 교수방법을 선택하기 때문이다.

교육과정 적정화를 위해서는 교육과정에 교과별로 학습해야 할 내용과 수행에 있어 최소 필수 요소만을 정선하여 제시할 필요가 있다. 학생들이 발달 단계에 따라, 알아야 할 것과 할 수 있어야 하는 것의 양과 수준이 적정화되면, 모든 학생들의 성취 가능성이 높아지고 동시에 교육의 평등성도 높일 수 있을 것이다.

이런 방식으로 교육과정이 적정화된다면 교사들은 어떻게 느끼게 될 것인가? 교사들이 수업을 통해 교육과정 목표를 달성하고 학생들을 기대된 성취 수준에 도달시키기에 충분히 '알맞은' 정도의 '수업량'이라는 인식을 갖게 된다면 교육과정은 대체로 적정화되었다고 판단할 수 있을 것이다. 교사들의 인식으로는 주어진 시간(량) 내에서 충분히 가르칠 만한 정도의 양과 수준으로 교육 내용이 제시되면 이를 적정화된 교육과정이라고 부를 것이기 때문이다. 한편 교사들이 적정하지 않다고 느끼는 교육과정은 '진도 나가느라 정신없어 유의미하고도 적합한 수업을 할 시간적 여유가 없는' 교육과정일 것이다. 그러므로 교육과정 적정화 과제는 교사들의 일상 언어로 '진도 나가느라 아무것도 못한다.'는 표현이 나오지 않을 정도까지는 조절되어야 한다.

2) 다양화 문제

그동안 한국 교육과정의 편성, 운영에 있어 주요 이슈는 교육과정의 '획일성' 문제로 집약되는 경향이 있다. 이미 교육의 다양화 과제는 5·31교육개혁 당시 '획일적인 교육에서 다양하고 특성화된 교육'이라는 비전을 확립하는 동인이 되었고 이후 제7차 교육과정의 근간이 되었다. 하지만 교육과정이 다양하다는 것이 '그것이 어떻다'는 이야기인가에 대해서는 구체적으로 개발된 문서 또는 논리를 찾아보기 힘들다. 다만 관련 문서를 취합하여 분석해보았을 때 교육과정 편성 및 운영에서 선택중심 교육과정, 수준별 교육과정(특히 영어, 수학 이동 수업), 수행평가 정책을 통해 다양성을 신장하도록 되어 있다. 이는 교육활동을 다양화하기 위한 전략으로 '다양한' 선택과목의 개설, 능력 및 개인차에 의한 '다양한' 교육 기회의 제공, '다양한' 평가자료의 활용을 각각 의도한 것으로 해석된다. 즉 교육 내용의 다양화, 능력과 적성에 기초한 교수·학습 방법의 다양화, 평가 자료 및 방식의 다양화가 포괄적으로 교육과정의 다양화로 이해되었다. 그러나 이러한 다양화 관점은 다양성(diversity)의 의미를 충분히 살리지 못한 것으로, 관점의 다양성, 문화의 다양성, '승인과 대표성' 등을 포함하는 보다 확장된 개념화가 필요하다.

현재 한국 교육과정과 이의 운영이 다양하다는 교육계의 인식은 거의 없어 보이며 여전히 그 획일화의 문제가 지적되고 있다. 획일성은 사전적으로 "다양한 심리·사고·행동을 무시하고, 일정한 틀에 박아 인위적으로 규격화하고 동질화하는 경향"(두산동아 국어사전)으로 정의된다. 한국 교육의 체제와 교육활동의 실제는 위의 정의에서 나타난 획일성의 문제가 크다는 진단을 받아왔다. 즉 학생들의 흥미, 동기, 적성, 능력에 상관없이 규격화하고 동질화하는 경향이 있어왔다는 것이다. 김정원(2005)은 그동안 추진되었던 다양화 정책의 효과에 대한 학교 구성원들의 인식을 살펴보고 여전히 한국 교육이 획일적으로 유지될 수밖에 없는 조건과 그 획일화 유형을 보고하고 있다. 그의 주장을 도표화해서 요약하면 다음과 같다.

<표 1> 교육 획일화의 원인과 특징

획일화 관련 특징	획일화의 원인	획일화의 형태
① 변화하지 않는 학생들의 진로 희망	• 특정 대학과 학과에 초점이 맞추어져 있는 대입 경쟁의식	• 국어, 수학, 영어 등 입시 교과 위주의 공부 • 특기 · 적성 수업의 교과화 • 선택중심 교육과정의 운영 미비
② 대입을 위한 교과수업 형태	• 지식 습득을 위해 가장 유리하고 쉬운 수업방법 필요 • 시험에 적응하는 전략 필요 • 짧은 시간에 이해하기 쉽게 설명 요구	• 암기해야 할 내용을 요약 및 정리 • 교사에 의한 진도 나가기 일변도 • 내용 요약 및 해설 • 반복 학습을 통한 암기 • 문제풀이식 수업
③ 다양성은 교과수업에서 불가하다는 인식	• 학교교육의 다양화는 비교과 측면에서만 가능하다는 인식 • 학력 신장 영역과 인성교육 영역의 관행적 분리	• 학력 신장 영역에서 수능 관련 교과 수업에 몰입 • 인성 교육 영역의 체험학습, 동아리 활동, 상담 활동의 부실

*출처: 김정원(2005), 「학교교육 '다양화' 정책의 성격과 그 효과」, 『한국 교육』 32(3), 109~133쪽의 내용을 연구자가 표로 재구성함.

　　정리된 표에서 요약된 것처럼, 기실 우리나라에서 학교교육을 받아본 기성세대들이나 지금 학교에 다니고 있는 학생들에게 있어서 학교에서 충전된 '획일적' 경험의 강도는 매우 강하다. 교육에 대한 학부모, 교사, 학생들의 불만을 청취하다 보면 무엇보다도 우리 교육의 획일성이 매우 큰 문제로 지적되는 것이다. 동시에 경쟁 체제하에서의 학부모, 교사, 학생의 열망과 관행은 교육의 획일화에 기여하기도 한다. 이러한 결과, 교육과정 자체와 이의 운영은 여전히 다양화 과제를 안고 있다.

교육과정의 다양화를 위해서는 지식 위주의 교육과정 편제에서 벗어나 다양한 교육활동이 가능하도록 교육과정 체제가 재구조화될 필요가 있다. 물론 우리 사회의 교육 주체인 학생, 교사, 학부모들은 단편 지식 위주의 교육에 대한 문제의식을 공유하고 있다. 그러나 입시 경쟁의 교육 문화가 사회와 일선 학교에 만연하며, 하교 이후에는 이러한 경쟁 문화를 더욱 공고히 하는 사교육에 참여함으로써 고단계 사고력과 창의성 신장보다는 선다형 문제에 대비한 적응력을 키우는 공부에 매진하고 있는 실정이다. 이에 공교육 기관인 학교에서라도 획일화된 교육활동을 지양하고 다양한 학습활동을 유인할 수 있는 교육과정이 절실하게 필요한 시점에 와 있다. 물론 각 교과 및 교과목의 세부 내용에 있어서도 그 내용 구성의 다양화가 필요하겠으나 우선적으로는 교육과정 다양화에 저해가 되는 평가제도의 개선, 교육활동의 다양화(협력학습 등), 교육 내용의 다양화(인권, 다문화, 사회 정의 등), 교과서 정책 등 '제도' 차원에서의 개선 방안이 도출되어야 할 것이다.

3) 자율화 문제

교육과정 자율화는 비교적 최근의 개념이고, 그동안(특히 제6차 교육과정 이후)에는 분권화에 대한 논의가 확산되었다. 그래서 자율화의 개념은 분권화와 결부되어 해석될 때 온전히 이해될 수 있는 개념으로 보인다. 박순경(2008)에 따르면 분권화는 지역화, 자율화라는 용어와 혼용되기도 하는데 이를 구분해서 볼 필요가 있다. 우선 자율화는 교육청을 매개하지 않고 단위 학교에 직접 자유재량권을 부여하는 경우를 지칭할 수 있다. 한편 행정 관할구역의 분리에 따라 16개 시·도 교육청이 상대적 자율성 내에서 독자적 교육과정을 일부 편성·운영할 수 있다면 그것은 분권화로 볼 수 있다. 이러한 의미의 분권화는 시·도 교육청의 교육과정 편성·운영 지침과 같은 사례에서 찾아볼 수 있다. 지역화는 "사회과 교육과정에서의 지역화 내용 영역, 교과서에서의 지역화 단원(이를테면 「서울의 생활」), 지역화 교과서(이를테면 「우리들은 1학년」)에서 볼 수 있는 것처럼, 지역의 특성을 반영한다는 의미"(박순경, 2008: 7)로 이해될 수 있다.

이를 필자의 선에서 정리하면 수직적으로 상·하급 관청 사이의 권한 분배는 분권화로, 수평적으로 본 행정 구역 분할에 따른 것은 지역화로, 교육청이 매개되지 않은 단위 학교의 교육과정 편성·운영권의 이양은 자율화로 볼 수 있다고 해석된다. 그러나 자율화는 교육과정의 최종 사용자인 교사의 전문성을 신장할 수 있는 조건으로 보아야만, 수업을 통해 학생들이 실제로 '배우는 것(즉, 교육과정)'과 더 밀접하게 관련될 수 있다. 이에 교육과정 자율화는 교사들이 전문성에 의해 교육과정을 재구성 또는 디자인할 수 있는 권한의 개념으로 확대하여 보는 것이 더 타당하다.

분권화가 본격적으로 논의된 것도 제6차 교육과정 이후이다. 당시에 의도된 것은 교육과정 결정의 분권화를 통해 교육 내용의 획일성 및 경직성을 해소하고, 이를 위해 교육청과 학교에 재량권을 부여하는 조치를 확대하는 노력을 하는 것이었다. 현재 그 취지를 살리지 못하고 있긴 하나 당시로서는 초등학교에 학교 재량 시간을 주당 1시간씩 부여하여, 지역과 학생의 필요에 따라 학교가 창의적·자율적으로 활용할 수 있도록 하였다. 한편 중학교에 선택교과(한문, 컴퓨터, 환경, 기타)를 신설·도입하고, 고교의 총 이수단위 204단위 중 과정별 필수과목 106단위를 시·도 교육청이 지정하고, 과정별 선택과목 12단위는 각 학교에서 지정하도록 하여 지역과 학교의 교육과정 결정권을 확대하였다. 제7차 교육과정에서는 고등학교 2, 3학년의 경우 시·도 교육청 및 학교, 학생을 교육과정 일부에 대해 선택 권한을 가질 수 있는 주체로 설정하고, 시·도 교육청, 학교, 학생이 각각 28단위 이상을 선택할 수 있도록 하였다. 그러나 이러한 조치는 자율의 범위가 워낙 제한적이고, 이 제한된 범위 내에서조차 자율화(기존의 의미로는 재량권 확대)의 취지대로 교육과정이 운영되지 못하는 문제를 낳았다. 특히 고교 2, 3학년 선택중심 교육과정의 경우 입시에 종속된 교과목 선택, 교과 교실 등의 물적 지원의 부실, 교사 수급 등의 인적 지원 부실 문제 등이 노출되었다.

2009 개정 교육과정에서도 역시 교육과정 자율화를 '학교마다 시간 배정이 다를 수 있다는 것'이라고 형식적 차원에서만 이해함으로써 자율화의 의미를 살리지 못하고 있다. 또한 자율화가 신자유주의적 프레임 안에서 교육의 의사시장화를 위한 도구로서 활용됨으로써 본래의 교육적 의미를 잃어버리게 되었다. 그 결과 각 학교 또는 교사가 자율적 주체가 아니라 상호 경쟁적인 시장 주체로 인식되도록 하는 데 일조하였다.

분권화의 단위가 '국가 → 교육청 → 학교'로 설정되었다면 자율화의 단위는 '국가교육과정 → 교과서 → 교사'로 이해될 필요가 있다. 그리고 자율화를 확보하기 위해서는 이 연결 고리 간의 연계를 '느슨한 강제력'으로 약화시켜야 할 것이다. 교육과정 의사결정의 주요 주체를 행정 단위상 하향화되는 경로에 따라 구분하는 것은 실제적 의미가 없다. 대신 분권화의 주요 단위를 국가교육과정 개발자, 교과서 개발자, 그리고 교사로 보는 것이 보다 현실적이다. 그리고 이 3자 간의 의사결정 권한을 균형적으로 분배하는 것이 필요하다(모형 B).

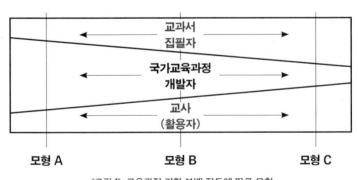

<그림 1> 교육과정 권한 분배 정도에 따른 모형

그러므로 자율화는 분권화, 다양화, 대강화, 적정화 등의 개념과 매우 밀접하게 이해되어야 하는데, 국가교육과정을 대강화하는 동시에 단위 학교 및 교사들에게 재량권을 대폭 이양하는 것이 필요하다. 단 자율권의 행사가 입시를 중심으로 한 학교 간 경쟁으로 왜곡되지 않도록 관리될 필요가 있다. 2009 개정 교육과정에서 자율화가 학교 간 경쟁을 강화하여, 그 결과 입시 교과가 더 늘어나고 교육의 정상화에 위배되는 실행을 낳았음을 유념해야 한다.

4) 정상화 문제

교육과정 정상화라는 용어는 현재 교육과정의 운영에서 비정상적인 요소가 있다는 것을 의미한다. 대체로 이러한 비정상성은 교육과정 또는 교사용 지도서에 나와 있는 대로 교육과정의 운영이 실행되지 않음을 뜻할 것이다. 비정상성의 대표적 사례는 입시를 위한 주입식 교육, 일제식 강의에 기초한 획일적 교육에 관련된 것이다. 정상적이라면 학생들은 학습을 통해 자신과 사회에서 필요한 능력과 태도, 중요한 가치와 의미를 발견할 수 있어야 한다. 이에 수업은 각 개인의 잠재력과 개성이 중시되어야 하며 학생을 다양하고 창의적 사고를 지닌 미래 시민으로 성장시키기 위한 기능을 담당해야 한다. 그렇기 때문에 교육과정의 정상화란 교과서에만 기초한 교사 일변도의 수업에서 탈피하여 학습자들의 흥미가 '유발'되게 하고, 학습자들에게 지속적인 동기를 '유지'시키고, 학습자들이 학습과정에 적극적으로 참여할 수 있도록 '유도'할 필요가 있다. 그 결과 학생들의 성장할 권리, 만족감, 성취감이 충족되어야 한다.

과학시간에 실험이 안 되고, 사회시간에 토론이 안 되고, 국어시간에 독서에 대한 동기가 안 생기고, 문학시간에 감상이 안 되고, 영어시간에 말이 안 나오고, 수학시간에 배우는 것이 유익하게 느껴지지 않도록 수업이 운영된다면 교육과정이 정상적으로 운영된다고 보기 어렵다. 이에 이러한 문제들을 해소하는 것, 즉 수업이 교육과정의 목표를 달성하도록 회귀하는 것이 교육과정을 정상화하는 것이며, 그렇게 될 때 전인교육을 실천하는 것으로 볼 수 있다. 오늘날 한국 사회에서 교육과정이 정상적으로 운영되고 있다고 인식하기에는 여전히 요원한 상태인 것으로 보인다. 최근 혁신적인 수업 문화를 확산시키려는 노력이 늘어난 것도 사실이나, 학교 현장에서는 특히 입시에 경도된 수업과 전통적 방식에 익숙한 관례에서 벗어나지 못하고 있는 것이 현실이다.

교육과정의 정상화를 위해서 가장 노력해야 할 것은 무엇인가? 필자가 보기에는 교육과정의 원칙을 지키면 된다. 국가교육과정에 여러 가지 흠결이 있다고 하나 적어도 교육과정대로만이라도 수업을 운영하면 정상화될 여지가 상당히 있다. 교육과정에 주입식, 암기식, 일제식 위주의 수업과 일제식 총괄 평가에 의존해서만 평가하라는 지침은 없다. 또한 아직 교육과정의 적정화가 되어 있지는 않지만 교사의 재량에 의해 교육과정에서 적시된 교육 목표가 달성되었다고 판단되면 교과서의 모든 페이지를 가르쳐야 하는 것이 아니다. 이러한 사항 또한 교육과정에 명시되어 있다.

그러므로 교과를 학습함으로써 획득한 지식과 정보를 활용하여 학생들이 공동체의 문제를 해결하고자 노력하고, 타인의 상황을 직간접적으로 경험해보는 체험 위주의 교육방법이 더욱 활용되어야 한다. 이러한 교육은 학생들을 순치시키고 타율적 강제에 적응시키는 교육 방식을 지양하고, 순수한 자발성을 유도하는 형태로 진행해야 할 것이다. 이 과정에서 타인을 배려하는 마음과 공동체에 기여하기 위해 실천하는 자세를 기를 수 있다. 이는 교과 지식의 습득만을 중시하지 않고 지ㆍ덕ㆍ체의 조화로운 인격의 완성을 의도한 것이다. 이러한 전제가 교육적으로 가치 있고 사회적으로 의미 있는 방향이라고 본다면, 교육과정은 지식 중심의 교과와 교과 외 활동을 균형 있게 조율해야 한다. 이렇게 되면, 학생들은 배운 지식과 정보를 활용하여, 어떠한 공동체적 기여를 할 수 있는가에 대해 더 많은 학습을 할 수 있다.

3. 국가교육과정 혁신을 위한 과제 및 전략은 무엇인가

1) 적정화를 위한 과제 및 전략

적정화가 이루어지지 않아, 내용을 피상적으로 학습하게 하면, 학생들의 학습 가능성을 낮추고, 흥미와 내발적 동기를 사장시킬 우려가 높다. 또한 이는 사교육 요구 증가에 기여하며, 소위 진도 나가기 수업을 하는 동안 한결 유의미한 수업을 운영할 시간과 에너지를 앗아가는 요인이 되고 있다. 이에 적정화의 대상인 양과 수준이 어느 정도여야 '알맞은' 것인가에 대한 연구와 이에 대한 다각적인 검토가 필요하다. 이에 대한 몇 가지 전략을 제시하면 다음과 같다.

첫째, 학기당 7개 또는 8개 이수 교과목을 기본으로 하는 중학교 교육과정이 필요하다. 이를 위해 2009 개정 교육과정에서는 학기당 8개 교과목 이내 편성 정책을 실시한 바 있다. 이러한 조치는 이수과목 수의 적정화 관점에서 진일보한 측면이 있다. 그런데 학교마다 이수 종류와 시기가 달라 중학교 3학년 발달 수준에서 개발된 교과서를 1학년이 배우고 있는 경우-그 반대의 사례도-가 발생하고 있다. 학교마다 교육과정(시간 배당)이 다르다는 것이 다양성이 높다는 것으로 이해되어서는 안 되며, 교육활동의 다양성을 높이는 일 자체가 중요한 과제이므로 중학교 국가교육과정이 전국적인 모델로 다시 개발될 필요가 있다.

둘째, 교사의 교육과정 전문성 교육 및 연수를 강화해야 한다. "교과서를 가르치지 말고 교육과정을 가르쳐야 한다."라는 이미 오래된 선언 문구를 교사들이 더욱 중시해야 할 것이다. 교과서는 수업의 다양한 자료 중 하나이다.

교사들은 교육의 전문성을 인정받아 교과서의 내용을 취사선택하여 가르칠 수 있다. 이미 교사들은 '진도에 쫓기지 않을' 전문성이 있어야 하는데, 이는 교과서 내용 중 교육 목표 및 성취 기준을 달성하기 위해 필요하다고 판단되는 내용을 선택하거나, 기존의 내용을 재구성하여 가르칠 수 있다. 이러한 문화가 정착될 수 있다면, 교육과정 적정화 과제는 더 이상 필요 없는 용어가 될 수도 있을 것이다. 그래서 문화적으로 '교과서 떼기' 관행을 탈피하기 위한 교사의 전문성 제고 정책이 중요하다. 아래 그림의 A영역은 국가교육과정이 통제 모형에 따르고, 교과서 제도는 국정이지만 교사의 관점이 생성적일 경우 교육과정은 매우 다양화될 수 있는 예에 해당한다.

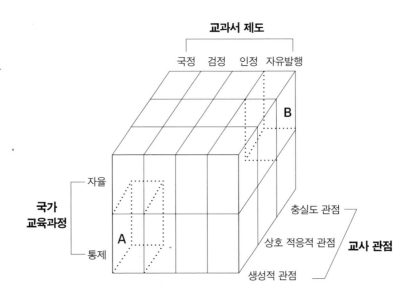

<그림 2> 교육과정 다양화에 영향을 주는 제도 및 관점

셋째, 교육과정 적정화 전문위원회를 교과별로 설치해서, 학년별로 고난

도의 교육 내용을 파악하고 차기 학년도 또는 학기로 이양한다. 이때 그 판단의 준거는 ① 고난도 교육 내용으로 인해 학습 부진이 초래되지 않는가, ② 느린 학습자의 속도를 배려할 수 있을 정도의 난도를 유지하고 있는가, ③ 속진 수업을 불가피하도록 만들어 교육의 불평등을 강화하고 있지 않은가, ④ 양이 많고 난도가 높아 일제식 수업을 유도하도록 만드는 요인이 남아 있는가, ⑤ 참고할 만한 외국의 교육과정과 비교할 때 현저히 높은 난도를 유지하는 내용 요소를 가지고 있는가 등이 될 수 있다.

넷째, 고등학교의 경우 대학 1학년 교육과정에서 충분히 다룰 수 있는 것들은 수능시험에서 제외해야 한다(예, 인문계 수학에서 미분과 적분). 고등학교 선택 교과에서 이 과목들을, 학생들이 선택할 수 있는 대상으로 삼는 것이 타당하다. 학생이 진학하고자 하는 대학의 학과가 해당 학문의 성격을 고려하여 특정 교과목의 이수를 요구하거나 전형에 참고하는 경우는 있을 수 있다. 이 경우 고등학교 선택중심 교육과정 체제에 따라, 학생의 교과목 선택에 자율적으로 맡기면 된다. 수능이 대학이 할 수 있는 특정 교과의 교육-또는 고등학교 선택중심 교육과정에 의해 가능한-에 대한 이수 여부를 '모든' 학생에게 물어볼 필요는 없다. 그러므로 교육과정 적정화는 고교 수준에서 특히 수능제도와 밀접한 정책적 연동이 필요하다.

2) 다양화를 위한 과제 및 전략

교육과정 다양성은 그 용어상 편제의 다양성을 의미하는 다채로움(variety), 동사적 의미를 강조하여 학생들의 수준에 따른 교육과정 차별화(differentiation)를 강조하는 경우가 많다. 한편 교육 내용의 균형성 및 통합성을 강조하는 교육과정 다양성(curriculum diversity) 분야에 있어서는 큰 진전이 있었다고 평가하기는 어렵다(성열관, 2006). 이에 교육과정 다양화의 의미가 그 수준과 맥락에 따라 달리 활용되는 현상을 표로 요약해보면 다음과 같다. 표에서 보듯이, 교육과정의 다양성은 편제, 수준, 내용의 세 가지 측면과 제도에서 수업에 이르는 네 가지 수준에서 균형적으로 고려될 필요가 있다. 이 중에서 내용 차원의 다양화를 위해서는 교사들의 교육과정 재구성에 있어 자율성과 전문성의 신장이 필수적이다.

<표 2> 다양성의 수준 및 특징

구분 수준	편제의 다양성 (variety)	수준의 다양성 (differentiation)	내용의 다양성 (diversity)
제도	선택중심 교육과정 (10-12)	영어, 수학 수준별 이동 수업	교과서 재구성 권리 신장
학생	다양한 선택권 보장	개별화 학습 신장	능력에 따른 다양한 교육 기회 향유
교사	선택 교과목에 대한 요구에 부응	학생의 적성, 흥미, 능력 차이를 고려한 교수 방법 활용	통합적(inclusive) 교육 내용 선정
수업	일반 선택과 심화 선택 수업의 활성화	교수활동과 학습활동의 수준별 다양화	교과의 통합 타자의 지식에 대한 고려

*출처: 성열관(2006), 「고교 교육과정 다양성 정도에 대한 질적 사례 연구」, 『교육과정연구』24(1), 181~207쪽에서 재구성함.

다양화를 위한 정책적 방안은 첫째, 국가교육과정에 있어 한층 강화된 민주주의, 고양된 평등, 다문화 사회, 공동체주의적 사회에 기초한 내용의 다양성이 중요하다. 이를 위한 교육과정의 방향을 정립하고, 교과 반영 방법을 개발해야 한다.

둘째, '지식+이해+실천'의 교육 내용이 통합적으로 구성되어야만 더욱 다양한 교육과정의 실행이 가능하다. 이미 기존의 각 교과 교육과정에서도 교과에서 배운 지식과 정보를 활용해서 그것으로 무엇을 할 수 있는가에 대한 고려가 적지 않게 존재하지만, 실제로 이를 적용하는 학습 시간은 지나치게 적은 것이 '현실적인 사실'이다. 그러므로 교과 수업에서 배운 지식과 정보에 대한 이해를 바탕으로 이를 적용할 수 있는 활동으로 전이시켜야 하는 과제가 있는데(Wiggins & McTighe, 2001), 이를 위해 기존의 지식 암기의 비율을 줄이고 실천 영역의 성취 기준을 늘리는 것이 하나의 방안으로 제안될 수 있다.

셋째, 교육과정의 다양한 운영 과제에 있어서 교과서 제도를 언급하지 않는다면 총체적인 논의가 어렵다. 다양화의 기대가 현실화되기 위해서는 교과서 검정이 현저하게 약화되든지 아니면 인정 수준으로 변경될 필요성이 제기되어왔다. 이와 관련하여 김영석(2005)은 국가교육과정 정책의 개혁 방향을 제시하는 데 있어 ① 국가는 대강화된 기준(standards)만을 개발하고, ② 교과서 개발자가 실제 단원 수준의 내용 편성에 관여할 수 있도록 보장하고, ③ 교사들이 다양한 교과서를 선택한 후, 이를 소재로 하여 자율적인 교실 교육과정을 운영하는 것이 바람직한 개혁 방향이라고 주장한 바 있다.

교과서는 수업의 내용과 방법을 규정하는 효력이 있어서 교과과정 운영과 수업의 다양화를 위해 교과서 제도 혁신은 반드시 필요한 조치이다. 교사들의 교과서 재구성 권한은 현재에도 주어져 있으나 당분간 다양한 교과서를 매개로 하여 다양한 수업을 유도하는 방법이 실효성이 높을 것이다. 한편 일부 해당 교과서를 국정에서 검정 제도로 변경한다고 해서 반드시 교육의 다양화가 유발되지는 않을 개연성이 크다. 획기적인 다양화를 위해서는 교과서 검정제를 현저한 정도로 약화시키는 것이 효과적일 수 있다. 이와 관련하여, 양정현(2005)은 국사 교과서 서술에 교육과정이 어느 정도의 규정력을 지니고 있는가를 살펴보았는데, 국정 교과서 집필 과정에는 '획일성 속의 자율성'을, 검정 교과서 집필 과정에는 '자율성 속의 획일성'을 내포하고 있다고 보고하였다. 이는 때때로 국정보다 검인정의 자유 재량권이 더 제한될 수 있음을 밝혀주고 있는 것이다. "재정적인 이해관계가 걸린 검정 통과 여부를 놓고 교과서 제작회사나 집필자들의 운신의 폭이 좁아진 것(33쪽)"

이기 때문이다. 이러한 연구 결과는 현행 검정 제도로는 교육과정의 다양성을 보장하기 곤란하다는 것을 시사한다. 그러므로 교과서 제도를 인정 제도로 개정해야 한다. 인정 제도는 사전 검정이 아니고, 교과서 회사가 자율적으로 교과서를 개발하고 사후에 교과서로 인정받지 못할 사유가 없는 한 교과서로의 지위를 갖는 제도를 말한다.

3) 자율화를 위한 과제 및 전략

근대 국민국가가 형성되면서 공교육이 성장, 발전해왔으며 어떤 나라를 막론하고 현대 국가는 그 정도에서는 차이가 있겠으나 일정 정도 교육과정에 대한 통제 및 질 관리를 해오고 있다. 한편 교육의 획일적 운영을 지양하고자 단위 학교와 교사에게 자율성을 부여하고 있기도 하다. 이를 위해 많은 교육과정 연구자들이나 학교 현장의 교사들은 단위 학교에서 교육과정이 자율적 양태로 편성·운영이 가능하도록 국가 수준 교육과정이 최소 이수 정도(이를테면 교과의 종류와 최소 단위수)만을 제시해야 한다는 주장을 해왔으며 그 방향에 있어서는 크게 이견이 있다고 보기 어렵다.

미국과 같은 국가의 경우는 주정부 수준에서 특정 주요 교과의 최소 이수 시간만을 제시하고 있다. 이는 특정 교과 A를 최소한 얼마 이하로 가르쳐서는 곤란하다는 의미로 법규화하는 것이지만 우리나라의 맥락에서 이러한 제시 방식은 그리 적합하지 않다. 입시 지향의 교육과정 운영 문제를 감안할 때 우리나라의 경우에는 특정 교과(이를테면 국어, 영어, 수학)에 있어서 하한선과 함께 상한선도 동시에 제시하는 현실적 고려가 있어야 한다. 한편 교과당 이수 상·하한선을 규정하면서 소위 도구 교과의 최소 단위의 합이 총 수업의 일정 비율에 미달하지/초과하지 않도록 함으로써 단위 학교가 교육과정 자율화 정책을 오히려 비교육적으로 활용하는 사례를 미연에 방지할 필요가 있다. 이에 필자는 국가교육과정, 학교교육과정, 교사 재량 권한이 균형적으로 분배된 상태를 한국에서 자율화된 교육과정의 이념형(ideal type)으로 보았다.

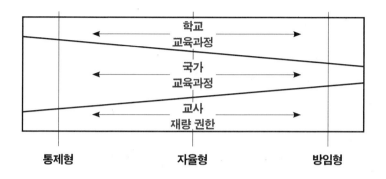

<그림 3> 교육과정 자율화의 정도에 따른 모형

교육과정의 자율화를 위해서는 첫째, 한국적 현실을 고려하여, 단위 학교와 개별 교사에게 교육과정의 권한을 대폭 이양한다. 이상에서 자율형을 방임형과 통제형의 중간에 위치시킨 이유는 우리나라에서의 교육과정 자율화는 그것의 의도하지 않은 부작용을 최대한 방지할 수 있어야 하며, 그래서 당분간은 '관리된 자율화'의 단계를 거쳐야 할 것이기 때문이다. 교육과정의 '자율화'가 이미 설정된 방향이지만 한국적 교육 문화의 독특성을 고려할 때 통제되지 않는 '자율화 모형'은 유익한 방법이 아닐 수 있다. 국가교육과정에 대한 국가의 책임 소재와 그것의 공공성이 중요하다는 입장을 견지했을 때 무조건적 방임화 모형으로 향하는 것은 중앙집권적 체제보다 더 위험할 수 있다.

둘째로, 자율화를 위해서는 능력별 집단화를 단위 학교의 해당 교사들의 전문적 판단에 맡겨야 한다. 영어, 수학 수준별 교육과정은 그것의 본래 의도야 어떻든 간에 여러 가지 능력별 집단화 유형 중에서 학급 간 우열(또는 상·중·하) 집단화로 구분한 것으로 이해되고 있다. 그동안 한국의 수준별 이동 수업에 대해서는 엄밀하게 설계되었거나 양질의 데이터에 의해 연구된 사례가 매우 드물기 때문에 어떤 전문적 판단을 내리기 어려운 상태에 있다. 이 정책은 실증적 논의가 부재한 채로 막연한 사회적 기대감과 이에 기초한 정부의 하달에 의해 추진되었고 이 과정에서 수준별 이동 수업은 무비판적으로 확산된 경향이 있다. 결국 수준별 집단 편성과 이동 수업에 대한 상식 수준의 추측성 논의와 상명하복식 확대 정책의 한계를 극복하고 더욱 교육학적인 판단을 내려야 하는데, 그 이전에는 해당 학교에 전적으로 위임할 부분이다.

4) 정상화를 위한 과제 및 전략

교육과정 정상화를 방해하는 요인으로 생각해볼 수 있는 것은 획일적인 수업 운영의 관례, 입시 경쟁 문화, 지필 일변도의 일제식 평가(중간, 기말 총괄 평가 관행을 포함) 등을 들 수 있다. 획일적 수업 운영의 관례가 유지되는 이유는 첫째, 많은 교사들이 타성 또는 기존의 관행적 방식의 편의성에 의해 교육과정이 정상화되었다고 볼 수 있는 수업을 시도하지 않는 현상을 들 수 있을 것이다. 둘째, 교육과정 정상화에 대한 의지가 높고, 능력이 탁월한 교사들조차 이를 실현하지 못하는 원인으로 입시 경쟁 문화를 들 수 있다. 이는 특히 고등학교에서 일반화된 현상이다. 셋째, 일제식 평가에 의해서이다. 일제식 평가는 학교 내·외부 평가를 모두 포함하는데, 최근 강화되고 있는 일제식 외부 평가는 이러한 현상을 더욱 강화하고 있다. 또한 중학교 이상에서 석차를 산출하는 중간, 기말 시험도 내부 일제식 총괄 평가로 볼 수 있다.

이에 정상화를 위한 과제는 교육과정의 정상적 운영을 위한 평가제도의 변화이다. 이를 위해 적어도 중학교에서는 준거 지향 평가를 실시하여 내신 산출을 위한 획일적 평가 방식을 지양할 수 있어야 한다. 이에 형성평가와 수행평가가 더욱 강조되어야 하며 객관식 위주의 평가와 참평가(authentic assessment) 방식이 균형적으로 활용되도록 유도할 필요가 있다. 적어도 중등학교까지는 선별보다 발달에 초점을 둘 필요가 있다. 교육과학기술부는 2012년부터 중학교 석차를 폐지하였으나 여전히 일제식 시험(동일 시험지로 전체 학생을 평가)을 보도록 하였기 때문에 교육과정 정상화를 위한 과제로 보기에 현저히 미흡하다. 이에 교사별 평가를 실시하여, 가르친 교사가 평가함으로써 평가가 교육과정을 왜곡하는 현상을 방지해야 할 것이다.

4. 정리하며: 국가교육과정 혁신 10대 과제

그동안의 국가교육과정 개정 내용과 그 결과를 살펴보면, 표면적으로는 다양화와 자율화를 표방하였지만 실제로는 획일화를 강화시킨 측면이 강하다. 현행 2009 개정 교육과정만 보더라도, 영어·수학 등 입시 교과가 강조되고, 예술·체육 교과 등이 위축되는 파행이 나타나 이를 시정하는 지난한 과정이 필요했었다. 또한 중등학교 8개 교과목 편성은 그 기본 취지의 중요성에도 불구하고 일방적으로 밀어붙이는 식의 정책 실행으로 인해 학교 현장에 많은 혼란을 제공하는 결과를 낳았다.

이러한 부정적 결과에는 물론 학교장과 교사들의 교육과정 전문성 부족, 교과 이기주의, 입시 위주의 교육 문화 등 여러 가지 이유가 있을 것으로 추정할 수 있다. 하지만 무엇보다도 교육과정이 추구해야 할 공교육의 가치는 무엇인가, 이 가치를 실현하기 위한 교육과정 개발의 방향은 무엇인가, 그리고 이 방향하에서 필요한 정책은 무엇인가에 대한 논의가 충분하지도 않았고 효과적이지도 않았다는 것을 인정해야 할 것이다.

이러한 문제의식에 터하여, 이 글은 다음과 같이 국가교육과정 혁신 과제를 제시하였다.

① 중학교 국가교육과정 공통 모델 개발(학기당 7~8개 교과목을 중심으로)
② 교사의 교육과정 전문성 연수 강화
③ 교과별 교육과정 적정화 전문위원회 설치 및 교육 내용 의사결정 권한 부여
④ 고등학교와 대학의 역할 분담(고난도 교육 내용을 대학으로)
⑤ 인권, 다문화, 다양성을 신장하는 교육과정 개발
⑥ 교육과정의 교과 간, 교과 내(지식+탐구+실천) 통합 강화
⑦ 교과서 인정제 확대
⑧ 교사의 교육과정 자율성 부여 및 이의 법규적 명시
⑨ 능력별 집단화 지양(영어, 수학 수준별 이동 수업의 학교 자율화)
⑩ 교사별 평가제도 도입

이상의 과제들이 구체적으로 적용되기 위해서는 효과적인 정책 전략을 마련하는 것은 물론 교육 패러다임의 혁신이 요구된다. 이를 위해 무엇보다도 경쟁 교육에 대한 종래의 관념으로부터 거리 두기 노력이 필요하며, 과감한 정책적 변화를 통해 학생들이 교육적으로 가치 있는 것을 더 잘 배울 수 있는 교육과정을 만들어야 할 책임이 정치공동체인 국가에 있다.

참고문헌

● 김영석(2005), 「현행 국가 수준 교육과정의 문제점과 사회적 교육과정위원회의 필요성」, 한국교육연구네트워크 2005년 12월 월례 발표회 발표 논문.

- 김정원(2005), 「학교교육 다양화 정책의 성격과 그 효과」, 『한국 교육』 32(3), 109~133쪽.
- 박순경(2008), 「교육과정 분권화의 출발점과 방향 타진을 위한 시론」, 한국교육과정학회 2008년 3월 월례 학술대회 발표 원고.
- 성열관(2006), 「고교 교육과정 다양성 정도에 대한 질적 사례 연구」, 『교육과정연구』 24(1), 181~207쪽.
- 성열관(2008), 「수준별 교육과정의 감환된 의미로서 영어, 수학 이동 수업의 효과성 검토」, 『교육과정연구』 26(2), 167~189쪽.
- 양정현(2005), 「교과서 구성에 대한 교육과정과 교과서 발행 제도의 규정성: 제7차 역사과 교육과정과 교과서를 중심으로」, 『역사교육연구』 2, 1~36쪽.
- 조대훈(2002), 「수준별 교육과정 담론의 분석」, 『시민교육연구』 34(2), 199~234쪽.
- 황여정(2008), 「수준별 이동 수업이 학업 성취에 미치는 효과」, 『한국교육학연구』 14(1), 71~101쪽.
- Bernstein, B.(1996), Pedagogy, symbolic control and identity: Theory, research, critique, London: Taylor and Francis.
- Sizer, T.(1996), Horace's School: Redesigning the American High School, Boston: Houghton.
- Wiggins, G. & McTighe, J.(2001), Understanding by Design, Prentice Hall.

입시 산업에 포위당한
학교교육을 해방시키기

이 두 휴

1. 입시 산업과 학교교육

오늘날 학교는 더 이상 인간교육을 실현하는 공간이 아니다. 한국의 초·중등학교는 명문대 입학을 추구하는 개인의 욕망 앞에서 끊임없이 움츠러들고 있다. 공공의 이익을 표방하는 학교가 남보다 앞서고자 하는 개인의 욕망을 충족시키는 데는 한계가 있기 때문에, 학부모들의 자녀 교육에 대한 무한한 욕망은 사교육으로 집중되고 있다. 특히 사교육 시장에 진입한 거대 자본은 학교와는 달리 학부모의 욕망에 부응하는 매력적인 상품들을 개발하여 고객들을 끌어들이고 있다.

이러한 현실에서 학교는 대학 입시의 중요한 비중을 차지하는 내신 성적을 부여하는 기능만으로 간신히 그 자리를 지탱하고 있다. 그러나 고교등급제를 비롯하여 내신을 무력화하려는 다양한 시도들로 인해 학교의 위상은 점차 위협받고 있다. 내신 성적이 대학 진학에 불리할 것으로 판단되면, 아예 학교를 그만두고 검정고시를 치르는 학생들이 적지 않다는 것도 한국 사회에서 학교가 갖는 기능과 의미를 단적으로 보여주고 있다.

학생들은 학교에 다니는 동안에는 내신 성적을 올리기 위해 총력을 다한다. 내신 성적은 학교에서 가르치는 것을 기반으로 평가되지만, 학교 공부만으로도 내신 성적을 잘 받을 수 있다고 믿는 사람은 별로 없다. 따라서 과외 혹은 사교육이라고 불리는 추가 교육에 매달리게 된다. 이러한 사교육은 학교교육을 받는 기간에만 이루어지는 것은 아니다. 남보다 앞서 가려는 학부모들의 욕망은 학교에 입학하기 전부터 자녀들을 선행 학습으로 내몰고 있다. 따라서 이미 학습한 내용을 학교에서 다시 공부하게 되는 학생들이 흥미를 느끼지 못하게 되는 것은 당연한 현상이라고 할 수 있으며, 이는 학교 붕괴의 한 축을 형성하고 있다. 그러나 선행 학습을 하지 못하는 학생들도 있기 때문에 모든 학생들을 고려해야 하는 학교는 더욱 혼란스럽다. 이러한 틈새를 사교육 산업은 놓치지 않고 파고든다.

학부모들의 욕망을 이용하는 사교육 산업은 오늘날 그 영역을 무한정 확대해가고 있다. 사교육보다는 '입시 산업'이라고 불릴 만큼 그 규모가 확대되고 있으며, 경제적인 비중 역시 확대되고 있다. 단순히 생계 유지 혹은 부업의 차원이었던 과외는 산업으로 탈바꿈하면서 거대 자본의 이윤 추구의 장으로 변화되고 있다. 그리고 이윤의 추구를 위하여 수단과 방법을 가리지 않는 자본의 속성대로 입시 산업은 그 영역을 광범위하게 확장하고 있다.

2. 입시 산업의 의미와 현실

입시 산업이란 상급 학교 입시와 관련하여 각종 서비스를 제공하고 이로부터 이윤을 추구하는 산업을 의미한다. 일반적으로 한국 사회에서 상급 학교 입시라고 하면 대학 입학을 의미하는 것이지만, 이를 위한 경쟁이 하급 교육, 심지어는 학교교육을 받기 전에도 이루어진다는 점에서 입시 산업의 범위는 대학 입학 이전까지의 모든 교육 관련 서비스로 확장된다. 이들 교육 관련 서비스에는 대학 입시와 직접 관련된 활동뿐만 아니라 이를 준비하기 위한 과정까지도 포함된다. 따라서 입시 산업은 학교교육과 학령기 이전 단계에서 교과 성적의 향상을 목적으로 이루어지는 각종 서비스를 제공하는 제반 활동을 의미한다고 할 수 있다.

이러한 범주에 속하는 입시 산업은 학원, 학습지 및 통신 과외, 참고서 및 문제집 등과 같은 학습 자료, 개인 및 그룹 지도 등과 같은 과외의 형태로 나타나고 있다. 입시 산업은 그 종사자 수뿐만 아니라 경제적인 영향력 또한 막강하다. 한국의 입시 산업은 국내적인 관심사만은 아니다. 우리나라의 입시 산업이 얼마나 유망한지를 보여주는 사례는 외국 자본의 투자 현황을 보면 알 수 있다. 2007년 세계적인 펀드인 칼라일이 특목고 입시 전문 업체에 2,000만 달러, 골드만삭스의 투자펀드인 오즈매니지먼트가 논술업체의 전환사채 발행에 120억 원, 그리고 선라이즈 오버시스, 리먼 브러더스 커머셜 코퍼레이트 아시아 리미티드도 각각 92억 원씩을 투자하였다. 또한 2009년에는 글로벌 자산운용사인 AIG 그룹이 국내의 영어학원에 600억 원을 투자하기도 하였다. 경제지표의 하나인 주식시장을 들여다보면, 입시 산업의 성장세를 더욱 잘 이해할 수 있다. 주식시장에 상장된 이러닝 회사인 M사의 2012년 4월 주가는 비교적 유망한 글로벌 IT 회사 중 하나인 L전자보다 1.5배나 비싸다. 그런데 더 놀라운 것은 M사 주식의 액면가는 500원이고, L전자의 주식은 5,000원이라는 것이다. 따라서 글로벌 IT 회사보다 국내 입시 관련 회사의 주식이 15배는 더 비싸게 거래되고 있다는 이야기이다. 이처럼 돈벌이가 되는 장사이다 보니 외국인들의 관심이 많을 수밖에 없다. 주식 보유 비중에서도 M사는 외국인 지분이 36.93%에 이르는 반면, L전자는 6.15%

에 불과하다. 최근 들어 국내 입시 산업들이 외국에서 투자유치 설명회를 성황리에 마치는 것은 더 이상 놀라운 일도 아니다. 이쯤 되다 보니 정부가 과외를 억제한다면 200만 명에 이르는 과외 종사자들의 생계를 비롯하여 경제 전반에 미치는 영향이 클 것이기 때문에, '사교육'을 일방적으로 억압하기보다는 '공교육'과 협력관계를 유지할 실용적 방안을 모색해야 한다는 주장도 제기되었다. 더 나아가 공교육의 경쟁력 강화를 위해서 '사교육' 종사자들의 교수학습 개선 노력과 경영 시스템을 공교육 관계자들이 배울 필요가 있다는 주장도 나오고 있다.

오늘날 입시 산업은 사적이고 영세한 규모에서 벗어나 점차 대형화되고 기업화되고 있다. 개인 과외까지도 기업형이 나타나고 있다. 기업화되고 대형화되면서 입시 산업은 거대 자본의 투자처로 각광을 받게 되고, 투자자문사의 추천 종목으로 제시되기도 하였다. 다른 분야와 달리 입시 산업은 구매자들이 희생적 지출을 기꺼이 감수한다는 점에서 이윤을 추구하는 자본의 무한한 욕망에 들어맞는 매력적인 산업이라고 할 수 있다.

시장은 한정되어 있는데, 입시 산업은 팽창하다 보니 이윤의 창출이 점차 어려워질 수밖에 없다. 이러한 위기를 벗어나기 위해 입시 산업들은 학부모들을 사교육 시장에 끌어낼 수 있는 다양한 프로그램을 개발하고, 막대한 자본을 들여가면서 홍보에 나서고 있다. 그리고 이러한 전략들은 이기적인 학부모들의 욕망과 맞아떨어지면서 학교를 옥죄고 있다. 그런데 학부모들의 희생적 지출이 이루어지기는 하지만 그렇다고 그것이 무한정 확대될 수는 없는 일이다. 늘어나기만 하는 교육비 지출로 부담 능력이 한계에 이르고, 심화된 경쟁으로 몸과 마음이 지치게 된다. 이렇게 되면 학부모들의 불만과 제도 개선의 요구들이 강력하게 표출되고, 국가는 어떠한 형태로든 이를 수용하는 정책을 제시하지 않으면 안 된다. 이 과정에서 가장 자주 등장하는 것이 사교육비 경감을 위한 학교의 경쟁력 강화 방안이며, 이는 의도와는 달리

학교를 더욱 입시 산업에 휘둘리게 만드는 결과로 나타났다.

3. 학교를 둘러싼 입시 산업의 실태

학부모들의 자녀 교육에 대한 욕망이 표출되는 공간으로서 학교는 입시 산업의 영향력이 확대되면서 다양한 변화를 겪고 있다. 특히 입시 산업은 학교의 교육 내용을 비롯하여 교육활동과 인적 구성에까지 영향을 미치고 있다. 이들을 구체적으로 살펴보기로 한다.

1) 학교교육과 입시 산업의 경계의 모호성

입시 산업들은 학교의 교육활동에까지 영역을 확대하면서 경계를 약화시키고 있다. 대표적인 것으로 방송과외(EBS 등)와 학습자료 산업, 사설 학력평가 등을 들 수 있다.

먼저 방송과외를 살펴보자. EBS를 비롯한 방송과외는 국가 혹은 지방자치단체, 지방 교육청 등의 차원에서 실시되고 있는 수능 대비 혹은 학력 향상을 위한 보충/심화 학습형 강좌라고 할 수 있다. 도서벽지 등에서는 교원의 부족을 보완하기 위한 방안의 하나로 방송과외가 활용되고 있기는 하지만, 일반적으로 학교교육에 대한 보충/심화 학습의 성격을 지닌 국영 사교육 프로그램이라고 할 수 있다. 따라서 공식적인 교육기관인 학교 이외에 국가 수준의 사교육인 방송과외를 도입함으로써 교육의 기능을 학교와 교육방송이 나누어서 맡게 된 것이다. 그런데 대학입학수학능력시험의 70% 이상을 EBS 교재와 연계해서 출제한다는 방침은 학생들로 하여금 EBS 강의를 학교교육보다 더 중시하라는 의미를 내포한다. 이로 인해 학교의 교과서는 EBS 교재에 의해 밀려나게 되었고, 일선 학교들에서는 자율학습 시간에 EBS를 시청하거나 수업을 EBS 교재로 진행하는 등과 같은 현상이 나타나게 된 것이다.

다음으로는 참고서, 문제집과 같은 학습자료 산업을 생각해보자. 일반계 고등학교에서 교과서만을 수업 교재로 사용하는 경우는 찾아보기 드물다. 참고서나 문제집에만 의존해서 학습활동이 진행되는 경우가 더 많은 것이 사실이다. 교과서를 가지고 다니는 학생도 별로 없다. 물론 우리가 흔히 부러워하는 서구의 나라들처럼 교사가 수업자료를 준비해서 학생들과 다양한 교육활동을 하는 것을 금하는 것은 아니지만, 입시교육에 치우치다 보니 창의적이고 자율적인 교육활동이 이루어지기는 어렵다. 뿐만 아니라, 학생들은 학교에서 사용하는 도서 이외에도 학원가나 인터넷 등에서 인기 있는 학습용 교재들을 많은 비용을 들여가면서 구입해서 학습하고 있다. 그러다 보니 교육 내용으로서의 권위를 학습용 참고서나 문제집이 차지하게 되었으며, 교육의 주도권 역시 교사가 아닌 출판사가 차지하게 된 것이다.

다음으로 사설 평가기관에서 실시하는 각종 모의고사를 생각해보자. 한 줄로 줄 세우기를 통한 선발이 이루어지는 현실에서 사설 평가기관이 실시하는 전국 단위 모의고사는 학생의 현재 수준을 진단할 수 있는 중요한 판단의 근거가 되고 있다. 이는 단순한 모의고사를 넘어 학생들에 대한 진단과 진학 지도 기능을 수행하고 있는 것이다. 전국의 수험생들이 대부분 참여하기 때문에 대학 진학을 희망하는 학생들은 사설 평가기관이 시행하는 모의고사를 치러야만 자신의 상대적 위치를 알 수 있고, 지원 가능 대학과 합격 가능성 등을 예측할 수 있는 자료를 제공받을 수 있다. 그러다 보니 과거에는 진학 지도 교사들이 모여서 배치표를 만들었지만, 지금은 사설 평가기관이 작성하여 제공하는 배치 기준표가 엄청난 영향력을 갖고 있다. 따라서 일선 고등학교에서는 현실적으로 사설 모의평가를 치르지 않을 수 없으며, 학년 초 교육계획을 작성하는 과정에서 사설 모의고사 실시 일정은 중요한 부분을 차지한다. 즉 모의고사는 학교의 정규 교육활동의 일부처럼 간주된다. 뿐만 아니라 그 결과는 학생들의 진학 지도 및 학교생활의 중요한 상담 자료로 활용되고 있다. 현실이 이러하다 보니 사설 평가기관의 위상은 강화 되고, 학교의 위상은 점점 위축될 수밖에 없다.

교육 내용은 참고서와 문제집 등에 내주고, 학습 지도의 영역 역시 방송과 외에 빼앗긴데다가, 평가와 진로 지도 기능까지 사설 평가기관에 의존하는 꼴이 되고 말았으니 학교가 설 자리는 더 이상 없다. 이러한 현실에서 학교가 붕괴의 일로를 걸을 수밖에 없다는 것은 누구나 예측 가능한 일은 아닐까?

2) 활동 영역을 확장하는 입시 산업

입시 산업은 콘텐츠를 통한 영역의 확장을 넘어서 학교의 공식적인 활동 에까지도 진출하고 있다. 학교가 사교육비 경감을 통해서 학부모의 욕망을 충족시켜야 한다는 요구는 학교로 하여금 전통적인 기능을 넘어서는 역할 을 수행하도록 요구하고 있다. 따라서 주어진 인력 구조 내에서는 감당하기 어려운 일들을 학교는 외부의 인력을 동원하여 해결할 수밖에 없게 되었다. 다양한 학교개혁을 통해 공교육을 강화함으로써 사교육을 무력화하겠다는 것이었지만, 결과적으로는 사교육의 공교육 진출을 위한 발판을 마련해준 것이다. 방과 후 교육과 수준별 수업 등은 가장 쉽게 찾아볼 수 있는 사례들 이다. 특기적성 교육과 보충학습을 위해 도입된 방과후학교는 많은 운영 인 력을 외부에 의존하고 있으며, 이러한 인적 자원들은 사설 학원이나 과외 강 사 등의 경력을 갖고 있거나 관련 분야에 종사 중인 사람들이 많은 것이 사 실이다. 특히 논술 관련 분야, 컴퓨터 분야 등 일부 영역의 경우에는 기업형 용역 업체까지 등장하고 있다. 이들은 학교에서는 방과후학교 혹은 특기적 성 교육 강사로 일하고, 밖에서는 학원이나 개인 과외, 학습지 교사로서의 역 할을 수행하면서 학교교육과 사교육의 경계를 넘나들고 있다.

수준별 수업의 확대는 외부 인력의 학교 진입을 더욱 용이하게 만들었다.

실제로 많은 학교들에서 수준별 수업의 하급반을 기피하는 현상들이 나타나면서 외부 전문 인력을 고용하게 되었고, 이러한 과정에서 학원 강사들이 학교의 정규 교육과정 운영에까지 참여하게 된 것이다. 이들은 주간에는 공교육 기관인 학교에서 야간 및 주말에는 사교육 기관인 학원에서 근무하면서 경계를 허물고 있는 것이다.

또한 논술 특별전형을 비롯한 다양한 전형에 대비하기 위해서 학교별로 야간 자율학습 시간에 일부 학생들을 대상으로 외부의 전문 강사를 초빙하여 운영하는 일종의 장소 임대형 수업이 진행되기도 한다. 더 나아가, 일부 농촌 지역에서는 관내 고등학교를 육성한다는 명분으로 지방 정부가 적극 나서서 입시 학원과 협약을 맺고 학교의 시설을 이용하여 사교육 프로그램을 운영하는 사례가 확산되고 있기도 하다. 외관은 학교이지만 실제로는 학원이 운영되고 있는 것이다. 이제 학교는 더 이상 교사와 학생만이 존재하는 곳이라고 보기는 어렵게 되었다.

3) 학교의 교육활동과 충돌하는 입시 산업

학교의 영역으로 진입해 들어오는 입시 산업과 더불어 학교의 교육활동을 옥죄고 있는 또 다른 요소들로 학교 밖의 사교육 활동들을 들 수 있다. 학생들은 학교에 앉아 있기는 하지만 실제로는 학교 밖의 사교육 활동에 참여하고 있다. 전자매체의 발달과 입시 산업의 성장에 힘입어 대부분의 학생들은 시간과 장소에 얽매이지 않고 인터넷 강의를 수강하고 있다. 따라서 학교의 자율학습 시간에는 많은 학생들이 동영상 강의를 시청한다. 사교육비를 경감하고 학교의 기능을 강화하기 위하여 시도된 자율학습이지만, 실제 이루어지는 활동은 그러한 기대를 충족시키지 못하고 있다. 학교는 껍데기만 남게 된 것이다.

학부모들의 자녀 교육에 대한 욕망에 부응하기 위하여 학교가 정규 수업

이외에 학습 지도를 실시하는 경우도 있으나, 많은 학생들이 과외나 학원 수강 등의 이유로 이를 받아들이지 않는다. 사교육비를 줄인다는 명분으로 농산어촌이나 지방의 도시 지역에서는 방과 후에도 학교에서 야간 자율학습이 이루어지고 있지만, 서울 등 수도권 일부 지역에서는 과외나 학원 수강 등을 이유로 학교에서의 야간 자율학습이 이루어지기 어렵다. 따라서 학교는 정규 교과의 운영 외에는 학생들에게 추가적인 교육활동을 진행하기 어려운 것이 현실이다.

입시 산업에 대한 학부모들의 의존도가 높아지면서 정규 교육과정 운영도 많은 영향을 받고 있다. 한국 사회에서 '사교육은 곧 선행 학습'이라고 불릴 만큼 선행 학습은 보편적인 현상으로 자리 잡고 있다. 대부분의 학생들이 선행 학습을 한 상태이기 때문에 중간 수준에 맞춰서 운영되는 학교 수업은 지루하고 무의미해진다. 이러한 이유로 그들은 수업시간에 잠을 자거나 다른 교과목을 학습하는 등 전체적인 수업 분위기에 부정적인 영향을 미치는 행동을 하기도 한다. 뿐만 아니라 일부 학생들은 학원에서 내준 과제를 학교에서 하는 등 학교의 위상은 점점 추락하고 있다.

4. 학교교육을 바라보는 문제의식

이상에서 살펴본 바와 같이 학교교육은 입시 산업에 의해 포위당한 채 점차 설 자리를 잃어가고 있다. 학교의 입지가 이처럼 축소되고 있는 것은 학교가 학부모들의 이기적인 욕망을 충족시키지 못하고 있다는 사실과 관련이 깊다. 국가는 학부모들의 욕망을 충족시키기 위하여 다양한 교육정책을 내놓았지만, 그러면 그럴수록 학교를 압박하는 입시 산업의 기세는 강해지고 있다. 이는 학부모들의 이기적인 욕망의 속성과 본질을 제대로 파악하지 못한 결과라고 할 수 있다. 실제로 공공 정책을 통해 학부모들의 무한한 이기적 욕망을 충족시키는 것이 불가능한 것임에도 불구하고, 교육정책을 통해 이를 실현하려는 국가의 시도가 학교를 더욱 혼란에 빠트리고 있는 것이다. 그리고 이러한 혼란의 틈을 타고 입시 산업은 자신의 입지를 더욱 강화하고 있는 것이다. 이러한 과정에서 학교는 학부모들의 욕망을 충족시키려는 국가의 교육정책과 이윤 추구를 목적으로 하는 입시 산업의 희생물로 전락하고 있다. 물론 학교가 일방적으로 희생되고 있다고 볼 수는 없지만, 실제로 자율성을 갖지 못한 학교가 자신의 역할을 수행하는 데 한계가 있다는 것은 분명하다. 문제는 학부모들의 맹목적이고 이기적인 욕망에 있다.

학부모들의 욕망은 우리가 흔히 교육열이라고 부르는 것으로 표출된다. 그리고 이는 대학 입시라는 당면 목표와 연결되어 있다. 대학 서열이 고착화되어 있고, 대학 입시가 국가 수준에서 통제되고 획일화된 우리나라의 입시 경쟁은 상대적 서열에 의해서 결정되는 무한 경쟁이라는 특성을 지닌다. 따라서 다른 학생들보다 상대적으로 우위에 설 수 있다면 학부모들은 어떠한 희생도 감수하게 된다. 그러므로 과외를 금지하면 음성 과외가 싹트게 되고, 사교육비를 줄인다는 명분으로 국가 수준에서 대체 교육 프로그램, 예컨대 교육방송 같은 것을 실시하면 추가적인 과외가 발생함으로써 사교육비 총량만 증가하게 되는 것이다.

문제는 명문대 입학에 매달릴 수밖에 없게 만드는 사회구조와 이를 강화시키는 서열화된 대학과 획일화된 선발제도로부터 파생되는 줄 세우기식 교육에 있다. 경쟁이 상대적 순위에 의해서 좌우되기 때문에 상위 서열에 들기 위해서는 다른 학생과 차별화되어야 하고, 그러기 위해서는 추가 교육에 의존할 수밖에 없다. 그리고 이를 국가 혹은 집단적인 수준에서 해결하려고 시도하면 개인들은 경쟁력을 강화하기 위해서 추가 교육을 받을 수밖에 없다. 따라서 공적인 비용은 증가하게 되며, 추가적으로 사적인 비용도 증가하게 된다.

일례로 교육방송을 생각해보자. EBS에서 수능 과외를 도입했던 2004년의 사교육비를 보면, 4~5월은 3월에 비해 감소했으나 6월 이후에는 다시 증가하였으며, 이 기간 사교육비는 전년 대비 7%나 증가한 것으로 나타났다. EBS는 누구나 해야 하는 기본적인 과외가 되는 것이고 학생들은 경쟁에서 이기기 위해서 추가적인 교육을 받아야 한다는 사실을 간파하지 못한 것이다. 과외의 속성은 사교육이면서 추가 교육이라는 점이다. 사적인 욕망을 충족시키기 위해서는 다른 사람보다 양적으로나 질적으로 차별화된 교육을 추가로 받는 것이 절대적으로 유리하다. 따라서 자신의 능력, 즉 경제력과 시간이 허용하는 범위, 때로는 이를 초과하면서까지 사교육에 얽매이게 된다. 이 과정에서 차별화보다는 평등성을 강조하는 학교교육은 무시되거나 약화될 수밖에 없다. 따라서 학교는 빼먹어도 학원은 가고, 학교에서는 쉬었다가 학원에 가서 공부한다는 인식이 자리 잡고 있는 것이다. 이러한 현실에서 학교가 설 자리는 없다.

이번에는 입시 산업의 속성을 살펴보자. 학교와는 달리 사적인 이윤, 즉 자신의 이익을 극대화하려는 것이 입시 산업이다. 사적인 욕망을 추구한다는 점에서 입시 산업과 교육 수요자는 공통된 속성을 갖지만, 입시 산업이 자신의 욕망을 실현하는 대상이 바로 교육 수요자라는 점에서 차별화된다. 이 둘 간의 관계는 입시를 둘러싼 교육이라는 상품의 공급자와 수요자인 셈이다. 입시 상품의 공급자로서 입시 산업은 이윤을 창출하기 위해서 끊임없이 교육 수요자의 욕구를 자극하지 않으면 안 된다. 교육 수요자의 구매욕구가 창출되지 않으면 입시 산업은 존립을 위협받게 된다. 따라서 다양하고 매력적인 상품을 교육시장에 내놓음으로써 교육 수요자의 구매 욕구를 자극한다. 또한 그들은 자신의 이익이 실현되는 곳이라면 때와 장소를 가리지 않는다. 특히 자본의 힘을 등에 업고 정치적 영역에까지 진출함으로써 각종 교육정책의 형성과정에 자신의 영향력을 발휘하고 있다.

입시 경쟁의 속성에 비추어볼 때 경쟁이 치열해질수록, 학교의 기능은 약화되고 학교와 학부모 간의 거리는 멀어지며, 학부모의 입시 산업에 대한 의존성은 높아진다. 그리고 이러한 과정에서 발생하는 학부모들의 요구와 불만을 수용하기 위해 국가는 학교의 입장보다는 학부모들의 관점에서 그들의 이기적인 욕망을 충족시킬 수 있는 방법들을 도입하도록 교육정책을 만들어내고 있다. 즉 공적 기관인 학교를 사유화하여, 학교가 학부모들의 이기적인 욕망을 충족시켜야 한다고 주장하면서 학교를 시장에 내몰고 있는 것이다. 학교 다양화 정책이나 학교선택제, 수준별 수업 등은 도입 취지와는 달리 이러한 이해관계가 표출된 대표적인 사례들이다. 당초의 취지가 무엇이었든 간에, 불행하게도 이러한 정책들은 기대하지 않은 효과, 즉 상급반에 들기 위한 사교육, 좋은 고등학교에 들어가기 위한 사교육을 유발함으로써 입시 산업의 성장을 위한 자양분으로 작용하고 있다. 이는 남보다 앞서고자 하는 학부모들의 무한한 욕망 때문이다.

결국 자기 자녀만을 생각하는 학부모의 이기적인 욕망이 존재하는 한, 학교교육에 대해서는 어떠한 정책을 제시한다고 해도 현실을 개선할 수 있을 것 같지는 않다. 학교교육을 개혁함으로써 문제를 해결하려는 전략은 오히려 학교의 본래적 기능을 약화시키고, 학생과 학부모의 부담을 증가시키며, 입시 산업은 그 영역을 더욱 확대해갈 수밖에 없다. 학부모의 맹목적이고 이기적인 욕망을 변화시키지 않으면 안 되는 것이다. 따라서 학부모의 맹목적이고 이기적인 욕망을 초래하는 왜곡된 사회구조의 변화가 없이, 학교나 교육제도 어느 한 부분만의 개혁을 통해 문제를 해결하려는 시도는 오히려 역효과만을 유발할 것이라는 사실을 인식할 필요가 있다.

문제는 새로운 제도가 아니라 그것을 만들어내고 있는 구조의 변화가 선행되어야 한다는 것이다. 학교가 아무리 좋은 프로그램을 운영한다고 해도 그것이 대학 입시와 직결되지 않는다면 학부모들은 이를 외면하고 입시 산업으로 고개를 돌리게 되어 있는 것이다. 그것은 입시나 교육, 더 나아가 사회를 바라보는 학부모들의 관점이 극히 이기적이라는 사실이다. 이러한 이유로 시민의 한 사람으로서는 합리적으로 생각하지만, 학부모의 한 사람으로서는 극히 이기적으로 행동하게 되는 것이다. 예컨대, 최근에 시민사회에서 논의되고 있는 선행 학습 금지법 제정운동의 경우를 생각해보자. 시민의 한 사람으로서는 선행 학습 금지법에 찬성하지만, 자기 자녀만은 경쟁에서 이기기 위해서 선행 학습을 시킬 수밖에 없다고 합리화하는 학부모들을 만날 수 있다. 이러한 이기적인 학부모들을 변화시키지 않고서는 학교가 아무리 좋은 프로그램을 도입한다고 해도 성공하기 어렵다. 다음 절에서는 이를 구체적으로 살펴보기로 한다.

5. 학교교육을 해방시키기 위한 전략의 모색

한국의 학교교육이 직면하고 있는 위기상황을 개선하기 위해서는 문제의 원인을 찾아 해결하려는 시도가 필요하다. 그러한 위기의 원인은 무엇인가? 단순하게 제시하자면, 학교가 학부모들의 욕망을 충족시키지 못한 데 비해, 입시 산업은 학부모들의 욕망을 충족시킨다고 믿기 때문에, 학부모들이 학교보다는 입시 산업에 더 많이 의존하게 된 결과라고 할 수 있다. 따라서 학부모들의 욕망을 학교가 충족시키면 해결될 수 있는 것이다. 그런데 학교가 학부모들의 욕망을 충족시키기 위해서는 맹목적이고 이기적인 학부모들의 욕망을 변화시키지 않으면 안 된다. 아무리 좋은 제도가 도입되어도 자신의 자녀만은 남보다 앞서야 하며, 그러기 위해서는 수단과 방법을 가리지 말아야 한다고 생각하는 한 공적으로 기능하는 학교는 입시 산업에 비해 경쟁력이 낮을 수밖에 없다. 따라서 학부모들의 맹목적이고 이기적인 욕망의 근원이 되고 있는 사회의 시스템을 개혁하는 일이 선행되어야 학교교육은 자유로워질 수 있을 것이다. 이를 구체적으로 살펴보기로 한다.

첫째, 학부모들의 맹목적이고 이기적인 욕망을 변화시키기 위해서는 사회 시스템을 개혁해야 한다. 계층 이동 가능성이 별로 없어 보이는 사회구조, 심화되어만 가는 각 부문의 양극화, 높아만 가는 청년 실업, 치솟는 물가 등은 학부모들로 하여금 경쟁에만 매달리게 만드는 요인이다. 이러한 현실에서 학벌주의의 파괴력은 우리의 상상을 초월한 경쟁으로 나타난다. 즉 희망이 별로 보이지 않는 현실에서 특정 대학 출신이 특정 지위를 독점하고, 그것이 사회적 인맥이나 파벌로 기능하기 때문에 명문대 입학을 둘러싼 경쟁은 학부모들의 욕망을 더욱 부채질하고 있는 것이다. 뿐만 아니라 자녀 양육과 교육 문제, 그리고 주거 문제 등을 둘러싼 어려움은 학부모들의 자녀 교육에 대한 맹목적인 투자를 더욱 부추기고 있다. 평생을 일해야 아파트 한 채를 사기 힘든 현실 때문에 자녀의 출산을 미루거나, 자녀 교육 때문에 분거 가족이 되어야 하는 사회 현실에서 학부모들이 선택할 수 있는 길은 오로지 자녀의 명문대 진학이 된다. 따라서 그들은 필사적으로 자녀의 입신출세를 위한 교육에 매진할 수밖에 없다. 그러한 점에서 학부모의 맹목적이고 이기적인 욕망을 변화시키기 위해서는 학벌주의 사회를 타파하고 능력과 적성이 중시될 수 있는 사회 시스템을 만들지 않으면 안 된다. 나아가 주거 문제와 자녀 양육 및 교육 문제 때문에 모든 것을 희생해야 하는 사회구조를 변화시켜야 한다. 주거와 자녀 양육, 교육 등에서의 안정성, 즉 최소한의 복지가 보장되어야 한다. 주거와 자녀 양육 및 교육 등의 기본적인 문제가 해결될 때 학부모의 맹목적이고 이기적인 자녀 교육에 대한 욕망을 완화시킬 수 있는 가능성을 찾을 수 있을 것이다.

둘째, 앞에서 제시한 사회 시스템의 변화와 더불어 고착화된 대학서열체제를 유동화하는 일이 무엇보다 중요하다. 고착화된 서열체제는 학부모들로 하여금 입시 경쟁에 자신의 모든 것을 내걸게 만드는 직접적인 동인이 된다. 고착화된 대학서열체제가 유동화되지 않는 한 학교교육의 정상화는 기대하기 어렵다. 고착화된 서열체제를 유동화하여 대학들이 상호 경쟁을 통해 발전할 수 있는 방안들이 모색되어야 한다. 이를 위해서는 대학서열체제 고착화의 근원이 되고 있는 노동시장을 비롯한 사회구조의 개선이 필요하다. 특정 대학 출신이 특정 분야를 독점하는 일을 통제해야 한다. 독점은 순기능보다는 역기능을 더 많이 만들어낸다. 또한 이미 고착화된 서열체제를 유동화하기 위하여 지역 간, 분야 간 균형 발전 방안을 모색해야 한다. 잘못된 정책으로 인해 이루어진 독점 구조는 다시 정책을 통해서 해결하지 않으면 안 된다. 이러한 의미에서 기존에 제시되었던 지방대학 육성법, 국가 부문의 지역 인재 할당제도, 민간 부문의 지역 인재 채용 권고 제도 등은 여전히 유효하다. 이러한 제도들과 더불어 사회 일각에서 제기되고 있는 국립대학 네트워크나 대학 평준화 등과 같은 방안을 도입하여 고착화된 서열구조를 유동화하면서 대학들이 경쟁을 통해 발전할 수 있도록 해야 한다.

셋째, 줄 세우기 교육을 만들어내는 획일적 대학 입시제도를 개편해야 한다. 고등학교의 교육활동의 결과를 바탕으로 학생을 선발토록 해야 한다. 입시제도에 맞춰 고등학교의 교육활동이 이루어지게 해서는 안 된다. 또한 대학 입시제도는 부모의 재력이나 지위의 영향을 최소화하고, 개인의 능력을 바탕으로 선발할 수 있도록 해야 한다. 교육은 계층 상승의 이상을 실현해야 한다는 믿음이 계속되어왔다. 그리고 이는 능력주의, 즉 개인이 지닌 능력에 의해서 이루어져야 한다는 주장으로 이어졌다. 대학을 가는 일이 부모의 경제력이나 사회적 지위 등에 의해서 결정되는 것은 정의롭지 못한 것이다. 사교육을 많이 받으면 들어가기 용이한 입시제도가 아니라 개인의 능력과 가능성이 중시되는 입시제도를 만들어야 한다. 특히 일시적인 과외나 단기간의 학습에 의해서 길러질 수 있는 능력을 기반으로 한 선발이 이루어지지 않도록 해야 한다. 나아가 학교의 역할을 강화하는 방향으로의 선발이 이루어져야 한다.

넷째, 학교교육에서 교사와 학생이 주도적으로 교육활동을 영위할 수 있는 환경을 구축해야 한다. 학교가 지닌 문제점을 해결하려는 노력은 필요하지만, 학교교육을 개혁하는 것이 입시 경쟁의 문제를 해결하는 데 도움이 될 수 있다는 인식은 버려야 한다. 특히 외부적 힘에 의한 학교개혁을 통해서 학부모들의 욕망을 충족시키려 할수록, 사교육비는 높아지고 학교는 더욱 위축될 것이다. 따라서 학교를 외부에서 개혁하려 하기보다는 고유의 기능을 학교가 충실히 수행할 수 있는 여건을 만드는 일이 무엇보다 중요하다. 학교의 구성원인 교사와 학생들이 중심이 되어 교육활동을 진행할 수 있도록 자율성을 부여해야 한다. 물론 이는 앞에서도 제시한 바와 같이 학교의 독자적인 교육활동을 존중하는 입시제도가 마련될 때 가능한 일이다. 그러한 측면에서 혁신학교나 무지개학교 등은 의미 있는 시도로 평가될 수 있다. 그러나 앞에 제시한 바와 같은 사회구조와 제도의 변화들이 선행되어 맹목적이고 이기적인 학부모들의 욕망이 변화되지 않는다면 새로운 학교들은 과거의 특목고들이 밟았던 전철을 다시 밟을 수밖에 없다. 사회구조와 입시제도의 변화가 전제되지 않은 학교의 개혁이나 변화는 학부모들로부터 외면당하거나 학생들이나 교사들에게 불필요한 과업만을 안긴 채 사교육을 찾아가게 만드는 동인이 될 수밖에 없는 것이다.

참고문헌

● 고형일 · 이두휴(2002), 「사교육비 경감을 위한 학교교육의 재구조화 방안」, 『교육사회학연구』 12(1), 1~42쪽.

● 김기수(1997), 『아직 과외를 그만두지 마라』, 민음사.

● 김미숙 외(2006), 『입시 산업의 규모 및 추이 분석: 대입정책과 사교육의 관계 분석을 위한 기초 연구』, 한국교육개발원.

● 김순남 외(2010), 『사교육 진단 및 대책(1)』, 한국교육개발원.

● 김영화 외(2009. 1. 23), 『한국 교육의 난제, 그 해법을 묻는다─공공성과 자율성의 관점에서 2009』, 서울: 대학문화 아카데미.

● 김태준(2009), 「국내 입시학원산업의 현황과 전망」, 『한국신용평가 리서치 스페셜 리포트, KIS Credit Monitor』, 32~39쪽.

● 손경애(2004), 「'EBS 수능강의'에 대한 정책 평가: 효과성, 대응성, 형평성을 중심으로」, 2004년도 한국교육행정학회 추계 학술대회 자료집, 한국행정학회.

● 양정호(2005), 「과외비 지출에 대한 종단적 연구: 한국 노동 패널 조사의 위계적 선형 모형 분석」, 『교육사회학연구』 15(2), 121~146쪽.

● 이종각(2011), 『교육열을 알아야 한국 교육이 보인다』, 이담.

● 정진상 · 이두휴 외(2004), 『대학서열체제 연구: 진단과 대안』, 한울아카데미.

고교 체제의
문제점과 개편 방향

성 기 선

1. 들어가는 말

최근 우리나라 교육정책의 특성을 살펴보면 상대적으로 자본의 논리를
더욱 적극적으로 교육 영역으로 끌어들이고 있다는 점이 두드러지고 있다.
미국의 경우 NCLB(No Child Left Behind)를 계기로 사기업이 교육시장에 적
극 진출할 수 있는 토대가 마련된 것과 마찬가지로 우리나라 역시 고교 다
양화, 영어교육 강화, 방과후학교, 자율과 경쟁, 학업성취도 평가, 선택권 등
의 정책과 논리가 강조되면서 학교교육이 자본의 직간접적 영향을 점차 강
하게 받고 있다. 이러한 전 세계적 경향을 Patricia Burch(2009)는 『감추어진
시장(Hidden Markets)』이라는 저서에서 신민영화(new privatization)라고 표
현하고 있다. 물론 우리의 경우 사교육이 워낙 활성화되어 있으니 학교 밖
교육시장의 문제점은 별도로 하더라도 최근 자본의 학교교육에 대한 잠식
의 속도와 영향력은 급상승하고 있음이 분명하다.

학교교육이 자본의 대상이 되고, 상품화될수록 교육의 공공성은 더욱 침해받을 수밖에 없다. 공급자 간 경쟁이 가속화되면 상품의 질적 수준이 상승하고 비용은 줄어들 것이라는 효율성의 가정이 교육에도 적용될 수 있다고 믿는 한, 교육은 소비자의 구매 능력에 따라 질적 차이를 제공할 수밖에 없다. 그러한 대표 사례는 학교선택제가 교육 평등을 심각하게 훼손한다는 연구 결과를 통해서도 확연하게 제시된 바 있다(Whitty & Halpin,1998; 김경근, 2002).

이명박 정부 들어 이러한 교육 시장화, 민영화는 효율성과 경쟁력 제고라는 미명하에 아무런 제제나 비판 없이 매우 급작스럽게 도입되고 있다. 예컨대 학교 다양화, 교육 민영화, 학교선택, 자율과 경쟁 등을 내세우는 정책들은 일사천리로 우리의 공교육을 사적인 시장의 공간으로 전환시키고 있다. '경쟁과 자율성'의 강화를 통해 사교육비를 절감하고 교육 경쟁력을 확보하겠다던 이 정부의 교육정책은 정부의 역할을 최소화하고 교육 서비스 시장을 자율화, 효율화하여 소비자의 선택을 다양화하면 한국 사회의 모든 교육 문제가 해결될 것이라는 왜곡된 신념을 맹신한 결과 교육의 시장화와 경쟁 지상주의의 만연이라는 총체적 실패에 직면하고 있다는 비판을 면치 못하고 있다(조상호, 2009).

이 글에서는 이명박 정부의 교육정책 가운데 고등학교 단계의 다양화 정책의 문제점이 무엇인지 구체적으로 지적하고자 한다. 이를 위해 '고교 다양화 300프로젝트'와 관련된 학교 다양화 정책의 취지와 의미, 그리고 그 효과에 대한 평가를 중점적으로 검토해보고자 한다. 특히 이러한 새로운 교육 정책은 과연 의도한 효과를 제대로 보여주는가, 부작용은 무엇인가, 누가 이러한 정책의 혜택자가 되고 누가 불이익을 받게 되는가, 공교육의 특징을 얼마나 변화시키고 왜곡했는가 등의 질문들에 대해서 고민해보고자 한다. 마지막으로 향후 우리나라 고등학교 체제의 변화 방향이 어떻게 되어야 하는지에 대해서도 제시해보고자 한다.

2. 학교 다양화 정책의 현황과 문제점

학교 다양화 정책의 이념적 토대는 신자유주의이다. 신자유주의는 1970년대 표면화된 이후 오늘날 세계적 담론과 정책을 주도하는 핵심적 용어가 되었다. 그런데 이 신자유주의는 자유라는 보편적 가치를 강조하지만, 이는 자본주의 경제와 관련된 경우에만 한정된다. 신자유주의가 앞세우는 자유는 자유 시장, 자유 무역, 자유 송금, 사적 소유의 자유 등을 의미한다. 이처럼 개인의 자유는 시장과 무역의 자유에 의해 보장된다고 가정하지만, 이는 자본 축적과 우선해 관련된 자유뿐이다(Harvey, 2005). 신자유주의 교육정책 역시 이러한 자유 시장 원리에 기초한 교육을 구현하고자 한다. 신자유주의 교육관은 교육의 시장화와 상품화를 강조하였다. 교육에서 시장의 자유 경쟁 원리를 도입하여 교육의 질을 높일 것을 요구했다. 신자유주의 교육관은 교육 소비자에게는 학교선택권을, 교육 공급자에게는 경쟁 자율권을 주어서 시장 경쟁 원리에 따라 교육 상품의 질이 저조한 학교를 폐교시킬 수 있는 이념적 기반을 제공하였다(강창동, 2011). 이러한 기조에 따라 우리나라 교육정책에서도 1995년 5·31교육개혁안을 필두로 신자유주의 교육체제가 형성되기 시작했다. 신자유주의에 기초한 교육정책의 대표 주자는 2002년부터 시범 실시된 자립형 사립고등학교이다. 먼저 이 제도부터 검토해보기로 한다.

1) 자립형 사립고등학교

지난 1995년 5·31교육개혁안에서는 다양성과 자율성에 기초한 학교 운영의 일환으로 이렇게 제안하고 있다.

"대학교육의 다양화·특성화가 어느 정도 정착되어 대학입학전형제도가 다양화되었다고 시·도 교육감이 판단하면, 건학 이념이 분명하고 정부의 재정 지원 없이 재단 전입금 및 학생 납입금 등으로 운영·유지할 수 있는 자립형 사립고등학교에 등록금 자율 책정권을 부여하고, 학생들에게는 이 학교에 대한 학생선택권을 부여한다. 단, 자립형 사립고등학교가 학생을 선발함에 있어서는 중학교 종합생활기록부(당시 표현)와 면접 또는 실기시험을 기준으로 우선 입학정원의 1.5배수를 뽑은 후 추첨에 의해 최종 선발해야 한다. 이때 학생의 지원범위는 시·도 수준으로 한다."

이 내용으로 자립형 사립고등학교의 의미가 무엇인지가 분명하게 드러난 것은 아니지만, 자립형 사립고등학교는 건학 이념이 분명해야 한다는 것, 재정 자립을 해야 하며 그 핵심은 재단 전입금이라는 것, 등록금 자율 책정권과 신입생 선발 방법의 자율 결정권을 부여받는다는 것 등을 알 수 있다(최준렬·김성열, 1997). 이것이 소위 학교 다양화의 단초를 마련한 정책적 결정이라고 볼 수 있다. 물론 자립형 사립고등학교 이전에도 소위 특목고로 불리는 과학고, 외국어고가 우후죽순처럼 설립되어 기존의 고등학교 체제를 해체하기 시작했다는 점을 함께 고려해야 한다.

자립형 사립고등학교 제도화에 반대하는 사람들은 이의 도입이 기존의 평준화 정책을 위협하여 교육의 기회 균등을 심각하게 저해할 위험이 있고, 상위 계층의 교육적 수요만을 고려함으로써 사회 양극화를 더욱 촉진하는 계기가 될 것이며, 입시 위주의 교육을 강화함으로써 교육의 다양화와 특성화와는 거리가 멀 것이라는 우려와 비판을 강하게 제기해왔다. 공교육의 일차적 과제가 대다수 국민 대중에게 보통교육을 제공함으로써 사회공동체를 유지하고 일반 국민의 삶의 질을 개선하는 데 있다고 보기 때문이다(하병수, 2005). 자립형 사립고 시범 운영 평가 보고서에 따르면 이상과 같은 긍정적 측면과 부정적 측면이 혼재되어 나타나고 있었다(김주후 외, 2005).

2) 자율형 사립고등학교

이상에서 제시한 자립형 사립고의 문제점이 제대로 정리되지 않은 상태에서 이명박 정부에서는 '고교 다양화 300프로젝트'라는 이름하에 고등학교 수준에서 다양한 유형의 학교 설립을 추진하기 시작했다. 자립형 사립고와 거의 같은 모양새인 자율형 사립고등학교를 위시하여 마이스터 고등학교, 자율학교, 기숙형 공립학교, 국제중학교 등 다양한 유형의 학교를 양산하면서 동시에 '사교육 없는 학교'를 지정하기까지 이르렀다. 동 프로젝트 중 자립형 사립고교와 유사한 자율형 사립고 100개 설립을 공약으로 제시한 바 있다.

자율형 사립고등학교는 한편에서는 고등학교 평준화 정책이 갖고 있는 단점을 보완한다는 취지, 사학의 자율성 제고, 학생·학부모의 학교선택권 보장, 다양한 학습자 욕구 충족과 교육 경쟁력 강화를 지향하고 있다고 한다. 반면에 이러한 자율형 사립고 제도는 평준화 정책의 기조를 흔들리게 하여 공교육의 근간을 위협할 것이며, 입시 명문고의 부활, 사회 양극화 현상의 교육에로의 확대, 사교육비의 증가, 교육 기회의 불평등 심화 등의 문제점이 있을 것이라는 점이 심각한 약점으로 지적되고 있다. 이러한 새로운 유형의 학교가 갖는 강점과 약점은 기존의 자립형 사립고와 조금도 차이점이 없다.

우리나라 중등교육에서 사립학교가 차지하는 비중은 다른 나라들과 비교하면 매우 높은 편이다. 그것은 공교육을 확대하는 과정에서 재정 여건이 충분치 않아 사립학교 설립을 장려했던 정책의 결과물이다(김기석, 1989). 고등학교에서 사립학교가 44%로 절반에 가까운 나라는 거의 없다. 공교육을 지향하면서 사립학교가 많은 비중을 차지하게 되면서 각종 교육적인 논쟁이 발생하고 있다. 그 가운데 사립학교 운영의 자율권에 대한 문제가 있다. 지난 74년부터 실시된 고등학교 무시험 추첨 배정(이른바 평준화 정책)으로 제한받는 사립학교 운영의 자율권 문제를 해결할 수 있다는 점에서 자율형 사립고 정책의 정당성을 주장하기도 한다. 그러나 자율형 사립고는 기존에 운영되고 있는 자립형 사립고보다 질적·양적으로 훨씬 부정적 파장을 미칠 위험성이 높다는 점에서 더 문제점을 안고 있다.

자율형 사립고는 자립형 사립고 설립 기준과 비교해보면 많은 부분 공통점을 갖고 있지만 차이점도 발견된다. 사립학교를 운영하는 입장인 재단의 요구를 매우 적극적으로 수용한 반면, 자립형 사립고의 문제점으로 지적되었던 부분에 대해서는 별로 수정하지 않았다는 점에서 특정 이해를 더 많이 반영하고 있기도 하다.

　　첫째, 법인 전입금의 문제를 지적할 수 있다. 자립형 사립고 선정 시 법인 전입금과 학생 납입금의 최소 비율을 2:8로 정하여 재단에서 학교 운영에 대한 투자를 일정 수준 이상 하도록 정하였다. 1997년 당시 학교 교육비 중에서 학생의 납입금이 차지하는 비율은 공립이 23.7%인 데 비해 사립은 48.2%를 차지하고 있었다. 그러나 사립학교의 학교 교육비 중에서 국가의 재정 결함 보조비가 79.7%를 차지하고 있는 상황에서 전체적으로 납입금 비율이 48%를 차지한다는 것은 재단 전입금의 빈약함을 생생하게 보여주고 있다. 그런 점에서 재정 자립의 기준을 정할 때, 법인의 수익용 기본 재산에서 나오는 전체 수익 중의 일정치 이상으로 정하는 것보다는 학교 운영비 중에서 학생 납입금 대 재단 전입금 비율을 확정해두는 것이 실효성이 클 것으로 판단했다(강영혜 외, 2000). 이러한 필요성과 공청회 등을 통해서 제시된 의견을 기초로 재단 전입금 대 학생 납입금의 비율을 2:8로 정한 것이다. 그러나 자립형 사립고의 재단 전입금이 과도하다는 재단의 요청 사항이 있었으며, 수익자 부담 경비의 비중이 높고 일부 학교의 경우 기본 재산의 건실성과 안정성에서 문제가 대두될 소지가 있다는 지적을 한 바 있다(박종렬 외, 2005).

　　그런데 자율형 사립고의 경우 이러한 문제점을 적극 수용하여 재단 전입금 비율을 특별시·광역시의 경우 학생 납입금의 5%, 도 지역의 경우 학생 납입금의 3% 이상으로 정하고 있다. 자립형의 경우 법인 전입금을 학생 납입금 대비 20% 이상 부담하도록 한 반면, 자율형의 경우 학생 납입금의 3~5% 이상 부담하도록 정하는 것은 지나치다고밖에 볼 수 없다.

둘째, 수업료 등 납입금의 책정권. 학생 납입금의 자율적 결정은 자립형 사립학교의 기본 전제가 되는 재정 자립도와 더불어 매우 중요하고도 민감한 문제이다. 일단 자립형 사립고가 정부의 재정 지원 없이도 질 높은 교육을 추구하기 위해서는 학부모들의 납입금 부담이 훨씬 커질 가능성이 높다. 이 때문에 학부모들의 부담을 생각하여 납입금의 상한선을 두어야 할 필요성이 제기될 수 있다. 이러한 문제점을 고려하여 시범 운영의 경우 자립형 사립고 해당 지역 일반 고등학교 기준의 300% 이내에서 학생 납입금을 책정하도록 제한 사항을 두었다. 그러나 실제 학생들이 부담하는 비용은 이보다 훨씬 높았다. 그것은 수익자 비용 부담액이 있기 때문이다. 기숙사 비용을 포함하여 교육 프로그램 운영에 필요한 경비를 전적으로 학부모가 부담해야 하기 때문에 최대 연간 1,500만 원 이상을 지출하고 있다. 이러한 교육비에 대한 과중한 사부담은 교육 기회의 계층 불평등을 강화할 위험성까지 가지고 있다. 그런데 자율형 사립고 지정 조건에서는 이러한 점이 더욱 문제시된다. 자립형 사립고가 일반 학교의 3배까지로 납입금 상한선을 제시한 반면, 자율형 사립고에서는 시·도 교육감 자율 결정 사항으로 넘겨 최소 3배 이상의 납입금이 책정될 가능성이 높다.

셋째, 사회적 약자에 대한 배려. 자립형 사립고의 지정 의무조건 중 하나는 학생들에 대한 장학금 지급 비율을 15% 이상으로 규정한 것이다. 그것은 자립형 사립고 제도의 도입으로 인해 여러 가지 형태의 사회적 불만이 제기될 가능성이 있으며 이를 최소화하려는 제도적 노력이 요청되었기 때문이다. 특히 학생들의 납입금이 상승함으로써 빈부의 차이에 따른 교육 기회의 불평등 문제가 심각한 사회적 양극화를 불러올 수 있다는 우려를 낳고 있었기 때문에 이러한 소외 계층에게 교육 기회를 제공하기 위해서는 자립형 사립고 입학생의 15% 이상에게 장학금을 의무적으로 지급하여 이 문제를 완화시킬 수 있어야 한다고 판단했던 것이다. 그러나 평가 결과 이러한

15%는 지켜지고 있지만 그 내용을 들여다보면 취지와는 맞지 않는다. 사회적 약자에 대한 배려 차원이 아니라 성적 우수자 중심의 장학금이 지급되고 있는 실정이었다.

넷째, 학생 선발 방식. 자립형 사립고의 경우 사교육 유발에 대한 우려 때문에 지필고사를 금지하고 있다. 그렇지만 실제로는 국영수 내용이 상당히 반영된 선발 방법을 채택하고 있다. 이를테면 영재 판별 시험, 기초적 원리 중심의 구술 평가, 사고력 측정을 위한 기초 원리 중심의 구술 평가 등 학교 수준에서 치르는 시험이 있으며, 또한 대부분의 학교에서 토익·토플 성적, 경시대회 입상 실적을 중요한 입학전형 자료 중의 하나로 채택하고 있었다(김주후 외, 2005). 이러한 현상에 대해 학교는 국영수 학습 능력은 다른 학습 능력의 기본이 되기 때문에 학생들을 선발함에 있어 어떤 형태로든 국영수에서의 성취와 잠재능력을 중요한 전형자료로 활용할 수밖에 없으며, 이를 제한하는 것은 실제적인 학생선발 자율권을 상당 부분 제한하는 것이라는 입장을 보이고 있다. 주지하다시피 이러한 자립형 사립고와 특목고의 입시가 중학교 및 초등학교의 선행 학습과 사교육을 강화하고 있다. 자율형 사립고가 향후 100개 들어선다면 바야흐로 고교 입시의 전면 부활이라고밖에 볼 수 없다.

이상에서 제시한 바와 같이 자율형 사립고 지정 기준에는 자립형 사립고 운영을 통해서 지적된 약점이 보완되지도 않고 있으며, 철저하게 학교 운영자 입장을 옹호하며 사회적, 교육적 부작용에 대한 보완 장치 마련이 미흡한 실정이다. 이렇게 된다면 기존의 자립형 사립고는 운영자의 입장에서 더욱 유리한 자율형 사립고로 전환하지 않을 수 없게 된다. 실제로 이러한 예상은 실현되었다.

3) 마이스터 고등학교, 기숙형 공립학교

마이스터 고등학교는 또 무엇인가? 특성화 고등학교와 별반 차이가 나지 않으며 지원금을 25억 원씩 나눠준다고 계획하고 추진하고 있다. 그렇다면 특성화 고등학교(실업계) 내의 비평준화 명문고, 특목고 지위를 점하게 되는 셈이다. 일반계 고등학교에서는 특목고, 자사고, 국제고, 자율고, 비평준화 명문고, 평준화 일반고, 비평준화 일반고의 위계적 수준이 정해질 것이며, 마찬가지로 실업계 고등학교에선 마이스터고-특성화고-일반 실업고의 순서로 정해질 것임이 분명하다.

2011년 현재 21개 마이스터 고등학교가 운영되고 있고 2012년 현재 3학년이 첫 기수로 재학하고 있다. 이들이 사회에 진출하는 2013년 이후, 졸업자들의 취업이나 진로를 통해서 그 효과가 검증될 수 있지만 적어도 현재 상태에서도 많은 비판들이 제기되고 있다.

동일한 고등학교 수준에서 특별한 지위를 갖는 학교를 만들어 재정 지원을 더 많이 하고 그렇지 않은 학교는 고사시키는 정책의 예로는 이러한 마이스터 고등학교뿐만 아니라 기숙형 공립학교도 포함된다. 기숙형 공립학교는 주로 농산어촌의 우수 고등학교를 대상으로 실시하고 있다.

교육과학기술부가 발표한 기숙형 공립학교는 희망 학생 전원을 기숙사에 수용해 공부시키는 학교이다. 농산어촌 지역의 고교를 집중적으로 육성해 인재 유출을 막고, 고품질의 교육 서비스를 제공해 공교육에 대한 학생과 학부모의 만족도를 높인다는 목적으로 현 정부가 추진하는 정책이다.

전국 농산어촌 지역의 82개의 기숙형 공립학교가 운영되고 있다. 정부는 해당 학교에 기숙사 건립 비용 등 평균 38억 원씩 총 3,173억 원의 예산을 지원하겠다고 밝히고, 2010년부터 시작하고 도농 복합 중소 도시와 사립학교로 확대해나간다는 방침이다. 그런데 이러한 농산어촌 지역의 기숙형 공립학교는 교육 격차 해소를 목적으로 했지만, 농산어촌 지역의 타 고등학교와의 교육 격차를 더욱 심화시키고 있는 문제점을 양산하고 있다.

지금의 특목고와 자사고가 학교 설립 취지를 살리지 못하고 결국 입시 기관처럼 돼버린 사실을 생각해야 한다는 것입니다. 기숙형 공립학교 또한 결국 또 다른 형태의 특목고나 자사고가 될 것이 뻔합니다. 기숙형 공립학교는 이미 농산어촌 지역의 우수학교로 지정된 학교들이 포함돼 있어 상대적인 혜택을 누리던 학교입니다. 이들 학교의 그늘에 가려 열악한 재정과 성적 하위 학교로 전락, 관심 밖으로 내몰리는 다수 학생의 정신적 스트레스와 상대적 소외감을 상상이나 해보았는가라고 되물었습니다(http://blog.naver.com/hppress/120055798891).

자율형 사립고, 마이스터고, 기숙형 공립학교 모두 동일한 문제점을 갖고 있는 것처럼 보인다. 그것은 다름 아닌 '선택과 집중'이라고 볼 수 있다. 선택된 자들에게 집중적인 재정 지원을 하고 그렇지 않은 학교와 학생들에 대해서는 무관심으로 일관하는 정책이 이들의 공통점이다. 교육 격차의 심화는 당연한 결과라고 볼 수 있으며, 교육의 공공성보다는 선택할 수 있는 자에게 양질의 교육 기회를 제공하겠다는 신자유주의 교육정책을 고스란히 반영하고 있다.

4) 학교 다양화 정책의 문제점

학교 다양화 정책은 다양한 수준과 영역에서 문제점들을 양산하고 있다. 앞서 언급한 바와 같이 교육 기회의 계층 간, 지역 간 불평등 확대, 입시 위주 교육 강화, 사교육비의 증가, 공교육의 근간 훼손 등 다양하다. 그러나 이러한 학교 다양화 정책이 제기하는 문제점은 아직 시기적으로 일러 깊이 있는 분석과 평가를 내리기에는 어려움이 있다. 다만, 여기서는 대표적인 정책의 하나인 자율형 사립고등학교에 관한 자료를 중심으로 검토해보기로 한다. 특히 민주노동당 권영길 국회의원실에서 마련한 「자율고의 문은 누구를 위해 열리나-자율고 1년 실태 보고서」(2010. 7)에 제시된 자료를 재해석하는 것으로 학교 다양화 정책의 문제점을 집중적으로 검토해보고자 한다.

앞서 언급한 바와 같이 자율형 사립고는 기존의 자립형 사립고의 문제점을 고스란히 연계하고 있다. 이 자료는 2010년 개교한 서울시내 자율형 사립고 13개교(6월 전환한 하나고 포함하면 14개교) 학생들을 대상으로 학부모 직업 전수를 조사한 내용을 포함하고 있다. 자율고 입학생의 가정 배경, 자율형 사립고 재학생들의 사교육 현황 등을 통해서 자율형 사립고 입학 기회가 특정 계층에게 편포되고 있음을 드러내고 있다. 구체적으로 살펴보면 다음과 같다.

먼저 일반고 입학생인 이들 학교의 2학년과 자율고 입학생인 1학년들의 가정 배경을 조사 비교한 자료에 따르면, 고소득의 전문 경영직 종사자의 자녀가 늘고, 저소득의 판매 서비스업, 소규모 농축수산업, 비숙련 노동자의 자녀 수가 급감하고 있다. 〈표 1〉에 의하면 2, 3학년 재학생과 비교해 볼 때 1학년 학생들의 아버지의 직업 비율을 알 수 있다. 고소득직 및 중소득직은 증가하고 저소득직과 무직은 급격히 감소하고 있음을 증명하고 있다. 이를테면 고소득직의 경우 5.6% 증가하고, 저소득직 비율은 8.6% 감소하고 있다.

〈표 1〉 서울시 13개 자율형 사립고, 직종별 소득 수준에 따른 아버지 직업 비율(%)

(2010년 4월 기준)

구분	고소득직	중소득직	저소득직	무직	기타
1학년(자율형)	25.1	42.2	14.7	1.7	16.3
2학년(일반고)	19.5	40.9	23.3	3.2	13.1
3학년(일반고)	18.8	38.3	22.9	3.1	17.0

*참고: 고소득직: 전문직, 경영관리직, 중소득직: 교직, 사무직, 숙련 기술직, 저소득직: 판매 서비스업, 소규모 농축수산업, 비숙련 노동, 무직: 전업주부, 정년퇴직, 실업자.

이러한 자율형 사립고 신입생들의 가정 배경 수준을 좀 더 분명히 확인해보기 위해 서울시내 외국어고, 일반고, 실업계고의 가정 배경(아버지의 직업)을 비교해볼 필요가 있다. 〈표 2〉는 서울시내 소재 외국어고, 일반고, 실업계고 1학년 학생들의 아버지 직업 분포를 보여준다(2009년 4월 기준). 이 표를 보면 외국어고, 일반고, 실업계고 학생들의 가정 배경이 현격하게 차이가 남을 알 수 있다. 외국어고>자율형 사립고>일반계고>실업계고의 순서로 계층별 서열화가 자리를 잡고 있다.

서울시내 13개 자율형 사립고등학교 신입생 중에서 사회적 배려 대상자는 총 716명으로 전체 선발 인원의 15%이다. 이들은 대부분 '기초생활보장법'의 수급권자 혹은 차상위, 차차상위 계층의 자녀들이다. 이들 사회적 배려 대상자 전형 입학생의 학부모가 전문직, 경영관리직, 교직, 사무직 등에 종사할 확률은 매우 희박하기 때문에 대부분은 저소득직에 포함될 것으로 판단된다. 따라서 이들 사회적 배려 대상자 입학생들을 제외하게 되면 고소득직 배경을 갖는 학생들의 비율은 상대적으로 더 증가하게 되어 귀족학교 우려가 현실로 나타나고 있다는 해석도 가능하다.

〈표 2〉 서울시 외국어고, 일반고, 실업계고 1학년 아버지 직업 분포 비율(%)

(2009년 4월 기준)

구분	고소득직	중소득직	저소득직	무직	기타
외국어고	44.77	40.21	11.07	0.50	2.71
일반고	13.12	52.81	28.4	2.98	11.71
실업계고	3.68	34.06	32.33	7.79	22.13

*참고: 고소득직: 전문직, 경영관리직, 중소득직: 교직, 사무직, 숙련 기술직, 저소득직: 판매 서비스업, 소규모 농축수산업, 비숙련 노동, 무직: 전업주부, 정년퇴직, 실업자.

기존의 자립형 사립고가 모두 자율형 사립고로 전환을 하였고, 서울시의 경우 2011년 현재 26개교가 지정되어 전체 일반계고 231개교의 11.26%이다. 조만간 외국어고등학교도 상당수 자율고로 전환될 것이므로 결국 한국 고교 체제는 상위 학교인 100여 개의 자율형 사립고와 하위 학교인 일반 학교, 그리고 기피 학교인 실업계 학교로 층화가 확연하게 이루어질 것이 분명해졌다. 학교 특성화, 프로그램 다양화와는 거리가 먼 부모의 가정 배경에 따른 서열화, 그리고 대입 명문화를 지향하는 사립학교의 경쟁 위주 교육 강화로 이어질 수밖에 없다. 고스란히 자립형 사립고 운영의 문제점을 확대 재생산하는 결과를 낳고 있을 뿐이다.

그렇다면 사교육비 경감이라는 목표는 달성되고 있다고 볼 수 있는가? 어떻게 달성되었는가? 권영길 의원의 조사 자료에 따르면 그럴 가능성은 희박하다. 2010년 서울시내 13개 자율형 사립고 1, 2, 3학년 학생들의 사교육비 실태를 비교해보았다. 이 자료에 따르면, 1학년과 2학년의 사교육 참여 비율은 차이가 없으며, 사교육비 수준은 오히려 증가하고 있다. 이를테면 월평균 40만 원 이하의 사교육 지출 집단은 차이가 없는 반면에 1학년의 경우 50만 원 이상의 고액 과외 비율에서 2학년 12.0%보다 2.9%가 증가한 14.9%를 보이고 있다. 이 자료의 경우 사회적 배려 대상자를 고려하면 그 비율은 17.5%로 더욱 증가하게 되어 자율형 사립고 도입으로 사교육비가 줄 것이라는 가정은 부정될 수밖에 없다. 결국 공교육을 강화시켜 사교육을 잡겠다는 명목으로 자율형 사립고등학교를 대거 허가한 이 정부의 정책은 공교육비도 비싸지고 사교육도 활성화시킬 뿐만 아니라 학교 간 서열화도 강화하는 등 부작용을 불러일으키고 있다는 비판을 면할 수 없게 되었다.

학교 다양화 정책의 근본적인 문제점은 기존의 평준화 체제의 근본적 해체이다. 고등학교 입학 단계에서 부모의 사회경제적 배경에 따라 차별적인 유형의 고등학교로 진학하고, 그 결과 대학 진학의 결과가 차이 나도록 함으로써 교육 기회의 심각한 불평등을 야기한다는 점이다. 평준화의 해체와 함께 교육 양극화를 심화시키는 결과를 초래함으로써 교육이 사회적 불평등을 그대로 반복 재생산할 개연성을 훨씬 높여주고 있다는 점에서 교육적 퇴행이라고 평가하지 않을 수 없다.

3. 고교 체제 개편의 방향과 과제

1) 고교 평준화의 현주소

전국적으로 고교 평준화 정책이 위기를 맞고 있는 것과는 반대로 경기도와 강원도를 중심으로 한 새로운 평준화 정책 실시 대상 지역의 확대는 새로운 변화 가능성을 열어두고 있다. 두 지역의 사례를 먼저 간략히 정리해보기로 한다.

경기도 교육청에서는 김상곤 교육감이 취임하면서 평준화 정책을 추진하기 위한 준비를 시작했다. 먼저 2009년 경기도 내에 있는 기존의 평준화 지역(수원, 성남, 안양, 과천, 의왕, 군포, 고양, 부천)과 광명, 안산, 의정부 등 비평준화 지역의 학생들의 고교 입학 성적 수준별 고3 학업성취도 수준을 비교한 연구를 수행하도록 하였다(성기선, 2009). 이 연구에서는 고등학교 평준화 정책 적용 여부별로 학생들의 학업성취도 수준이 어떻게 변화하는지를 분석하였다. 그것은 2002년 도입된 평준화 실시 지역이 비평준화 지역과 비교할 때 학력 하향화의 증거가 있는지에 대한 비판적 접근이 필요하다는 판단에서이다. 그 결과 전반적으로 평준화 지역의 성취도 수준이 비평준화 지역의 성취도 수준에 비해 상대적으로 우위에 있다는 결론을 내리고 있다. 다시 말하면 새로이 도입된 평준화 지역에서 학력 하향화에 대한 어떤 증거도 찾을 수 없을 뿐만 아니라 오히려 학력이 상승되고 있다는 결론을 내리고 있다.

이어서 경기도 교육청에서는 2010년 안산, 광명, 의정부 지역의 고교 입시제도 개편을 위한 타당성 조사를 실시하도록 하였다(김기석 외, 2010). 그 결과 주민들은 평준화 정책 도입에 대해서 압도적인 찬성을 보여주었으며, 세 지역에 평준화를 도입하는 데 아무런 문제점이 없다는 점을 확인시켜주었다. 이러한 연구 결과에 기초해서 2013년부터 해당 세 지역의 고등학교 입시제도를 개편할 계획이었다. 기존의 비평준화 전형 방식에서 평준화 전형 방식으로의 개정을 예고한 바 있다.

강원도 교육청에서도 강릉의 춘천 및 원주시의 평준화 도입을 경기도와 마찬가지로 추진해왔다. 이 세 지역은 1980년 초에 고교 입시제도를 평준화 방식으로 개편하였다가 1990년대 초 다시 비평준화 제도 방식으로 전환한 바 있다. 그러면서 다양한 비교육적 문제점들이 제기되면서 10여 년 전부터 고교 입시제도 개편에 대한 요구가 계속적으로 있어왔다. 강원도 교육청은 2010년 춘천, 원주, 강릉 지역 고교 입시제도 개선에 관한 기본 계획을 수립하고, 전문 연구기관에 의뢰하여 이에 대한 연구를 실시한 바 있다. 이 연구에서 이 세 지역에서 학생과 학부모의 70% 이상, 교원의 63% 이상이 고교 입시제도 개선에 찬성하는 것으로 나타났다(성기선 외, 2010). 각 지역 공청회와 추가 여론 조사 결과에 따라 강원교육 발전기획위원회 심의와 강원도의회 보고 이후, 강원도 교육감은 고교 입시제도를 개선하기로 결정하였다.

그러나 교육과학기술부에서는 2011년 3월 18일 「교육감이 고등학교의 입학전형을 실시하는 지역에 관한 규칙」을 개정하여 고교 입시제도 개편에 관해서는 해당 시·도 조례로 규정하여 따르도록 하였다. 그 결과 경기도와 강원도의 6개 도시 지역의 2013년 평준화 도입 여부는 일단 유보되었다. 경기도와 강원도 의회에서는 변경된 규정에 따라 해당 지역 내의 고등학교 입학전형 변경에 관한 조례를 제정하기에 이르렀다.

이러한 변화는 기존의 방식과는 매우 다른 내용과 절차를 포함하고 있다. 기존에는 초중등교육법 시행령에 의거, "교육과학기술부령이 정하는 지역 안에 소재하는 고등학교의 입학전형은 당해 교육감이 실시한다."는 근거를 기초로 해당 도시가 포함된 지역의 교육감이 입시제도 개편을 최종적으로 결정하는 방식을 취했었다. 다만, 최종적인 고등학교 입학전형을 교육감이 실시하는 지역을 초중등교육법 시행령에 명시하는 권한을 교육과학기술부 장관이 갖고 있었다는 점에서 일정한 부분 교육과학기술부의 의사결정이 반영되는 방식을 취하였다.

이와 같은 교과부령의 개정은 교육에 관한 지방자치의 정신을 살린다는 취지도 있지만, 적어도 평준화 정책을 반대하는 중앙 정부와 평준화를 지지하는 진보 교육감 진영 간의 갈등이 적나라하게 표출된 사건이라고 볼 수 있다. 여하튼 이러한 일련의 과정을 통해서 초중등교육에 관한 중앙 정부와 지방 정부의 역할 갈등을 어떻게 조율해야 하는가라는 질문이 심각하게 제기되기에 이르렀다. 결과적으로는 동일한 타당성 조사를 다시 반복하는 우여곡절을 겪은 이후에 2013년 평준화 도입이 결정 나게 되었다.

2) 고교 체제 개편 방향

고등학교 평준화 정책은 여러 비판들에도 불구하고 강점이 더 많은 제도임에 틀림없다. 지금까지 시행하는 과정에서 나타난 문제점을 개선할 필요는 있지만 적어도 상당 부분 우리 사회에서 평준화는 이미 정착된 제도라고 평가할 수 있다. 최근 고교 다양화 정책이 확대되면서, 또한 서울시의 학교선택제가 확대되면서 평준화의 존폐 위기감이 나타난다고 하지만 근본적인 고등학교 입시의 근간은 아직도 평준화 체제를 유지하고 있다. 학교 다양화, 자율화의 필요성을 보완하는 다양한 제도적 변화도 필요하지만, 공교육의 근간은 평준화 방식으로 유지해야 한다. 향후 고등학교까지 무상의무교육을 확대하며, 국민 누구나 12년 공통 교육을 받아야 한다는 시대사적 흐름에 비추어볼 때 이 제도는 더욱 확대되어야 할 필요가 있다.

고교 평준화 정책은 중학교에서 고등학교 진학 시 적용하는 고교 입시제도의 특성을 지칭하는 용어이다. 그러나 이 용어가 마치 모든 학생들을 획일적으로 동일하게 교육을 시킨다는 의미를 지니며, 교육적 다양성이나 학교선택권 등을 침해한다는 등의 비판들이 제기되면서, 원래 평준화 정책이 추구하는 무시험 진학이라는 취지가 상당 부분 훼손되기에 이르렀다. 고등학교 진학률의 증가로 보편교육의 자리를 차지하게 된 고교교육의 기회를 누구에게든 공평하게 분배하고, 누구든 비슷한 수준의 양질의 교육을 받을 수 있도록 하는 정책은 선진국들에서는 보편적으로 실시하는 정책이다. 우리나라는 9년 무상의무교육을 실시하고 있지만 OECD 국가들의 평균 무상의무교육 기간은 12년이다. 따라서 우리나라도 점차적으로 고등학교 교육 단계까지 무상의무교육을 실현하기 위한 노력을 해나갈 필요가 있다. 그런 점에서 평준화 정책은 이러한 시대사적 변화의 출발점을 마련한다는 의미를 갖는 중요한 정책이다.

따라서 이명박 정부에서 추진하고 있는 '고교 다양화 300프로젝트'를 전면 수정할 필요가 있다. 고등학교 단계에서는 평준화를 근간으로 하며, 특수목적고인 과학고등학교와 외국어고등학교 정책 및 자율형 사립고등학교 정책은 점진적인 폐지를 해야 한다. 특목고의 경우 설립 취지에 부합하는 운영이 되지 않는 학교부터 우선 폐지하고, 자율형 사립고의 경우에도 학교 특성화와 다양화를 제대로 실현하지 못하거나 재정적 여건이 열악한 학교부터 우선 평가를 통해 폐지하도록 해야만 한다. 그렇지 않으면 고등학교 사이의 계층적 분화 현상이 심화되어 공교육의 이상을 훼손할 가능성이 매우 높기 때문이다.

이제는 학교 내에서 교육과정을 어떻게 질적으로 우수하게 개발하고, 개별화된 학습자의 요구에 교과목 선택을 어떻게 할 것인가에 대한 논의에 집중할 필요가 있다. 학생들의 능력별 반편성이나 학교 간 차별적 선발은 시대적으로 매우 뒤처지는 제도이다. 이질적인 학생들이 모두 모여 다양성 속에서 창의력과 자기주도성을 키워나갈 수 있는 학교를 만들기 위해서는 지금까지와 같은 입학선발제도에 대한 논쟁에서 벗어나서 교육과정 다양화를 위한 노력에 집중해야만 한다.

4. 맺음말

최근 들어 학교체제의 다양화 요구는 여러 형태로 표출되고 있다. 새로운 거주 지역 재개발 지역마다 외국어고, 과학고 등 특수목적고등학교를 대거 유치하겠는 주장과 이를 둘러싼 논쟁이 있었으며 각 지방자치단체 수준에서도 경쟁적으로 이러한 학교를 설립하겠다는 발표들을 해왔다. 또한 최근 국제학교의 설립을 둘러싼 논쟁 역시 학교 다양화의 한 영역을 점하고 있다. 아울러 '고교 다양화 300프로젝트'로부터 비롯된 자율형 사립고, 기숙형 공립고, 마이스터고, 자율형 공립고 등 고등학교 교육 수준에서 그야말로 다양한 학교가 우후죽순으로 양산되고 있다. 여기에 서울시는 학교선택제를 도입, 평준화 지역 내에서도 학교 간 차이를 더욱 강화하는 제도를 시행하고 있다. 적어도 고등학교 수준에서 교육 기회의 평등성은 찾아보기 어렵게 되었다. 고등학교 교육은 이제 교육의 과정과 결과의 측면에서는 큰 격차를 보이도록 제도화되었다.

또한 다양한 고등학교 유형과 그 비중이 증가되면서 당연히 평준화 정책은 그 근본부터 흔들리고 있다. 그중에서도 다행스러운 점은 최근 강원도 강릉, 원주, 춘천과 경기도 안산, 광명, 의정부 지역에서 민선 교육감의 노력으로 2013년 평준화 도입이 결정되었다. 물론 이러한 결정도 중앙 정부와 지역 교육청 사이의 갈등과 우역곡절을 겪은 후에 이루어졌다. 그렇지만 전국 수준에서 고교 다양화 정책이 추진되면서 고등학교 수준의 위계적 서열화는 고등학교 구조의 특성을 근본적으로 뒤바꾸고 있다.

아울러 사교육 시장은 이러한 새로운 유형의 고등학교의 등장을 계기로 더욱 활성화되고 있다. 현재와 같은 입시구조에서 고등학교 자율화, 특성화는 입시 명문 학교를 양산하게 되었다. 자율형 사립고도 여기에서 예외가 아니다. 고교 다양화는 학부모들의 불안감을 더욱 강하게 조성시키는 조건을 만들어낸다. 그 결과 사교육 의존도는 더욱 높아진다. 학교체제의 다양화는 경쟁을 통한 선발, 입시 위주 교육의 강화, 사교육비 증가, 학교의 비정상적 운영 등 악순환을 부채질하고 있다.

우리나라는 9년 중학교 단계까지 무상의무교육을 실시하고 있다. 이제는 고등학교까지 무상교육을 확대해야 할 단계이다. OECD 국가 수준에 부합하기 위해서뿐만 아니라 교육복지의 실현을 위해서도 국민 누구에게도 적어도 12년 수준의 교육을 부담 없이 받을 수 있는 기회를 제공해야 한다. 그런 측면에서 고등학교 다양화, 수익자 부담 원칙의 강화, 사립학교 자율성 확대 등은 제도적 개혁의 큰 걸림돌로 작용할 것이다. 단계적으로 고등학교 교육 무상화를 실현하기 위해서도 평준화를 확대하고 공공성을 확보하는 정책 추진이 시급한 상황이다. 아울러 고등학교 단계의 일반계고, 특성화고의 구분도 철폐하여 보통교육을 실현시킬 수 있는 통합형 교육을 실시해야만 한다. 차별 지향적 교육에서 평등 지향적 교육으로, 사부담에 의한 교육에서 공부담에 의한 교육으로 고등학교까지의 교육 패러다임을 전환시킬 필요가 있다. 이것이 진정한 교육복지 국가로 나아가기 위해서 우리가 시급하게 해결해야 하는 주요 과제임에 틀림없다.

참고문헌

● 강영혜·김정래·성기선(2000), 『자립형 사립고등학교 제도도입 방안 연구』, 한국교육개발원.
● 강창동(2011), 「고전적 자유주의 관점에서 본 신자유주의 교육관의 이념적 한계」, 『교육사회학연구』 21(1), 1~23쪽.
● 권영길(2010), 『자율고의 문은 누구를 위해 열리나-자율고 1년 실태 보고서』, 민주노동당 권영길 국회의원실.
● 김경근(2002), 「학교선택제와 교육평등」, 『교육사회학연구』 12(3), 1~23쪽.
● 김기석(1989), 「유상중등교육의 팽창」, 김신일 외, 『한국 교육의 현 단계』, 교육과학사.
● 김기석 외(2011), 『춘천, 원주, 강릉 지역 고교 입시제도 개선 타당성 조사 연구』, 서울대학교 산학협력단.
● 김주후 외(2005), 『자립형 사립고등학교 시범 운영 평가 보고서』, 한국교육개발원.
● 김행수 외(2005), 『자립형 사립고 시범 운영 평가 보고서』, 전교조 참교육연구소·민주노동당 정책위원회·민주노동당 최순영 의원실.
● 박세일·우천식·이주호 편(2002), 『자율과 책임의 학교개혁: 평준화 논의를 넘어서』, 학지사.
● 성기선(2009), 『자율형 사립고등학교 도입의 문제점』, '자율형 사립고 무엇이 문제인가?' 토론회 자료집, 민주당 최재성 의원실 외 주최.
● 성기선(2009), 「평준화지역과 비평준화지역 고등학생들의 학업성취도 격차와 변화에 대한 분석 연구: 경기도 지역 고등학교를 중심으로」, 『한국 교육』 36(4), 171~195쪽.
● 성기선·김준엽·박소영·민병철·최혜진(2010), 『강원도 강릉, 원주, 춘천 지역 고교 입시 개선방안 연구』, 가톨릭대학교 산학협력단.
● 조상호(2009), 『예고된 실패: 이명박 정부의 교육정책 1년 평가』, 재단법인 광장.
● 최준렬·김성열(1997), 『자립형 사립고등학교 운영 모델 개발에 관한 연구』, 교육부정책연구.
● 하병수(2005), 「자립형 사립고 절대불가 이유서」, 『교육비평』 18호.
● 한국개발연구원(2001), 『2011 비전과 과제: 열린 세상, 유연한 경제』, 한국개발연구원.
● Bell A., Courtney(2005), All Choices Created Equal? How Good Parents Select "Failing" Schools. Working Paper, NCSPE, Columbia University.
● Harvey, D.(2007), 최병두 옮김, 『신자유주의, 간략한 역사(A brief history of neo-liberalsim)』, 서울 아카데미.
● Liebman, James S.(1992), Voice, not choice. The Yale Law Journal, 259~314.
● Patricia Burch(2009), Hidden Markets. Routledge.
● Whitty, G. and D. Halpin(1998), Devolution & Choice in education. Open University Press.

국립대학 통합네트워크
구축을 위한 시안[17]

장 수 명

1. 시장 논리와 관료 통제에 갇힌 한국 고등교육

1) 한국 교육의 실상과 고등교육 과제

한국 교육의 자랑거리는 PISA의 높은 성취도와 형평성, 그리고 급격하게 높아진 고등교육 취학률이다. 초·중등 교육의 성취는 국가가 책임지는 초·중등 교육 재정의 안정성 및 형평성, 그리고 양질의 교사 자원에 기인한다. 그러나 이런 성취에도 불구하고 한국의 초·중등 학생들은 교육과정의 경직성과 경쟁 교육으로 고통을 겪고 있으며 높은 사교육과 장시간 학습노동에 시달린다. 이제 학교 폭력은 국가적 과제가 되었고 많은 교실에서 붕괴된 상태로 수업이 운영된다. 학생들은 학교 안팎에서 매우 불행하다고 느끼고 위기에 몰린 학생들

---

17) 이 글은 2012년 8월 6일 전국국공립대학교 교수회연합회의 국립대학 발전 방안 세미나에서 발표했던 글을 수정한 것이고 그동안 학계에서 논의되었던 국공립대학 통합네트워크안의 실행안을 만드는 관점에서 작성되었다.

은 견딜 수 없는 고통 때문에 스스로 생명을 끊음으로써 학교와 사회의 비극적 실재를, 불편한 진실을 폭로한다. 정부는 다양한 정책들을 내놓지만 만성 질병에 근본적인 해결책을 제시하지 못하고 진통제를 주입하는 것처럼 그 내용은 조급하고 즉자적이다.

왜 이런 비극적 현상이 지속되는가? 필자는 보편적 복지의 부재 가운데 양극화된 노동시장과 견고한 고등교육 서열체제의 영향 때문이라고 본다. 이 글은 후자의 과제에 초점을 맞춘다. 고등교육 서열체제가 견고하게 지탱되는 것은 좋은 고등교육 기관이 많지 않고 균형적으로 발전하지 않았기 때문이다. 좋은 대학이란 자신의 교육과정을 충실히 따라올 수 있는 잠재 역량을 가진 모든 학생에게 가능한 한 진학을 허용하고, 양질의 교육을 유지하고 제공함으로써 이들이 지식과 숙련을 익히고 창조할 뿐 아니라 인간 역량을 성숙시켜 경제생활과 시민사회에 생산적으로 참여하고 전문성을 발휘할 수 있도록 조력하는 대학이다. 부담이 적으면서도 양질의 대학교육을 제공하는 좋은 대학이 전국에 골고루, 그리고 다양하게 존재하지 않으니 사람들은 특정 대학과 전공에 집중하게 되고 대학의 질은 입학생의 성적 서열에 의존하게 된다.

한국 고등교육의 성과 중 하나는 고등교육에 대한 접근을 1995년 5·31 교육개혁 이후 비교적 짧은 시기에 최고의 수준으로 높였다는 것이다. 고졸자의 대학 진학률은 세계 최고이고 25~34세의 노동자 중에서 고등교육 이수자의 비율이 가장 높다. 또 300여 개 대학에 산재하는 교수의 연구 역량은 인구 대비로 볼 때 이미 세계 수준이고 다소 풍부해진 연구 자금을 바탕으로 높은 수준의 연구 성과를 산출하고 있다. 그러나 한국의 고등교육은 심각한 문제들—입학생의 전반적인 교육과정 이수 능력, 교수학생 비율 등의 교육 여건, 교육의 질 관리, 노동시장의 수요와의 불일치, 대학의 불균형한 발전, 미래의 인구 변동에 미치는 영향, 학문의 자유와 창의 혁신 역량의 한계 등-을 안고 있다. 초·중등 분야와 달리 국공립의 비율은 낮고 사립대학의 비중은 지나치게 높다. 학생들의 부담은 너무 높고(사부담 비율, 높은 등록금 수준, 낮은 환원율) 교육의 품질은 관리되지 않을 뿐 아니라 균질하지 않으며 석사 박사 등 새 학문 인력을 양성하는 대학원 체제는 위중한 상태이다. 한 예로 한국에서 가장 많은 학문 후속 세대를 양성한다는 서울대학교는 2005년도 미국 박사학위 수여자의 학부 순위에서 5번째이다. 그 뿌리에는 견고한 서열체제와 사립 위주의 대학 체제를 유지하는 시장주의, 경영주의, 그리고 개발 독재의 잔재인 국가 관료의 과도한 대학 개입이 있다.

2) 학문 시장주의와 대학 경영주의 접근과 문제

1995년 5·31 이전 정부는 의도적으로 시장주의와 경영주의를 강조하지 않았으나 그 이후 국가가 계획적으로 시장 원리에 따라 대학 간 경쟁을 촉진하고 대학이 경영주의를 도입하도록 하는 정책을 강요했다. 5·31 대학교육개혁의 요체는 규제 완화를 통한 시장주의(경쟁주의)와 대학 법인화 등 대학의 경영주의였고 이 원리를 강제적으로 수행하기 위해 국가는 관료를 통해 대학에 개입하고 간섭해왔다. 대학과 대학 구성원의 일부는 시장 원리를 구체적으로 실현하는 데 국가에 협력하고 조력했다. 문민정부 이후 다수의 정부 정책 연구자와 관료들은 사립대학 설립 요건 규제 완화, 정원 자율화, 등록금 자율화, 법인화 등과 같은 시장주의 정책이 대학의 효율성과 경쟁력을 높일 것으로 보고 무모할 정도로 과감하게 이를 추진했다. 노무현 정부가 들어선 이후 대학에 대한 규제 강화와 재규제를 시도했지만, 시장주의의 큰 흐름은 유지되었다. 한편 관료들은 자유시장주의를 주장하면서도 오랜 습성에 따라 대학에 대한 개입을 지속하였다. 대학의 구조 개혁과 통합 등에는 관료들의 판단과 의도와 계획이 있었고 이들은 특별교부금과 사업비를 활용하여 대학과 교수들에게 자신들의 정책에 순응할 것을 강요했다. 이것은 민주화 이후 민주주의 원리를 가장 무시한 국가 권력인 이명박 정부에서 극단적 형태로 나타났다. 교육과학기술부의 관료들이 교육 역량 강화 사업 등 재정 사업을 국립대학 총장 직선제 폐지 정책 등을 강압하는 데 활용한 것은 대표적인 사례이다.

고등교육에 대한 시장주의 정책의 결과 이미 높았던 사립학교의 고등교육 담당 비율은 늘어났고 학생들의 등록금 부담은 높아졌다. 기대와 달리 우수한 교원 및 학생 선발을 위한 대학들의 경쟁은 등록금을 오히려 높였다. 학생들이 반값 등록금 투쟁을 시작하자 정부는 학생들에게 바우처 형식의 장학금과 학비 융자라는 시장 친화적 정책으로 대응했다. 국가의 경쟁력을 위한다는 명분의 대학 설립 자율은 결혼 적령기 대학 진학률을 높여 출산율을 낮추는 데도 기여했다. 경쟁을 촉진하기 위한 양적 평가의 적용은 대학사회 특유의 민주주의와 전문성을 조금씩 붕괴시키고 있다. 정책의 집행 방식도 권위적이고 억압적이어서 충격을 받은 대학 사회는 점차 활력을 잃어가고 있다. 대학사회와 정부의 협력적 관계는 점점 파산에 이른 반면, 정부와 관료들은 경쟁 정책으로 많은 책임을 대학과 교수들에게 전가할 수 있었고 연구와 교육을 통해 혁신하는 학자들을 밥통만을 지키는 기득권자로 인식시켰다.

결국 우리는 체계적인 연구 기반 및 장기적으로 경쟁력 있는 고등교육제도를 만들지 못하고 있다. 국립대학에 강요되고 있는 수요자 중심 시장의 경쟁 원리와 경영주의가 정말 한국 고등교육의 경쟁력을 높여준다면, 한국은 이를 위한 모든 구조를 잘 갖추고 있다. 80%에 이르는 사립대학들은 모두 법인이며 학생들이 낸 학비로 운영된다. 시장 경쟁을 위한 선택과 기업식 경영 구조가 잘 갖추어진 셈이다. 그런데 시장의 경쟁 기제는 별로 작동하지 않는다. 왜 그런가? ㉠ 대학서열체제로 인해 모든 입학 성적 구간에서 대학의 독과점 체제가 형성됨으로써 높은 등록금을 부과할 수 있기 때문이다. 대학은 연구 성과가 높은 교수를 고용하기 위해서 월급을 올려야 하고, 따라서 학생 수를 늘리거나 아니면 학비를 높이는 전략을 선택한다. 그 결과 국가의 연구비는 높은 임금과 수능 성적이 높은 대학의 교수들에게 집중되고 학생들의 부담은 늘고 교육의 질은 일정한 정도 이상 담보하기 어렵게 된다. 양질의 대학교육에 접근할 기회가 계층별로 큰 차이가 난다.

ⓒ 자율성을 침해받은 학문공동체가 위축되고 양적 평가로 인해 교수들의 역량이 소진되고 있기 때문이다. 양질의 교육과 연구는 학문공동체의 구성원이 함께 교육과 연구에 집중하는 풍토(문화-내적 책무성)를 만들어내는 데 달려 있다. 학과 내외부와 전문 영역의 공동 연구와 세미나가 활성화되지 않고 개인 교수들은 연구논문 수에 집착하여 단기적인 성과에 초점을 맞춘다. 경쟁은 학문공동체를 해체시켜 신뢰와 협력의 사회 자본을 축소시켰다. 교수들 스스로의 자영업자라는 자조적인 평가는 이러한 현실을 드러내고 있다. 학문공동체 내부의 경쟁은 반드시 필요하나 협력이 근간이 되어야 한다.

ⓒ 국가가 충분한 검토 없는 정책을 대학에 강압함으로써 대학의 자율성을 심각하게 침해하고 있기 때문이다. 이것은 군사독재 및 개발독재의 오랜 역사가 대학과 국가(정부) 사이에 만든 불신의 장벽이 무너지기도 전에 새 불신의 장벽을 구축하는 것으로 대학 구성원들의 냉소주의와 개인주의를 촉발할 뿐이다. 언론을 활용한 국가와 대학의 불신과 대립은 사회 전체의 손실이다. 고등교육이 부실하고 경쟁력이 없다면, 이에 대한 책임은 대학사회와 정부가 공동으로 나누어야 함에도 일방적으로 책임을 전가하고 있다.

ⓔ 국가의 균형 발전은 양질의 대학 체제의 균형적 발전 없이는 이룰 수 없기 때문이다. 광역자치단체가 고등교육의 대부분을 책임지는 나라-독일, 미국, 캐나다 등은 지역별로 양질의 고등교육 체제를 형성하고 있다. 국가가 중심이 되는 나라는 국가 차원에서 체제별 균형 발전을 위해 노력한다. 스웨덴, 핀란드, 프랑스 등이 그 예이다.

물론 대학교육과 연구를 둘러싼 시장이 존재하고 수요와 공급의 힘은 작동한다. 그러나 그 시장의 작동 방식은 위험하고 비효율적일 가능성이 높다. 보다 근본적으로, 교육과 연구는 민주주의와 더 깊은 관련이 있다. 시장의 작동 방식을 이해하면서 목적의식을 갖는 공적 계획은 시장의 한계를 극복하는 것일 뿐 아니라 민주주의를 심화하고 확장시키는 것이어야 한다.

3) 어떤 혁신이 필요한가?

사회적 협력을 통해 공공성을 높이는 체제 차원의 고등교육 혁신이 그 답이다. 국내에서 제기되고 있는 대학 통합네트워크안은 세계 대학과 고등교육의 역사를 통해 이해할 수 있다. 유럽과 북미 대학의 고등교육 시스템은 학문과 지식의 공동체인 시민사회에서 출발했으나, 1945년 이후 본격적인 국가의 정책과 지원으로 공적 영역에 속한 공공의 고등교육 체제로 발전하였다.

그러나 1970대 중반의 세계적인 경기 침체와 재정 적자 등을 배경으로 1980년대에 휘몰아친 신자유주의 정책은 대학에 대한 정부 지원을 줄이도록 촉구하였다. 또 경영과 경쟁 원리의 시장주의가 강화되고 개인과 개별 대학의 책임이 강조되었고 사립대학들의 설립이 확산되고 있을 뿐 아니라 특히, 미국에서는 영리 대학까지 허용되었다. 이러한 개혁을 주도한 나라들은 원래 고등교육에 대한 공공 투자가 상대적으로 적었던 미국, 호주, 뉴질랜드, 캐나다 및 영국 등이다. 이러한 개혁은 대학의 품질과 경쟁력에 대한 우려를 불러일으키고 또 등록금 부담에 대한 사회적 저항을 불러왔다. 이러한 조류는 금융위기 이후 신자유주의의 퇴조와 함께 주춤하고 있으나 성과를 산출하라는 사회적 요구는 여전히 높다. 이같이 고등교육에 대한 시장 원리가 강조되었음에도 불구하고 한국과 일본을 제외한 OECD 국가들은 고등교육 분야의 국공립대학교 비율과 국가 재정 투자 비율이 우리보다 크게 높다. 대부분의 국가들이 국가 재원과 국공립 위주로 고등교육 체제를 발전시켰고 지금도 그런 기조 위에 고등교육이 운영되고 있다. 상대적으로 개인 부담이 높고 사립 비율이 높은 미국마저 주립대학들이 대학교육의 70% 이상을 담당하고 사적 부담은 30%에 못 미친다.

OECD 국가들은 대부분 대학을 체제 단위로 발전시켜왔다. 우선 이들은 일반연구 대학 체제를 발전시켰다. 미국, 캐나다, 독일 등의 주립대학 체제, 일본의 초창기 제국대학 체제, 북유럽의 국립대학 체제가 그 예이다. 이들 나라들은 역할이 다른 고등교육제도도 동시에 발전시켰다. 국가나 지방자치단체는 평생교육, 직업교육, 시민교육을 위한 고등교육 기관들을 설립하고 투자했다. 이들은 실용과학대학(applied science university)이나 폴리텍(polytechnic) 또는 미국과 캐나다처럼 지역사회대학(community college) 체제를 발전시켜 비용 부담이 없거나 낮은 비용으로 양질의 개방적 고등교육을 제공하는 체제를 수립하였다. 최근 유럽의 경우 폴리텍 등에서도 학사 석사 등의 학위를 줄 수 있도록 하여 체제별 특성화가 다소 약화되는 측면이 있지만, 대체로 이 체제는 유지되고 있다.

체제별 대학 발전은 주나 국가의 역할을 통해 지역별로 균형적으로 발전시키는 데 큰 기여를 했다. 비슷한 수준의 연구 중심 대학들이 각 주와 지역에 골고루 산재하게 만들었고, 비슷한 수준의 직업 중심 또는 시민교육과 결합하는 시민 대학을 전국적으로 만들어 가능한 한 불균형이 없도록 하였다.

또 하나의 특징은 대학들의 상호 협력이 발전해왔다는 점이다. 협력은 체제 내 대학 간에도 체제 간에도 이루어지고 있다. 비슷한 대학들의 공동 연구와 세미나, 학점 교류와 인정 등에서 이것을 알 수 있다. 미국과 캐나다의 경우 주립대학 간의 상호 협력과 주립대학과 지역사회 대학 간의 상호 협력이 가능하다. 지역사회 대학의 학점이 연구 대학의 편입학으로 연결된다는 점은 체제 간 협력이 엄격한 질 관리 속에 가능하다는 것을 보여준다.

또한 국가는 유럽과 북미의 대학들이 체제적으로 발전하는 과정에서 대학들과 대학사회와 협력적 파트너십을 유지했다. 소규모 국가에서 대학 간 협력은 매우 높은 수준으로 발전하였다. 양질의 유사한 대학들은 학생들의 선택을 높여주고 교류를 가능하게 만들었다. 특히 볼로냐 프로세스는 유럽의 대학들이 학점을 상호 인정하고 학생 교류를 활발하게 하는 수준에 이르렀다. 교육의 품질을 잘 관리함으로써 학생들의 편입학도 가능해졌다. 대학과 정부의 협력과 대학 간 협력은 대학의 규모가 작은 나라일수록 더욱 필요하다. 대학별로 학과의 교수 연구진의 규모가 작으면 임계 질량이 형성되지 않으며, 또한 학생들의 선택도 제한된다. 유럽의 작은 나라들은 사회에 존재하는 대학 간의 협력을 통해 이 문제를 해결하고자 하였고, 이는 정부 정책이 뒷받침되어 매우 활발하다. 학위는 개별 대학의 책무이지만, 공동의 연구 프로젝트와 세미나는 물론 대학원, 학부 프로그램도 공동으로 운영한다.

고등교육의 역사적 발전과정을 살펴보면, 공공성과 균형을 위한 고등교육은 사회적 협력을 통한 체제 차원의 혁신으로 성취된다고 볼 수 있다. 특히 고등교육의 체제적 기초를 놓는 것과 균형 발전을 위해서는 국가의 역할이 중요하다. 이와 같은 고등교육 체제는 불균형으로 인한 사회적 비효율을 극복하고 혁신적 경제를 창출하는 기제가 될 수 있다.

그런 의미에서 그동안 시민사회에서 제기해왔던 국공립대학 통합네트워크안은 상대적으로 싼값에 제공되는 국공립대학의 균형적 발전을 목표로 한다고 볼 수 있다. 이는 잠재 역량을 지닌 모든 사람들이 경제적 지위나 사는 지역과 관계없이 양질의 고등교육에 접근할 수 있도록 기회를 제공하는 것이기 때문에 고등교육을 통해 사회적 잠재력이 극대화될 수 있다. 그리고 개인의 발전과 지역사회의 발전 및 국가의 정치·사회·경제적 역량을 확충하는 데 도움을 준다. 또한 이는 사회적 정의와도 관련이 깊다. 이와 관련해서는 다음에서 대학 발전의 한 방안으로 기존에 논의되었던 국립대학 통합네트워크안의 기초를 살펴볼 것이다.

2. 대학 체제의 혁신과 협력 네트워크

1) 체제 차원의 대학 혁신과 균형적 고등교육 발전

시민사회 진영에서 제안한 국공립대학 네트워크안은 체제 차원의 대학 혁신과 균형을 강조하고 있다. 개별 대학 단위의 개혁이 아니라 연구거점 대학 체제나 교육중심 대학 체제가 전국적으로 균형 있게 발전해야 한다는 것을 주장한다. 반면 시장 원리의 대학 개혁은 국가 단위나 지역사회의 총체적 관점에서 고등교육 체제를 개혁하기보다는 개별 대학이 시장 압력을 받아서 대응함으로써 개별 대학들이 좋아질 것을 요구한다. 이때 대학들은 일종의 비협력적 게임을 한다. 개별 대학은 기업의 관점에서 총 수입(대체로 학생 수 곱하기 등록금)에서 총 비용(대체로 교수 수 곱하기 인건비)을 뺀 것을 극대화할 수 있다. 또는 교수의 수익을 극대화할 수도 있다. 이에 따라 개별 대학들은 예외적인 특성화 대학을 제외하면, 견고해진 대학 서열에서 높은 지위를 차지하고자 다양한 방식으로 노력하는데 이는 수입을 늘릴 수 있기 때문이다. 어떤 대학들은 실현 가능하지 않은 연구중심 대학과 국제화 대학을 지향한다. 결국 대학들은 종합대학으로 서로 닮아가고 있다. 전문대학의 학년 연장, 산업대학의 일반대학으로의 전환, 학과의 규모와 상관없이 가능한 한 설립하는 박사학위 과정 등이 그러한 현상을 드러낸다. 특성화의 경우에도 장기적인 관점을 갖기보다는 특정 시기에 시장에서 가장 인기가 높은 과를 신설하거나 조직한다. 4년제 대학이 전문대학 수준의 실용학문을 위한 학과를 개설하는 것이 그 예이다. 그러나 개별 대학 차원 경쟁의 승자는 결국 주요한 전문직 시장과 인구의 상당수를 차지하고 문화와 자본이 집중된 서울 지역 대학들이 될 수밖에 없기에 양질의 고등교육 체제를 구축할 수 없다.

비수도권에 존재하면서 시장의 압력을 넘어서 경쟁력을 갖춘 고등교육 기관은 정부의 체계적이고 지속적인 지원이 있었던 대학들뿐이다. 한국과학기술대학교와 포항공과대학이 대표적 예이다. 한국기술교육대학교, 한국해양대학교 및 한국교원대학교 또한 마찬가지이다. 그러나 이들 특성화된 대학들은 체제 차원의 관점이 있는 특성화지만, 균형과는 거리가 멀다. 한편, 학과나 전공의 경우 노동시장의 조건에 따라 의학 계열이나 초등교육 계열의 경우 비수도권에 존재하는 대학들이 경쟁력을 갖기도 한다. 이는 시장의 수요가 높고, 공급이 상대적으로 적기 때문이다. 일부 사립대학(한동대, 금강대)의 특성화 사례도 성공적이라 할 수 있다. 그러나 이들 대학은 종교에 의존한다는 점에서 한계가 있고, 재정의 지속적인 확보와 법인의 안정성이 언제까지 가능할지 장기적 전망이 불투명하다.

이에 반해 국립대학 발전은 나름의 체제 차원 접근과 지역 균형을 도모하였다고 볼 수 있다. 국립의 '거점 대학'이나 '지역중심 대학', 산업대학, 교육대학 및 공립 전문대학들은 국가의 계획적 발전 아래 나름의 지역 균형과 체제 접근을 한 흔적이 있고 균형을 위한 역할도 여전히 수행하고 있다. 그러나 이들 대학들은 시장 원리를 중심으로 한 국립대학 구조개혁, 국립과 사립의 구별 없는 자의적 평가를 기준으로 한 자금 배분, 수도권 중심의 정치·경제·문화, 이에 따른 수요자의 요구 등으로 경쟁력과 균형을 충분히 갖추지 못한 상태에서 시장의 압력에 휩쓸리고 동요하고 있다. 이것이 국립(공공)[18] 대학들을 통한 체제적 발전을 시급히 도모해야 하는 이유이다. 과거 국립대학 공대 특성화에 따라 경북대학교의 전자공학부나 부산대학교의 기계공학부, 전남대학교의 화공학부가 정부의 집중 투자를 받아, 일시적이었지만 나름의 성과를 거둔 경험이 있다. 오늘날 한국이 경쟁력을 갖추고 있는 전자, 자동차, 조선 분야에서 두각을 나타내는 요인의 하나는 정부의 이공계 특성

---

18) 공공성이 매우 높은 사립대학도 국공립대학과 같은 체제로 편입할 수 있다. 특히 양질의 사립대학이 자발적으로 준공립화하는 경우에는 더욱 그러하다. 이때 공공 대학이란 이러한 가상의 대학들을 포함하는 의미로 사용했다.

화 대학 정책 덕이 크다. 이제 우리는 모든 국립(공공) 대학 체제를 한 학문 분야가 아닌 다양한 학문 분야에서 양질의 교육과 연구를 수행하도록 국가 계획을 만들어야 한다. 연구 역량과 교육 역량을 체계적으로 확보하고 발전 시켜 국가와 사회 발전의 근간이 되도록 해야 한다.

체제적 고등교육 접근은 지역 내외의 모든 계층과 학생들에게 양질의 고등교육 기회에 대한 접근을 확대함으로써 역진성을 완화할 수 있고, 지역 발전의 기반을 마련할 수 있다. 현행 체제로 볼 때 국립의 전문대학, 국립의 산업대학, 국립의 지역중심 대학, 국립의 거점 대학이 각기 다른 체제의 양질의 교육을 모든 지역에서 제공할 수 있으면 사람들은 자신의 역량과 특성에 맞는 고등교육에 균등하게 접근할 기회를 갖게 되고 서열에 대한 관심이 줄어들 것이다. 양질의 대안이 있을 때 서열보다 실질적 대안을 선택할 가능성이 높기 때문이다. 그래야 고등교육 기관들은 자신들이 제공하는 품질을 높이는 데 집중하게 될 것이다. 또한 모든 지역에서 교수들이 각기 다른 수준의 연구와 교육을 통해 지식과 문화를 계승하고 창조적 혁신을 창출하면, 지역의 시민사회와 경제 및 정치가 발전할 수 있을 것이다. 물론 지역의 사립대학들 역시 국공립 체제의 발전과정에서 협력의 구축을 통해 공공 체제에 결합되어야 한다.

2) 국가의 역할과 국립대학(교)

사립대학은 시장의 흐름에 따른 개별 대학 차원의 접근에서 매우 강할 수 있으나, 국가 균형 발전과 체제적 고등교육 접근을 위해서는 국가 차원의 계획과 안정적 재정 지원이 필수적이고 국가가 설립하거나 지원하는 국립(공공)대학을 통해 체제 발전을 도모할 수밖에 없다. 국가가 사립대학에게 특정 지역의 임무와 역할을 부여할 수도 없으며(수도권 규제로 수많은 사립대학이 충남에 세워진 것이 이를 상징한다), 사립대학은 언제나 시장의 역동성에 민감하게 반응할 수밖에 없다. 다만 사립대학의 공공성을 높여 국공립 체제와 통합 운영을 도모할 수 있을 것이다. 따라서 국가가 계획하는 새로운 차원의 접근이 필요하다. 지역 공공 의료의 근간이 될 수 있는 국립 의과대학의 경우를 살펴보면, 국가의 체제별 균형 발전의 의미에 대해 알 수 있다.

현재 국립대학의 체제는 매우 불균형하기 때문에 체제 차원의 고등교육 혁신으로 이를 극복하는 것이 매우 필요하다. 국립대학교 체제는 다음과 같은 특성이 있다. 서울대학교의 압도적 연구 대학 역할, 연구거점 국립대학교의 상대적 위상 약화, 특성화 대학의 지역별로 불균등한 발전, 국립대학교의 연구 및 교육 역량의 낮은 경쟁력이 그것이다. 이 체제는 시장경제가 발달하고 민주주의가 성숙한 나라들의 대학들과 비교할 때 낮은 경쟁력과 계층적 역진성을 노정한다. 이러한 문제를 해결하려면, 국가가 체제 차원의 장기적 계획과 안정적 재원을 확보해야 한다. 국립대학교의 등록금 의존도를 더 낮추는 것은 국립대학교가 입학 자격은 보다 개방하되 교육의 질 관리를 엄격하게 할 수 있도록 하는 장치가 될 수 있다. 대학의 연구와 품질 관리를 위해서는 안정적 재원의 확보가 경영주의 도입보다 우선되어야 하는 이유다.

이명박 정부에서 이루어진 국립대학 구조 조정안과 연합대학 법인화 지원은 국가와 국립대학 전체적 관점 없이 유사·중복 학과 통폐합, 대학 간 기능 조정을 개별 대학에 맡김으로써 대학 체제 차원의 혁신을 개별 대학의 선택에 맡기는 모순을 가져왔다. 또한 연합 체제의 발전은 상호 신뢰와 공유된 경험을 바탕으로 해야 가능한데, 대학사회가 수용하지 않는 법인화와 연계함으로써 반발을 불러일으켰다.

3) 국립대학 네트워크의 중요성

최근 시민사회 진영에서 제안된 국립대학을 중심으로 한 네트워크의 중요성은 다음 몇 가지로 요약할 수 있다. 첫째, 대학의 학문 분야별 역량을 지역 차원과 전국적 차원에서 공식적 채널로 연합함으로써 연구와 교육 역량의 규모의 경제와 범위의 경제를 도모할 수 있다. 연구 역량이 여러 대학으로 산재된 소규모 국가일수록 네트워크의 활용이 잘 이루어진다. 미국과 같이 막대한 재원으로 하나의 대학에 연구 역량과 교수 역량을 집중할 수 있는 경우에는 전국적 네트워크의 필요성이 다소 줄어들 수 있다. 그럼에도 미국에서도 여전히 네트워크를 광범위하게 활용하는데 연구와 교육이 개별 대학만으로 성취될 수는 없기 때문이다. 우리의 경우 네트워크를 통해 낮은 연구 및 교육 역량을 모으고 연계하고 공동으로 품질을 관리할 필요성이 더 높다.

둘째, 국립대학 네트워크는 소규모 연구 자금을 극복할 수 있는 방안의 하나이다. 연구 역량과 교육 역량을 연계함으로써 연구와 교육의 효율성을 극대화할 수 방법이다. 우리는 미국 대학들의 막대한 교육 및 연구 자금에 놀라곤 하는데, 다른 나라들이 쉽게 넘볼 수 없는 수준이다. 소규모 나라에서 흔히 활용하는 네트워크 방식은 우리에게도 매우 유효한 수단이 될 수 있다.

또 네트워크는 학문적 분화와 융합에 대응하면서 한 국가의 고등교육이 모든 학문 분야에서 경쟁력을 갖기 위해 유효한 수단이다. 예를 들어 서울대학교 등 소수의 대학이 어떤 학문(물리학)의 모든 세부 분야에서 강자일 수는 없다. 그러나 동일 학문 분야의 특정 세부 전공에서는 다른 대학이 강자가 될 수 있다. 각 대학이 역할을 분담함으로써 국가 차원에서는 학문의 세부 분야까지 강력한 연구 시스템을 갖출 수 있다. 따라서 개별 대학이 아닌 고등교육 체제 전반이 모든 학문 분야에서 경쟁력을 갖게 될 것이다.

셋째, 대학의 학점이 국제적으로나 한 국가 안에서 상호 인정하고 유통되는 시대이다. 핀란드의 수학 학점이 영국의 수학 학점과 교류되고 인정되는 시대이다. 유럽 대학들은 볼로냐 프로세스 이후 이 제도를 강화하고 있다. 하물며 한 국가 안에서 대학들 사이의 학점 인정을 통한 학생 교류는 일반화되어 있다. 미국의 지역사회 대학 학점이 연구 대학의 학점으로 인정되고 학생의 편입학이 일정한 조건하에서 가능하다. 네트워크를 통한 공동의 질 관리와 교류가 필요한 이유이다. 서열이 엄격한 한국에서는 편입 시험이라는 관문을 통과해야 하며 이 과정에서 또 다른 사교육을 유발하고 있다. 학생들이 어느 대학에서라도 교육에 충실하면 새로운 삶의 기회에 재도전할 기회가 주어져야 한다. 네트워크를 통해 입학 및 편입의 자격, 교육의 질을 관리하고 졸업 자격을 관리함으로써 학점과 졸업 자격이 유통될 수 있어야 한다. 학생들이 현재의 편입학 제도를 넘어서는 교류 시스템을 통해 제2, 제3의 기회를 가지는 체제를 창출해야 한다.

넷째, 국립대학 네트워크안은 전국적 차원과 지역적 차원의 공식적·비공식적 학문공동체가 활성화될 수 있다. 한국의 학계(학회)는 전국 단위의 학술대회를 조직하고 또 학술 모임을 전국적 단위나 지도교수별 동문 단위로 갖는다. 하지만 학과 단위의 세미나나 지역 단위의 공식적 세미나는 활발히 이루어지지 않는다. 서울을 제외한 한 지역의 특정 세부 전공 연구자 수가 매우 적어서(또는 적음에도 불구하고), 학술 세미나나 발표가 연계되어 이루어지지 않는다. 네트워크를 공식화·체계화하고 지원함으로써 공동 교육과 공동 연구가 활성화되고 교수들과 연구자들이 더욱 자주 만나는 학문적 공간을 열게 될 것이며, 지역 차원의 새로운 학문 분위기가 조성될 것이다. 이 학문공동체는 지역과 밀접하게 연계되는 학문적 시민사회 공간을 만들 것이다.

3. 체제 차원 혁신과 네트워크를 통한 대학 발전 방안

1) 역할 분담과 네트워크

현재 존재하는 국립대학들은 '지역거점 대학'으로 불리는 대학군과 지역 중심 대학들로 불리는 대학군, 교육대학군, 정부의 각기 다른 부처가 필요한 고급 전문 인력을 양성한다는 명분을 가진 특성화 대학군, 그리고 개방형 대학 체제로 출범한 산업대학군으로 나눌 수 있다. 그러나 이러한 대학들은 체제별 발전이 지속되지 않았기 때문에 유사한 일반 종합대학으로 변화하는 과정을 겪었다. 사범대학들은 종합대학이 되었고 국립전문대학은 대학들로 통합되었으며, 산업대학들은 일반대학으로 전환했거나 전환 중이다.

실상 '거점 국립대학'과 '지역중심 대학'이라는 명칭은 대학별 역할과 임무를 특정할 수 없는 애매한 명칭이다. 따라서 국립대학군을 연구거점 대학, 교육 및 직업교육에 방점을 두는 전문 직업 및 특성화 대학(교육중심 대학, 특성화 대학, 산업대학) 군으로 나누는 것이 바람직할 수 있다. 대학의 균등한 발전을 추구해온 유럽에서도 학부 교육을 하면서 석·박사 과정과 연구에 집중하는 일반대학 그룹과, 연구도 수행하지만 직업과 교육에 집중하는 폴리테크닉 등 응용과학 대학으로 불리는 그룹으로 나뉜다. 취학률이 높은 미국 캘리포니아에서는 연구거점인 캘리포니아 대학들, 교육과 직업 중심의 캘리포니아 주립대학들, 개방적 지역사회 대학들이 각기 다른 그룹을 형성하고 있다. 네트워크안도 연구와 대학원에 방점을 두는 10여 개의 연구거점 대학들과, 직업교육과 학부에 방점을 두는 교육중심 대학들을 구분하는 역할 분담을 해야 하며 기능과 특성에 따라 연구와 교육의 무게를 다르게 해야 할 것이다. 이 같은 그룹별 특성화가 이루어지면 개인들은 자신에게 맞는 값싸고 양질의 대학교육에 접근할 기회를 갖게 될 것이다.

연구 및 교육거점 대학, 교육중점 대학, 과학기술 특성화 대학, 교육 및 사범대학군, 특성화 개별 대학(한국예술종합학교나 한국체육대학교나 한국기술교육대학교)은 체제 특성을 고려한 개별 대학 차원의 평가와 개혁 접근이 필요하다. 현재 교과부에서 실시하고 있는 양적 평가는 대학 체제의 발전과 대학의 특성을 무시한 기계적 평가이고 이들 개별 대학의 체제 차원의 개혁 방향에 도움이 되지 않으므로 폐지하거나 수정해야 한다.

2) 그룹별 네트워크와 협력과 경쟁

그런데 2010년 3월 정부가 제시한 「국립대학 구조개혁 추진계획」은 국립대학 통합 방안으로 2개 이상의 국립대학이 단일 대학으로 통합하는 절차를 제시하고 있다. 학생 수 감축, 유사·중복 영역의 통폐합, 공동 의사결정 기구, 단일 법인화를 전제로 하는 대학 연합을 제시하고 있다. 체제적 발전과 상관없고 그 대학의 역할과 임무도 개별 대학에 일임함으로써 체제 발전이나 균형 발전의 관점에서 보면 무책임한 수준이다. 유사·중복의 통폐합에 초점이 있을 뿐 현재의 역량을 대폭적으로 강화하겠다는 의도는 보이지 않는다. 국립대학의 학생 비율이 적음에도 국립대학의 확대보다 축소에 초점을 두고 있다. 국가의 책임을 확대해야 할 시점에 책임을 방기하는 정책은 국민들의 반발에 직면할 수밖에 없다. 대학의 연구 역량을 강화할 시점에 구조 조정과 결합하고 있을 뿐 아니라 역량 강화의 세부적 개혁은 임의적이다. 개혁을 단기간에 그것도 정책 방향이 정해진 통제적 방식으로 진행하겠다고 함으로써 성공할 수 없었던 것이다.

본 연구에서는 연구거점 대학 간 협력 네트워크 모형을 다음과 같이 제시한다. 10개 거점 국립대학이 연구거점으로서 각 광역 지역에서 연구 대학의 역할을 한다. 서울대학교를 포함한 연구 대학들은 국가 차원이나 지역 차원에서 필요한 대부분의 학문 분야를 섭렵한다. 이것은 특성화 차원보다는 체제 차원에서의 본 역할과 임무의 유사성과 공통성이다. 경제학과를 예를 들면 모든 연구 대학들이 경제학과라면 반드시 갖추어야 할 전 영역에서 교수들을 갖추고 학부와 대학원을 개설한다.

그러나 연구 대학들은 대학원 발전과 학문적 발전을 위해 연합적 협의 기구를 두어 세부의 개별 전공은 대학별로 강화하여 특성화한다. 경제학을 대상으로 구체적으로 생각해보면, 모든 연구 대학은 경제학의 모든 영역의 교수를 충원하여 경제학 기본의 공통 발전과 학부 교육의 발전을 도모할 뿐 아니라 지역의 경제적 분석 수요를 충족한다. 동시에 개별 대학들은 세부 전공 영역-노동, 금융, 경제사, 거시 및 미시 이론, 정치경제, 계량경제, 응용경제 등에서 소수의 연관 특정 분야를 선택하여 교수 역량과 석·박사 과정을 중점 강화한다. 경제학 지식의 발전이 폭발적인 현 시대에 모든 세부 전공 영역에서 한 대학의 경제학과가 절대 강자가 될 수 없지만, 개별 대학들은 세부 전공에서 강자가 될 수 있다. 어떤 대학은 금융과 재정 분야를 특화할 수 있고, 어떤 대학은 노동경제학과 실증경제학 및 계량 경제학을 강화할 수 있으며, 어떤 대학은 정치경제학에 집중할 수 있다. 개별 대학 차원의 교수 역량, 박사급 연구 역량을 세부 전공에서 강화하면 가능하다. 이 경우 어떤 개별 대학도 경제학 전 영역의 강자가 될 수 없지만, 개별 대학들이 세부 전공에서 강자가 되어 연구 대학 체제가 경제학의 모든 영역에서 세계적인 수준의 강자가 될 수 있다. 세부 전공은 상호 보완적이기 때문에 네트워크를 통해 협력의 시너지 효과를 본다. 따라서 국가 차원에서는 '국립대학 한국경제학발전위원회'를 두어 역할을 조정한다. 이와 같이 정치학, 생물학, 기계공학, 물리학, 사회학 등의 모든 학문 영역이 가능하다. 대학들은 유사해 보이지만 내용적으로 전혀 다른 강점을 가진 학문 특성화가 가능하다. 이런 이유 때문에 두 가지가 필요하다.

㉠ 유사·중복 학과의 통폐합보다 그것들의 광역 권역에서의 필요성을 우선 검토해야 한다.

㉡ 전국 단위 학문 분야의 세부 전공별 특성화와 협력 및 네트워크를 조직할 협의체 구조가 필요하다.

㉢ 대학의 구조 조정보다 교수 역량을 세부 전공에서 강화하는 방안이 우선이다.

	내용	목적	기타
공통	• 권역에 필요한 모든 학문 영역의 학과 존치 및 설립	• 학부 교육 기초 • 학문 기초 • 학문 간 융복합의 기초	• 권역별 사회적 요구에 따른 전문가 훈련
특성화	• 각 학문 영역에서 세부 전공 영역 선택 및 집중 강화	• 교수 역량 집중화로 연구 임계 질량 확보 • 대학원의 질적 향상	• 서열 체제의 의미 상실
네트워크 및 협력	• 학문 협의체 구성 및 역할 분담 • 세부 전공 강화를 위한 교수 교환제	• 학부 및 대학원생 교류 • 학점 교류 • 상호 보완	• 연구 자금 경쟁 • 교수 유치 경쟁 • 학생 모집 경쟁 • 체제로 세계적 경쟁력 확보

교육 및 직업훈련 중심 대학도 마찬가지이다. 각 지역의 교육 및 훈련 분야에서 공통으로 가져야 할 기본적인 것과 특성화할 세부 영역이 다를 수 있으므로 이를 나눌 필요가 있다. 이에 대한 세부적인 사항은 그룹별 네트워크를 통해 해결할 수 있다.

사립대학의 압도적 비중 때문에 공공 재정 투입을 전제로 사립대학의 준공립화가 필요하고, 사립대학이 원한다면 평가를 통해 공공성을 확인한 후 국공립대학교 공공 대학 체제에 통합할 필요가 있다. '국립(공공) 대학 체제'로 표현할 경우 준공립화되거나 공공성이 높은 대학들을 포함한 것을 의미한다. 그러나 이 경우에도 국립대학의 대학 체제 개혁이 기본이 되어야 한다.

3) 권역별 네트워크와 협력

㉠ 권역 내에는 다양한 대학들이 존재한다. 연구거점 대학과 특성화 대학들이 권역 내에서 학문 분야별로 협력 네트워크를 구성함으로써 대학원 교육과 연구 역량의 네트워킹을 통해 지역의 연구 역량을 최대한 활성화한다.

㉡ 학부 교육 차원에서는 공동 기초 및 교양교육, 학점 교류, 강의 교환,

학생의 입학 후 전출입을 상호 인정하고 공동으로 관리한다. 이를 위해 교육의 품질을 공동으로 관리할 필요가 있다.

ⓒ 사립대학들과도 학문적 교류를 체계적으로 진행하여 권역의 교육연구 역량을 강화한다.

4) 공동 입학과 공동 학위

대학 진학률이 상대적으로 낮고 대학 졸업 자격이 엄격한 유럽의 경우 입학자격 고사를 중심으로 사실상 공동 입학을 하고 있다. 이를 바탕으로 한국에서 논의되고 있는 국립대 통합네트워크안은 공동 입학을 넘어 공동 학위도 수여하자는 제도가 특징이다. 서울대를 포함한 모든 네트워크 대학이 함께 선발하고 재배치하고 동일한 졸업장을 주자는 것이다.

공동 입학의 경우를 살펴보면 다음과 같다. 현재의 대학별 학생 선발은 학생 자원 위주의 경쟁을 유도하여 서열화 체제, 사교육 강화, 초·중등 교육의 입시 위주 교육을 유발하기 때문에 자격 고사를 통한 공동 선발제는 적극적으로 고려해볼 필요가 있다. 그런데 수능시험을 자격 고사 방식으로 운영한다면, 자격 기준은 미국 캘리포니아 체제의 경우처럼 대학 그룹별로 다르게 적용해야 할 것이다. 교육과정을 이수할 수 있는 잠재적 학습 역량이 있는 사람들을 모두 수용하는 것은 타당한 근거와 사례도 있다. 다만, 자격 기준을 전제로 학생들을 임의로 지명해서 배치하는 것은 무리다. 특히 초기 단계에서는 대학별 교육 및 연구 여건의 차이가 크기 때문에 공동 입학에 대한 저항이 대학뿐 아니라 학생들로부터도 나올 수 있다. 이 경우 단계별 접근을 하되 미국처럼 대학별로 학생들의 선택과 대학의 자율로 일정한 규칙을 갖고 허용하면 된다. 대학 서열이 충분히 완화되면 공동 입학을 강화하되 개별 대학의 특성을 충분히 존중하는 입학 시스템을 갖출 수 있을 것이다.

공동 학위는 더욱 큰 쟁점이 될 수 있다. 이것은 대학 서열을 완화하는 장점이 있지만 반론에는 매우 취약하다. 진학률이 낮은 나라들의 시스템을 진학률이 유난히 높은 우리나라에 적용했기 때문이다. 네트워크안의 대학들이 공동으로 입학생(전학생) 자격을 관리하고 공동으로 교육과 학위의 자격과 질을 관리하는 수준으로 공동 학위 제도를 운영하는 것이 바람직할 것이다. 대학의 여건과 대학(캠퍼스)에 대한 선호가 유사해야 이를 전면 시도할 수 있지만 대학 서열이 그렇지 않은 조건에서는 곧바로 적용하기가 어렵다. 현 단계에서는 입학생의 수학 능력 수준이 비슷하고 교육 시스템이 유사한 교육대학, 의과대학 및 법학전문대학원 정도에서 시범적으로 실시해볼 만하다. 이 경우에도 교육 품질의 공동 관리에 초점을 맞추는 원칙은 유지되어야 한다. 대학의 품질이 유사해져 가면, 학생들은 입학 후에도 다른 대학으로 전학이 가능할 수 있도록 해야 한다.

공동 입학 자격과 졸업 자격은 특히 초·중등 교육에 대한 영향력이 매우 높은 대학 입학 성적 서열체제의 해체를 위한 것이다. 또한 앞서 언급한 바와 같이 학생들에게 대학에서의 제2, 제3의 기회를 제공하는 것이다. 졸업 자격을 공동으로 관리하는 체제를 마련함으로써 입구 경쟁에서 출구 경쟁으로 전환하기 위한 것이다.

5) 거버넌스와 학문공동체의 협력과 경쟁

(1) 체제 차원의 거버넌스

국립(공공)대학위원회의 설치가 필요하다. 이는 국립(공동)대학 체제를 통한 고등교육 발전을 위한 전문성, 독립성, 일관성 및 장기적 계획성을 갖는 대학 중심의 사회적 협치 기구이다. 일본은 법인화 과정에서 정부의 계획성을 상실하면서 개별 대학에 모든 것을 일임함으로써 일본 국립대학의 체제 차원의 발전은 앞으로 상당한 어려움을 겪을 것으로 보인다. 우리나라는 이와 같은 정책의 우를 범하지 말아야 한다. 그런데 관료적 기구가 대학을 통제하는 것은 위험하기 때문에 체제 차원의 발전을 위해서는 공동의 협치 구조가 필요하다.

한국의 고등교육 체제 운행 시스템은 현실의 대학 체제를 반영하여 국립, 공립, 독립사립 등 3개 체제로 구분하여 설치할 필요성이 존재한다. 각 분야에서 종합대학교, 특성화 대학(원), 국립과 공립은 하나의 운행 시스템 하에 두되 공립의 경우 지방자치단체의 독자적 운영 방식을 부분적으로 인정한다. 지배 구조와 대학 운영 체제 혁신을 통해 공공 대학 체제로 들어오고자 하는 사립대학들은 체제 내로 수용해야 할 것이다. 독립 사립대학의 경우 대학 자체의 자율적인 내부 운영 시스템을 인정하되 투명성, 공공성, 합법성 및 교육의 품질을 유지할 수 있도록 사립대학교법을 따로 만들어 보장한다. 각 영역에서 고등교육 체제를 교육의 수준과 내용을 중심으로 대학, 산업대학, 전문대학(또는 개방적 시민사회대학) 체제로 운영하되 개별 대학의 역할은 다음에서 설명할 국가 차원의 기구를 통해 조정한다.

국가 주도의 공공 대학 위주 양질의 고등교육 체제를 확립하기 위해서는 상설적인 국립(공공) 대학 운행 기구로서 교육 관련 중앙 부처와 독립되어 독립성, 전문성과 장기적 일관성을 갖는 대학사회, 시민사회, 정부, 전문가의 대표들로 구성된 사회적 합의 기구로서 국립(공공)대학위원회[19]를 구성한다. 이 기구의 역할은 다음과 같다.

㉠ 한국의 고등교육 발전의 총체적 발전을 전제로 국립(공공) 대학 발전의

---

19) 이 국립대학위원회는 1993년부터 논의되었던 국가대학행정기구로서의 '대학위원회'와 성격이 유사한 점이 있으나 국립대학교의 체제 전반의 거버넌스 구조라는 점에서 확연하게 다르다. 국민의 정부의 새교육공동체에서 2000년 7월 11일 교육정책보고서는 '대학위원회는 대학 행정의 일관성·전문성·독립성을 확보하고 대학의 자율성을 확보하기 위한 행정기구'로 제시하고 있다. 이 안은 국립대학교와 사립대학교를 동등하게 취급하고 있고 또 국립대학 전체 시스템에 대한 거버넌스 구조로서 이를 제안하지 않고 있다. 또한 사립대학교의 자율성으로 인하여 정부의 재정 지원을 거부하는 한 정부의 계획이 직접적인 정책 영향을 미치기에는 한계가 있다.

전반적인 장기 발전 계획을 수립하고 이를 정기적으로 개정한다. 개별 대학, 분과 및 권역 위원회와의 쌍방 간의 조정을 통하여 부문별 또는 대학 체제 간의 역할과 임무를 규정하고 자신의 장기 발전 계획을 수정하고 조정한다.

ⓒ 국회와 정부 부처의 조정으로 장기 발전 계획을 수행할 장기 재정 계획을 통해 안정적으로 재정을 확보한다.

ⓒ 국립(공공) 대학의 지역적 배분과 재정 배분 기준과 평가 기준 등의 프로그램을 개발하고 계획의 집행을 평가한다. 국립대학의 신설과 확대 그리고 사립대학의 구조 전환을 통해 전국 국립대학의 학부와 대학원 발전의 균형, 계열별 조정 등의 역할을 수행한다.

ⓐ 특성화 위원회와 권역별 위원회를 두어 대학의 역할과 임무에 따라 부문별 발전을 촉진한다. 네트워킹을 통해 교육연구 역량의 규모의 경제(임계 질량 과소 과대 규모) 등을 조정한다. 예를 들어 연구 대학 대학위원회, 교육중심 대학위원회, 특성화 대학위원회 등을 권역 차원에서 통합하는 권역별 위원회를 둔다. 모든 국립대학과 공립대학 및 정부 지원을 받는 준공립대학을 포함한다. 지역 단위의 국립대학들의 발전 계획과 구조 개혁을 지원하고 개별 대학의 발전과 전체 지역 국립대학들의 발전과 공립 사립대학과의 협력을 도모한다. 점차 학문 영역별 전문 협의체를 구성하여 실제적인 내용 부문은 대학과 교수들의 자치 차원에서 이루어지도록 한다.

ⓜ 국립(공공)대학위원회는 중간 기구로서 중앙 정부와 대학 간의 버퍼 역할을 수행하며 대학의 요구를 국가에 전달함과 동시에 국가 전반의 계획이 실현될 수 있도록 만든다.

국립(공공)대학위원회는 중앙 부처의 산발적인 대학 개혁 계획과 지원 노력을 국가와 사회가 함께 체계적이고 종합적으로 관리할 체제를 수립함으로써 국립대학이 국가의 균형 발전과 시민의 민주주의 역량, 사회 통합 역량 및 경제적 경쟁력에 더 효과적인 기여를 할 수 있을 것이다. 그런데 현재까지 관료 조직 중심의 대학 개혁은 계획의 산발성과 함께 대학, 시민사회, 국가가 함께 논의할 공론의 장도 마련하지 못한 채 갈등을 불러왔고 정부 일방의 정책 집행만이 있어왔다.

국립(공공)대학위원회는 정책연구를 수행하는 전문 연구소와 행정업무를 담당하는 사무국을 둔다.

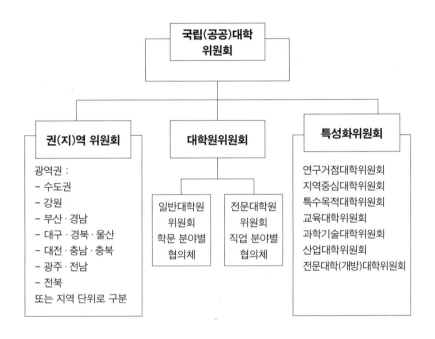

국립(공공) 대학 체제의 거버넌스 구조

(2) 개별 국립대학의 거버넌스

㉠ 대학평의회를 심의하고 의결하는 기구로 한다. 현재의 대학 교수회의와 대학평의회가 의결 기구로 규정된 사례는 거의 없고 서울대학교가 유일

하다. 이 경우에도 분명하지 못하다. 교육대학군은 교수회의가 의결 기구이나 총장이 곧 의장 역할을 하기에 취약하다. 또 교무회의나 다른 어떤 회의도 의결 기구가 될 수 없다. 따라서 총장이 의사 결정자가 되는데 의결 기구가 없는 총장 단독의 의사결정 구조는 매우 취약하다. 따라서 재정 배분의 권한을 갖고 있는 교과부의 하부 조직으로 운영되기 쉽다. 대학별 법인화가 의사결정 구조의 하나로 작동하는 경우에도 평의회나 학내의 운영위원회가 학사와 연구에 관한 내부 의사결정을 하는 구조를 허용해야 한다. 의결 기구화는 쟁점이 될 수 있으나 검토 과정을 거친 후 조정이 가능할 수 있다.

ⓒ 법인화한 대학이나 이 구조를 선택한 대학들은 이사회와 더불어 이중 구조를 갖도록 한다. 캐나다가 대표적이고 대부분의 나라에서 이와 유사한 양분 구조를 갖고 있다.

ⓒ 대학 거버넌스 구조의 다양화를 시험하고 평가하는 것이 바람직하다. 대학별 거버넌스는 법률체제, 전통, 대학사회의 합의 등을 존중하여 이사회 구조를 갖는 대학들은 선택을 허용하고 평가를 통해 조정하도록 한다.

6) 지역의 시민사회 및 시장사회와의 연계

거의 모든 학문을 포괄하는 종합적 성격의 국립대학들은 지역사회에서 매우 중요한 역할을 수행해왔다. 지역 기업의 전문직과 화이트칼라, 공학자, 의사, 공직자, 예술문화 전문가 등의 인적 자원을 배출하였고 지역사회의 지적 문화적 공간과 기반이 되고 경제적 발전을 추진하는 동력이었다. 시민사회의 한 축을 담당하였고 정치 영역에서도 민주주의의 발전에 기여해왔다. 이것이 구조 조정 대상이나 학과 통폐합 대상이 쉽게 될 수 없는 이유이다. 지역 대학이 그룹별로 세계적 수준의 양질의 교육과 연구를 수행하는 대학이 되는 것은 각 지역을 세계적인 도시와 지역을 만드는 데 필수적이다.

대학들을 개별 대학 차원으로만 보지 말고 지역적 차원에서 그리고 국가의 균형 발전과 세계-지역의 기초로 삼을 수 있도록 만들어야 한다. 대학이 세계적 수준의 경쟁력을 갖추어도 지역 차원의 의미를 갖지 못하면 사회에 뿌리를 내리지 못하고 구체적인 의미를 상실한다. 이는 엘리트 중심의 국가 단위만을 사고하는 중앙 관료나 진보적 개혁가들이 잊지 말아야 할 중요한 사실이다.

4. 고등교육의 발전 방안을 위한 실천 전략

협력의 네트워크를 통한 고등교육의 체제 혁신은 서열체제 완화, 경쟁력 강화, 그리고 국가 균형과 민주주의의 발전을 위한 것이다. 시장 원리의 개별 대학 접근 방식과 다르게 몇 가지 요소를 고려해야 한다. 첫째, 개혁과정은 장시간을 요구한다. 인구 600만 수준의 핀란드가 폴리텍 체제를 시험단계를 거쳐 완성하는 데 10년의 기간이 걸렸다(1991~2000)는 사실을 참조할 필요가 있다. 한 기간의 정권 차원 개혁으로는 불가능하다. 둘째, 민주적 접근 방식이 필요하다. 불신이 만연한 가운데 도입된 정책이나 제도는 구성원의 냉소로 실질적인 효과는 내지 못하여 대학 발전에 장애가 될 수 있다. 대학사회와 교수들이 공익도 추구하는 집단임을 염두에 두고 협력 장치를 만들어야 한다. 셋째, 사회적으로 책임지는 방식이 필요하다. 개혁의 성과와 한계를 시민들이 적극적으로 수용하여 지속적인 대학 개혁과 발전을 지지하도록 만들어야 한다.

국가와 대학사회의 협력과 파트너십/상호 견제

정부는 지금까지 대학 개혁에 관한 모든 정부 정책이 무오류였다고 믿고 싶을 것이다. 정부 스스로 정책이 실패했다고 인정한 경우는 거의 없다. 이런 상황과 조건에서 국립대학들은 모든 국립대학 문제에 대해 책임을 져야 했고, 교수들은 개인적으로 사립대학으로 떠나거나 개인의 실적주의에 몰입했다. 개혁을 성공하려면, 정부와 대학사회의 상호 신뢰와 존중의 사회적 파트너 관계가 필요하다. 이 협력 관계가 투명하게 공개되고 또 파트너가 함께 공공성을 위해 노력한다면, 대학의 실질적 변화를 추진하는 개혁의 추진체가 된다. 상호 신뢰를 쌓기 위해서는 장기적 계획, 점진적 실행과 반추, 네트워킹을 통한 신뢰의 경험이 필요하다. 대학과 시민사회, 정부가 신뢰를 쌓아가고 동시에 상호 견제도 하면서 개혁을 추진할 때 개혁은 성공한다.

대학의 질 관리를 위한 시스템

개혁이 사회적 신뢰를 받는 한 방법이란 평가를 받고 품질을 통해 국민의 신뢰를 받는 것이다. 국가 단위의 전문적인 평가(질 관리) 시스템을 구축하기 위하여 고등교육(평가)원을 설치할 필요가 있다.[20] 대학 개혁이 성공하려면, 재정 투자의 결과를 평가하고 그 성과와 한계를 투명하게 공개함으로써 사회적 지지를 받아야 한다. 개혁의 성과와 과정을 지속적이고 체계적으로 검증하고 오류를 수정하고 지원 방법을 개발할 전문적 평가(질 관리) 기구가 필요하다. 이 평가 기구를 통해 대학과 정부가 책임감을 갖고 개혁하고 개혁 과정의 문제 해결을 위한 사회적 지원을 받아야 할 것이다. 이 평가 기구에 상당한 독립성을 부여하고 평가와 품질 관리를 정책 계획과 집행으로부터 분리할 필요가 있다. 국공립 대학(원)뿐만 아니라 사립대학에 대한 체계적이고 누적적인 평가-질적 평가와 양적 평가를 통한 중기(3~5년) 단위의 평가를 개혁을 점검한다. 동시에 대학의 학과, 프로그램 등의 충실성 등을 검

---

20) 대학의 평가 기구 설치에 대한 정책 제안이 국민의 정부와 참여 정부에서도 이루어졌으나 현 정부는 교과부 자체의 양적 평가와 대학교육협의회를 활용하고자 하였다.

증하고, 학과 및 프로그램 단위에 대한 권고 사항을 위한 객관적 기준을 마련한다. 학생들에 대한 교육 지원과 교수들에 대한 연구 지원과 학사 지원의 자료로 활용하며, 동시에 국가 차원의 고등교육 체제의 수준, 지역 단위, 학문 분야별 평가와 질 관리를 시도한다. 전문가가 중심이 되고 대학 내외의 시민사회도 평가에 동참하도록 한다.

대학 품질 관리는 대학 고유의 책임이나 이 기구를 통해 품질 관리의 수준을 높일 수 있다. 이 평가 기구가 대학 차원의 독자적 질 관리를 방해하는 방식으로 운영되어서는 안 된다. 따라서 평가기관과 대학 상호 간의 대화와 상호 이해를 바탕으로 현실에 존재하는 대학 문제를 공동으로 풀어가야 할 것이다.

개혁 과정에서 대학과 지역사회의 결합도 필요하다. 국립대학이 지역 사회에 해온 역할을 충분히 검토하고 그 역할을 확대해야 할 것이다. 균형적인 국립대학 체제 발전은 지역사회의 지지와 협력을 통해 가능하다. 시민사회가 권역별 위원회에 참여하는 것도 한 방법이 될 수 있다.

5. 결언

대학교육과 연구에는 분명히 시장이 존재한다. 그러나 국가와 대학 그리고 시민사회가 공동 계획과 협력을 통해 시장 작동 기제를 면밀히 살피고 대응함으로써 그 문제점과 한계를 극복할 수 있다. 지금은 국가와 대학사회가 파트너가 되어 주도적으로 계획하고 국립(공공) 대학 위주의 균형적인 고등교육 체제를 만들 시점이다. 이러한 체제는 국립대학교와 사립대학교의 협력적 상생의 발전을 전제하지만, 우선적으로 양질의 국공립 체제를 기반으로 삼아야 할 것이다. 이 과정에서 사회적 합의가 가능하다면, 또한 일부 사립대학의 자발적 준공립화(인천대학교)나 정부책임형 사립대학(영국사례)을 고려해볼 필요가 있다.

체제 차원의 고등교육 개혁은 종국적으로 대학의 견고한 서열체제를 약화시켜 입시와 성적에 몰입되어 학교교육의 공적 가치를 상실한 초·중등교육을 정상화하는 데 기여할 것이다. 학교는 학생들을 보살피고 인류의 문화와 전통, 지식을 계승하는 장소가 되고 개인의 온전한 발달과 역량 향상에 기여하게 될 것이다. 학교는 개인들의 성장과 발달을 촉구하는 안전한 사회적·민주적 공간으로 탈바꿈하게 될 것이다. 이 과정에서 학교는 학생들을 분류하기보다는 통합하고 이들 사이의 경쟁보다 협력을 촉진함으로써 민주주의를 심화시킬 것이며, 학생들의 숙련을 높이고 창조적 에너지를 활성화하여 생산적 경제의 기본을 다질 것이다.

대학의 개혁 과정에는 가치의 대립, 이해관계의 복잡성, 시장의 힘, 그리고 개혁 욕구와 권력의 불균형 문제로 어려운 난관이 예상된다. 하지만 국가(중앙 부처의 관계자, 국회의원)와 대학사회와 시민사회가 상호 신뢰의 협력과 적극적 공론 과정을 통해 함께 모색한다면, 진일보한 고등교육 체제를 만들 가능성은 여전히 존재한다. 그것은 한국 교육의 암울한 현실을 돌파할 또 하나의 희망이다.

참고문헌

● 교육혁신위원회(2005), 『역대 정부 대통령위원회 교육개혁 보고서(I, II, III)』.
● 교육부, 교육인적자원부, 교육과학기술부 각 연도 대통령 업무보고 자료.
● 장수명(2009), 「5·31 대학정책 분석: 규제 완화를 중심으로」, 『동향과 전망』 77(가을겨울호), 9~49쪽.
● 장수명(2011), 「등록금 투쟁과 대학제도 혁신」, 『경제와 사회』 가을호(통권 제91호), 69~101쪽.
● 정진상(2004), 『국립대 통합네트워크: 입시 지옥과 학벌 사회를 넘어』, 책세상.

● 2012 교육개혁 100인 위원회(2012), 『대학교육 정책을 제안하다』.

● McPherson, Peter, et al.(2010), "Competitiveness of Public Research Universities & Conse-quence for the Country: Recommendations for Change", A NASULGC Discussion Paper.

● OECD(2003), Polytechnic Education in Finland, OECD.

● Pechar, Hans(2007), '"The Bologna Process" A European Reponse to Global Competition in Higher Education', Canadian Journal of Higher Education, Vol. 37. No. 3, 2007, pp.109~125.

3부

보편적 교육복지를
어떻게 실현할 것인가?

보편주의 교육복지의
방향과 과제

한 만 길

1. 한국 사회의 위기와 교육 문제

우리 사회는 최근 들어 무상급식과 반값 등록금을 계기로 하여 교육계에서도 교육복지 논쟁이 뜨겁다. 경제적으로 빈부 격차와 양극화 현상이 심화되면서 취약 집단의 복지 문제가 사회적으로 중요한 이슈가 되고 있다. 취약 계층을 대상으로 하는 맞춤형 복지를 잔여주의 복지(이하 선별적 복지)라고 한다면, 전 국민을 대상으로 포괄적으로 적용되는 복지는 보편주의 복지(이하 보편적 복지)라고 할 수 있다. 우리 사회는 이런 두 가지 유형의 복지에 대한 요구가 동시에 표출되고 있다.

복지에 대한 국민적 요구가 강하게 제기되는 원인은 우리 사회의 양극화 현상에 기인하는 것이다. 한국의 비정규직 비율은 OECD 최고 수준으로 높고, 저임금 노동자들이 크게 늘어나면서 소득 불평등도 급격히 심화되고 있다. 한국은 미국과 멕시코를 제외하면 OECD 국가들 가운데 소득 불평등이 가장 심하고, 저임금 노동자 비율도 미국 다음으로 높은 수준이다. 2007년 기준으로 1분위 대 9분위의 소득비는 4.74배로서, 미국의 4.85배 다음으로 OECD 국가들 가운데 가장 높다. 1분위 대 5분위의 소득비도 2.08배로, 미국의 2.11배 다음으로 높다. 이는 상위 소득자와 중산층 소득자 사이에 격차가 대단히 크다는 뜻이다. 빈곤층 비율은 미국보다 높다. 결과적으로 이러한 현상은 양극화라는 사회 문제를 나타내고 있다.

이와 같이 고용 불안과 소득 불안정이 계속되면서 개인이나 가족, 사회도 불안해지고 있으며 점차 사회 병리, 사회 해체 현상이 증가하고 있다. 한국의 자살률은 인구 10만 명당 24명으로 OECD 국가들 가운데 가장 높다(OECD, 2011). 외환 위기 이후 가족 해체가 급격하게 늘어나면서 한국의 이혼율은 2003년 1,000명당 3.5명으로서 3.8명인 미국 다음으로 높았다가, 2005년에는 2.6명으로 기록되어 OECD 국가 중 4위로서 평균보다 높은 수준이다. 더불어 청년층의 삶이 갈수록 불안정해지면서 결혼이 늦어지고 출산율도 낮아지고 있다. 젊은 세대는 육아비와 높은 사교육비 부담 때문에 가능하면 결혼을 늦추고 자녀를 적게 낳으려 하는 경향이다. 각종 가족 해체와 자살률 증가와 같은 사회병리 현상, 양육비와 교육비 부담을 우려한 저출산 현상 등은 사회 문제이자 교육 문제이다.

이런 사회 문제는 결국 우리 청소년과 학생들에게 심리적인 압박으로 가중되고 있다. 가정의 빈곤과 실업으로 인하여 청소년들이 학업에 전념하기 어려울 뿐만 아니라, 부모의 이혼과 별거는 청소년의 심리정서적 안정에 부정적 요인으로 작용하고 있다. 정작 청소년들은 대학 진학과 취업을 위해 극심한 경쟁에 몰입해야 하며, 이로 인해 시험과 입시 부담이 가중되고 있는 현실이다. 이러한 사회적 문제는 결국 청소년의 심리와 사회 적응에 부정적 영향을 미치고 있다.

이런 사회 부적응 현상의 하나가 청소년 폭력과 자살이라는 심각한 문제로 집약되고 있다. 통계청이 발표한 2012년 청소년 통계에 따르면 지난 2010년 청소년(15~24세)의 사망 원인 1위는 자살이다. 자살 사망률은 청소년 인구 10만 명당 13명으로서 OECD국가 평균 자살률의 3배에 이르고 있다. 이러한 자살률은 지난 2003부터 1위를 기록하고 있다. 청소년이 자살을 생각하는 이유는 성적·진학 문제(37.8%), 경제적 어려움(17%), 외로움과 가정불화(각 12.7%) 순으로 나타났다. 교육과학기술부의 자료에 의하면 자살 학생 수는 지난 2006년 108명에서 2009년에는 202명으로 대폭 증가하는 추세를 보이고 있다(경향신문, 2010년 8월 15일자).

대구에서는 올해 10개월 사이에 중고생 11명이 자살했다는 소식이 들려왔다. 이에 대구 시민단체들은 대구시 교육감에게 입시 위주의 교육정책을 펴고 있기 때문이라고 항의하고 나섰다(한겨레, 2012년 10월 12일자). 우리 청소년들이 학교의 경쟁적인 풍토, 성적과 입시 경쟁의 스트레스를 이기지 못하고 자살이라는 극단적인 선택을 하게 되는 상황이다.

이제 우리 청소년들이 더 밝고 명랑하게 그리고 건강하게 성장할 수 있는 환경을 마련해주어야 한다. 이런 문제의식에 기초하여 우리 교육의 현실을 복지의 관점에서 조망해보고 교육 현장에서 복지가 실현되는 방안을 제시해본다. 복지의 본질적인 의미는 교육의 본질과 상통하는 것이다. 특히 여기에서는 보편주의 교육복지는 바로 교육이 추구하는 교육 기회의 보편적 보장이라는 교육의 본질적 가치를 구현하는 과정이라는 점을 강조하려고 한다.

2. 우리가 추구할 교육복지 모델은 무엇인가?

국가별 복지 유형을 살펴보면 자유시장주의(영미형), 조합주의(중부유럽형: 독일, 프랑스), 사회민주주의 복지국가(북유럽형: 스웨덴, 핀란드)로 구분할 수 있다(김연명 외 재인용, 2011). 여기에 남부유럽형(이탈리아, 그리스, 스페인), 남미형(멕시코, 칠레)을 추가하여 분류할 수 있다. 북유럽형은 복지국가의 이상적인 모형으로서 모든 국민에게 복지 혜택이 골고루 돌아가는 데 비해서 남부유럽형은 특정 집단에 집중되는 특징을 갖고 있다. 중부유럽형은 안정적인 경제체제와 동시에 견고한 복지제도를 구축하고 있다. 독일과 프랑스의 중부유럽형도 대학교육을 무상으로 지원하는 모범적인 교육복지 모델이라고 할 수 있다. 반면에 그동안 세계적인 금융위기를 겪으면서 영국과 미국, 그리고 남유럽 국가들은 경제위기에 취약성을 보이고 있으며 복지제도 또한 중부유럽이나 북유럽 국가에 비해서 국가 경쟁력도 약하면서 금융위기에 취약한 면을 노출하고 있다.

북유럽의 복지국가는 우리 보수층이 우려하는 것처럼 그렇게 허약한 체제가 아니다. 오히려 최근 금융위기를 겪으면서 안정적인 복지제도를 통해서 다른 유럽 국가보다 경쟁력을 갖추고 있다는 사실을 확인할 수 있다. 따라서 우리도 중부유럽형을 거쳐서 북유럽형으로 가는 것이 국가 경쟁력도 갖추면서 복지국가다운 면모를 갖추는 길이라고 할 수 있다.

그런데 한국은 교육 여건이나 교육 재정 면에서 멕시코, 터키와 유사한 수준에 머물고 있다. 교육 여건의 대표적인 지표로서 교사 1인당 학생 수를 들 수 있는데, 이는 현재 우리가 OECD 국가 중에 하위 수준에 머무르고 있다. 교사 1인당 학생 수, 학급당 학생 수와 같은 기본적인 지표에서 OECD 국가 평균 수준을 밑돌고 있다. 우리의 민간 교육비 부담은 OECD 국가 중 최고 수준이며 정부의 교육비 지출은 최저 수준이다.

한국의 (교육)복지 수준 국제 비교

국가별	GDP 대비(%)		민간 부담 공교육비 비율**		학생 1인당 정부 지출**		교사당 학생 수**		의무 교육 대상 연령**
	공공 사회 복지비*	민간 부담 공교육비**	유아 (%)	초중등 (%)	유아 (USD)	초중등 (USD)	초등 (명)	중등 (명)	
OECD 평균	19.3	0.3	18.5	9.0	5,123	7,354	16.0	13.5	16
한국	7.5	0.8	54.5	22.2	2,030	5,520	22.5	18.2	14
스웨덴	27.3	n	n	0.1	6,519	9,517	12.1	12.3	16
핀란드	24.9	n	9.5	1.0	4,828	7,9881	13.6	13.6	16
독일	25.2	0.4	26.5	12.9	m	m	17.4	14.8	18
프랑스	28.4	0.2	6.0	7.7	5,443	7,917	19.7	12.2	16
미국	16.2	0.3	20.2	8.0	8,295	10,523	14.8	14.7	17
영국	20.5	n	15.5	22.1	6,015	7,141	19.9	13.7	16
일본	18.7	0.3	56.5	10.0	2,319	7,569	18.6	13.2	15
터키	10.5	m	m	m	m	m	22.9	16.9	14
멕시코	7.2	0.6	15.7	17.1	2,016	1,893	28.1	30.1	15
칠레	10.6	0.9	20.5	21.6	3,687	2,436	22.4	23.8	18

*Social expenditure: Aggregated data, OECD Social Expenditure Statistics.(http:dx.doi.org/10.1787/20743904-2010-table1)

**OECD (2011), Education at a Glance 2011: OECD Indicators, OECD Publishing.(http://dx.doi.org/10.1787/eag-2011-en)

n: none, m: 자료가 해당 국가에서 수집되지 않았거나 무응답 때문에 입수 불가능함.

위의 표에서 보면 우리 정부의 복지비 지출이나 교육비 지출은 OECD 국가 중 최저 수준인 데 비해서 개인 부담은 최고 수준이다. 공공사회복지비는 GDP 대비 7.5%로서 멕시코(7.2%)와 비슷한 수준이며, 심지어 터키(10.5%), 칠레(10.6%)보다도 낮다. 민간의 교육비 부담률이 GDP 대비(0.8%)로 보나, 공교육비 비율(유아 54.5%, 초중등 22.2%)로 보나 가장 높은 수준이다. 반면에 학생 1인당 정부의 교육비 지출은 유아 2,030달러, 초중등 5,520달러로서 대단히 낮은 수준이다. 교사 1인당 학생 수에서는 초등은 터키와 칠레와 비슷하고, 중등은 멕시코와 칠레보다는 양호한 수준이다. 의무교육 대상 연령을 보면 14세까지로서 터키와 동일하다. 반면에 일본과 멕시코가 15세까지이며, 다른 국가들은 16~18세까지 의무교육 연한이 적용되어 우리와 차이가 있음을 알 수 있다.

보편적 교육복지는 가장 전형으로서 무상의무교육으로부터 출발한다. 제2차 세계대전 이후 유럽 국가들은 초중등교육을 무상화한 이후 유아나 고등교육까지 국가나 지방자치단체에서 비용을 부담함으로써 경제력에 상관없이 누구나 원하는 교육을 향유할 수 있게 하였다. 핀란드는 초중등교육부터 대학원 교육에 이르기까지 전 단계의 교육을 무상으로 실시하고 있다. 학비만 무상으로 지원하는 것이 아니라 학업 지원금, 주거수당, 교통지원금 등 학업을 위해 필요한 지원까지 포함하고 있다. 핀란드는 학업성취도 면에서 세계 1위를 유지하고 있음을 볼 때 질적으로나 양적으로 우수한 교육체제를 갖추고 있는 명실상부한 교육복지 국가라고 할 수 있다. 따라서 우리가 지향할 교육복지 체제는 바로 핀란드 모형이다. 앞으로 한국은 현재의 멕시코와 터키 수준을 넘어서 독일과 프랑스, 나아가 북유럽 모델을 지향하면서 단계적으로 교육복지 체제를 발전시켜나가야 할 것이다.

3. 보편주의 교육복지가 추구하는 가치

보편주의 교육복지는 모든 인간은 존엄하다는 철학에 기초하여 교육의 기회 균등을 추구하고 있다. 그리하여 인간으로서 최소한의 기본적인 필요를 충족시키는 데 일차적인 초점을 둔다. 기본적인 필요 요건 중에서 교육과

학습은 중요한 요소이다. 또한 비록 현재 교육환경이 열악하여 학습 결핍을 보이는 저소득층 학생이라 하더라도 스스로 성장할 수 있는 잠재 가능성과 역동성을 갖추고 있다는 전제를 인정한다. 그래서 복지 대상자를 '지원의 객체'로서 규정하기보다는 '성장의 주체'로서 인정함으로써 자활자립의 기초를 마련한다는 데 중점을 두고 있다. 그렇게 하는 것이 복지 대상자의 역량을 최대한 개발하는 것이며, 경제 효율성을 높일 수 있을 뿐만 아니라 성장의 동력으로 활용할 수 있다는 논리이다.

최근 들어 우리 사회는 국가 경제는 성장하지만 성장의 혜택은 소수 자산가들에게 돌아가고 대다수의 국민들은 그 성장으로부터 소외되고 있다. 오히려 경제적 소외 계층으로서 실직자, 기초생활수급자, 도시와 농촌의 빈곤층 등이 형성되고 있다. 사회적으로는 국제결혼 가정, 이주 노동자, 한 부모 조부모 가정, 탈북 주민 등이 우리 사회의 소외 집단으로 증가하고 있다. 우리 경제가 성장하는 가운데에서도 이들 소외 계층은 인간으로서 기본적인 삶을 영위하기 어려운 상황에 처해 있다. 소외 계층은 국민으로서 동등한 권리를 인정받을 기회를 상실하고 있다. 사회적 차별과 경제적 배제의 대상으로 전락하고 있는 것이다.

이러한 소외 계층에 대한 교육복지는 집단별 특수성에 기초한 선별적 복지(맞춤형 복지)의 성격도 중요하지만 모든 국민을 아우르는 통합적 복지가 필요하다. 소외 집단이 일반 학생들과 함께 차별 없이 인간적인 대우를 받으면서 존중될 수 있는 보편적 접근이 필요하다. 우리가 추구하는 성장의 목표가 궁극적으로는 인간다운 삶을 향상시키는 데 있다면 모든 국민들의 생활 안정을 보장하는 데 복지정책의 근간을 두어야 한다.

인간의 존엄성을 정책 수행의 핵심 가치로 삼는 것이 보편주의 복지의 출발점이다.『정의란 무엇인가』에서 마이클 샌델(2010)은 정의가 분배만의 문제가 아니라 '올바른 가치'의 문제라는 점을 강조한다. 이에 따르면 교육복지는 절차적 정의뿐만 아니라 인간으로서의 가치를 실현하는 것이다. 말하자면 교육복지는 절차적 정의를 넘어서, 소외 집단의 인간적 존엄과 품위를 존중하며 모두가 더불어 살아가는 공동체의 가치를 추구하는 것이다. 보편적 복지는 샌델이 말하는 철학적 정의나 관점에 머무르지 않고 사회구조적으로 정의가 실현되고, 제도적으로 구현되는 단계에까지 이르는 것을 의미한다. 그리하여 보편적 교육복지는 교육의 내재적 가치 실현만이 아니라 인간의 존엄성을 실현하는 삶의 차원으로 확장되는 것을 의미한다.

이렇게 볼 때 선별적 복지에서 대상자를 '지원의 객체'로서 대상화하는 문제, 그리고 '낙인효과'의 문제를 지적할 수 있다. 복지 대상자를 분리하고 선별하는 과정에서 지원의 객체로서 수동성을 전제로 하고 있다. 이는 대상자가 갖고 있는 인간 본연의 '성장의 주체'라는 사실을 왜곡하는 결과를 초래한다. 또한 '낙인효과'는 지원 대상자를 소외 집단으로 규정함으로써 사회적으로 열등하다는 낙인을 찍는 결과를 초래한다. 수혜 당사자는 수혜에 따른 자기 책임감이 약화되고 의존성이 심화되면서 오히려 자립 역량을 키우는 데 소홀히 할 가능성을 안고 있다. 더불어 수혜자와 비수혜자를 구분하는 기준이 여전히 모호하고 이의 제기 가능성이 상존하는 문제가 있다. 그래서 선별적 복지는 아동의 건전한 성장과 발달을 방해하는 부정적 영향을 미칠 수 있기 때문에 보편적 복지를 통해서 모든 아동에게 복지 혜택을 돌리자는 것이다.

한편으로 보편적 복지는 무상급식에 대한 비판에서 보듯이 사회적 자원의 낭비, 그리고 복지 의존성과 거지근성을 키운다는 우려가 제기되고 있다. 특히 보수 기득권층은 퍼주기식 복지는 생산성 향상에 기여하지 못하고 재원 낭비만 초래한다는 문제를 제기하기도 한다. 또한 이미 빈부 격차가 심화되고 계층에 따른 차별화 교육이 진행되는 상황에서 보편적 복지를 통한 계층 이동성이 얼마나 높아질 것인가에 대한 우려도 있다. 보편적 복지로 인하여 대상자들에게 거지근성을 길러주고 있다는 우려와 비난을 제기하고 있다.

이런 문제에 대하여 보편적 교육복지는 시장경제의 효율성과 민주주의의 시민권이라는 관점에서 보편적 복지의 정당성을 강조한다. 모든 시민을 대상으로 교육 기회(복지)를 보장하는 것이 인적 자원의 개발이라는 측면에서 고용, 생산성, 경제 성장을 촉진하는 기능을 한다는 점이다. 그리하여 보편적 복지가 경제적 효율성을 증진시키는 요인이다(장수명, 2011). 보편적 교육복지를 실현하려면 국가는 '도움이 필요한 사람'과 '가난한 사람'을 구분할 것이 아니라 동등한 관심과 존중의 원리에 기초하여 기본적 역량을 갖추도록 해야 한다는 것이다. 그렇게 하는 것이 모든 국민의 역량을 개발하여 생산성 향상에 기여할 수 있다는 것이다. 이 또한 사회적 시민권이라는 차원에서 정당화될 수 있다는 것이다.

보편적 교육복지가 추구하는 또 하나의 가치는 경쟁보다는 연대를 통한 공동체를 지향하는 것이다. 즉 보편적 교육복지는 모든 인간의 성장 기회를 제공하는 것으로 평등과 연대를 강조하고 공동체 의식에 기반을 두고 있다. 스웨덴과 핀란드 사례를 통하여 교육은 평등과 공동체의 가치에 기초하여 모든 국민의 교육 기회를 국가가 보장하는 것이다. 진정한 의미의 보편적 교육복지는 다양한 사회 계층 출신 학생들이 교육의 과정과 결과에서 평등하게 교육활동에 참여할 수 있어야 한다. 요컨대 보편주의 교육 복지를 지향하는 것이 취약 계층의 교육 불평등을 근본적으로 해소하고 정의로운 사회를 만들어가는 길이라고 할 수 있다.

4. 교육복지 정책의 변천과 문제점

1) 교육복지 정책의 변천

무상의무교육은 교육 기회의 보장이라는 차원에서 전형적인 보편적 교육복지 정책이다. 중학교 의무교육은 1985년 도서벽지부터 도입된 이후 김대중 정부와 노무현 정부를 거치면서 2004학년도에 전국의 중학교에 대한 무상교육으로 완성되었다. 이와 동시에 교육의 질적 보장을 위한 교육 여건 개선 사업으로서 학급당 학생 수 감축을 위한 정책적 노력이 끊임없이 경주되어왔다. 2002년에는 '7·20 교육 여건 개선계획'을 수립하여 열악한 교육 여건을 개선하기 위해서 고등학교는 2002년까지, 초중학교는 2003년까지 학급당 학생 수를 35명 이하로 감축하는 정책을 수립하여 추진하였다.

한편 선별적 교육복지 정책은 1997년 IMF 금융관리체제에 따른 경제위기가 발생하면서 대량의 실업자와 빈곤 계층이 형성되면서 시작되었다. 당시 결식아동이 증가하여 이들에 대한 중식 지원을 초등학생부터 실시하였고 이를 계기로 빈곤 가정의 초중등학생에 대한 학교 급식비 지원 사업으로 확대되었다. 1998년에는 김대중 정부에서 최초로 '교육복지종합대책'을 수립하여 학교 중도 탈락자, 학습 부진아, 귀국 자녀(유학 중단 귀국생), 저소득층 유아교육 및 특수교육 대책을 마련하게 되었다.

2004년 참여정부에서 수립한 교육복지계획은 '삶의 질 향상', '사회 통합', '국가의 성장동력'을 목표로 제시하였다는 점에서 의의가 있다. 이른바 사회투자국가의 관점에서 교육복지를 통한 사회적 효율성을 강조하였다. 지난 1998년의 교육복지 대책은 소수의 특수 집단을 대상으로 하였다면, 2004년에는 사회적 상황의 변화에 따라 대상 집단이 다양화되고 확대되었다. 그리고 특수 집단 대상의 교육복지에 추가하여 모든 학생의 교육환경을 개선하기 위한 보편적 교육복지의 측면이 강조되었다. 또한 교육복지의 추진체계로서 기관 간의 연계 협력 체계를 구축하고자 하였다. 무엇보다도 교육복지(기본)법 제정을 추진하고자 시도하였으나 실현되지 못하였다.

이명박 정부 초기에는 2008년 업무보고에서 보듯이 자율과 경쟁이라는 정책 기조에 따라 교육복지에 대한 관심은 '기초학력 미달 제로 플랜', '맞춤형 국가 장학제도', '전 국민에 대한 평생학습 활성화'로서 빈약한 내용으로 구성되었다. 오히려 학교의 자율화와 다양화 정책을 통하여 학교 간, 경쟁을 촉발하고, 영어 조기교육, 일제고사를 시행하면서 학력 증진과 학교 간, 학생 간 경쟁을 촉진하는 정책을 추진하였다. 이런 과정에서 소고기 수입 반대 촛불시위를 계기로 하여 사회적 양극화와 취약 집단의 교육 문제가 심각하게 제기되면서 민생 대책의 일환으로 교육복지 정책이 중시되기 시작하였다. 그리하여 다양한 유형의 취약 집단을 대상으로 이른바 맞춤형 교육복지 정책을 추진하였다.

이명박 정부는 지난 정부의 교육복지 정책의 연장선에서 선별적 복지정책을 추진하면서 정책 대상을 보다 세분화하였다. 예를 들면 기초학력 미달 학생이 다수인 학교를 대상으로 '학력 증진 사업'을 적용하였으며, 사교육비를 줄이기 위해서 일부 학교에 대하여 '사교육 없는 학교' 사업을 시행하였다. 이와 더불어 취약 집단으로서 농어촌 학생, 도시 저소득층 학생, 다문화 학생, 탈북 학생을 대상으로 하는 다양한 정책을 시행하였다. 2008년 12월 교육과학기술부는 '이명박 정부의 교육복지 대책'을 발표하여 교육복지 정책을 유형과 규모 면에서 다양하게 확대하였다. 여기에서 총 54개 과제에 걸쳐 5년간 약 17조 원의 예산을 투자하겠다고 발표하였다.

이 가운데 무상의무교육의 확장이라는 측면에서 중학교 학교 운영비 지원, 급식비 지원, 유치원 종일반 운영 등은 의미 있는 정책이라고 할 수 있다. 그러나 이명박 정부는 교육에서 다양화와 학력 경쟁을 유도하는 정책을 추진함으로써 근본적으로 교육 격차를 촉발시키고 있다는 점에서 한계를 보이고 있다.

2) 이명박 정부 교육복지 정책의 문제점

근본적으로 학력 경쟁이 심각한 상황에 이르고 있는 한국의 교육 풍토에서, 여기에 정부의 교육정책조차 학력 경쟁을 촉발하고 독려하는 형태로 추진되고 있기 때문에 각종 교육복지 정책은 효과를 거두기 어려운 한계를 안고 있다. 지난 1995년 5·31교육개혁 이후 이명박 정부의 교육정책에 이르기까지 경쟁과 자율을 더욱 조장하고 촉발하여 교육 성취 수준을 전반적으로 높이자는 것이 교육개혁의 방향이었다. 이른바 자율과 경쟁을 표방하는 신자유주의 교육은 이명박 정부의 교육정책으로 그 절정에 이르고 있다.

이명박 정부는 초기부터 학교 다양화, 선택중심 교육, 그리고 학력 경쟁을 유도하는 신자유주의 교육정책의 극치를 보이고 있다. 이미 대통령직 인수위원회 시기부터 영어 몰입 교육으로 시동을 걸었으며, 이어 전국 단위 학업성취도 검사(일제고사), 선택중심의 교육과정 개편, 시·도 교육청 평가와 이에 따른 차등 지원 정책 등을 거침없이 추진하였다. 여기에 자율형 사립고를 중심으로 하는 학교 다양화 정책, 대학 입학전형의 자율화로 상징되는 입학사정관제 등도 교육에서 경쟁을 촉발하는 요인이다. 학생에 대한 전수 학력평가는 교육복지 대책으로 포함되기는 했지만 학력 경쟁을 촉발하는 부작용을 초래하고 있기 때문에 교육복지 정책으로 분류할 수 없는 정책이다. 그 결과 또한 시·도 교육청과 학교 평가에 반영되기 때문에 주지교과 중심의 학력 증진에 몰입하고 경쟁을 유발하는 부작용을 낳고 있다.

이리하여 이명박 정부의 교육정책은 학교와 지역, 학생 간 교육 격차를 더욱 심화시키는 결과를 낳았다. 그렇기 때문에 부수적으로 추진하는 선별적 교육복지 정책으로서 교육 격차를 완화하는 효과를 거두기는 어려운 형편이다.

한편 정책 수행의 측면에서 문제를 보면 대상자의 중복, 사업 수행상의

번거로움, 예산 집행의 복잡함, 비효율성과 낭비, 수혜자의 의존성 심화, 신분의 노출로 인한 낙인효과, 그리고 이에 따른 수혜 학생의 지원 기피 현상 등을 지적할 수 있다.

현재 교육복지 정책은 대부분 특별교부금에 의한 국가 시책 사업으로 추진되고 있어서 국가 시책 사업이 갖고 있는 문제점을 동시에 안고 있다. 특히 특별교부금은 내국세의 일정 비율에 따라 자동적으로 결정되기 때문에 사업 추진 이전에 예비 타당성에 대한 조사나 국회의 예산 심의 절차를 거치지 않고 비교적 쉽게 교과부 장관이 집행할 수 있다(국민권익위원회, 2010). 그렇기 때문에 국회와 감사원 등에서는 사업의 선정 방식, 사업 운영, 사업 집행의 적절성과 투명성에 대한 문제점을 지적하였다. 개별 사안별로 사업이 추진되기 때문에 사업 수의 과다, 전체 사업의 체계성과 연계성이 부족하다는 지적을 받고 있다.

그동안 교육복지 정책과 관련되는 세부 과제는 70여 가지에 이른다. 이런 사업들은 중복되는 부분도 많다. 대표적으로 '학력 향상 중점 학교' 사업은 전국 학업성취도 평가 결과에 따라 기초학력 미달 학생이 많은 학교를 대상으로 시행하였으며, '사교육 없는 학교' 사업은 사교육비 문제가 부각되면서 이에 대한 대응 방안으로 시행되었다. 이러한 사업은 학교 현장에서는 방과후학교 프로그램의 일환으로 보충수업 형태로 시행되고 있기 때문에 유사성과 중복성을 피하기 어렵다. 또한 과도한 방과후학교 운영은 학생과 교사들의 부담을 가중시키고 정규 교육과정 운영을 훼손하고 있다.

교육복지 정책이 공급자 중심이라는 데 문제가 있다. 교육복지 서비스가 수혜자의 관점에서 통합되지 못하고 각각의 정책들이 당초의 취지에 얽매여 서로 충돌하거나 중복되고 있다. 예를 들면 국민기초생활수급자 자녀들은 학력 향상, 방과후학교, 학교 부적응, Wee 프로젝트, 교복우 사업의 중복 대상이 될 수 있다. 특정 학교에서 두 가지 이상의 사업을 수행하게 되면 동일한 학생이 두 가지 이상의 사업에 참여하여 혜택을 받을 수 있다. 반대로 어떠한 혜택도 받지 못하는 경우는 역차별의 문제도 발생한다. 무엇보다도 전달 체계의 측면에서 교육행정 조직과 학교를 매개로 하여 서비스를 전달하기 때문에 행정 낭비와 비능률을 피하기 어렵다. 또한 최종 전달자가 주로 교사가 되면서 학생 지도라는 고유의 업무에 지장을 초래할 수 있다는 불만과 우려를 낳기도 한다.

나아가 교육복지 정책을 뒷받침할 수 있는 법제도 정비, 재정 확보 등과 같이 안정적 기반을 확보하는 데에는 여전히 미흡한 수준에 머물고 있다. 이명박 정부는 교육복지법을 비롯한 안정적 제도 구축이라는 과제에 대하여 별 관심을 갖지 않았다. 교육복지 마스터플랜(김정원 외, 2008)에서 교육복지 체제의 안정적 구축을 위해서 법제도 정비, 재정 확보 등을 제안했으나 포함되지 않았다. 이러한 점에서 이명박 정부의 복지정책은 특수한 취약 집단을 대상으로 하는 분산적 정책으로서 이슈 중심으로 접근하고 있다.

5. 보편적 교육복지를 어떻게 실현할 것인가?

교육복지 정책은 보편적 교육복지를 기반으로 하면서 선별적 교육복지 정책을 보완해나가는 방향으로 추진해야 한다. 보편적 교육복지는 모든 국민을 대상으로 포괄적으로 적용하는 데 의의가 있으며, 선별적 교육복지는 사각지대의 특수 취약 집단 학생을 대상으로 보충적 지원을 제공하는 데 의의가 있다.

개인주의 경쟁 교육에서 공동체주의 협동 교육으로 전환한다

보편적 교육복지는 교육의 본질을 추구하는 방향으로 교육체제를 근본적으로 전환하는 것과 일맥상통한다. 이른바 신자유주의 교육정책이 표방하는 자율과 경쟁력 강화, 교육 성과와 효율성 중시, 학력 경쟁과 글로벌 경쟁력 확보 등과 같은 교육 목표를 수정해나가야 한다. 그리하여 교육에서 정의와 평등, 균형과 조화, 협동과 참여를 실현하는 민주주의 교육, 공동체 교육으로 방향을 전환해야 한다.

이런 방향에 기초하여 소수의 인재 육성에서 모든 학생의 잠재능력을 키우는 교육으로, 학력 경쟁을 부추기고 독려하는 교육에서 경쟁을 완화하고 협동을 촉진하는 교육으로, 자기중심적 이기적 태도를 키우는 풍토에서 타인과 협력하고 배려하면서 함께 성장하는 교육으로, 취약 집단을 지원의 객체가 아니라 자립과 성장의 주체로서 대접하는 교육으로, 취약 집단 학생을 일반 학생과 분리하여 특별히 대우하는 교육에서 모두 함께 동등하게 대우하는 교육으로, 수요자가 부담하는 교육이 아니라 국가의 공적인 지원으로 이루어지는 교육으로, 개인의 성취에 대하여 자만심을 갖는 교육이 아닌 국가의 지원과 사회의 배려에 감사하고 보답할 줄 아는 교육으로 전환해야 한다. 이것이 보편적 복지의 관점에서 추구하는 교육의 방향이다.

그런데 우리는 경쟁 풍토에 익숙한 채 살아가고 있으며, 교육에서 경쟁을 당연시하고 있다. 우리가 국제 경쟁에서 뒤지지 않으려면 교육에서 우수한 인재를 육성하는 데 주저하지 말아야 하고, 경쟁은 불가피하다고 주장한다. 그리하여 선발된 소수는 큰 혜택을 누리지만, 경쟁에서 탈락한 낙오자는 어느 것도 보장되지 않는다. 승자는 안정된 정규직과 물질적 보상이 보장되지만 패자는 불안정한 비정규직과 물질적 궁핍이 지속된다. 시장과 마찬가지로 교육에서도 경쟁이 계속되면서 공부에 대한 부담과 시험 스트레스가 학창 시절을 어둡게 만들고 있다. 지나친 경쟁과 사교육이 교육을 시장으로 만들고 있다. 이러한 문제를 개선하려면 전면적인 교육개혁이 이루어져야 한다. 그것은 기존의 개인주의 경쟁 교육을 공동체주의 협동 교육으로 전환하는 것이다. 이를 위한 교육의 방향과 체제 혁신이 필요하다.

교육 무상화 단계를 확대·발전시킨다

보편적 교육복지의 전형은 완전한 형태의 무상의무교육이다. 모든 국민을 대상으로 하는 국가의 공적인 교육 서비스로서 무상의무교육은 교육 기회의 보편적 확대이며 동시에 가장 보편적인 교육복지라고 할 수 있다. 이런 의미에서 공교육제도를 안정적으로 구축하는 것이 보편적 교육복지의 중추라고 할 수 있다.

공교육은 초등교육으로부터 시작하여 전기 중등교육, 그리고 후기 중등교육으로 무상교육을 원칙으로 확대 발전시켜왔다. 후기 중등교육의 경우 대부분의 국가에서 무상교육을 실시하지만 의무교육은 아니다. 한국과 일본의 후기 중등교육은 무상교육도 의무교육도 아니다. 이제 고교 무상교육을 실현함으로써 초중등교육 단계에서 모든 학생들에게 경제적 여건에 관계없이 교육 기회를 보장해야 한다.

나아가 취학 전 교육, 고등교육 단계에서 무상화 수준을 높이는 방안을 강구해야 한다. 보편적 복지가 추구하는 공적 지원의 범위는 국가 여건에 따라 다양한 형태로 확장되고 있다. 생애 단계별로 보면 아동양육 수당, 보육 및 교육비 지원을 통해서 공공성을 확대하고 있다. 이후에는 초중학교(9년)와 고등학교(12년) 단계에서 무상교육을 완성하고 있다. 나아가 독일과 프랑스와 같이 고등교육의 무상화를 실현하고, 스웨덴과 핀란드와 같이 평생직업교육을 무상화하는 단계까지 이르고 있다. 이와 같이 복지국가는 취학 전 교육, 초중등교육, 고등교육의 무상화를 실현하고 있다.

또한 교육 무상화의 수준은 양적인 확장뿐만 아니라 질적인 수준에서도 차이가 크다. 의무교육 단계를 보면 수업료 징수를 폐지하는 수준에서부터 학교 운영비, 학습 준비물, 체험활동비, 급식비, 교통비 등 각종 교육 경비를 지원하는 완전한 무상화를 실현하고 있다. 이러한 교육의 질적 여건을 확충할 수 있도록 교육 무상화를 실현하는 것이 과제다.

우선 의무교육 단계에서 교육 여건을 개선해야 한다. 대표적인 교육지표로서 교사 1인당 학생 수를 들 수 있는데, 이는 현재 우리가 OECD 국가 중 하위 수준에 머무르고 있다. 이를 OECD 국가 평균인 초등 16명, 중등 13명 수준으로 단계적으로 개선해야 한다. 이를 위해서 학급당 학생 수 20명 수준을 목표로 하여 교원 증원과 시설 확충을 추진해야 한다. 무엇보다도 학생들이 자신의 능력과 수준에 맞는 학습을 할 수 있도록 지원하려면 교사와 시설을 획기적으로 확충해야 한다. 교사가 자신의 전문성을 키우고 학생 지도에 전념하려면 교사가 담당하는 학생 수를 줄여야 한다. 그래야 학생별 맞춤형 교육이 가능해진다. 여기에 학생의 특성에 맞는 다양한 교육활동, 교육 프로그램을 마련하고 수행할 수 있도록 여건을 마련해야 한다.

학생 중심의 통합적 교육복지 체계를 수립한다

기본적으로 취약 집단에 대한 선별적 복지정책은 통합 교육의 원칙을 적용해서 효과성을 높이도록 해야 한다. 통합 교육이란 교육복지의 대상자, 교육 프로그램, 그리고 전달 체계의 통합을 의미한다. 이들이 조화롭게 통합되는 형태로 교육복지 체계를 구축해야 한다.

교육복지 대상자의 통합은 '일반 학생과 취약 집단 학생을 혼합하는 교육 형태'이며, 교육 프로그램의 통합은 '교육과 복지, 여기에 문화활동의 통합적 수행'을 의미한다. 또한 전달 체계의 통합이란 '중앙 정부-교육청-학교에 이르는 종적 체계의 통합적 지원'과 함께 '학교와 지역사회의 다양한 기관 간의 횡적 연계'를 의미한다.

탈북 학생을 비롯한 취약 집단 학생은 기초학력이나 심리정서적으로 복합적 결핍 요소를 안고 있기 때문에 통합적인 프로그램을 적용해야 한다. 또한 학교 현장에서 따돌림, 차별의 대상이 될 가능성을 안고 있기 때문에 낙인효과를 방지하기 위해서 일반 학생과 통합 교육을 실시하여 함께 어울리고 적응할 수 있는 기회를 갖도록 해야 한다. 이런 원칙에 따라 학업 성취에 주력할 것이 아니라 적극적 학습 태도를 형성하고 자기 효능감을 높일 수 있으며, 일상생활에서의 습관 형성, 학교 적응 능력, 정신건강, 시민의식 등을 포괄하는 전인적 성장에 관심을 두고 지원해야 한다.

취약 학생을 중심으로 통합적 교육복지 서비스를 제공해야 한다. 예컨대 다문화 가정 자녀는 경제적으로 취약하고 기초학력도 부족하며 방과 후에는 갈 곳이 없다. 그 학생에게 필요한 서비스를 통합적으로 제공한다면 훨씬 효과적이며 효율적으로 사업을 수행할 수 있을 것이다. 현재의 교육복지 정책은 저소득층, 다문화 가정 자녀, 탈북 학생 등의 특수 집단별 사업과 더불어 학력 증진, 방과 후 사업과 같이 교육 프로그램별 사업이 별개로 시행되고 있다. 이는 정책 입안자, 공급자 중심의 접근이라고 할 수 있다. 이것이 사업의 중복성과 비효율성, 예산 낭비의 문제가 발생하는 원인이다.

지역중심의 통합적 지원 방식은 참여정부에서 본격적으로 시작한 '교복투(현재 교복우)' 사업이라고 할 수 있다. 이는 정부가 그동안 추진한 교육복지 정책 중에서 가장 긍정적으로 평가받고 있다. 학생, 학부모, 교사의 만족도가 높으며 사업 기간이 길수록 사업 참여 교사의 만족도가 높아지고 있다. 사업을 오래 추진할수록 학생들의 교사 및 교우와의 관계가 좋아지고, 출석률이 높아지고 문제 행동이 감소하며, 수업 태도가 좋아지고 애교심이 더 높아지는 것으로 나타났다. 이런 사업을 발전시켜나가야 한다.

취약 집단 학생을 지도하고 관리할 수 있는 다양한 교육 지원 인력을 학교에 정규직으로 배치해야 한다. 교과 교사 이외에 심리상담교사, 교육복지사 등을 정규직으로 배치하여 학교 현장에서 발생하는 다양하고 복잡한 문제에 대처하도록 해야 한다. 이들이 취약 집단 학생을 집중적으로 관리하고 가정-학교-지역사회를 연계하여 다양한 교육복지 관련 사업을 상호 조정할 수 있도록 해야 한다.

근본적으로 교육복지 정책을 체계적으로 수행하려면 제도적인 기반을 마련하는 것이 중요하다. 즉 교육복지 관련 법률을 제정하여 취약 집단을 위한 교육 지원을 상시적으로 지속적으로 추진할 수 있는 법적인 근거(가칭 교육복지 지원법)를 만들어야 한다. 그리고 특별교부금 형태의 정부 정책 사업으로 수행하는 데에는 한계가 있기 때문에 안정적인 재정 확보 방안을 마련해야 한다. 또한 교육복지 사업을 안정적으로 지속적으로 체계적으로 수행할 수 있는 전문 기관으로서 교육복지재단(가칭)을 설립할 필요가 있다.

지역사회의 교육공동체를 만든다

연세대 사회발전연구소 조사 결과(2010)에 의하면 우리 아동·청소년의 '삶의 만족도'는 OECD 26개 국가 중에서 가장 낮다. '삶에 만족하는가'라는 질문에 53.9%가 그렇다고 답해 만족도가 가장 높은 네덜란드(94.2%)보다 40.3%포인트 낮고 OECD 국가 평균(84.8%)보다 30.9%포인트 낮다. 아동·청소년들은 학업과 관련한 스트레스가 가장 심하다. 심지어 우리 학생들은 학교 폭력이나 가정불화로, 또는 성적 부진으로 자살하는 학생이 증가하고 있는 것이 사회 문제다. 이들을 학업 부담, 가정의 빈곤과 불화, 학교 폭력으로부터 해방시키는 것이 최우선 과제이다. 모든 학생들이 자신의 건강한 삶을 영위할 수 있도록 보장하는 것이 학생복지의 기본이다. 학생의 건강한 삶을 보장하기 위해 지역사회에서 학교를 비롯한 교육·복지 기관, 사회단체가 협력하여 교육공동체를 형성해나가야 한다.

첫째, 학생들의 자유로운 문화예술 활동을 보장해야 한다. 문화예술 활동을 통하여 자신의 재능을 개발하고 신체를 단련하고 정서를 순화하도록 해야 한다. 청소년의 충만한 에너지를 발산하고 창조적인 활동에 참여할 수 있는 기회를 마련해야 한다. 이를 억제해서는 안 된다. 이를 위해서 1인 1기 교육을 의무화할 필요가 있다. 문화예술, 체육활동에 참가하도록 장려하고 지원해야 한다.

둘째, 지역사회에서 봉사단체, 사회단체에 자유롭게 참여하여 활동하도록 보장해야 한다. 봉사 점수가 형식화되는 문제점을 감안하면 단체에 가입하여 상시적으로 활동하도록 장려하는 것이 바람직하다. 사회단체에 참여하여 정치적 훈련 과정으로서 사회적 이슈에 대하여 자신의 의사를 표시하고 활동할 수 있도록 해야 한다.

셋째, 청소년이 다양한 활동에 참여할 수 있는 풍부한 시설과 환경을 마련해야 한다. 지역사회와 학교에서 예체능 활동 공간은 물론 동아리 활동, 자치 활동에 필요한 공간을 마련해야 한다. 또한 지역사회의 전문가, 자원봉사자, 관계자들이 청소년 활동을 지원하도록 참여하고 협조해야 한다. 이를 위해 지역사회에서 청소년 자원 활동 연계 협력망을 구축해야 한다.

6. 지도자의 결단과 국민의 동의가 필요하다

지난해 반값 등록금과 무상급식에 대한 논쟁이 사회적으로 가열되었다. 무상급식에 대한 주민투표까지 치르면서 시장이 교체되는 상황까지 벌어진 것이다. 무상급식 또한 보편적 복지의 대표적인 정책이며 교육적으로 중요한 의미를 갖고 있다. 무상급식에 대한 반대 여론도 거세지만 특히 보수층은 무상급식은 복지 포퓰리즘이니 나라를 망치게 하는 정책이라고 비판한다.

그런데 서울시는 2012년 초중학교의 무상급식 예산으로 1,028억 원을 편성하였다. 이는 서울시 전체 예산 19조 8,900억 원 가운데 0.5%에 해당한다. 전국 초중등 학생에게 무상급식을 시행할 경우 약 2조 원의 예산이 소요될 것이라니 이는 1년 정부 예산 중 교육 분야 45조 1,000억 원의 4.4%에 해당한다. 오세훈 전 시장이 '디자인 서울' '한강 르네상스'를 표방하면서 토건사업에 수천억 원을 투입한 데 비해서, 박원순 현 시장은 이를 복지예산으로 투입한다는 점에서 대비된다. 그리고 이명박 정부 또한 4대강 사업에 22조 원을 비롯하여 건설사업에 막대한 예산을 투입하는 데 비해서 야당은 건설사업보다는 복지사업을 확대해야 한다는 주장이다.

이제 지도자와 정치권의 결단, 그리고 국민의 현명한 판단과 동의가 필요하다. 국가 예산을 토건사업에 투입할 것인지, 아니면 미래 세대를 위한 청소년 교육에 투자할 것인지에 대하여 국민적인 합의와 지도자의 현명한 결단이 필요하다. 모든 학생들이 행복한 학교생활을 보장하기 위해서, 그리하여 모두가 안정된 삶을 누리고 희망찬 미래를 꿈꾸기 위해서 풍요로운 교육환경을 마련해주는 것이 보편적 교육복지의 과제이다.

참고문헌

● 국민권익위원회, 보도자료, 2010년 12월 7일자.
● 김경애 외(2012), 『해외 교육복지정책 연구』, 한국교육개발원.
● 김병찬(2011), 「핀란드의 교육복지제도의 특징과 시사점」, 『교육비평』 30권(2011년 가을겨울호).
● 김연명 외(2011), 『대한민국 복지, 7가지 거짓과 진실』, 두리미디어.
● 김용일(2011), 『복지국가 건설을 위한 교육개혁 과제』.
● 김정원(2008), 『교육복지 마스터플랜 수립 연구』, 한국교육개발원.
● 류방란(2011), 『교육복지투자우선지역 지원 사업 제도화 방안 연구』, 한국교육개발원.
● 마이클 샌델(2010), 이창신 역, 『정의란 무엇인가』, 김영사.
● 연세대 사회발전연구소(2010), 『2010 한국 어린이 · 청소년 행복지수의 국제비교』.
● 윤흥식, 「보편주의 복지국가 비판의 불편한 진실과 과제」, 『페미니즘연구』 제11권 1호(2011), 167~207쪽.
● 이윤미(2011), 「평생학습과 복지」, 『교육비평』 30권(2011년 가을겨울호).
● 이혜영(2006), 『교육복지에 관한 법제 연구』, 한국교육개발원.
● 장수명 · 정충대, 「복지국가와 교육」, 『교육비평』 30권(2011년 가을겨울호).

● 한국교육개발원(2010), 『2010년도 특별교부금 국가시책사업 평가보고서』.

● 한만길 외(2008), 『농산어촌 교육복지 실태분석 연구』, 한국교육개발원.

● 한만길 외(2010), 『탈북청소년교육의 통합적 지원체제 구축 방안』, 한국교육개발원.

무상교육과
사회적 기본권 보장

김 용 일

1. '공짜 교육'은 가능할 것인가?

무상교육(無償教育, free education)을 조금 달리 표현하면 '공짜 가르침' 내
지 '공짜 배움' 정도일 것이다. 방점은 역시 '공짜'에 찍힐 수밖에 없다. 수혜
자인 학생과 학부모 입장에서 보면, 돈을 내지 않아도 되는 것이다. 그렇다
면 학교와 대학이 제도화되고, 그곳에서 사회 구성원 모두가 일정 기간 교
육을 받는데 과연 돈이 들어가지 않는 걸까? 물론 전혀 그렇지 않다. 학교와
대학을 운영하는 데는 엄청난 규모의 돈이 필요하다. 때문에 누군가는 그 비
용을 감당해야 하는 것이다.

반값 등록금 논란에서 보듯 대학에 다니기 위해 우리는 세계 최고 수준
의 등록금을 지불하고 있다. 고등학교는 또 어떤가? 특성화고 말고는 모두
등록금을 내게 되어 있다. 일반계고는 말할 것도 없다. '학교선택권'이 부여
된 자사고, 자율고, 특목고 등에서는 대학 등록금을 상회하거나 버금가는 비

용을 요구한다. 아주 소수이긴 하나 사립 초등학교에 다닐 경우 비싼 교육비를 내야 한다. 유치원 교육비가 가계경제에 큰 부담으로 작용해온 것 역시 어제오늘의 일이 아니다. 모두 교육이 '돈 드는 일'이라는 점을 잘 보여주는 사례들이다.

여기서 우리는 무상교육이 어떤 특정 기간과 대상에 한정되어 있다는 사실을 깨닫게 된다. 우리나라의 경우 의무교육(義務敎育, compulsory education)인 초등학교와 중학교 단계에서 무상교육을 실시하고 있다. 뒤에서 자세히 살펴볼 것이지만, 취학의 의무(강제성)를 부과하는 대신 비용 면제를 제도 운용의 기본 조건으로 마련해놓고 있는 것이다. 무상교육이라고 해서 다 의무교육은 아니지만, 의무교육의 경우 예외 없이 무상으로 하는 게 세계 공통적인 현상이다. 더 적극적으로 해석하자면, 의무교육 단계의 무상교육은 보편적 교육복지의 대표적인 사례라 할 수 있다.

다른 한편, 일반계고와는 달리 특성화고에서도 무상교육을 실시한다. 또한 같은 일반계고인데도 저소득층 자녀들은 학비 감면이나 장학금 등을 통해 돈을 내지 않는다. 특수교육 대상자의 경우도 마찬가지다. 의무교육 단계가 아님에도 불구하고 특정 집단을 대상으로 무상교육을 실시하고 있는 것이다. 선별적 교육복지의 좋은 예라 할 것인데, 특성화고나 특수교육 대상자에 대한 차별철폐 조치(affirmative actions)의 성격이 짙다. 의무교육 단계의 무상교육에 담겨 있는 정신, 즉 경제적 곤란 때문에 교육받을 권리가 침해되어서는 안 된다는 생각을 취약 계층이나 집단부터 관철시켜온 결과다.

최근 우리는 무상교육에 대해 보다 진지하게 생각해볼 수 있는 공통의 경험을 한 바 있다. 무상급식을 둘러싼 치열한 논쟁이 그것이다. 그런데 이 논쟁은 수업료를 내지 않는다는 의미의 '무상'에서 한 걸음 더 나아간 것이다. 우리 아이들의 교육에서 '공짜의 질적 수준을 어떻게 할 것인가'라는 고민을 내포하고 있다는 뜻이다. 급식 외에도 학습 준비물, 교복, 통학비 등 그 필요가 인정된다면 무상으로 하지 말라는 법이 없지 않은가? 무상교육의 연한에 더하여 그 질에 대한 본격적인 고민이 시작된 것이다. 무상급식이 먼저냐, 아니면 고등학교 무상화가 더 먼저냐는 문제 제기 역시 이런 고민과 무관치 않다.

2. 무상교육은 사회적 기본권 보장의 주춧돌이다!

무상교육은 그 자체가 목적이 아니라 교육권을 보장하기 위한 수단이다. 우리 사회 구성원 모두의 교육권을 널리 보장하기 위해서는 '공짜(free)'라는 조건이 확보되어야 한다는 사회적 합의의 산물인 셈이다. 이를 명문화하고 있는 것이 바로 우리 헌법 제31조다. 제1항에서 모든 국민의 교육받을 권리를 천명하고, 제2항에서 이를 보장하기 위한 제도적 장치로서 의무교육을 언급하고 있다. 계속해서 제3항에서 "의무교육은 무상으로 한다."고 하여 의무교육 제도를 매개로 한 '공짜'가 교육권 보장의 기본 조건임을 분명히 하고 있다.

< 대한민국 헌법 제31조 >

① 모든 국민은 능력에 따라 균등하게 교육을 받을 권리를 가진다.
② 모든 국민은 그 보호하는 자녀에게 적어도 초등교육과 법률이 정하는 교육을 받게 할 의무를 진다.
③ 의무교육은 무상으로 한다.

「교육기본법」 제4조에서 언급되어 있는 성별, 종교, 신념, 인종, 사회적 신분, 경제적 지위, 신체적 조건 가운데 '경제적 능력'으로 인해 교육권이 침해될 공산이 컸기 때문이다. 그만큼 시장 우위의 사회에서는 돈이 없어 교육 기회를 거머쥘 수 없거나 차별을 당하는 경우가 많았다. 더구나 이때의 '경제적 능력'은 교육받을 권리를 향유해야 할 당사자, 즉 학생이 아니라 그 친권자 또는 후견인에게 귀속되는 문제다. 학령기의 아동과 청소년이 부모의 경제적 무능력으로 인해 교육을 받을 수 없다는 것은 사회 정의에도 어긋난다. 이 세 개의 조항에 대해서는 일찍이 신현직도 같은 취지를 담고 있는 것으로 해석한 바 있다.

……우리 헌법 제31조 제2항, 제3항에는 무상의무교육제가 명시되어 있다. 이는 제1항에서 선언된 생존권으로서의 교육을 받을 권리의 구체적 보장을 위해 현대 공교육제도의 기본이 되는 무상의무교육제의 제도 보장을 규정한 것으로 해석된다(신현직, 2003: 40~41).

무상의무교육이 '생존권으로서 교육을 받을 권리', 즉 사회적 기본권을 보장하기 위한 제도적 장치라는 얘기다. 무상과 의무가 한데 결합되어 교육권 보장의 제도적 기반으로 작동하고 있는 것인데, 서구에서는 '모든 아이들을 위한 무상의무교육(free and compulsory education for all children)' 정도로 표현되곤 하다. 그런데 근자에는 '취학의 의무' 차원의 강제성은 약화되는 반면, 무상성은 한층 강조 내지 강화되는 경향이 있다. 강제성이 약화되는 이유는 과거와는 달리 학교 이외의 다양한 형태의 교육이 가능하고 또 그것이 사회적으로 용인되는 추세이기 때문이다.

이와는 달리 무상성을 강화하는 이유는 우리 아이들 모두의 교육받을 권리를 더 확실하게 보장하기 위해서다. 이는 무상교육의 기간이 늘어나고, 그 수준이 고도화되는 데서 잘 확인할 수 있다. 이를 위해 날로 커지는 재정 소요는 당연히 국가가 감당해 할 의무로 받아들여지고 있다. 막대한 재정적 책임이 국가에게 부과된다는 뜻이다. 이런 점에 주목해보면, 근대 인류의 역사는 '무상(의무)교육 확대의 역사'라고 해도 과언이 아니다. 교육받을 권리 보장에 대한 아래로부터의 요구가 무상교육제도 속에 관철되었기 때문이다. 국가가 나서 공교육제도를 건설하고 무상(의무)교육 연한을 조금씩 늘리는 계급적 타협을 도모해온 것이다.

무상교육은 처음에 학교에 내는 수업료나 입학금 면제에 한정된 것이었다. 그러나 시간이 지나면서 무상의 범위는 확대된다. 학습 준비물, 교과서 대금, 급식비, 통학비 등은 말할 것도 없고, 학생의 최소 생활비까지 국가가 부담하는 경우가 생겨난 것이다. 이와 관련하여 산업화 초기 영국의 상황은 시사하는 바가 크다. 학교를 지어놓고 취학을 독려하는 움직임에 대해 당시 노동계급이 환영 일색이었던 게 아니었다. 그보다는 오히려 학교 가야 할 상황을 피해 유리걸식하는 사람들이 상당히 많았다. 왜 그랬던 걸까?

학교에 자녀를 보내는 데 따른 부담 때문이었다. 학부모의 입장에서는 감당해야 할 비용이 많아 수업료가 공짜라 해서 문제가 다 해결되는 게 아니었다. 아동 노동이 일상화되었던 당시의 상황에서 학교에 다닌다는 것은 누군가 '아이들의 빵'을 책임져야 함을 뜻했다. 그런데 그 책임이 온전히 학부모에게 떠맡겨질 때, 취학의 의무는 축복이 아니라 재앙일 수밖에 없다. 임금이 오르든 취학 아동에게 직접 빵 등을 함께 제공하든 해결책이 필요했다. 근대 교육사는 이 두 측면에서의 진보가 무상교육을 정착시키고 그 질적 수준을 높이는 것으로 귀결되었다는 사실을 잘 보여주고 있다.

그런데 이러저러한 이유로 무상(의무)교육의 실제 모습은 나라마다 제각각이다. 다른 조건이 동일하다면, 일반적으로 학교와 대학의 사회 통합 기능을 중시하는 나라의 무상교육 연한이 더 길다. 달리 표현하자면, 교육복지에 대한 인식 수준이 높고 또 그에 대한 사회적 합의가 공고한 나라에서 더 오랜 기간 무상교육을 실시한다. 예컨대 핀란드는 영유아에서부터 대학원까지 무상교육을 실시하고 급식도 고등학교까지 무상이다. 사회 구성원 대부분이 교육을 사회복지의 중추라고 생각하고 기꺼이 그 비용을 감당하기 때문이다.

핀란드의 교육제도를 전체적으로 보면 아동들은 만 6세에 유치원(preschool)
에서 학교교육을 시작한다. 의무교육은 초등학교인 기초학교에서 만 7세(만
16세까지 9년 동안-필자 주)에 시작된다. 이 학교에서는 수업료, 교과서뿐만
아니라 의료 서비스, 급식, 특수교육 서비스 등이 무료다. 후기 중등학교(고등
학교 upper secondary-필자 주) 단계에서 학생은 교과서 대금을 내야 하며,
고등교육 단계에서는 점심을 사 먹어야 한다. 학생들의 복지(well-being)를
돌보는 것이 핀란드 학교교육의 오랜 전통이다(Johnson, 2007. 10. 18: 136).

한국을 다녀간 핀란드 교장협의회 의장의 생생한 진술인데, 이런 특징은
스웨덴 교육에서도 확인할 수 있다. 스웨덴의 경우 유치원부터 대학원까지
무상교육을 실시한다. 1~5세의 무상 탁아와 보육을 시작으로 6~16세까지
는 의무교육 단계로 완전 무상이다. 16~19세의 고등학교는 의무교육은 아
니지만 무상교육을 실시하며, 대학 역시 무상교육이 이루어지고 있다. 학교
와 대학이 보편적 복지 차원에서 모든 국민에게 교육을 받을 권리를 보장하
는 공기(公器)로 확고히 자리매김되어 있는 것이다. 스웨덴의 사례에서 의무
교육은 무상이지만, 무상교육이라고 해서 반드시 의무교육일 필요가 없다
는 점도 재차 확인할 수 있다.

이런 나라들과는 달리 우리는 얼마 전까지 고작 초등학교 6년의 무상의
무교육을 실시하였다. 2002년 '국민의 정부'가 중학교 무상의무교육의 첫발
을 내딛고, 2004년 '참여정부'가 이 제도를 완성하였다. 그 결과 현재 우리
는 총 9년의 무상의무교육제도를 갖고 있다. 그 법적 표현이 「교육기본법」
제8조(의무교육) 제①항의 "의무교육은 6년의 초등교육과 3년의 중등교육으
로 한다."는 것이다. 여기에 불완전하기는 하나 만 5세아 무상교육을 더하

면, 이제 겨우 10년의 무상교육제도를 갖게 된 것이다. 세계 10위 안팎의 '경제 대국'의 반열에 진입하였다고 자랑을 일삼는 나라로서 참 빈약한 성적표라 하지 않을 수 없다. 이렇게 된 이유는 무얼까?

가장 중요한 원인은 역시 시장 과잉의 사회 시스템이다. 학교와 대학 운영에서 오랜 세월 '수익자 부담의 원칙'이 금과옥조처럼 떠받들어졌다. 여전히 '공짜 교육'을 받는다는 사실에 미안해하거나 불편해하는 것이 우리 국민 평균의 모습일 정도다. 교육받을 권리를 사회적 기본권으로 인식·실천하는 데 필요한 의식의 성장이 멈추어버린 까닭이다. 자연 학부모의 호주머니 돈으로 공교육제도를 지탱하는 것이 당연하다는 생각에 단단히 붙들려 있다. 게다가 지난 10여 년에 걸쳐 교육권을 사회적 기본권이 아니라 '소비자 주권(consumer rights)'으로 재규정하려는 시장주의자들의 공세에 무방비 상태로 노출되었다.

그 결과 교육을 위한 국가의 재정 책임 정도가 세계 최저인 현실을 부여잡게 되었다. 그만큼 사부담률이 높다는 뜻인데, 여기에 사교육비 부담이 더해져 교육비로 인한 국민의 고통은 말로 다 표현할 수 없는 지경이다. 2008년 현재 전체 교육 단계의 사부담률은 36.8%로 OECD 국가 평균 15.3%와 큰 차이를 보인다. 초·중등 교육 단계조차 사부담률이 19.0%로 OECD 국가 평균 8.1%의 2.4배에 달한다. 고등교육 단계의 사부담률은 무려 73.1%[27]에 달해 33.3%에 불과한 OECD 국가 평균과 비교할 수 없을 정도다(OECD, 2011: 231). 반값 등록금 요구가 터져 나오는 게 결코 우연이 아님을 잘 알 수 있다.

이제 널리 알려진 사실이지만, '문민정부'에서 수입된 시장주의 교육정책은 공교육 재정 감축을 목표로 한 것이었다. 교육에 대한 국가의 재정 책임 정도가 세계 최저 수준인 조건에서 설상가상으로 재정 책임을 면하고자 설계된 정책을 맹목적으로 빌려 온 것이다(김용일, 2010 참조). 사정이 이렇다 보니 무상교육의 연한을 확대한다거나 그 질적 수준을 높이는 일은 번번이 외면당할 수밖에 없었다. 오히려 학교 민영화 전략에 따라 학부모의 호주머니 돈에 의존하는 학교를 남설하였다. 자사(율)고와 국제중 도입, 특목고 확대 등이 그것인데, 사회적 기본권을 보장하기 위한 무상교육의 정신이 후퇴하면서 부자 학교와 가난한 학교로 패가 갈리게 되었다.

세계 최고 수준의 유아 및 대학 교육비 부담에 더하여 고액의 '자발적 유상교육'이 증가하는 형국이라 할 만하다. 그만큼 학교와 대학을 통한 계층 이동 가능성이 낮아지고, 사회 통합의 기반 역시 취약해지고 있다는 뜻이다. 더구나 우리나라는 빈약한 사회복지 시스템을 기업 복지 등으로 메우고 있는 형편이다. 예컨대 대기업은 자녀들의 대학 등록금까지 그리고 중소기업은 고등학교 등록금을 지원해준다. 공공 기관 근무자 역시 무이자나 저리의 학자금 대출을 받을 수 있다. 이런 지원은 경제적 능력이 있는 사람들과 그렇지 못한 사람들 간의 격차를 더 크게 만든다. 이래저래 과중한 교육비 부담으로 인해 교육 불평등과 가계경제의 파탄을 피할 수 없는 사람들은 비정규직 종사자, 영세 자영업자 등의 사회적 약자들이다.

3. 유아교육에서 고등학교까지 무상교육을 전면화하자!

이상에서 우리는 무상교육이 보편적 교육복지의 핵심 기제라는 사실을 확인할 수 있었다. 모든 사람들에게 사회적 기본권으로서 교육받을 권리를 널리 향유케 하는 기본 조건이라는 점에서 그러하다. 그러나 우리나라의 무상교육은 그 연한이나 질적 수준 등에서 다른 나라와 비교할 수 없을 정도로 뒤처져 있다. 그렇다면 우리의 후진적인 무상교육을 변화시키기 위해 어떤 노력을 기울여야 하는 걸까? 사회 양극화, 교육 양극화의 시대에 무상교육의 목표 설정에 관한 물음이라 할 수 있는데, 이에 대해 나는 "유아교육에서 고등학교까지 무상교육의 전면화"라고 답하고 있다. 아울러 이 무상 교육의 정신을 고등교육 단계로 확장시켜 "반값 등록금 실현"까지 나아가 야 한다고 생각한다.

그러면 먼저 유아교육의 무상화에 대해 살펴보기로 하자. 2011년 5월 정부는 2012년부터 만 5세아 무상교육을 전면 실시한다고 발표했다. 종전의 소득 70% 이하 가정에게만 주어지던 지원을 전 계층으로 확대하겠다는 것이다. 지원 단가도 공립 유치원은 현행대로 하되, 사립 유치원과 어린이집은 2012년 20만 원에서 매년 2만 원씩 늘려 2016년 30만 원으로 인상하겠다는 내용이다. 이를 위해 유치원과 어립이집으로 나뉘어 있는 관리체제는 그대로 두되 표준화된 유아공통과정으로 교육 내용을 일원화하고, 지방교육재정 교부금을 통해 유아학비와 보육료를 부담하겠다는 것이다.

많은 한계가 있기는 하지만, 교육 투자에 인색하다고 비판받아온 현 정부가 이 정도의 정책을 내놓은 것은 사정이 그만큼 절박했기 때문이다. 2008년 현재 유아교육의 국가 부담은 GDP의 0.09%인 반면, 민간 부담은 GDP 대비 0.10%로 사부담률이 52.6%에 달한다. OECD 국가 평균 사부담률 13.7%와 비교하여 무려 3.8배를 상회하는 수치다(OECD, 2011: 231). 실제로 2009년 현재 인천 소재 A 사립 유치원의 경우 월 징수액이 536,000원이고, 서울 소재 B 유치원은 매달 671,000원을 내야 한다. 유아교육비 부담이 가계경제를 위협할뿐더러 '출산 파업'의 주요인이라는 지적이 결코 과장된 얘기만은 아닌 것이다. 정부가 지급하기로 한 매월 1인당 최고 30만 원이 턱없이 부족한 액수라는 점도 잘 알 수 있다.

유아교육 단계의 학생 1인당 공교육비 역시 그냥 지나칠 수 없다. 2008년 현재 4,281달러로 OECD 국가 평균 6,210달러의 68.9%에 불과한 실정이다. OECD 국가 중 유아교육비를 우리보다 적게 쓰는 나라는 칠레(3,951달러), 체코(4,181달러), 이스라엘(3,953달러), 멕시코(2,391달러)뿐이다(OECD,

2011: 218). '수익자 부담의 원칙'이 강하게 관철되었을 뿐만 아니라 아주 '값 싼 교육'을 해온 것이다. 이런 상황에서 2012년 1월 정부는 또다시 「3~4세 누리과정 도입계획」(교육과학기술부, 2012. 1. 18)을 발표하였다. '만 5세 누리 과정'을 2013년부터 만 3~4세까지 확대하고, 지원 단가를 만 5세와 동일하 게 30만 원까지 인상하겠다는 것이다.

이렇듯 현 정부가 추진하고 있는 유아교육의 '단계적 무상화' 정책은 많 은 문제점을 안고 있다. 다른 무엇보다 유아 1인당 최고 30만 원의 교육비 를 지급하는 방식을 채택함으로써 유아교육의 완전 무상교육 의지를 사실 상 포기하고 있는 것이다. 유아교육의 공공성 제고를 위해 선행 또는 병행되 어야 할 인프라 구축에 대해 일절 언급이 없는 것 또한 무상교육 실현 의지 를 의심케 하는 대목이다. 영리를 목적으로 하는 사립 유치원과 어린이집에 대한 의존도가 지금처럼 높아서는 기관 운영의 투명성은 물론, 교육과정 운 영 등의 공공성을 담보할 수 없기 때문이다.

2011년 현재 유치원 재학생 수 총 564,834명 가운데 국공립 유치원 재 학생은 126,055명(국립 240명)으로 전체의 22.3%에 불과하다. 반면, 사립 유 치원 재학생은 438,739명으로 전체의 77.7%에 달한다. 유아교육의 무상화 와 함께 공공성을 담보할 제반 정책이 작동 가능하지 않은 조건이다. 최소 한 신설 및 학급 증설 등을 통해 공립 유치원이 적어도 50% 이상의 수용력 을 갖추어야 한다. 그렇지 못할 경우 공립 유치원 신설조차 사립 유치원 및 어린이집의 반발로 무산되는 파행이 반복될 수밖에 없다. 이런 구조적 제약 하에서 유아교육의 완전 무상화는 실현 가능하지 않을뿐더러 일괄 재정 투 자에 대한 국민적 동의를 이끌어내기도 어렵다. 이 문제와 관련하여 OECD 국가 평균 72% 정도의 학생이 공립 유아교육기관에 다니고 있다는 사실에 주목할 필요가 있다.

유아교육과는 달리 초등학교와 중학교 단계의 무상교육은 일정 수준 진전이 있었다. 초등학교의 경우 수업료와 입학금은 물론, 과거 납부해야 했던 교과서 대금과 학교 운영 지원비 등이 면제된 상태다. 그러나 중학교의 경우 학교 운영 지원비가 여전히 말썽이다. 아직도 서울, 인천, 충북 등 일부 시·도에서는 학부모에게 편법으로 비용을 부담시키고 있다. 그렇지 않은 경우에도 국가가 아니라 시·도 교육청이 부담하고 있어 재정 압박 요인이 되고 있다. 초등학교와 동일한 무상의무교육 단계임을 고려하여 중학교도 학교 운영비를 지방교육재정교부금을 통해 안정적으로 충당해야 할 것이다.

이것 말고도 초등학교와 중학교의 경우 학생 1인당 공교육비를 OECD 국가 평균 수준에 근접시키려는 노력을 기울여야 한다. 비교 가능한 가장 최근 자료인 2008년 현재 우리나라의 학생 1인당 공교육비는 초등학교의 경우 5,420달러로 OECD 국가 평균 7,153달러의 76%에 불과하다. 중·고등학교의 경우 사정이 조금 낫긴 하지만, 이 역시 7,931달러로 OECD 국가 평균 8,912달러의 90.0%에 불과한 실정이다. 높은 사부담률에도 불구하고 의외로 값싼 교육을 하고 있다는 얘기다. 급한 것이 한두 가지가 아니겠지만, 우리 아이들 교육에 있어 '국제 표준(global standard)'에 도달하려는 책임 있는 자세가 요구된다 하겠다.

다른 한편, 무상교육을 고등학교까지 확대·완성하려는 것은 우리나라의 경제 발전 수준에 걸맞은 최소한의 조치라 생각한다. 기회만 있으면 '기적적인' 경제 성장을 자랑하는 나라의 불명예이며, 더 이상 미뤄서는 안 될 과제다. 사실 결심만 한다면, 추가 재정 소요가 그리 크지도 않다. 특성화고가 이미 무상화되고, 상당수의 일반계고 학생들이 학비 감면이나 장학금 혜택을 받고 있기 때문이다. 대통령 선거를 앞두고 박근혜 새누리당 후보까지 "고등학교 무상교육을 위해 교육기본법을 개정하겠다."고 하는 것을 보면, 고등학교 무상교육 실시를 위한 여건은 무르익었다고 보는 게 옳다.

그러면 이제 대학 반값 등록금 논란을 중심으로 고등교육 단계의 무상교육 과제에 대해 살펴보기로 하자. 앞서 언급한 바와 같이 우리나라 대학 등록금은 미국 다음으로 가장 비싸다. 2008~09학년도 현재 국공립대학은 5,315달러이고 사립대학은 9,586달러이다. 세계 최고 수준인 미국의 경우 각각 6,312달러와 22,852달러이다. 그런데 이 지표와 관련하여 눈여겨볼 점이 있다. 우리나라의 경우 사립대 재학생이 76%이고 국공립대 재학생이 24%인 데 반해, 미국의 경우 각각 32%와 68%라는 사실이다(OECD, 2011: 266~267). 우리가 사립 위주라면 미국은 공립 위주로 고등교육의 인프라가 완전히 다른 모습이다.

바로 이런 구조적 요인 때문에 등록금 수준은 미국이 월등히 높지만, 사부담률은 거꾸로 한국이 더 높게 나타난다. 미국의 고등교육 사부담률이 63.0%인 데 비해 우리나라의 사부담률은 73.1%로 세계 최고 수치를 기록하고 있다. 물론 사부담률이 높은 근본적인 원인은 고등교육에 대한 정부의 재정 투자가 미미하다는 사실에서 찾아야 할 것이다. 2008년 현재 우리나라의 고등교육 지출은 GDP 대비 2.6%로 이 가운데 정부 부담은 GDP 대비 0.6%(전체의 26.9%)에 불과하다. OECD 국가 평균 1% 수준(총 지출은 GDP 대비 1.5%)의 정부 부담(전체의 66.7%)을 놓고 볼 때 지나치게 인색한 투자를 하고 있는 셈이다(OECD, 2011: 231).

이로 인해 현재 우리가 목도하고 있는 현실은 실로 엄중하다. 먼저 학자금 대출에 따른 학생 신용불량자 급증을 들 수 있는데, 2011년 4월 현재 약 3만 명에 달하는 것으로 파악되고 있다. 2006년 670명과 비교하면 45배나 증가한 수치다. 가계 소득 대비 대학 등록금 비중이 과도하여 가계경제를 파탄 지경에 이르게 하고 있다는 점 또한 간과할 수 없다. 이 때문에 많은 학생들이 아르바이트 전선에 내몰려 장시간의 노동을 하고 있는 실정이다. 하지만 수입이 적어 학비를 온전히 충당하지도 못하고 공부할 시간만을 빼앗기는 등 계층 간 교육 불평등의 구조적인 요인으로 작동하고 있다. 가난한 가정 출신 학생들의 경우 대학교육의 과정(process)에서도 차별과 불이익을 받고 있는 셈이다.

사정이 이런 마당에 무상교육의 정신을 고등교육 단계까지 확장시키는 것은 너무나 당연할 일이지 않은가! 거듭 강조하지만, 경제적 능력에 의해 교육받을 권리가 침해되어서는 안 되겠다는 사회적 합의의 산물이 바로 무상교육이다. 초·중등 단계에서는 나름의 일정한 성과를 거두었다. 그러나 고등교육은 전혀 그렇지 못하다. 최근 관찰되는 현실은 적극적인 정책 대응을 더 이상 미뤄서는 안 된다는 아주 절박한 신호로 받아들여진다. 재정 책임 회피 및 부실하기 짝이 없는 장학제도 운영 등 정부가 손 놓고 있는 사이 사태가 걷잡을 수 없게 된 것이다. 지긋지긋한 '수익자 부담의 원칙'은 이제 폐기되어야 마땅하다.

이런 맥락에서 자연스럽게 터져 나온 것이 바로 반값 등록금 요구다. '반값'이라고는 하지만, 무상교육의 정신이 그대로 살아 있는 것이라고 보는 게 타당하다. 재정 여건이나 정책의 우선순위 등을 고려하여 완전 무상화가 아닌 '반값'을 현실적인 대안으로 제시하고 있는 것이기 때문이다. 오래전부터 민주노동당이 제기해온 교육개혁 의제로 최근 민주통합당은 반값 등록금을 총선 공약으로 제시하는 등 적극적인 행보를 보이고 있다. 연 4조 7,000억 원 안팎의 추가 재원은 고등교육재정교부금법 제정을 통해 안정적으로 확보해야겠다는 구상도 폭넓은 공감대를 형성해가고 있다. 새누리당 역시 "OECD 평균 수준인 GDP 1%까지 고등교육 재정을 확대하겠다."는 대선 공약을 내놓았다. 반값 등록금이 단순히 바람에 그치지 않을 것이라 기대해본다.

그러나 반값 등록금 실현에 있어 함께 생각해봐야 할 문제가 있다. 다름 아닌 고등교육의 취약한 인프라를 개혁하는 과제다. 2010년 현재 총 3,644,158명(2년제 포함)의 대학생 가운데 국공립대생은 904,989명(24.8%)에 불과하다. 전년도보다 조금 늘었지만, 사립대 의존도가 여전히 75%를 넘는다. OECD

국가 평균의 사립 의존도가 15% 미만인 것과 비교하면, 완전히 역전된 수치로 이렇게 사립대 의존도가 높아서는 정부의 정책이 작동되기 어렵다. 따라서 중장기적으로 국공립대 수용력을 50%까지 늘리고, 정부지원형 사립대 30%까지 확대해나가는 기획과 함께 이들 대학부터 반값 등록금을 투여해야 한다. 그것이 재정에 대한 책무성을 확보하여 국민의 동의를 이끌어내고, 궁극적으로 고등교육의 공공성과 교육 수준을 획기적으로 제고시키는 길이기 때문이다.

4. 국공립 학교와 대학 중심의 교육개혁이 필요하다!

이 글을 시작하면서 교육은 돈이 들어가는 일이라는 점을 분명히 했다. 무상교육이라고 해서 예외일 수는 없다. 학생과 학부모에게는 공짜이지만, 그 비용은 국민의 세금으로 조성된 교육 재정을 통해 충당되는 것이다. 때문에 무상교육 정책은 필연적으로 그 우선순위 문제에 봉착하지 않을 수 없다. 요컨대, 여러 정책 의제들 가운데 정부가 어떤 것을 먼저하고 어떤 것을 나중에 해야 하는가의 문제이다. 앞의 논의에서 확인할 수 있듯이 여기에는 무상교육의 양적 확대는 물론 질적 고도화와 같은 아주 복잡한 정책적 판단의 요소들이 자리하고 있다.

이상의 논의에서 살펴본 것처럼 유아교육과 고등학교 단계의 무상화 과제에 대해서는 크게 이견이 없는 듯하다. 유아교육은 불완전하나마 만 5세 무상화의 첫걸음을 내디뎠으며, 고등학교 단계의 무상화 과제에 대해서는 정치권 모두가 팔을 걷어붙이고 나선 형국이다. 사실 교육비 부담에 있어 생각 이상으로 가계경제를 압박하는 것이 유아교육비다. 양육 및 교육비 부담은 젊은 부부들이 출산 여부를 결정하는 데 큰 영향을 미치는 핵심 변수이기도 하다. 속도감 있게 적극적인 대책을 세우지 않는다면, 세계 최저의 출산율 극복 등과 같이 우리 사회의 지속 가능성을 보장하기 위한 노력들이 수포로 돌아갈 공산이 크다.

그런데 고등교육과 마찬가지로 유아교육의 무상화 정책의 실효성을 담보하기 위해 선행 내지 병행되어야 할 정책 과제가 존재한다. 바로 사립 위주에서 공립 위주로 유아교육 기관을 전면 구조 개혁하는 일이다. 그 중요성은 무상교육이 실시되고 있는 초등 및 중학교의 설립별 현황을 보면 금방 깨닫게 된다. 관련 정책 통계에 따르면, 2011년 현재 초등학교는 98.7% 그리고 중학교는 75.9%가 국공립이다. 반면, 무상(의무)교육이 아닌 고등학교의 경우 국공립 학교의 비율은 58.5%에 불과하다. 무상교육 기관의 경우 이윤 동기(profit motive)가 끼어들 여지를 원천적으로 차단하는 것이 바람직하다는 뜻이다. 그렇지 않을 경우 재정 책무성 등 기관 운영의 투명성과 교육 내용의 공공성을 담보하기가 어렵다.

반값 등록금이 무상교육의 연장선상에 이해되고 실천되어야 한다는 점 역시 앞서 살펴본 대로다. 고등학교의 무상화가 먼저냐 반값 등록금이 먼저냐 하는 등의 논란이 일기도 하였다. 그러나 우리나라의 경제 수준에 비추어 둘 다 국제 표준에 한참 뒤진 후진적인 현실로 동시에 추진하는 것이 마땅하다고 생각한다. 이렇게 되면, 비로소 유아교육(1년)-초·중등교육(12년, 의무교육) 총 13년의 무상교육 체제와 함께 반값 등록금이 실현된 고등교육 체제를 갖추게 된다. 무상교육 인프라 자체를 강화해나가는 한편, 그 바탕 위에서 세계적인 수준의 교육을 제공하는 것이 향후 무상교육이 지향해야 할 방향이다.

끝으로 무상급식을 둘러싼 논란에 대해 잠시 생각해보면서 글을 맺기로 하자. 사실 모든 나라에서 무상급식을 하고 있는 것은 아니다. 그런 점에서 급식을 선별적 복지 차원으로 접근하자는 주장은 나름의 타당성을 지닌다. 그러나 생각을 조금 달리해보면, 무상급식이 시대적 열망의 표상이라는 점을 간과해서는 안 된다. 교육 양극화, 사회 양극화 시대에 우리 국민은 무상급식에 대한 열망을 통해 "교육에 대한 사회적 책임을 강화하라."고 강력히 요구하고 있는 것이다. 더구나 의무교육은 무상화를 기본 조건으로 하고 있다. 그런 점에서 국민의 열망을 '의무급식' 차원으로 제도화하여 무상교육의 질적 수준을 제고시키는 한편, 사회적 기본권을 강화시키는 데 힘을 모아 나갈 필요가 있다고 생각한다.

참고문헌

● 교육과학기술부(2012. 1. 18), 「3~4세 누리과정 도입 계획」(보도자료).
● 교육과학기술부(2011. 9. 9), 「2011년 OECD 교육지표 조사 결과」 발표(보도자료).
● 김용일(2010), 『교육의 계급화를 넘어』, 서울: 북이데아.
● 김용일(2011), 「복지국가 건설을 위한 교육개혁 과제」, 『광장』 10(신년호), 재단법인 광장, 173~186쪽.
● 한국교육개발원 교육정책 통계(http://edpolicy.kedi.re.kr/, 2012. 7. 20 조회).
● 신현직(2003), 『교육법과 교육기본권』, 서울: 청년사.
● OECD(2011), Education at a Glance.
● Johnson, Peter(2007. 10. 18), Educational system and school democracy in Finland. 교육복지실현국민운동본부, 『교육복지 사회로의 비전과 전략』(교육복지 국제 심포지엄 자료집), 131~148쪽.

위기 학생을 위한
교육 안전망 구축

윤 철 경

1. 위기 학생은 누구이며 얼마나 되나?

OECD가 정의한 바에 따르면 위기 청소년(At-Risk Youth)이란 '학교생활에 적응하지 못함으로 인해 직업이나 성인으로서 삶을 성취해내지 못할 것 같은 사람. 그 결과 사회에 긍정적으로 기여하지 못할 것 같은 청소년'을 말한다. '학교생활에의 적응 여부'가 위기 청소년의 개념 정의에 상당히 중요하다.

영국의 커넥션즈(Connexions) 사업은 위기 청소년을 '특별한 요구를 가지고 있는 청소년'으로 보고 기초생활수급대상자 청소년, 소년소녀 가장, 보호시설 청소년, 가출 청소년, 미혼모나 임신 학생, 국제 난민, 영어가 모국어가 아닌 청소년, 약물 복용 청소년, 무단결석자, 퇴학자, 학습 부진아, 학습장애 청소년, 정신건강상의 문제를 가지고 있는 청소년, 낮은 자존감과 동기등 행동적 문제를 가지고 있는 청소년 등을 위기 청소년의 범주에 포함시키고 있다. 학습 부진과 학업 중단자뿐 아니라 요보호 청소년, 문화적 배경이

다른 청소년, 성, 약물, 가출 등 행동적, 심리·정신적 문제를 가지고 있는 청소년을 위기 청소년으로 범주화하고 있다.

그런가 하면 Chaim Lahav는 청소년의 위기를 생태학적 개념으로 제시하고 있다. 위기 청소년이란 '한 사회의 건강한 성인으로의 발달을 위협하는 상황(환경)에 노출되어 있는 청소년'으로 정의할 수 있다. 청소년이 처한 개인적, 가족적, 교육적, 지역사회적 상황에 위험 요소가 많고 복합적일수록 청소년의 위기 수준은 더 높아진다. 여러 가지 위기 요인이 청소년에게 중첩될수록 위기 수준은 높아진다.

OECD는 사회마다 차이는 있지만 위기 청소년의 비율은 전체의 15~30%로 추정하고 있다. 한국의 위기 청소년 규모를 추정하기 위한 노력은 2005년부터 시작되었으며 약 160만 명(전체 청소년 인구의 14.5%) 정도로 추정되었다. 이후 몇 번의 시도가 있었지만 대개 15~20% 범위에서 위기 청소년 규모가 논의되고 있다. 가장 최근에는 최상근(2010)이 학업 중단 고위기 학생 수를 추정하였다.

최상근(2010)은 학업 중단 고위기 학생 수를 학업을 이미 중단한 학생과 학교 학생들은 비교하여 점수를 내고, 이미 학업을 중단한 학생보다 높은 평균점을 보이는 학생들을 학업 중단 고위기 학생으로 보았다.

보통 청소년의 위기 요인으로 논의되는 것은 개인적 특성과 더불어 빈곤, 가족 해체 등 가족 요인, 학습 부진, 학교구조 등 학교 요인, 지역사회 등 환경적 요인을 지적하고 있지만 최상근은 개인 특성과 학교 특성을 중심으로 추정하였다. 학교 특성에 따른 학업 중단 위기 학생 수가 120만 명 수준으로 추정되었다. 즉 교사와의 관계, 학교생활만족도, 학교 규범의 엄격성, 학업 성취 압력 등 학교체제의 특성 등에 대한 인식에서 이미 학업을 중단한 학생들의 평균점보다 높은 학생들이 120만여 명이다.

한 해 학업 중단자의 발생은 6~7만 명 수준에 있지만 학교에 남아 있다

하더라도 위기에 처해 있는 학생의 규모는 그만큼 큼을 알 수 있다.

2. 학생 위기의 실제는 어떠한가?

사례 1

2012년 6월 29일 대구 경북대 병원에 한 여학생이 입원을 해 있었다.

A양은 지난 4월 26일 학교 또래들의 괴롭힘과 왕따를 견디다 못해 유서를 써놓고 대구시 북구의 한 아파트 8층에서 뛰어내렸다. 기적적으로 화단 나뭇가지에 걸려 생명을 건졌지만 머리가 찢어지고 턱과 다리 등이 골절되는 중상을 입었다.

A양은 중학교 진학 후 3년 내내 친구들의 학교 폭력에 시달려왔다. 같은 학원에 다녔던 남녀 학생 몇몇도 팔과 다리를 막대기로 때리거나, 머리에 지우개를 던지며 놀렸다고 한다. 가장 힘들었던 점은 "친구들이 (같은 학교에 다녔던) 언니 욕한 거"란다.

"반 친구 몇몇은 나를 왕따시키며 기분 나쁘게 웃거나 일부러 어깨를 부딪치기도 했다. 한 친구는 운동장 벤치에 앉아 있는 나를 가리키며 쟤는 말도 못하고 친구도 없다며 놀려댔다."

사고 후 A양 방에서 발견된 유서엔 "중학교 1학년 때부터 ○○무리에게 왕따를 당해 죽고 싶을 만큼 힘들었다. 내가 먼저 다가가면 슬금슬금 피하기만 할 뿐 놀아주지 않았다. 나를 못 잡아먹어서 안달이고 나를 보며 시비를 걸었다. 중3이 된 지금도 그 아이들이 한 말과 행동이 머릿속에 떠올라 힘들게 한다."고 적혀 있었다([학교 폭력, 이젠 그만] 생명 던졌던 소녀… 왕따의 고통 펜

사례 2

2011년 12월 20일 친구들로부터 집단 괴롭힘을 당해왔다는 한 중학생이 유서를 남기고 스스로 목숨을 끊었다.

권 군은 중학교 2학년 때 A군, B군과 같은 반이 되면서 친해졌다. 권 군의 악몽은 이들과 인터넷 게임인 '메이플 스토리'를 함께하면서 시작됐다.

이 게임은 게임 아이템을 사고팔며 게임 캐릭터의 레벨을 높여가는 게임이다. 게임을 잘하던 권 군에게 A군이 게임 캐릭터 레벨을 높여달라고 부탁했다. 이에 A군 아이디로 권 군이 게임을 하던 중 A군의 게임 아이템이 해킹당하면서 이들의 사이는 틀어졌다.

권 군의 부모가 모두 교사여서 낮 시간에 없다는 사실을 안 이들은 권 군의 집으로 찾아가 폭력을 휘두르며 게임을 하라고 요구했다. A군은 10월 중순부터 두 달여간 권 군을 39차례 폭행하고 금품을 빼앗았으며 B군은 19차례에 걸쳐 권 군에게 폭행을 휘둘렀다. 또 이들은 자신들의 숙제를 대신하게 하고 교과서를 찢거나 빼앗았으며 각종 잔심부름을 시키는 등 노예처럼 권 군을 부렸다.

경찰에 따르면 권 군이 이들에게 당한 폭행은 유서에 드러난 가혹 행위보다 더 심각했다. 경찰 수사 과정에서 권 군 유서에 드러나지 않은 또 다른 동급생 C군도 권 군의 집에 수시로 드나들면서 폭력을 휘두른 것으로 조사됐다.

이들은 세면대에 물을 받아놓고 권 군의 머리를 누르는 등 물고문을 하였으며 권 군의 집에 있던 목검과 단소, 격투기용 글러브 등 각종 도구를 이용해 권 군의 엉덩이와 허벅지 부위 등을 상습 폭행했다.

이들은 분 단위로 문자 메시지를 보내며 사사건건 간섭하고 권 군을 조정했다. 이들은 "답 늦을 때마다 2대 추가.", "돈 벌어라.", "요즘 안 맞아서 영

맛이 갔네." 등의 문자를 보내며 시시각각 권 군을 압박했다. 권 군이 숨지기 전날에도 "게임 빨리 안 하냐.", "야, 대답 안 하냐."는 내용의 문자 메시지를 보냈다. 여러 차례 자살을 결심했던 권 군은 가족들 생각으로 번번이 마음을 다잡았지만 결국 가해 학생들의 폭행과 협박에 스스로 목숨을 끊었다.

학교 폭력에 시달린 피해자가 어디에도 도움을 요청하지 못하고 자살을 시도한 경우이다〈'찐따 바이러스' 옮는다 따돌리고 집단폭행·성추행 동영상 돌려보고 교사 자식도 왕따 몰려 자살 시도(2012. 1. 20. 동아일보 매거진 신동아)〉.

사례 3

서울의 중학생 D군의 부모는 D군이 어릴 때 이혼했다. 그 후 친척 집을 전전하며 자란 D군은 지금은 고모와 함께 살고 있다. D군의 소원은 단 하나다. 일진 같은 아이의 곁에 붙어서, 친구들에게 무시당하지 않는 것이다. 아직 일진은 아니지만, 언젠가 일진이 되리라 결심하고 있다. 그러기 위해 D군은 더욱 거친 행동을 보인다. D군은 친구가 자기 앞에서 벌벌 떨고 두려워하는 모습을 볼 때 비로소 자존감이 생긴다고 했다. 공부도 못하고 부모와 살지도 않는데다 가정 형편도 어려운 D군. 그런 D군이 아이들에게 유일하게 인정받는 때는 폭력으로 그들을 제압할 때뿐이다.

D군의 담임교사 E씨는 D군과 여러 차례 상담을 했다. 먹을 것을 사주고, 때론 같이 손을 잡고 울기도 했다. 그러면 D군은 그 앞에서 달라지는 모습을 보인다. 잘못했다고 하면서 함께 눈물도 흘린다. 그러나 그뿐이다. 다음 날이면 아이는 언제 그랬냐는 듯 친구들의 돈을 빼앗고, 담배를 피우고, 폭행을 일삼는다.

한번은 이런 일이 있었다. 기술시간이었다. D군이 못이 잔뜩 박힌 널빤지를 친구들에게 휘둘렀다. 자칫 큰 사고로 이어질 수 있는, 정말이지 위험천만한 행동이었다. 교과 담당 교사가 D군을 나무라자, D군은 "X같이! 학교 안 다니면 되잖아~! XX"이라고 하며, 무단 조퇴를 해버렸다('찐따 바이러스' 옮는다 따돌리고 집단폭행·성추행 동영상 돌려보고 교사 자식도 왕따 몰려 자살 시도 (2012. 1. 20. 동아일보 매거진 신동아)).

사례 4

서울 S중학교 1학년 F군은 학급 반장이다. 덩치가 좋고 얼굴이 잘생겼다. 리더십도 있다. 아버지는 전문직 종사자이고 어머니 또한 교육 관련 사업을 하고 있다. 겉으로 봤을 때 아무 문제가 없는 아이다. 그런데 F군은 같은 반 친구 하나를 왕따시키고 괴롭힌다. 그것도 은밀히. F군이 직접 나서는 일은 거의 없다. 대개 다른 친구를 시킨다. 피해 학생의 교복을 벗겨 화장실에서 오물을 묻히게 하고, 피해 학생의 성기를 여학생 앞에 노출시키고 휴대전화 동영상으로 찍게 한다. 괴롭힘을 당하는 아이의 부모가 문제를 제기해도, F군의 부모는 전혀 반응이 없다. 아니, 내 아이는 결코 그럴 리 없다고 한다. 되레 당신 아이한테 문제가 있기 때문이라는 반응이다. 당하는 입장에서는 억장이 무너질 노릇이다.

겉으로 봤을 때 모든 것이 완벽한 F군의 가정에는 문제가 있다. 부모와 대화가 단절돼 있으며, 시험 성적이 떨어지면 무자비한 구타가 쏟아지는 것이다. 대신 시험 성적이 좋으면 모든 것이 용서된다. F군은 어떤 의미로는 공부하는 기계였던 것이다. 그런 F군에게 분노가 차곡차곡 쌓였고, 그것을 해소할 무엇인가가 필요했다. 그 대상이 약해 보이는 한 친구였던 셈이다. F군은 친구를 지속적으로 괴롭히는 것으로 본인의 분노를 해소해왔다('찐따 바이러스' 옮는다 따돌리고 집단폭행·성추행 동영상 돌려보고 교사 자식도 왕따 몰려 자살 시도(2012. 1. 20. 동아일보 매거진 신동아)).

전국 학교 폭력 전수조사 실태에 따르면 전국 139만 응답자 가운데 12.3%

인 17만 명이 최근 일 년 이내에 폭력 피해를 경험하였다. 그런가 하면 일 년에 350명 정도의 10대 청소년이 자살을 하고 있으며 연간 7만 6,000여 명의 청소년이 학업을 포기하고 있다. 주의력 결핍, 과잉행동장애(ADHD) 유병률이 5~12% 수준을 넘는 등 정서 및 행동 장애 학생들이 늘고 있다. 학교 폭력과 자살, 우울과 무기력이 이제 학교 현장에 낯선 것이 아니다. 학업 경쟁과 스트레스, 억압과 분출되지 못한 분노가 잠재해 있는 학교 현장 곳곳이 학교 폭력이 불붙을 가능성으로 들끓고 있다. 어떠한 학생이 자살을 하고 어떠한 학생이 폭력을 휘두르나? 사례 1과 2는 학교 폭력 피해 학생이 자살을 시도한 경우이다. 사례 3은 해체된 가정의 학생이, 사례 4는 학력 경쟁을 최우선시하는 기능적 결손 가정의 학생이 폭력을 표출한 경우이다.

학교 폭력은 학생 간의 인간관계를 규정하는 문화로 자리 잡고 있다. 일명 '잘나가는 아이들'과 '잘나가는 아이들의 눈 밖에 나지 않기 위해 조심하는 아이들', '그리고 잘나가는 아이들의 눈 밖에 나서, 또는 무시할 만한 상대가 되서 괴롭힘을 당하는 아이들'로 구분된다. 학교 폭력의 방관자, 거리를 두고 있는 중간지대의 아이들 역시 학교 폭력이 잠재화되어 있는 인간관계의 구조 속에 긴장을 늦추지 못하고 생활한다. 학생들의 인간관계에 긴장 요인이 늘 내재되어 있다.

이 가운데 무기력하고 무의욕적 태도를 보이는 학생들이 늘어가고 있다. 수업시간에는 조용히 지내지만 학교생활 전반에서 외톨이인 아이들이 있다. 가끔 수업이나 학교도 빠지지만 특별히 야단칠 일은 없는 아이들이다. 학교 수업을 견디기 힘들어 수업시간에 딴짓을 하고 수업의 흐름을 방해하는 아이들에 대해서는 신경을 쓰지만 어떤 활동에 대해서도 흥미가 없고 멍한 학생들에 대해서는 우선적으로 관심을 쓰기가 어렵다. 학교 오면 그냥 조용히 자다가 가끔 깨어 있다가 집에 가는 아이들. 수업에 절대 참여하는 법이 없고 어떤 질문에도 초지일관 모르겠다는 아이들, 수업시간은 물론 체육시간조차 싫어하는 아이들이다. 그러면서 컴퓨터 게임은 굶어가며 12시간씩 할 수 있는 아이들이 적지 않게 한국의 학교 현장에서 발생하고 있다.

3. 학생의 위기 왜, 어떻게 발생하나?

학생의 위기는 한 가지 원인에 의해 발생하는 경우는 드물고, 다양한 원인이 복합적으로 작용하여 발생한다고 볼 수 있다. 학자들은 위기의 원인을 학생 개인에게서 찾기도 하고, 개인을 둘러싼 환경에 초점을 맞추기도 한다.

개인적 요인으로는 낮은 자아 존중감, 내적 통제력의 부족, 우울감이나 불안, 좌절감, 충동성 및 공격 성향 등이 원인이 될 수 있다.

가정 배경 요인으로는 빈곤 등과 같은 가족의 사회경제적 지위, 이혼이나 한 부모 등과 같은 가족의 구조적 해체, 낮은 가족 유대감이나 부모의 무관심 등 가족의 기능적 해체가 위기 요인이 된다.

사회환경적 요인으로는 입시 위주 교육체제가 주는 학업 스트레스, 학교 내 인간관계의 결핍, 지식 전달에 치중하는 교육, 경쟁 중심의 교육환경이 학교교육에서 패배하고 소외된 청소년을 양산하고 있다.

교사 및 또래 친구들의 사회적 지지는 스트레스 상황에서 경험되는 개인의 심리적 측면에서의 부정적 효과를 감소시키며, 환경에 대한 적응력을 높이게 되어 학생들로 하여금 학교생활에 적응할 수 있도록 하는 데 도움이 되는 중요한 보호 요인이 된다. 반면에 지역사회의 유해 환경이라 할 수 있는 PC방, 노래방, 유흥업소, 모텔과 같은 환경은 학생들의 비행이나 학교 부적응에 위험 요인이 된다.

최근 한국의 가족은 세계 최고 수준의 이혼율을 보이며 해체되고 있고, 맞벌이 부부의 증가와 세계 최고 수준의 노동시간으로 인해 부모와 자녀가 함께 대화하고 식사하는 기회가 감소하는 등 가족의 기능적 해체가 일어나고 있다.

가정과 학교에서의 학업 성취와 경쟁의 강조는 청소년들의 스트레스를 가중시키며 이 경쟁에서 소외되고 좌절한 청소년들을 양산하고 있다. 학교 폭력을 문화적 기저에 깐 학생들 간 인간관계는 가해와 피해, 방관이라는 동료관계를 빚어내고 있다. 학교의 또래 관계가 지지적 관계가 아닌 긴장관계로 변해버렸다. 학업 경쟁에서의 좌절로 인해 보이지 않는 미래는 학생들을 무력감에 빠뜨리고 있으며 학생들은 유일한 도피처이자 즐거움으로 인터넷 게임과 컴퓨터를 찾고 있다.

위기 학생은 여러 요인이 교차되면서 발생한다. 학교 요인은 학습 부진이나 왕따 등 학교 폭력 등이 많다. 학습 부진으로 학업에 대한 흥미를 상실하고 비행 및 무단결석을 반복하는 등 학교 일탈행위를 반복하다가 장기 결석과 칩거에 들어가게 된다든지 또한 왕따(집단괴롭힘)를 당해 전학을 갔다가 자퇴하고 검정고시를 한 후 부적응하여 칩거, 게임 중독(은둔형 외톨이)으로 남게 된다.

가족적 요인으로 학대나 방임이 있다. 이런 경우 가족으로부터 방출되어 학업을 중단하게 되고 불법 취업 등 비행에 가담하게 되면 사회적 낙인이 찍혀 취업 기회를 상실하게 되어 빈곤화된다. 가족으로부터 방출 된 후 기관에 입소하게 되는 경우 가족에 복귀했다가 다시 나와 기관을 전전하면서 자립 기반을 마련하지 못한 채 기관에서 퇴출되고 만다.

개인적 특성으로는 외향적인 경우, 내성적인 경우로 나뉜다. 외향적 장애를 가진 경우, 학교에서 반복적으로 징계를 받고 정학(퇴학)을 경험하고 징계 프로그램들이 실패하면서 일탈행동(인터넷 게임, 폭주)을 하게 된다. 내성적 장애를 가진 경우, 불안(공포, 우울)에서 무기력, 무존재감을 느끼게 되고 학교에 대한 흥미를 상실하고 칩거에 들어가 게임 등에 몰두하게 된다.

4. 위기 학생은 무엇을 필요로 하나?

위기 청소년 보호 정책이란 위험 요소에 노출되어 있는 청소년이 건강하게 성장할 수 있도록 보완, 지원해주는 정책이다. 즉, 청소년이 처해 있는 위기 상황의 어느 지점(위기 수준)에 적절히 개입하여 다음 단계로 발전하지 못하도록 하는 예방 정책이라고 할 수 있다.

Jeffries McWhirter 등이 정의하는 바에 따르면 위기(At-Risk)란 "현재에 나타나고 있지 않지만 적절하게 개입하지 않을 때 미래에는 청소년에게 부정적인 결과를 가져올 위험성이 있는 상황"이다. 따라서 위기 학생, 위기 청소년에 대해서는 적절한 개입이 필요하다.

위기 학생은 가정, 학교, 지역사회 어디에서도 지속적인 신뢰관계를 맺으며 진로를 도움 받을 자원을 찾기가 어렵다. 이들에게 성인은 학교에서 만나는 교사 외에는 없는 경우가 대부분이다. 그러나 교사들은 이들과 개별적인 관계를 맺기 어려우며 이들을 지원할 수 있는 체제와 연결되어 있지 않다. 학습의 측면에서도 이들에게 유의미한 학습을 제공하기에는 너무나 경직되어 있다.

학교 교사와 지역사회 현장 전문가를 대상으로 한 조사 결과에 따르면 학생 위기의 유형 가운데 가장 지원이 필요한 유형은 학교 폭력 가해 유형이며 그 다음은 무동기·무의욕적 태도를 가진 유형, 교우관계 미숙으로 사회적으로 고립되는 유형이다.

이들에게 공통적으로 필요한 지원은 상담, 부모교육, 멘토링, 사례 관리, 대안학교 순이다. 연령별로 차이는 있다. 초등학생의 경우, 방과 후 보호나 부모교육, 가족 복지 지원이 더 시급하다. 중학생의 경우, 상담이나 멘토링이 더 시급하다. 학교체제를 변화하는 것이나 부모교육 역시 중요하다. 고등학생의 경우 학생 맞춤형 직업훈련이나 대안학교를 우선시했고 학교체제 변화를 중시하였다. 중고생의 경우 학교체제 변화에 대한 요구가 강한 것으로 보아 중고생의 위기는 학교체제를 변화시킴으로써 상당 부분 해소할 수 있다는 기대가 존재함을 알 수 있다(윤철경, 2011).

위기 학생들을 돕기 위해 필요한 것은 첫째, 학생 및 가족에 대한 상담, 부모교육은 위기 학생에게 가장 우선적으로 필요한 지원이다. 학교상담사, 사회복지사, 아니면 지역사회 상담 기관과의 연계를 통해 위기 학생 본인 및 부모에 대한 상담과 교육이 이루어질 수 있도록 조치해야 한다.

두 번째, 멘토링이다. 성인과 청소년의 일대일 결연관계를 통해 성인 멘토가 청소년 멘티의 정서적 후원자가 되는 것이다. 지속적인 정서적 관계와 후원 없이는 자신의 심리적 정서적 결핍을 메우기 어려운 위기 학생들에게 가장 필요한 것은 성인들의 관심과 지지이다. 위기 학생들이 이러한 관계의 끈이 없이 이 세상을 혼자 힘으로 헤쳐 나가기에 너무 힘들다.

세 번째, 초등학생의 경우 방과 후 보호와 부모교육이 시급하다. 보호가 필요한 시기에 보호받지 못하고 누적된 심리정서적 결핍을 그 이후에 보충하기란 쉽지 않다. 빈곤하고 자녀 양육에 긍정적 역할을 하지 못하는 부모들을 돕고 그들이 부모 역할을 잘해낼 수 있도록 지지하고 돕는 가족 상담 및 가족 복지가 또한 함께 이루어져야 한다.

네 번째, 중고등학생의 경우 학교체제의 변화와 혁신이 우선적으로 요구된다. 현재의 학교체제는 학생의 학습과 인성 개발에 모두 유의미한 방향으로 작동하지 못하고 있다. 학생들의 변화와 그들의 요구를 수용하며 유의미한 교육활동이 이루어질 수 있도록 학교체제를 변화시켜야 할 필요가 있다는 것이 학교 교사와 현장 전문가들의 판단이다.

다섯째, 고등학생의 경우 대안교육을 더 필요로 하고 있다. 학생 개개인의 요구에 맞는 맞춤형 직업훈련 프로그램이 요구되고 있으며 이들을 포용하며 교육해줄 대안학교가 필요하다.

5. 위기 학생을 위해 우리 교육은 어떻게 변화되고 조직되어야 할 것인가? 필요한 교육정책은 무엇인가?

한국의 학교 현장은 점점 더 많은 학생들을 위기로 내몰고 있다. 학교혁신과 변화만이 위기 학생의 발생을 줄일 수 있다. 무엇보다도 학교가 위기 학생들에게 관심을 갖고 이들을 위한 교육적 노력을 구체화하는 것이 필요하다.

학교에 위기 학생 교육 지원 체제를 갖추도록 한다

교사들은 위기의 아이들에 민감한가? 그들의 문제에 관심이 있는가? 학교는 지역사회에서 학교의 지명도를 높이는 데 가장 관심이 있다. 학교의 지명도를 높여 지역에서 우수한, 한마디로 상태가 좋은 아이들을 뽑는 데 사활을 건다.

빈곤한 지역, 어려운 가정 배경에서 온 아이들이 많아 학교 여건이 나쁘다고 한다. 부모들이 교육적 관심이 낮아 지원이 안 되기 때문에 아이들이 교육이 잘 안 된다고 한다.

경기도의 한 전문계 고교에서는 1학년에서 2학년으로 올라갈 때 학생 70~80명이 감소했다. 흡연 세 번 적발되면 퇴학이라는 학교 규범을 엄격히 적용하여 퇴학을 많이 시키는 정책을 썼다. 덕분에 지역사회에서 학교 지명도가 올라갔다고 한다. 이 학교 학부모들이 이것을 원했다고 한다. 그러면 사정이 어려운 학부모들의 자녀들은 자신의 자녀가 학교에서 퇴출당하는 것을 원할까? 일부 학부모가 다른 학생들 때문에 피해 입는 것을 원하지 않는다고 하여 그에 힘입어 위기 학생들을 교육하기보다 퇴출하는 방향으로 교육정책을 쓰는 것은 정당한가?

문제 학생들을 학교에서 퇴출하여 학교의 지명도를 올린다. 지금의 아이들은 물갈이를 해야 할 아이들이며 학교에서 사라지게 해야 할 아이들이다. 그렇다면 어디서 이 아이들을 교육한단 말인가? 학교는 이 아이들을 품고 교육하기 위해 아무것도 하지 않았다. 이 아이들이 원하는 것이 무엇인지, 이 아이들을 변화시키기 위해서 무엇을 해야 할지도 고민하지 않았다. 흔한 동아리 활동조차 빈 교실이 없어 지원하지 못한다고 한다. 다만 학교 규범을 적용하여 위기 학생을 엄벌하고 학교에서 솎아내는 기능을 한다. 학교 규범은 아이들을 교육하기 위한 권장 사항이지 아이들을 솎아내는 기제가 되어서는 안 된다.

위기 학생들에게 관심을 갖자. 학교가 교육하고 변화시켜야 할 대상으로 인식하고 이들을 위해 무엇을 해야 할지, 어떻게 해야 할지 교육적 고민이 있어야 하지 않겠는가? 취약하게 이 세상에 나온 아이들, 가난한 부모, 배운 것이 없는 부모, 부모 역할을 못하는 부모, 잘못된 인식을 가진 부모, 부모로부터 필요한 보살핌과 관심을 받지 못해 힘들어진 아이들을 학교가 어찌할 수 없다 하지 말고 이들을 최우선적으로 관심을 두어 보살필 수 있는 관심 구조를 학교 내에 만들자. 학교장과 교사들의 위기 학생에 대한 관심을 조직하는 것이 최우선적으로 필요하다. 상담교사 하나 놓고 되겠는가? 교사들이 관심 갖고 발견하여 보살펴주지 않으면 안 되는 아이들이 있다. 그런 아이들이 너무 많다면 그런 학교에는 교사 수를 늘려 1인당 학생 수를 더 줄여나가자. 그러기 전까지는 지금의 교사들은 더 일을 해야 한다. 교육적 업무를 놓아두고 내 교과시간과 수업시간만 채운다고 해서 교사의 임무는 끝나는 것이 아니다.

학교장과 교사들의 관심을 조직해내는 것, 이것이 가장 우선적인 교육 안 전망이다. 교사들이 위기 학생들을 배려하고 그들과 소통할 수 있도록 학교 체제를 구축하는 것이 최우선이다. 학교에서 할 수 있는 위기 학생 대상 프로그램 등을 예시하고 운영 매뉴얼을 보급한다. 학교별 위기 학생을 위한 교사 워크숍 개최, 학교별 지도 사례 발표 등을 하도록 권장한다. 학교 평가지표에 학업 중단율 감소, 위기 학생 대상 프로그램의 지속적인 실시 여부, 참여 학생 수, 참여 학생에 대한 효과 여부를 포함시킨다.

교원 양성 과정에 위기 학생에 대한 이해 및 대응, 효과 있는 운영 프로그램에 대한 교과를 포함시킨다. 교육대와 사범대 학생들이 위기 학생들에 대해 1년 이상 장기간의 실습을 하는 것을 의무화하여 위기 학생들에 대한 성찰을 갖도록 하는 프로그램을 교원 양성 과정에 넣는다.

교사들의 위기 학생 대응 역량과 대응 시간을 늘린다

학교의 변화는 교사에서부터 출발하지 않고는 성공할 수 없다. 교사들의 인식과 태도를 바꾸는 일은 얼마나 어려운 일인가? 그럼에도 불구하고 공교육체계 내에서 의미 있는 변화를 시도하려고 한다면 교사들을 바꾸지 않고는 어렵다.

첫째, 교사의 소통 능력과 방과 후 활동 지도 능력을 강화한다.

교과 전문 교사가 교사는 아니다. 교과 지도는 교사로서 해야 할 일부 기능일 뿐이다. 교사는 아이들과 소통할 수 있어야 한다. 아이들의 마음을 이해하고 소통할 수 없다면 교육은 불가능하다. 교사가 교과수업을 하고 있는 대부분의 교실에서 수업을 경청하는 아이들은 소수이며 대부분 떠들거나 자거나 딴생각을 하고 있다. 그런데 교과수업이 교사 업무의 본무라고 주장할 수 있는가?

학생들과 관계 맺음을 할 수 없는 교사, 학생들과 불화하는 교사는 더 이상 교사가 아니다. 교사는 어떤 학생이라도 받아들이고 포용해야 교육적 관계 맺음이 가능하다. 교사의 도움과 지도가 필요한 아이들에게 교사의 권위를 내세우면 아이들은 달아나고 소통하기보다 갈등하기 쉽다. 학생들의 입장으로 파고 들어가서 이해하지 못하고 소통할 수 없는 교사는 교사가 아니다. 교사들은 현재 학교의 학생을 위해서 있다. 현재의 학생을 물갈이하고 나서 미래의 좋은 학생을 위해 교사가 있는 것이 아니다.

교사들은 교과 외에 학생들을 지도할 수 있는 방과 후 활동 과목이 있어야 한다. 운동, 음악, 사진, 등산 등 학생들을 문화적으로 풍요롭게 하기 위한 활동 지도를 할 수 있어야 한다. 교사 임용 및 양성 과정에서 방과 후 활동 지도 능력이 고려되어야 한다.

둘째, 학교 행정을 간소화하고 행정 전담 요원을 배치하여 교사들이 학생과 접촉하는 시간을 늘린다.

교사들을 교육에 돌려주자. 늘어나는 학사 처리 업무와 행정 업무는 교사들을 서류에 잡아둔다. 교사가 행정 업무에 매진하는 동안 학생들은 사라진다.

교사들이 학사 처리와 행정 지원에 쏟는 시간을 최소화하고 학생들과 직접 접촉할 시간을 늘려주는 방향으로 교사의 생활시간을 바꾸어주어야 한다. 학생들과의 접촉면이 늘어나야 학생의 생활 실태, 가정환경, 고민 등을 파악하고 학생에 맞는 개입을 할 수 있다. 또한 전문적인 개입과 지원을 연결할 수도 있다. 이러기 위해서는 교사가 학생들과 만나 그들의 고민과 진로, 가정환경 등을 파악하고 그에 대해 교육할 시간을 늘려주어야 한다. 교사들은 학생들과 얼마나 만나 대화하고 있는가?

소규모 학교, 소규모 학급으로 개편하고 학교의 공동체적 기능을 강화한다

첫째, 학교를 쪼개고 학급을 나누자.

한 학교에 수백 명에서 수천 명이 넘는 학생이 있는 큰 학교를 아무리 많아도 학생이 일이백 명밖에 안 되는 작은 학교로 만들자. 작은 학교라야 모든 학생이 교사들의 눈에 들어오며 개별적인 관심을 갖고 교육을 할 수 있다. 큰 학교일수록 관료적인 행정이 교육이 되며 학생들 개개인을 배려하는 교육을 펼칠 수 있는 환경이 안 된다.

교사와 학생이 서로 관계 맺기에 용이한 학교환경, 작은 학교가 필요하다. 학급의 학생 수가 아직 너무 많다. 학급당 학생 수가 30명이 넘는다. 이를 20명 미만으로 줄여야 한다. 학급 크기를 줄이는 것이 교사 1인당 학생에 대한 관심을 늘리는 지름길이다.

학급당 학생 수를 줄이고 학교 당 학급 수가 작은 미니 학교를 지역마다 동네마다 만들어 기존 학교에 적응하기 어려운 학생들이 와서 교육받을 수 있게 도와주어야 한다.

둘째, 학교의 기능을 공부하는 곳에서 공동체적 관계를 배우는 곳으로 바꾸자.

학교가 공부 가르치는 곳이라는 생각을 바꾸자. 학교는 아이들에게 인생의 목표와 진로를 고민하게 하고 동기를 갖게 하는 곳이다. 마음의 상처가 있고 무기력하고 분노가 쌓여 있는 아이들에게는 여러 가지 활동과 관계 맺음을 통해 마음을 나누고 그 마음의 근육을 단련하는 곳이어야 한다. 그래야 동기와 의욕을 갖게 되고 삶을 향한 열린 자세를 갖게 된다.

이런 아이들을 자질이 나쁜 아이들로 몰아 학교에서 내쫓아서는 안 된다. 이런 아이들을 다룰 수 있는 학교가 되어야 한다. 학교가 지식 전달만 중시하고, 실제 학급에서 수업을 듣고 집중하는 아이는 10% 정도 수준밖에 안 되는데도, 지식 쌓은 정도만 점검하여 대학 가는 정류장 역할만 하고 있다. 그리고 대다수 아이들은 방치되고 있다. 이에 학교 환경에서 견딜 수 없는 아이들이 속출하고 있다.

지식은 급속히 변화하고 지식을 쌓을 수 있는 방법은 점점 늘어나고 있다. 학교는 무엇을 가르칠 것인가보다 어떻게 가르칠 것인가를 더 고민해야 한다. 공부를 가르치는 곳이 아니라 공부하는 법을 가르치고 공부한 것을 점검하고 공부할 수 있도록 도와주는 곳으로 그리고 스스로 공부하는 곳으로 바꾸자.

지금의 아이들은 가족과 동네에서 형제와 놀이친구를 통해 자연스럽게 익히던 공동체적 관계를 이제는 배울 수가 없다. 학교만이 아이들끼리 관계 맺으며 공동체 구성원으로서 역할과 책임을 배울 수 있는 곳으로 남아 있다. 따라서 이곳이 폭력적 관계와 폭력 문화가 난무하는 곳이 되어서는 안 된다. 서로 함께 도와가며 위로하며 격려하며 즐거워하며 책임과 의무를 다하며 살아가는 곳이 되어야 한다. 학교를 그러한 곳으로 만들자.

기존 교육정책 사업 간의 연계성을 강화하여 위기 학생 교육 안전망을 강화한다

첫째, 학교마다 상담사, 사회복지사, 청소년지도사 등 위기 학생을 최일선에서 지도할 전문 인력을 배치하자. Wee 프로젝트, 교육복지 우선 지역 사업, 창의적 체험활동 코디네이터 등 기존 사업에서 위기 학생을 지원할 수 있는 전문 인력을 확보하자. 교사와 이들 전문 인력과의 원활한 협조를 통해 위기 학생을 조기 발견하고 이들에게 적절히 개입해야 한다.

사회복지사는 무동기·무의욕적 태도를 가진 학생에 대해 사례 관리를 통해 학습 지원뿐 아니라 문화 체험 지원, 정서적 지원, 보건복지 지원 등 종합적인 접근을 하여 학생의 변화를 이끌어낼 수 있었다. 자존감 결여, 또래들의 집단따돌림, 가족과의 상처 등으로 인한 우울 증상, 가정에서의 방임, 혹은 지나친 관심, 상대적 빈곤감, 성장 목표 결여 등 무동기·무의욕의 원인은 다양할 수 있다. 이를 개별적으로 진단하여 무동기의 주요인을 밝혀내고 여기에 맞는 지속적인 사례 관리를 실시하면서 필요한 지역사회 자원을 연계해냈다.

Wee 프로젝트 사업에 고용된 상담(심리)사 역시 교사가 의뢰한 학생을 초기 면접을 실시한 후 학생에 걸맞은 사례 관리를 실시하였다. 이렇게 적절한 도움을 받을 수 있었던 위기 학생들은 행운아였다.

둘째, 위기 학생을 위한 체험활동을 지금의 학교환경에서도 추진할 수 있다. 경기도 안성의 양진중학교에서는 학교 수업에 흥미가 없는 일탈행동, 교우관계에서의 고립 등 위기 학생을 각 반에서 추천을 받아 학생자치회가 자치활동의 일환으로 주말 배나무 가꾸기 등 프로그램을 1년간 운영하였다. 과수원에서 배나무를 분양받아 배나무 표찰 달기, 배꽃 축제, 열매 솎기, 배 따기를 통한 수확의 기쁨 나누기, 포장 및 판매 등 일련의 과정을 진행하면서 위기 학생들의 참여를 이끌어냈다. 학교 폭력 비행 학생에게 체험활동 참가 시 중요한 임무를 맡기고 주말 프로그램의 실질적인 반장 역할을 하게 하여 학교생활의 적응을 도왔다.

셋째, 방과 후 학교 프로그램을 통해서 부모교육, 멘토링, 문제 해결력 향상 프로그램 등을 실시하여 위기 학생을 지원할 수 있다. 우울증과 무기력증을 앓고 있으면서 수업시간에 엎드려만 자는 여학생은 부모와의 관계 개선을 위해 '방과 후 부모와 함께하는 자아 성장 프로그램'으로 부모-자녀 관계를 해소할 수 있었다. 그리고 학습에 대해 자신감이 부족한 내성적인 학생은 한 학기 동안 본인이 선택한 분야에 대한 프로젝트 학습에 참가하여 성공적으로 완수함으로써 자신감과 동기 부여를 얻었다.

넷째, 위기 학생을 대안교육에 연계하자.

한 특성화 중학교에서는 학생 상황 및 성향을 파악하고 6~10명의 학생으로 과를 구성하여 멘토 교사를 배정한다. 학생 상담 및 지도는 과 멘토 교사의 역할이며 학급 담임과 정보를 공유한다. 전문 상담이 필요한 경우는 학교 상담교사에게 추천하며 학부모 상담이 필요한 경우는 외부 상담 기관에 연계하고 있다. 위기 학생들의 학교 적응을 돕기 위해 학교에서 역할과 책임감을 부여한다. 학생 사안에 대해서는 교직원 회의를 통해 전 교사가 공유한다. 심성 훈련, 텃밭 가꾸기, 지리산 종주, 가족 운동회 등 학교를 벗어난 다양한 체험활동을 실시하는 등 위기 학생을 포용하여 교육할 수 있는 다양한 교육적 노력을 하고 있다. 또한 직업에 관한 전문 교육을 시키는 직업전문학교는 일반계 고교생의 위탁을 받아 교육하고 있다. 학생들은 원하는 진로 교육을 받기 때문에 만족도가 높다. 이와 같이 위기 학생에게 다양한 대안교육 과정을 찾아 연계해주려는 노력이 필요하다.

교육정책의 정비를 통한 위기 학생 교육 안전망의 강화

위기 학생을 위한 교육 전략은 학교 변화와 혁신, 방과 후 교육 지원 등과 같이 모든 학생을 대상으로 한 보편적 정책과 사례 관리와 같은 위기 학생을 대상으로 한 맞춤형 지원, 또는 이들을 대상으로 한 대안교육 프로그램 제공 등과 같은 선별적 정책이 동시에 추구되어야 한다.

학생 참여와 자치를 통한 학교 규범의 유연화, 교사-학생 간의 소통의 증대, 인권 친화적 생활지도 등을 추구하는 혁신학교 사업 등은 학교문화의 변화를 통해 위기 학생의 학교적응을 돕고 있다.

교육복지 우선 지원 사업은 취약 지역 학교에 지역사회 교육 전문가를 두고 위기 학생의 학습, 문화 체험, 심리·정서, 복지 등을 위해 학교 자원뿐 아니라 지역사회 자원을 연계하여 프로그램을 실시한다.

학력향상 중점학교(창의경영학교) 사업은 기초학력 미달을 해소하기 위한 사업으로 학습 보조교사 채용, 학습 컨설팅을 위한 전문 상담교사 등을 투입하는 사업이며 학교장 재량으로 교육 프로그램을 실시하고 있다.

이상의 사업은 예산 지원 방식이나 지원 인력, 사업 운영 체계에는 차이가 있지만 궁극적으로 사업 목적이 유사하고 사업 추진 과정에서의 사업 내용도 유사하게 진행되고 있다.

학교에는 이 외에도 정신건강 지원 사업, 다문화 학생 지원 사업, 장애학생 지원, 학교 폭력 가해·피해 학생에 대한 사업 등 위기 학생 지원을 위한 사업이 분산, 파편화된 채 진행되고 있다. 이런저런 명목으로 사업비는 집행되지만 사업비 지원이 중단되면 해당 사업도 소멸되어 학교 현장에 뿌리내리지 못하고 있다. 위기 학생 지원을 위한 사업 모형을 수립하고 다양한 사업들이 실질적인 효과가 날 수 있도록 하는 선택과 집중, 사업 간 연계를 강화해야 한다.

빈곤·취약 계층 학생의 위기 예방을 위해 가장 필요한 것은 방과 후 보호와 일대일 맞춤형 지원을 위한 전문 인력이다. 방과 후 학교 사업은 사교육 대체성이 강해 위기 학생에게 필요한 보호적 성격이 약하다. 학교와 학교 밖 지역아동센터 등과의 연계 지원이 강화되어야 하며 학교에는 상담사, 학교 사회복지사 등 위기 학생들의 요구를 수용하며 사례 관리를 할 수 있는 전담 인력이 필수적으로 확보되어야 한다.

보편적인 공교육체계에서 교육 욕구를 충족시키기 어려운 청소년을 위한 대안교육체계의 개발이 필요하다. 지역사회에 소규모 학급을 가진 소규모 학교를 신설하고 학생들의 요구를 반영한 맞춤형 직업교육 프로그램을 갖춘 교육기관의 설치가 확대되어야 한다.

참고문헌

● 류방란(2007), 『학교 부적응 학생의 교육실태 분석: 고등학생을 중심으로』, 한국교육개발원.
● 윤철경(2005), 『위기 청소년 지원시설과 지원정책 현황 및 사회 안전망 구축을 위한 정책방안 연구』, 청소년위원회 · 한국청소년정책연구원.
● 윤철경(2011), 『학교 부적응 학생을 위한 교육지원 방안』, 한국교육개발원 · 한국청소년정책연구원.
● 최상근(2010), 『학업 중단 위기 학생의 실태와 지원 방안 연구』, 한국교육개발원.
● 신동아(2012. 7. 12), 「'찐따 바이러스' 옮는다 따돌리고 집단폭행 · 성추행 동영상 돌려보고 교사 자식도 왕따 몰려 자살 시도」.
● 일요서울(2012. 7. 12), 「자살 중학생은 누구에게도 SOS 신호 보낼 수 없었다」.
● 조선일보(2012. 7. 12), 「'학교 폭력, 이젠 그만' 생명 던졌던 소녀…… 왕따의 고통 펜으로 말하다」.

교육복지 재정의
확보와 방향

반 상 진

1. 교육복지를 위한 국가의 역할

지난해 반값 등록금을 위한 거리 시위 확산과 전면적 무상급식에 관한 서울시의 주민투표 사건 등을 전후로 보편적 복지와 선별적 복지에 대한 논쟁이 국가·사회적으로 초미의 관심이 되었다. 교육복지 정책을 논의하는 과정에서 '무상'이라는 단어를 사용함으로써 공짜라는 의미의 무상이라는 어휘로 표현되어 교육복지 논쟁이 복지 포퓰리즘 논쟁으로 전개되고 있는 실정이다. 하지만 빈부와 관계없이 직간접적인 세금을 지불하고 있는 국민의 입장에서는 엄밀한 의미에서 무상급식, 무상 혜택이란 의미는 존재하지 않는다.

우리 사회에서 새로운 복지 요구와 논쟁이 불거지기 시작한 이유는 이명박 정부가 들어서면서 경제 성장률 저하와 더불어 제한된 성장이나마 그 과실이 소수에게만 집중되는 현상이 발생되었고, 현 정부의 낙수 정책과 재벌기업 위주의 성장 제일주의에 대한 실망과 분노의 표출(장수명·정충대, 2012)

이 주요인이라고 판단된다.[21]

오늘날 신자유주의 패러다임이 확산되면서 전 세계는 물론 한국 사회에서도 극소수에게 부가 축적되는 이른바 양극화 현상이 가속화되고 있음은 이미 알려진 사실이다. 이를 방치하는 것은 사회적 결속의 붕괴는 물론 국가 공동체의 파괴라는 미래를 피하기 어렵다. 경제적·사회적·교육적 양극화의 결과가 고착적인 것이 아니고 미래에 바뀔 가능성이 있기 때문에, 그것을 보장하기 위한 사회적 대처가 필요하고, 그것이 바로 복지정책이다. 자본주의는 승자독식 체제를 지향하는 것이 아니라 항상 공정한 경쟁을 통해 상생 체제를 보장하지 않으면 유지되기 어렵다. 이를 위해 사회적 안전망은 필수적이고, 이를 확보하기 위한 것이 바로 복지정책이 지향하는 바이다.

그럼에도 불구하고, 우리 사회에서의 복지 논쟁이 복지 포퓰리즘, 복지 망국론에 근거한 정치 이념적 논쟁으로 확산되고 있음은 안타까운 현실이다. 물론 복지를 시행하는 방식에는 두 가지 원리가 충돌한다. 즉, 자산이나 소득의 자격 기준에 미달하는 사람에게만 혹은 기여한 사람에게 복지 혜택을 지급하는 선별적 복지(잔여적 복지)와 나이, 재산 등 객관적인 기본 기준을 충족한 모든 사람에게 동일하게 적용하는 보편적 복지(제도적 복지)의 충돌이다. 전자는 복지국가의 경제적 효율성을 강조하는 시장경제의 원리에 기초하고 있고, 사회복지제도가 사회의 주요 제도들이(가족, 경제 등) 사회 구성원의 욕구를 충족시키지 못할 때 작동하는 보완적 제도로 기능한다는 관점이다. 반면에 후자는 시민권을 강조하는 민주주의 원리에 기초하고 있고,

---

21) 이명박 정부 4년(2008~2011년) 동안 삼성, 현대자동차, SK 등 국내 10대 재벌의 연평균 매출액 증가율은 13.0%로 참여정부의 3.1%에 비해 4배 이상 높았고, 10대 재벌 그룹의 계열사 수도 참여정부 동안 379개였지만, 이명박 정부 4년 만에 581개로 급증했다. 그리고 국내총생산(GDP)에서 10대 재벌의 매출액과 자산이 차지하는 비중도 69.1%로 참여정부의 52.6%에 비해 16.5%포인트 높았다(경향신문, 2012년 9월 16일자). 이는 출자총액 제한제도 폐지, 금융·산업 자본 분리 완화, 수출 대기업에 유리한 환율정책 등 이명박 정부의 비즈니스 프렌들리 정책이 대기업의 경제력 집중도를 더욱 심화시키는 원인으로 작용하였고, 이는 상대적으로 양극화 심화 현상을 의미하기도 한다.

사회복지제도가 정상적인 하나의 사회제도로서 기능한다는 관점이다(장수명·정충대, 2012; 이윤미, 2012).

이러한 보편적 복지와 선별적 복지 간에는 논리적으로, 현실적으로 간극이 있는 것이 사실이다. 보편적 복지는 모든 사람들에게 차별 없이 복지 혜택을 부여하기 때문에 인권 및 인간 존엄성의 가치를 실현할 수 있지만, 재정 적자, 경제적 비효율성, 세금 거부 등의 부작용도 있다는 지적이다. 한편 선별적 복지는 취약 계층 등 특정 계층에게 복지 혜택을 선별하여 부여하기 때문에 경제적 효율성, 재정 건전성을 확보할 수 있지만, 낙인효과, 복지 수혜자와 비용 부담자의 분리로 장기적으로 지속 가능한 국가 발전을 기대하기 어렵다는 부작용도 있다는 지적이다.

하지만 중요한 것은 이제 복지는 단순히 일부 계층에게 부여되는 시혜적인 개념이 아니라 국민의 당연한 권리이고, 국가의 당연한 기능으로 확장되고 있다는 점이다. 이러한 점을 인식한다면 선택적 혹은 보편적 복지 논쟁이 중요한 것이 아니라 국민들의 보편적인 요구를 중심으로 놓고 국민 스스로 만들어가는 복지의 개념으로 확장하는 인식의 전환이 필요하다. 이러한 인식을 바탕으로 생각한다면 복지를 위한 재원 부담의 주체와 재원 규모의 문제는 정치적 문제가 아니라 사회적 합의 사항이다. 한국의 정치권이 국민의 권리인 복지를 놓고 공짜냐 아니냐 하는 식으로 문제 삼는 것은 정치의 주인인 국민을 무시하는 것이다. 정치는 국민에게 베푸는 것이 아니라 국민에 봉사하는 것이라면 복지도 마찬가지이기 때문이다.

이러한 맥락에서 교육복지는 헌법이 보장하는 학생들의 기본권이라는 인식에서 출발해야 한다. 왜냐하면 교육은 공공재의 성격을 지니고 있기 때문에, 교육은 기본적으로 보편적 복지의 요소를 가지고 있다고 할 수 있다. 그리고 교육복지는 자본주의 사회가 근본적으로 안고 있는 교육적·경제적·사회적 불평등을 해소하고 완화할 수 있는 가장 효과적인 방법이기 때문에, 국가가 적극 개입하여 교육복지에 투자하고, 그러한 교육복지 혜택을 부여받는 것은 국민의 기본 권리이기도 하다. 따라서 교육복지 실현 여부는 국가의 의지와 복지관이 관건이다.

하지만 우리나라의 복지 수준과 의식이 매우 열악하다는 것은 이미 알려진 사실이다. 김미숙 외(2010)는 Esping-Anderson의 복지국가 유형과 아동의 삶의 질 수준에서의 국가의 위치를 파악하였다. 그들은 아동의 삶의 질을 결정하는 삶의 조건으로서 UNICEF에서 구분한 물질적 복지, 건강과 안전, 교육복지, 가족과 친구관계, 건강 관련 행동과 위험, 그리고 주관적 복지 기준을 활용하였고, 아동의 삶의 질 유형은 복지 성취, 부조화, 순응, 박탈로 구분하여 Esping-Anderson의 복지국가 유형을 검증하였다. 그 결과(〈표 1〉 참조), 모든 영역에서 복지 성취를 보이는 국가는 사회민주주의 국가였으며, 우리나라를 비롯한 자유주의 국가는 대체로 부조화의 양상을 보이는 것으로 나타났다. 교육복지 영역에서도 우리나라는 객관적이고 물질적인 차원에서는 양호하지만 주관적 건강의식과 생활만족도 등의 주관적 복지 의식 영역은 최하위 수준인 것으로 나타났다(김민희, 2012, 54쪽).

〈표 1〉 교육복지와 주관적 복지 의식에 기반한 복지국가 유형화

구분		주관적 복지 의식	
		좋음(평균 이상)	나쁨(평균 이하)
교육복지	좋음 (평균 이상)	복지 성취	부조화
		- 노르웨이, 스웨덴(시민) - 오스트리아, 스위스(보수) - 스페인(남유럽)	- 덴마크, 핀란드(시민) - 벨기에(보수) - 캐나다, 한국(자유) - 체코(동유럽)

		순응	박탈
나쁨 (평균 이하)		– 네덜란드, 독일(보수) – 아일랜드(자유) – 그리스(남유럽)	– 영국(자유) – 포르투갈, 이탈리아(남유럽) – 헝가리, 폴란드(동유럽)

*출처: 김미숙 외(2010), 「아동복지정책 유형과 효과성 국제비교」, 한국보건사회연구원, 173쪽과 김민희 (2012), 54쪽에서 재인용.

일반적으로 교육복지 문제는 교육환경 측면과 교원 측면, 그리고 학생 측 면에서 살펴볼 수 있다. 교육환경 측면에서는 교육환경 개선, 학교 보건환 경, 학교 급식, 교육행정 서비스 등의 분야에 국가가 적극 개입하여 개선하 는 것이 교육복지를 실현하는 한 측면이다. 교원 측면에서는 교원의 사회 적·경제적 지위 보장 및 전문성 신장 등을 위해 국가가 적극 개입하여 지원 하는 것이 교원들의 복지를 실현하는 측면이다. 그리고 학생 측면에서는 개 개인이 공평한 교육 기회를 보장받기 위해 국가로부터 물적·인적·재정적 으로 보장받는 것이 학생들의 복지를 실현하는 측면이다.

이러한 교육복지의 다면적 차원을 고려할 때, 중앙 정부의 교육복지를 위 한 지원 체제는 여전히 한계를 지니고 있다고 할 수 있다. 문민정부에서는 1995년 이후 4차에 걸쳐 교육개혁안이 발표되었지만, 당시 정부는 문명사 적 대전환의 차원에서 학습자 중심의 교육, 교육의 다양성과 특성화, 교육의 책무성 강화, 교육 정보화 강화를 통한 열린교육, 교육의 질 제고 등에 초점 을 두고 있었던 만큼 교육복지 관련 정책은 제시되지 않았다(교육개혁위원회, 1998). 하지만 국민의 정부에서는 교육복지 확충을 위해 중학교 무상의무교육 실시, 중·고등학교 급식 확대, 유아교육 공교육화, 교육 소외 계층 지원, 특수 교육 기회 확대 등의 정책을 수립하고 추진한 바 있다(교육인적자원부, 2003).

중앙 정부 차원에서 교육복지에 대한 종합적인 정책을 수립한 것은 참여 정부 이후부터라고 할 수 있다. 참여정부의 「참여복지 5개년 계획: 교육복지

종합대책(2004~2008)」과 이명박 정부의 「교육복지종합대책(2008~2012)」이 대표적이다(김민희, 2012). 하지만 우리나라 교육복지는 학생 개개인의 복지보다는 주로 교육환경 측면과 교원 측면, 그리고 특정 계층의 학생들에 초점을 두고 추진되었던 것이 사실이다. 과거의 교육복지 정책이 교육활동에 필요한 기본적이고 필수적인 교육환경 및 여건 조성에 중점을 두었다면, 참여 정부의 교육복지 정책은 주로 교육 소외, 교육 부적응 및 교육 여건 불평등 현상 해소를 통하여 교육 기회의 균등한 보장을 이루려는 데 초점을 맞추고 있었다. 또한 이명박 정부의 교육복지 정책도 장애인, 저소득자, 기초 학력 부진아의 학력 격차 및 학교 부적응, 학교 폭력, 다문화와 탈북 청소년 등 특정 교육 소외 계층과 교육 양극화를 해소하고자 하는 복지 친화적 교육환경을 구축하는 데 주로 초점을 맞추고 있다.

따라서 향후 교육복지는 교육환경 및 교원은 물론 개개인의 학생 차원에서도 복지에 대한 시대적·사회적 수요 증대에 부응하는 방향으로 추진되어야 한다. 이에 반해 현실은 교육복지 재정은 물론 정책 결정 과정이 원활하게 이루어지지 못하고 있을 뿐만 아니라 학교와 지역을 중심으로 한 효율적인 교육복지 서비스 체제도 구축되어 있지 못하다. 이제 국가의 적극적인 개입으로 보다 통합적이고 체계적인 교육복지 종합계획의 수립 및 추진과 그에 상응하는 재원 확보가 시급한 과제가 되었다.

2. 교육복지 관련 교육 투자 현황은 어떠한가?

국민들의 경제적 형편에 비교해 가계의 높은 교육비 지출은 교육 불평등 및 양극화 심화 문제로 표면화된 지 오래다. 교육 불평등은 다시 소득 불평등으로 이어져 사회 불평등이 확대 재생산되고 있다. 조윤제·박창귀·강종구(2011)의 연구에 따르면, 2003~2010년 기간 동안 소득 계층별 교육비 지출 비중이 뚜렷한 양극화 현상을 보이고 있다. 2010년 소득 상위 20%(5분위)의 월평균 교육비는 소득 하위 20%(1분위)의 6.3배로 조사되어 2003년 4.9배보다 격차가 늘어났다. 이는 우리나라 가계 교육비 지출 증가가 고소득층 중심으로 일어나고 있음을 의미한다(〈표 2〉 참조).

〈표 2〉 소득 분위별 교육비 지출액

(단위: 원, %)

구분	2003	2005	2007	2008	2009	2010
1분위(a)	65,041 (7.1)	76,230 (7.8)	79,243 (7.8)	89,907 (8.2)	85,230 (7.9)	85,735 (7.4)
5분위(b)	319,420 (12.3)	382,293 (12.9)	404,168 (12.6)	468,047 (14.1)	535,368 (15.7)	542,946 (15.1)
b/a(배)	4.9	5.0	5.1	5.2	6.3	6.3

*출처: 조윤제·박창귀·강종구(2011). 「한국의 경제 성장과 사회지표의 변화」, 『한국은행 working paper』, 51쪽.

계층 간 교육비 지출 비중의 격차 심화 현상에서 알 수 있듯이, 교육 양극화 현상은 이미 오래전부터 진행되었지만, 오늘날 그 정도가 더욱 심화된 것은 누적된 결과라고 할 수 있다. 이는 결국 정부가 교육 양극화 현상 해소를 위한 교육복지에 크게 투자하지 않은 결과라고 보인다. 앞서도 언급하였듯이, 국민의 정부는 교육복지 확충을 위해 중학교 무상의무교육 실시, 중·고등학교 급식 확대, 유아교육 공교육화 등 개별 정책을 수립하여 추진하였다. 〈표 3〉에서 보듯이, 국민의 정부 경우 1998년 4,898억 원에서 2002년 중학교 무상의무교육을 실시하면서 교육복지 예산이 1조 1,342억 원으로 급증하였지만, 전체 교육 예산 규모에 비해서는 여전히 미흡함을 알 수 있다.

한편 참여정부는 중앙 정부 차원에서 「참여복지 5개년 계획: 교육복지종합대책(2004~2008)」을 수립하였음에도 불구하고, 교육복지 관련 지원 규모

(〈표 4〉 참조)는 국민의 정부에 비해 크게 증가하지 않은 것으로 나타났다. 다만, 참여정부에서 2005년 이후 중앙 정부의 교육복지 지원 규모가 급격히 감소된 것은 그동안 증액교부금으로 지원하던 중학교 무상의무교육과 저소득층 학비 지원은 보통교부금으로 통합하여 지방에 이양되었기 때문이다.

따라서 2000년 이후 교육 격차 및 교육 양극화 현상이 심화되고 있는 상황에서 국민의 정부와 참여정부가 형식적으로는 교육복지를 강조하였지만, 교육복지에 대한 실질적인 지원이 미흡하여 그에 대한 대응은 매우 미흡하였다고 할 수 있다.

<표 3> 국민의 정부 교육복지 지출 현황

(단위: 억 원)

구분		1998	1999	2000	2001	2002
중학교 무상의무교육		–	–	–	–	2,678 (시 지역 1학년)
중고 급식 지원		–	268	214	344	114
유아(만 5세아 무상교육)		–	54.1	75.3	75.2	120.7
소외 계층	저소득층 학비 지원	1,206	1,751	2,791.6	6,065.1	2,863.6
	중식 지원	321.4	708.2	952.2	1,135.2	1,134.9
특수교육 지원		3,370.7	3,157.8	3,402.3	4,063.1	4,430.7
소계(B)		4,898.1	5,939.1	7,435.4	11,682.6	11,341.9

*주: 중앙 정부 지원금 기준.
*출처: 교육인적자원부(2003), 『국민의 정부(1998~2002) 교육인적자원백서』, 239~300쪽.

<표 4> 참여정부 교육복지 지출 현황

(단위: 억 원)

구분		2003	2004	2005	2006	2007
중학교 무상의무교육		5,450 (시 지역 1, 2학년)	8,342 (시 지역 1, 2, 3학년)	-	-	-
유아(만 5세아 무상교육)		230.9	320.0	871	2,001	2,069
소외 계층	저소득층 학비 지원	947.6	939.0	1,956	-	1,017[3]
	중식 지원	569.5	478.0		-	
특수교육 지원		60.8	561.2	115	147	345
소계(B)		7,258.8	10,640.2	2,942	2,148	3,431

*주: 1) 중앙 정부 지원금 기준.
2) 2005년 이후 중학교 무상의무교육과 저소득층 학비 지원은 교부금 통합 지방 이양되었음.
3) 2007년 소외 계층 사업은 농산어촌 방과후학교 운영 지원, 저소득층 바우처 지원, 초등학교 방과 후 보육 지원을 의미함.
*출처: 교육인적자원부(2003-2008), 각 연도 교육인적자원부 소관 예산안 및 기금운용 계획안 개요.

특히 2008년 이후 금융자본주의 붕괴로 인한 세계 경제의 침체 국면으로 인해 사회·경제 양극화는 물론 교육 양극화 문제가 국가 의제화되는 상황에서 이명박 정부의 교육 투자 지원 방향은 교육 양극화 현상을 해소하기보다는 교육의 수월성 추구에 무게중심을 두고 있음이 더욱 커다란 문제점으로 지적된다. 이명박 정부는 초·중등 교육 관련 국정 과제로서 크게 '자율화, 다양화된 교육체제 구축', '학교교육 만족도 제고', 그리고 '교육복지 기반 확충'으로 구분하여 제시하고 있다. 그리고 이러한 국정 과제는 주로 특별교부금[22] 국가시책 사업(특별교부금의 60%)으로 추진하고 있다. 국정 과제를 크게 세 영역으로 구분하여 추진하고 있지만 2010년 이후 예산 배분 현황을 보면, '학교교육 만족도 제고' 과제에 5,174억 원을 투입하여 전체의 59.2%를 차지하고 있고, 다음으로 '자율화, 다양화된 교육체제 구축' 과제에 2,008억 원을 투입하여 전체의 23%, 그리고 '교육복지 기반 확충' 과제에 전체의 17.8%인 1,560억 원을 투자하고 있었다. 단위 사업으로는 영어 공교육 완성 사업이 1,810억 원이라는 가장 큰 예산을 배분한 사업이었고, 전체의 20.7%를 차지하고 있었다(〈표 5〉 참조). 특히 교육복지 기반 확충 사업은 교육의 기본인 교육환경, 교원, 학생 관련 전반적인 복지 지원이라기보다는 지역·학교·학생의 특성을 고려한 맞춤형 교육복지에 초점을 둠으로써 일종의 선택적 복지 형태로 지원하고 있는 것으로 나타났다.

결국 이명박 정부는 지난 국민의 정부나 참여정부보다 절대 규모에 있어서도 교육복지에 대한 지원이 열악했고, 그 결과 교육복지 사업보다도 단위 사업인 영어교육에 더 많은 예산이 편성되어 있었다. 이는 현 정부의 교육 관련 국정 방향이 소외 계층을 위한 교육복지 지원보다는 영어교육, 고교 다양화, 입학사정관 등과 같은 교육의 수월성을 지향하는 정책에 더 치중하고 있음을 알 수 있다.

---

22) 특별교부금은 예측 불가능한 사업 수요가 발생되었을 경우에 대비하여 편성된 재원으로서 지방교육재정교부금 총액의 4/100 규모로 확보되며 국가시책 사업, 지역 교육 현안, 재해 대책 등 세 가지 용도로 사용되고 있다.

<표 5> 이명박 정부 국정 과제 지원 현황(2010~2012)

(단위: 백만 원, %)

과제	세부 사업	2010		2011		2012	계
		국고	특교	국고	특교	국고	
1. 자율화·다양화된 교육체제 구축							
• 지방교육자치 의 내실화	지역교육청 선진화	0	0	0	8,900	0	8,900
	초중등학교 정보공시제	1,023	0	972	0	0	1,995
• 고교다양화 프로젝트	기숙형공립고	0	500	0	4,500	0	5,000
	자율형사립고	0	0	0	500	0	500
	자율형공립고	0	2,500	0	6,200	0	8,700
	마이스터고	14,683	13,200	14,150	20,540	0	62,573
	학교특색 살리기 플랜	0	3,000	0	0	0	3,000
• 대입 3단계 자율화	입학사정관제 도입	35,000	0	35,100	0	40,000	110,100
소계							**200,768 (23.0%)**
2. 학교교육 만족도 제고							
• 창의·인성 교육 강화	창의·인성 교육	0	8,450	0	16,680	0	25,130
	창의적 체험 활동 활성화	0	1,800	0	2,579	0	4,379
• 영어 공교육 완성	원어민 보조교사	0	46,870	0	68,817	0	115,687
	해외 영어 봉사 장학생	3,915	790	7,517	1,997	0	14,219
	실용영어 교육 지원	0	8,640	0	19,335	0	27,975
	영어 수업 교육과정 개편	0	690	0	0	0	690

	영어교사 연수 확대	0	9,000	0	8,550	0	17,550
	교육 국제화 특구 확대	0	0	0	0	519	519
	교사 국제교류 프로그램	0	400	500	1,000	2,507	4,407
• 교원 능력 제고를 위한 인프라 구축	교원 평가 입법화 및 연수, 자격 등 연계	0	2,500	0	2,900	0	5,400
• 교육과정 · 교과서 선진화	교육과정 자율권 확대	624	3,700	1,274	9,236	1,160	15,994
	핵심 역량 교육 과정 개편	16,930	1,860	10,618	1,400	14,153	44,961
• 방과후학교	방과후학교 활성화	40,671	19,160	775	44,660	0	105,266
• 즐거운 학교 만들기 및 학부모 참여 지원	즐거운 학교 프로젝트	0	8,100	0	5,500	0	13,600
	학부모 학교 참여 지원	0	11,100	0	17,885	0	28,985
	학교 안전 통합 시스템	0	49,493	0	37,875	0	87,368
	학생 스포츠 클럽 육성	0	2,795	0	2,500	0	5,295
소계							**517,425 (59.2%)**
3. 교육복지기반 확충							
• 지역 · 학교 · 학생의 특성을 고려한 맞춤형 교육복지 강화	농산어촌 전원학교 육성	0	51,300	0	12,700	0	64,000
	교육복지 투자 우선 지역	0	31,000	0	700	0	31,700
	다문화 이해 교육 실시	2,000	4,200	5,600	5,400	600	17,800
	새터민 학생 지원	0	3,300	0	3,400	0	6,700

학업 중단 학생 교육 지원	0	1,400	0	1,400	0	2,800
저소득층 유아교육비	23	0	33	0	132	188
엄마품 온종일 돌봄 교실	0	14,000	0	18,800	0	32,800
소계						155,988 (17.8%)
총계						874,181 (100%)

*출처: 교육과학기술부 국정 과제(http://www.mest.go.kr/web/1070/site/contents/ko/ko_0047.jsp); 교육과학기술부(2010, 2011), 「특별교부금 국가시책 사업 평가 보고서」.

우리의 경우 교육 양극화 해소를 위한 중앙 정부의 교육복지 투자 노력도 미흡하지만, 지방 정부의 노력도 미미한 실정이다. 그에 따라 지역 간 교육 복지에 대한 투자 수준도 차이를 보이고 있다. 2010년 기준으로 16개 시·도 교육청의 교육복지 투자액은 1조 7,637억 원으로서, 세출 결산액 대비 교육 복지 투자 비율은 4.0%에 불과하다(〈표 6〉).[23] 그리고 세출 결산액 대비 교육 복지 투자 비율은 수도권 지역이 3.9%이고, 지방이 4.1%로 다소 높아 지방 의 교육복지에 대한 수요가 많음을 알 수 있다. 그리고 2010년 시·도 교육 청별 교육복지 투자액이 총 세출액에서 차지하는 비중을 단위 사업별로 살 펴보면, 수도권이나 지방이나 모두 학비 지원(1.9%)에 가장 많은 예산을 지 원하였고, 다음으로 급식 지원(1.2%) 등의 순으로 지원되었다. 현재 무상급 식 문제가 사회적·정치적 이슈가 되고 있지만, 급식 지원 규모는 5,112억 원 정도로서 전체 세출 결산액의 1.2% 수준이다.

---

23) 지방교육비 특별회계 세출 예산 편성 항목 중 교육 격차 해소 관련 세출 항목은 학비 지원, 학력 격 차 해소, 급식 지원, 정보화 지원, 농어촌 여건 개선, 교육복지 투자 지원의 6개 세부 항목으로 구분된다.

<표 6> 지역 간 교육복지 투자액 현황(2010)

(단위: 백만 원, %)

시·도별	세출 결산액	학비 지원	학력 격차 해소	급식 지원	정보화 지원	농어촌 여건 개선	교육복지 투자 지원	계
전 국	43,108,880 (100.0)	825,382 (1.9)	52,515 (0.1)	511,205 (1.2)	47,552 (0.1)	148,495 (0.3)	151,546 (0.4)	1,736,695 (4.0)
수도권	17,401,808 (100.0)	397,868 (2.3)	1,543 (0.0)	187,116 (1.1)	13,904 (0.1)	17,231 (0.1)	62,262 (0.4)	679,924 (3.9)
지 방	25,707,072 (100.0)	427,514 (1.7)	50,972 (0.2)	324,089 (1.3)	33,648 (0.1)	131,264 (0.5)	89,284 (0.3)	1,056,771 (4.1)

*주: 1) 교육복지 투자 현황은 해당 단위 사업 결산액을 근거로 작성된 것으로 시·도 교육청별로 예산 편성 지침에 따라서 과소 추정되거나 과대 추정될 수 있음.
2) 교육복지 투자 지원 사업은 2011년부터 보통교부금화 되었음.
*출처: 한국교육개발원(2011), 『지방교육 재정분석 종합보고서』(기술보고 TR 2011-57). 177쪽 자료 재구성.

아울러 〈표 7〉에서 보듯이, 시·도 교육청 급식 지원 인원은 2009년 1,734,931명에서 2010년 2,417,562명으로 682,631명(39.3%)이 증가함에 따라 투자액 역시 2009년 5,350억 100만 원에서 2010년 6,838억 8,000만 원으로 27.8% 증가하였다. 수도권 지역의 급식 지원 인원은 2010년 972,497명으로 전체 초·중등 학생 수의 27.8%를 차지하고 있고, 급식 지원 투자액은 1,852억 7,200만 원으로 전년 대비 45.3%로 급증하였다. 지방 지역의 급식 지원 인원은 2010년 1,445,065명으로 전체 초·중등 학생 수의 38.2%를 차지하고 있고, 투자액은 2009년에 비해 18.5% 증가한 것으로 나타났다.

급식 지원 추진과 관련해서는 여전히 논란이 계속되고 있고, 교육청별로도 지원 방향이 상이해 지역별 편차가 나타나고 있는 것이 사실이다. 하지만 급식 지원 수혜 대상의 학생 수가 전체 학생 수의 33.2%이고, 이들에게 5,112억 원을 지원하고 있는 상황에서 정부에서 1조 원 정도만 더 지원을 한다면 초·중등 학생 모두에게 무상급식을 할 수 있다. 따라서 사회적 약자에게 희망을 주는 교육복지 시스템 마련에 교육 투자의 우선순위를 둔다면, 정부는 전향적으로 이 문제를 고려할 필요가 있다.

<표 7> 급식 투자 현황(2010)

(단위: 명, 백만 원)

시·도별	학생 수 (2010)	급식 인원			급식 투자액		
		2010	2009	급식 인원/학생 수(2010)	2010	2009	증감
전 국	7,284,295	2,417,562	1,734,931	33.2%	683,880	535,001	27.8%
수도권	3,496,635	972,497	624,510	27.8%	269,281	185,272	45.3%
지 방	3,787,660	1,445,065	1,110,421	38.2%	414,599	349,729	18.5%

*주: 학생 수는 초중등 학생 모두를 포함한 수치임.
*출처: 한국교육개발원(2011), 『지방교육 재정분석 종합보고서』(기술보고 TR 2011-57), 179쪽 자료 재구성.

교육복지를 논의하는 과정에서 항상 제기되는 문제가 재원 확보 가능성 여부이다. 하지만 한국은 국가 경제 규모에 비추어볼 때, 복지 분야에는 매우 인색한 투자를 하는 국가로 알려져 있다. 〈표 8〉에서 보듯이, OECD 국가를 대상으로 GDP 규모와 GDP 대비 사회복지 지출 비율을 비교해본 결과, 한국은 2007년 GDP는 1조 1,212억 달러로 OECD 30개 국가 중 9위를 차지하고 있는 반면에, GDP 대비 사회복지 지출 비율은 7.6%로서 29위를 차지하고 있었다. 국가 경제 규모에도 못 미치는 규모로 사회복지에 투자하고 있는 국가인 셈이다. 따라서 복지 재원과 관련해서는 재원 부족이나 확보 가능성보다는 복지 투자에 대한 국가의 의지 문제라고 할 수 있다.

<표 8> OECD 국가별 GDP 대비 사회복지 지출 비중 비교

국가별 순위	GDP (PPP 10억 US$)	국가별 순위	사회복지 지출 (GDP 대비 %)
1. 미 국	13,228	1. 프랑스	28.4
2. 일 본	4,045	2. 스웨덴	27.3
3. 독 일	2,749	3. 오스트리아	26.4
4. 영 국	2,081	4. 벨기에	26.3
5. 프랑스	1,957	5. 덴마크	26.1
6. 이탈리아	1,708	6. 독 일	25.2
7. 멕시코	1,407	7. 이탈리아	24.9
8. 스페인	1,280	8. 핀란드	24.8
9. 한 국	1,212	9. 헝가리	22.9
10. 캐나다	1,189	10. 포르투갈	22.5
11. 터 키	875	11. 스페인	21.6
⋮	⋮	⋮	⋮
28. 뉴질랜드	109	28. 터 키	10.5
29. 룩셈부르크	36	29. 한 국	7.6
30. 아이슬란드	11	30. 멕시코	7.2
OECD 평균	1,231	OECD 평균	19.24

*출처: OECD(2010, 2011). Education at a Glance : OECD Indicators. 표 B1.1a.; OECD(2010). Social Expenditure Statistics. Aggregated Data(http://stats.oecd.org/Index.aspx?DataSetCode=SOCX_ AGG).

3. 교육복지 실현을 위한 국가의 재정 지원 과제

우리나라의 경우 교육복지를 보편적 복지로 접근할 것이냐, 선별적 복지로 접근할 것이냐에 대한 논쟁에 앞서, 근본적으로 한국은 복지국가의 문턱에도 가보지 않은 후진적인 상태에서 어떻게 벗어나느냐 하는 것이 더욱 시급한 문제이다. 국가경제력 규모는 세계 9위권이지만, 공공 사회복지 지출 규모는 GDP 대비 7.6%로서 세계 29위권에 머무르고 있기 때문이다. 따라서 교육복지를 위한 접근 방향 모색도 중요하지만 기본적으로 교육복지를 위한 필수조건인 재정을 어떻게 확보하느냐가 관건이다. 이에 여기서는 교육복지 실현의 초석인 국가의 재정 지원을 위한 향후 과제를 중심으로 논의하고자 한다.

1) 교육복지 재정의 안정적 확충

교육복지 재화를 포함한 집합적 요구를 충족시키기 위한 국가의 활동이 지속 가능하기 위해서는 계속적인 조세와 기타 강제 징수를 통한 안정적인 예산 확보가 선결되어야 한다. 특히 교육복지 재정은 지속 가능성과 발전성이라는 특성이 있기 때문에, 적정한 교육복지 재정을 어떻게 안정적으로 확보하느냐가 관건이다. 앞서도 제시하였듯이, 2010년 기준으로 교육복지 관련하여 중앙 정부는 특별교부금으로 1,560억 원, 시·도 교육청은 교특회계로 1조 7,637억 원을 지출하여 교과부를 통한 교육복지 재정의 총 규모는 1조 9,197억 원이었다.

적정한 교육복지 재정 규모가 어느 정도인지 학문적으로는 다양하게 논의될 수 있지만 합의를 이루기는 쉽지가 않다. 하지만 현재의 교육복지 재정 규모는 턱없이 부족한 것은 사실이다. 김민희(2012)의 연구에 의하면, 향후 중학교 학교 운영비 폐지 및 고교 무상교육, 노후시설 개축 등 추가적인 교육복지 재정은 최저 7조 9,000억 원에서 최대 8조 2,000억 원 정도 소요될 것으로 추정된다. 여기에 유아교육, 특수교육, 급식 지원 확대 등 교육복지적 성격을 지닌 항목까지 포함시키면 약 10조 원 이상의 확대가 필요하다.[24]

이러한 재정 규모는 최소한의 비용으로서 향후 이 정도의 교육복지 예산을 안정적으로 확보하기 위해서는 법제적 장치가 필요하다. 왜냐하면 우리의 경우 교육복지 관련 재정 규모가 열악한 것은 물론, 중앙 정부는 특별교부금으로 교육복지 사업을 진행함으로써 지속 가능성을 예측하기 어렵고, 시·도 교육청은 재정 자립의 어려움으로 교육복지 재정의 축소 편성 가능성이 항상 내재되어 있기 때문이다. 이는 교육복지 관련 예산 확보에 항상 정치적인 요인이 작용한다는 의미이다.

따라서 교육복지 예산의 안정적 확보를 위한 법제적 장치로서, 첫째, 매년 교육복지 소요 재정을 추정하여 목표치만큼의 재원을 보통교부금의 일정액으로 확보하는 방안(김민희, 2012), 둘째, 교육 예산의 일정 비율을 교육복지 관련 예산으로 편성하고, 중앙과 지방과의 분담 기준을 설정하는 방안 등을 고려할 수 있다.

2) 교육복지 재정의 효율적 배분 운영

교육복지 재정을 배분하는 과정에서 교육복지 대상자만이 가지고 있는 특성과 기회 균등의 원칙을 고려해야 하기 때문에 배분의 공정성과 효율성은 물론 자율성과 적절성의 기준이 반영되어야 한다. 이를 위해 김민희(2012)가 제안한 세 가지 배분 방안은 의미가 있다. 첫째, 교육복지 수요를 고려한 포뮬러 펀딩 재정 배분 방식의 도입이다. 이 방식은 교육복지 재정의 공정성과 효율성을 제고할 수 있다. 교육 여건 경비, 학생 특성 경비 등 교육적 필요를 반영한 정교한 공식을 개발하여 공식에 근거하여 학교에 복지 재정을 배분하는 방식이다.

둘째, 교육복지 운영의 자율성과 복지 대상자의 특성을 적절하게 반영할

---

24) 12월 대선의 여야 후보 모두 복지 확대와 경제 민주화 실현, 일자리 창출 등에 관심을 두고 있고, 특히 박근혜 여당 후보는 고교 무상·의무 교육을 위해 교육기본법을 개정하겠다는 공약을 제시하였다. 그에 따라 142만 명 정도의 고등학생에게 매년 25%씩 예산을 증액하여 5년간 6조 원의 소요 예산을 확보하겠다는 것이다. 따라서 고교 무상교육까지 실현한다면 매년 평균 1조 2,000억 원의 추가 소요 재정이 요구되며, 그 결과 11조 2,000억 원 정도의 교육복지 예산이 향후 소요되는 것으로 추정된다.

수 있도록 교육복지 포괄 교부금(block grant) 제도를 도입하는 방안이다. 교육복지 관련 모든 사업 운영비를 통합하여 일괄적으로 총액으로 배분하는 방식이다. 이 경우 교육복지 관련 사업은 시·도 교육청과 단위 학교에서 자율적으로 계획·집행할 수 있어, 지역과 학교 그리고 대상 학생의 특성에 맞게 재정을 자율적으로 사용할 수 있다.

셋째, 지역 간 재정 격차를 해소할 수 있는 차등보조율제 도입이다. 이는 일종의 교육복지 재정 조정 제도로서 지역 간 균형을 도모하는 데 목적이 있다. 지역에 따라 저소득층이나 교육 취약 계층의 교육기본권에 차이가 발생하고, 지자체의 재정 자립도의 격차로 인해 교육복지 재정의 격차가 발생하기 때문에 이에 대한 조정 장치인 셈이다.

우리의 경우 교육복지 재정의 안정적 확보가 가장 시급한 과제이지만, 동시에 재정 배분의 공정성, 효율성, 자율성, 적절성 등을 담보할 수 있는 배분 체제 구축을 모색해야 한다. 교육복지의 특성상 대상자 선정이나 지원 효과가 다른 실물 투자와는 다르게 가시적이지 않기 때문에 정교한 배분 체제 구축이 중요하다.

3) 교육복지 실현을 위한 제도적·법적 인프라 구축

모든 국가 재정 지원 사업이 그렇듯이 교육복지 관련 사업도 부처 간 유사 중복 사업 추진, 수혜 대상자의 중복성, 투자 효과에 대한 모니터링 체제 부재 등으로 교육복지 투자의 비효율성 문제가 제기된다. 이러한 문제를 해결하기 위해 국가 차원에서는 교육복지뿐만 아니라 모든 사회복지와 관련 사업들을 통합·연계하는 사회 및 교육복지 통합적 지원 운영 체제를 구축하여 복지사업의 추진 방식과 재정 운영 방식의 효율성을 제고해야 한다. 그리고 지방 차원에서는 시·도와 시·도 교육청 차원의 연계·협력을 통한 교육복지 대상자 선정과 효율적 관리를 위한 one-stop 서비스 체제 구축, 재정 통합 운영 체제, 지역과 학생의 특성을 반영하는 복지 체제 구축, 복지 관련 조례 제정 등 교육복지 관련 제도적 장치를 마련해야 한다.

교육복지 재정 운영에 있어 통합 지원 체제를 구축한다는 것은 기존의 사업별 운영 방식에서 학습자 중심의 지원으로 재정 운영 방식이 전환된다는 것을 의미한다(김민희, 2012). 따라서 향후 교육복지 체제는 지역과 학생의 특성을 반영하는 맞춤형 통합 지원 체제를 구축하고, 복지의 개념이 학교교육 이외의 특별한 개별적인 과정이 아니라 학교교육과정 내에 자연스럽게 통합되어 운영되는 방식이 되어야 한다.

한편 교육복지 실현을 위한 법제적 장치도 마련해야 한다. 실제로 교육복지와 관련하여 법률 제정 노력은 꾸준히 계속되었다. 국회 차원에서는 17대 국회에서 열린우리당 이인영 의원 외 27인이 발의한 「교육격차해소법안」과 한나라당 이주호 의원이 발의한 「교육격차해소를 위한 법률안」이 있었으나 회기 종료로 자동 폐기되었다. 18대 국회에서는 한나라당 권영진 의원이 대표 발의한 「교육복지법안」과 임해규 의원이 대표 발의한 「교육격차해소법안」, 그리고 권영길 의원이 대표 발의한 「교육불평등해소를 위한 특별법안」이 상정되었으나 회기 종료로 자동 폐기되었다. 지난 4월 총선에서 교육과 사회복지 문제가 정치적 이슈가 되었듯이, 다가올 대선에서도 복지 문제는 중요한 정치적 쟁점 의제가 될 것이다. 19대 국회에서는 물론 차기 정권에서도 교육 및 사회복지 실현을 위한 법적 장치는 반드시 마련되어야 한다.

무상급식 문제로 야기된 복지 논쟁이 복지 포퓰리즘, 복지 망국론 등의 주장과 같이 이념 갈등으로 치닫는 것은 사회적으로 매우 소모적이다. 한국은 지금까지 진정한 복지국가의 문턱에도 가보지 않은 후진적인 상태이기 때문에, 세계 9위권의 경제 규모에 걸맞은 복지 체제를 구축하는 것이 국가의 최우선적인 책무이다. 복지의 지향점은 최소한의 인간 존엄성을 지켜주기 위한 것이다. 국가는 개개인의 사회·경제적 지위, 교육 수준, 능력 차이 등과는 관계가 없이 우리 사회에서 살아가는 인간으로서 누려야 할 최저선을 정하고, 이를 모든 사람에게 보장해주어야 한다. 따라서 인간 존엄성을 위한 복지는 반드시 보편적 복지의 원리가 적용될 수밖에 없다. 문제는 복지에는 많은 재정 소요가 요구된다는 점이다. 따라서 우리의 경우 우선적으로 국가 경제 역량에 맞는 재원을 확보한 이후에 복지의 대상과 지원 방식을 논의하는 것이 순서이다. 일부는 보편적으로 적용될 수도 있고 어떤 일은 어쩔 수 없이 선별적으로 적용될 수도 있다. 중요한 것은 복지에 대한 국가관이다. 이제 복지에 관한 논쟁과 투쟁이 아닌, 사람들이 만들어가는 복지사회를 위해 국가의 역할이 재정립되어야 한다.

참고문헌

● 교육인적자원부(2003), 『국민의 정부(1998~2002) 교육인적자원백서』.
● 교육인적자원부(2003~2008), 각 연도 교육인적자원부 소관 예산안 및 기금운용계획안 개요.
● 교육과학기술부(2010·2011), 『특별교부금 국가시책사업 평가 보고서』.
● 김미숙 외(2010), 『아동복지정책 유형과 효과성 국제비교』, 한국보건사회연구원.
● 김민희(2012), 「교육복지 재정의 방향과 과제」, 『한국교육 재정 구조개혁: 방향과 과제』, 2012년도 연차학술대회 자료집.
● 이윤미(2011), 「평생학습과 복지」, 『교육비평』 2011 가을/겨울호, 43~62쪽.
● 이혜영·류방란·김경애·김경희·김민희(2011), 『교육복지 통합적 지원체제 구축 방안 연구(연구보고 RR 2011-03)』, 한국교육개발원.
● 유근춘·서문희·임완섭(2011), 『보편적 복지와 선별적 복지의 조화적 발전 방안에 관한 연구(연구보고서 2011-14)』, 한국보건사회연구원.
● 장수명·정충대(2011), 「복지국가와 교육」, 『교육비평』 2011 가을/겨울호, 10~42쪽.
● 조윤제·박창귀·강종구(2011), 「한국의 경제 성장과 사회지표의 변화」, 『한국은행 working paper』.
● 한국교육개발원(2011), 『지방교육 재정분석 종합보고서』(기술보고 TR 2011-57).
● OECD(2010, 2011), Education at a Glance: OECD Indicators.
● OECD(2010), Social Expenditure Statistics. Aggregated Data.

4부

민주적 교육공동체를 어떻게 만들 것인가?

학생인권 보장의 방향
-아동청소년인권법 제정[25]

강 명 숙

1. 학생인권, 교육정책의 준거

최근 2~3년 사이에 지역교육자치단체의 '학생인권조례' 제정이 우리 사회의 논쟁점이 되고 있다. 그리고 2012년 6월 25일 서울시 교육청의 「서울특별시 교권 보호와 교육활동 지원에 관한 조례」 제정을 시작으로 일명 '교권조례' 제정 역시 쟁점으로 부각될 전망이다. 학생인권과 교권 보호 등 인권적 기준이 교육 현장에서 강조되고, 교육공동체 구성원의 인권이 존중될 계기가 마련된 것 같다.

그러나 인권조례 제정 및 시행과 관련된 상황을 보면 우려되는 점도 적지 않다. 서울시 교육청의 경우 학생인권조례 제정 및 시행을 둘러싸고 중앙 부처인 교육과학기술부와 첨예한 갈등을 보이고, 그 결과 학생인권조례가 학교 현장에서 실행되는 데 어려움을 겪고 있다. 지역에 따라서는 학생인

---

25) 이 글은 필자의 「법과 인권교육 연구」 제5권 2호(2012)에 실린 「학생인권조례 제정의 교육적 의미」를 수정 보완하여 작성한 것입니다.

권조례 제정을 둘러싸고 교육계 내부 갈등이 증폭되어 학생인권 보장이라는 목표가 희석되기도 한다. 또 학생인권이 존중되면 교권이 무너진다 하여 학생인권과 교권을 대립 상충하는 것으로 주장하는 담론도 자리 잡고 있다.

몇몇 지방교육자치단체가 학생인권 보장을 위해 노력하면 할수록 학생인권 보장의 국가적 책무를 지닌 교육과학기술부는 마치 자석의 척력처럼 학생인권을 밀어내며 반대편으로 반작용하고 있는 형국이다. 학생인권 보장의 책무를 지닌 두 주체가 서로 협력하고 분담하여 학생인권 보장 수준을 높여야 함에도 불구하고 학생인권을 접점으로 힘 겨루기를 하면서, 학생인권 보장 노력을 무력화하는 형편이어서 향후 학생인권 보장의 길이 순탄하지 않을 것임을 예고하고 있다. 따라서 학생인권조례가 학생인권 보장에 실질적인 의미를 갖기 위해서 향후 어떻게 정착 혹은 보완되어야 하는지 등에 대하여 논의 및 사회적 합의 창출이 필요하다. 특히 학생인권조례의 제정 과정과 학교 현장에서의 정착 실태, 교육과학기술부의 대응 등을 살펴봄으로써 학생인권이 교육정책 기준으로 작동하도록 학생인권조례가 갖는 교육적 의의를 부각할 필요가 있다.

2. 학생인권 보장의 제도적 노력 – 학생인권조례 제정

학생인권조례에 규정된 권리 항목 가운데 체벌이나 두발 및 용의복장 검사, 강제적 야간 자율학습 등의 문제는 산발적으로 사회 문제화된 적이 많다. 그러나 학교 현장에서 학생인권 문제가 본격적으로 그리고 조직적으로 제기된 것은 1990년대 이후의 일이다. 1924년 유엔 총회에서 아동권리선언을 처음 발표한 이래 우리나라에서도 아동청소년의 권리와 복지 보장, 역량 강화 등을 내용으로 하는 어린이헌장이 1957년에, 청소년헌장이 1990년에 제정되었다. 그러나 이들 헌장은 그야말로 헌장으로, 선언적 의미에 그치고 실질적인 영향력은 미미했다. 법적 효력이 있는 아동청소년의 권리에 관한 문건은 1990년 9월부터 발효된 유엔 아동권리협약이다. 우리나라에서는 1991년 비준하였는데, 이로써 아동청소년의 권리에 대한 국제법적 근거를 갖게 되었다. 하지만 아동청소년의 인권 보장에 대한 사회적 관심은 낮았고, 국제법적 근거는 재판 혹은 법적 규범으로서 실효성을 갖지 못하였다.

학생인권 및 아동청소년 인권에 대한 관심은 학생 개인의 수준에서 혹은 동아리 활동 조직이나 사회운동단체에서 먼저 제기되었다. 1995년 최우주 학생의 야간 강제 자율학습에 대한 소송 제기나 1998년 광주지역을 중심으로 한 중고등학교 학생복지회에서 학생인권선언서를 발표한 것이 그 대표적인 사례이다. 1996년 교육부에서 체벌 금지를 발표하면서 학생인권 문제가 부각되는 듯했다. 그러나 사회적 쟁점으로 공론화되기 시작한 것은 2001년 교육행정정보시스템(NEIS)의 학생인권 침해 가능성, 2002년 국가인권위원회의 학생생활규정(안)에 대한 권고, 2004년 사립학교 종교 자유의 문제 제기 등에서부터 시작되었다. 체벌 금지와 두발 자유, 강제적 야간 자율학습 금지 등 학생들의 일상적인 학교생활에서 민감한 사안뿐만 아니라 교육행정정보시스템이나 예를 들면 종교 교육 실시와 같은 교육과정 영역에까지 인권적인 기준으로 교육정책이나 현실을 재검토하고 판단하는 계기가 되었다. 즉 인권이라는 잣대로 학교교육을 자세히 들여다보는 전기가 마련된 것이다.

학생인권에 대한 문제 제기의 활성화는 학생인권을 보장하는 법적 기반을 마련하여 학생인권을 제도화하고자 하는 움직임으로 연결되었다. 2006년 당시 민주노동당은 초중등교육법 개정안을 발의하였는데, 개정안의 주요 내용은 '학생인권법안'이라 할 만한 내용을 담고 있었다. 학교장에게 학칙의 학생인권 침해 가능성을 방지하도록 하는 의무를 부과하고, 학생회 및 학생자치 활동 보장, 학생인권의 보장, 학생인권 침해 행위 금지, 교육공무원 및 학생에 대한 인권 교육 실시 등이 주요 내용이었다. 그리고 정규 수업 외의 수업, 강제 자율학습, 두발 복장 등의 검사, 소지품 검사, 가정환경이나 성적 등에 의한 차별행위 등을 금지해야 할 학생인권 침해 행위로 열거 제 시하였다. 그러나 학생인권을 법률로 보장하려는 움직임은 국회에서 제대로 논의되지 못하고 2008년 17대 국회의원 임기 만료로 자동 폐기되었다. 대 신 이 과정에서 초중등교육법에 학생인권 보장 책무를 명시하는 법률 개정 을 하였다. 2007년 12월 14일 초중등교육법 제18조 4항으로 "학교의 설립 자 경영자와 학교의 장은 헌법과 국제인권조약에 명시된 학생의 인권을 보 장하여야 한다."라는 지극히 원론적이고 당연한 조항이 신설되었다. 학교장 과 학교 설립자 및 경영자에 학생인권의 보장 책무를 적시한 것은 의미 있 는 일이나, 보장되어야 할 권리 목록이나 보장방법 등에 관한 구체적 내용은 빠져 유명무실한 개정이 되고 말았다.

다른 한편 학생인권의 제도화 노력은 지역에서 조례를 제정하는 학생인 권조례 제정 움직임으로 나타났다. 2005년 광주에서 학생인권조례를 제정 하려고 하였으나 좌절되었고, 이후 지방자치단체장이 학생인권조례 제정을 공약으로 내걸고 추진하자 성과가 나타나기 시작했다. 주지하다시피 2010년 10월 5일 '경기도 학생인권조례'가 제정되어 2011년 3월 1일부터 시행에 들 어갔다. 이어 2011년 11월 17일 광주시 교육청에서, 2012년 1월 26일 서울 시 교육청에서 학생인권조례가 제정되었다. 강원도와 전북, 경남의 경우 학 생인권조례안이 제출되었으나 지방의회를 통과하지 못한 상태이다. 학생인 권조례 제정이라는 방식을 통한 학생인권의 제도화는 그간 축적되어온 학 생인권 운동 역량의 조그마한 결실이자 지방교육자치의 성과라고 볼 수 있 다. 학생인권조례 제정은 주민 직선으로 선출된 교육단체장의 공약을 이행 하기 위한 노력과 추진력이 뒷받침되었기 때문에 가능했다.

학생인권조례 제정으로 학생인권에 관한 법적 기반은 헌법과 아동권리

협약에 기반하고 교육기본법과 초중등교육법에 근거하며 학생인권조례, 학칙 등에 의해 구체적으로 보장되도록 체계화되었다.

3. 이명박 정부의 학생인권조례 대응 – 반인권, 반교육

서울시 학생인권조례 제정을 기점으로 학생인권조례 제정이 전국적으로 확산될 분위기가 형성되자 교육과학기술부에서는 학생인권조례의 효력을 정지시키고, 조례의 규정 내용이 학교 현장에서 무력화되도록 조처하였다. 교육과학기술부는 학생인권조례가 상위법인 초중등교육법에 위배된다며 2012년 1월 26일 대법원에 학생인권조례 무효 확인 소송 및 조례의 집행을 일시적으로 정지시키는 집행정지 결정을 신청하였다. 그리고 2012년 2월 15일 서울시 교육청의 서울학생인권조례에 따른 학칙 개정 지시 처분을 장관 권한으로 정지시켰다. 다른 한편으로 2012년 2월 27일 초중등교육법 일부 개정안을 통과시켜 "학교장은 학칙을 제정 또는 개정할 수 있"으며, "학칙에 학내 질서 유지를 위해 필요한 사항을 정할 수 있다."고 하여 학칙이 조례의 규정과 상충되는 내용을 포함해도 규제할 수 없도록 하였다.

헌법과 교육기본법, 초중등교육법에 규정된 학생인권 존중을 위해 지방교육자치단체에서 제정한 학생인권조례를 교육과학기술부는 왜 무력화하려고 시도하는가? 중앙 부처의 부족한 인권 감수성을 탓하거나 정치적 입장의 차이 및 부처 이해관계의 갈등 등에서만 원인을 찾기 어려운 지점이 있다. 또 상위법 위배 가능성이나 충돌과 같은 법리적인 차원으로 문제를 해결하려고 하지만, 법리적인 문제가 교육과학기술부의 문제 제기의 핵심적인 쟁점이라고 보기 어렵다. 근본적으로 이명박 정부의 교육정책이 반인권성, 반교육성을 기조로 하기 때문이다.

사실 그동안 교육과학기술부의 교육정책에서 학생인권은 중요한 교육 의제로서 다루어지지 않았다. 심지어 학생인권, 인권 교육이라는 용어 대신 인성, 인성 교육이라는 용어를 애써 사용하고 있어 마치 학생인권이라는 용어 자체가 기피 대상인 것처럼 비치고 있다. 지방교육자치단체와는 달리 집권 초기 촛불시위에서 "잠 좀 자자.", "밥 좀 먹자."는 학생들의 호소마저 철저히 외면한 교육정책이 중앙 정부에서 추진되었다.

2008년 4월 15일 발표된 학교자율화추진계획, 일명 4·15 학교 자율화 조치는 자율화라는 미명하에 효율과 경쟁을 앞세운 시장주의 교육정책을 천명함으로써 교육의 공공성이나 학생인권은 사각지대에 방치되었다. 우선 4·15 학교 자율화 조치는 0교시 부활, 심야보충, 우열 심화반 편성, 자율학습의 강화, 사설 모의고사 증가 등으로 인해 학생의 휴식, 건강과 안전에 대한 권리가 침해될 가능성을 방치하였다. 교과부는 학생 건강과 안전에 대한 종합 대책을 마련할 필요성을 인정하면서도 야간 자율학습이나 보충수업 등을 금지하는 조치는 하지 않고 있다. 둘째, 4·15 학교 자율화 조치는 국가 수준에서 적극적으로 보장해야 할 교육받을 권리의 여건 조성 책무를 방기함으로써 교육의 공공성 기능 약화를 초래하여 학생들의 교육받을 권리를 약화시켰다. 셋째, 4·15 학교 자율화 조치는 교육행정의 분권화라는 선진 세계 여러 나라의 흐름을 반영한 것이라고 호언장담하며 교육행정 권한을 지방교육자치단체장인 교육감과 단위 학교의 장인 학교장에게 대폭 위임함으로써 교육의 자율성 추구를 목적으로 한다고 밝혔다. 그러나 인권조례 제정을 둘러싼 갈등에서 노골적으로 드러났듯이 교육의 자율성 향상은커녕 교육자치를 훼손하면서까지 중앙 정부가 직접 단위 학교장에게 권한 행사를 하는 방식으로 중앙집권화를 강화하였다. 그 결과 단위 학교와 지역교육자치단체 간, 학부모 교사 학생 상호 간의, 즉 교육공동체 주체 상호 간의 갈등을 심화시켜 교육권의 정당한 행사를 저지하고 있다.

체벌 금지, 학생인권조례 제정으로 학생인권을 보장하려는 흐름이 활발해지자 교과부는 2011년 1월 17일 '인성 및 공공의식 함양을 위한 학교문화 선진화 방안'을 발표하였다. 이 방안은 "학생인권조례 제정 및 체벌 금지로 인한 교육 현장의 혼란을 극복하고 보다 근본적이고 장기적인 관점"에서 마련했다고 한다. 그러나 단위 학교 학생 지도의 자율과 책임을 강조하고 인성 교육을 강화한다는 전혀 근본적이지 못한 부실한 방안을 내놓았다. 체벌이나 출석 금지 등의 징계 조치의 임의성이나 위법성에 대한 법적 논란은 논외로 하더라도, 체벌이나 출석 금지를 통해 이루고자 하는 교육적 목적이 무엇인지, 체벌이나 출석 금지 자체가 갖는 학생인권 침해 가능성 등에 대해서는 고려가 없다.

대신 교과부는 학생인권 보장을 위해서 초중등교육법 시행령 제31조 5항을 신설하여 학생 권리 보호를 위한 학교장의 책무를 강화한다고 하였다. 그러나 내용을 보면 "학생의 학습권 등 권리 보호를 위한 학교장의 책무성을 강화하고, 교원의 교육·연구 활동 및 학습활동을 보호하며, 학내의 질서를 유지하기 위하여 학생의 권리 행사 범위를 학교 규칙으로 제한할 수 있도록" 하는 것이다. 실질적으로는 학생인권 제한 권한을 임의적으로 학교장에게 부여하는 것으로 학생인권 제한을 목적으로 하는 반학생인권적 법령 개정이다.

또 교과부는 학교 폭력이 사회 문제화되자 2012년 2월 6일 학교 폭력 근절 종합 대책을 내놓았다. 학생 생활지도를 위해 교원의 역할을 강화한다면서 담임교사의 책임을 강조하고, 출석 정지 등의 처벌을 엄중하게 하고, 또 학생 폭력 징계사항을 학생생활기록부에 기재하도록 하였다. 또 학교 폭력에 대한 전수조사 실시와 학교 폭력에 대한 정보 공개, 경찰 개입을 강화하였다. 교과부 책임하의 예방적·교육적 조치보다는 학교 폭력의 책임을 학부모와 교사에게 전가하면서 교육공동체 내부의 자율적 문제 해결보다는 경찰의 개입을 강화하는 등 처벌 위주의 학교 폭력 대응 시스템 구축을 대책이라고 교과부에서 내놓은 것이다. 최근 논란이 되고 있는 학생 폭력 관련 징계사항의 학생생활기록부 기재처럼 반인권적인 조치가 스스럼없이 기획·실행되고 있다.

이명박 정부의 교육정책의 퇴행성과 반인권성은 두말할 것도 없다. 그러나 문제는 교과부와 지방교육단체의 교육정책 및 학생인권을 둘러싼 갈등을 보수와 진보의 틀로 접근하는 것이다. 학생인권, 교권 등 교육공동체 구성원의 인권과 권리 문제가 진보와 보수의 프레임에 갇히는 것은 경계해야 할 것이다. 학생인권 보장에 대한 국가의 책무 소홀을 지적하고 국가 책임을 강조하는 것이 필요하다.

4. 학생인권조례 제정 및 시행의 현실

학생인권조례가 제정·시행된 지 얼마 되지 않아 제도의 운영 실태를 평가하기는 이르다. 그러나 향후 발전 방향을 살펴보기 위해 제정 및 시행 과정에서 나타난 몇 가지 문제점을 살펴보면 첫째, 교사의 수동적 참여가 가장 문제이다. 학생인권조례 실시 지역에서 공통적으로 호소하는 어려움이 있다면 교사들의 자발적이고 적극적인 지지와 참여 그리고 변화가 미미하다는 점이다. 학생인권조례 제정에 깊숙이 관여한 인권활동가도 "그 무엇보다도 그토록 얻고 싶었던 교사들의 마음을 충분히 얻어내지 못하였다"(한낱 외, 2012: 227)고 고백을 할 정도이다. 개별 교사들의 적극적인 지지와 참여가 부족한 이유는 여러 가지로 살펴볼 수 있다. 우선 학생인권조례는 제정 절차 진행 과정에서 학교 안에서 구성원들이 서로 갈등하고 조정·협의하는 가운데 서로의 인권 역량을 강화하면서 조례가 만들어지는 과정을 소홀히 하였다는 점이다. 『인권, 교문을 넘다』(인권교육센터 '들'기획, 2011)라는 책자 제목의 비유적 표현에서 나타나는 것처럼, 학교 밖에서 논의된 것이 학교 안으로 넘어 들어온 측면이 있다. 학생인권조례가 사회에서는 뜨겁게 논의되었으나 정작 학교 현장에서 교사와 학생들 사이에 자발적으로 논의되거나 공유되는 기회가 부족하였다. 학교 현장에서 동료 교사의 반응을 살펴보더라도 조례 제정 과정에서 교사들이 상대화되어버린 현실이 직설적으로 드러난다.

> 학생인권 문제가 학교 현장에서 차근차근 진행된 것이 아니라 그냥 위에서 딱 던져주고 '너네 이제 학생인권 존중해.' 이렇게 하니까 거부감이 드는 거죠. 윽박지르고, 언론 플레이하고, 교사를 사회적으로 코너로 몬다고 해야 하나요? 이런 느낌을 받으니까(한낱 외, 2012: 44).

둘째, 학생인권조례 제정 과정에서 교사의 역할 설정에 적극적이지 못했다. 나아가 학교에서 학생과 만나고 관계하는 것을 일상적인 직무로 수행하는 교사를 학생인권 침해 역할 수행자로, 혹은 적어도 학생인권 침해를 방관하는 자로 설정하는 구도에 민감하지 못했다. 그래서 학생인권을 이야기하면 할수록 교사는 학생과 함께 인권을 누리며 같이 행복한 학교생활을 해야 할 구성원이라기보다는 교사로서의 전문성을 높이고 직무 수행 방식을 달리하여 생존 능력을 높여야 하는 변화되어야 할 존재로 인식된다는 점이 문제였다. 이러한 교사로서의 역할 수행에 대한 부정적 인식은 자연스럽게 교권과 학생인권을 대립적인 것으로 받아들이는 인식으로 연결되었다. 수업의 어려움 호소하고, 교사의 역할을 제대로 수행하기 어렵다는 현실에 직면한 교사에게 학생인권을 통해 즉 학생을 사람답게 대우하는 것이 수업과 학생과의 관계 맺기를 얼마나 의미 있게 할 수 있는지에 대한 전망을 제시하는 측면이 부족했다. 그 결과 교사들은 학생인권과 교권이 대립한다는 논의 구도에 벗어나지 못하고, 교사의 수업 지도 및 학생 지도가 점차 어려워질 것이라는 미래 예감에 위축되어 기존의 틀을 깨려는 적극적인 노력을 하기보다 관망하는 형편이다. 교사들에게 인권 감수성을 높여야 한다며 연간 1~2회 2시간 정도의 인권 교육이나 인권 연수를 제안하는 것보다 시간이 걸리거나 만족할 만한 인권 보장 수준을 담보하지 못하더라도 학생인권조례 제정 과정부터 학생과 교사들이 중심이 되어 추진하도록 하는 등의, 교육 현장에서 교육공동체의 인권 역량을 강화하는 기회를 충분히 마련하는 것이 필요했다.

셋째, 학생인권조례의 교육적 의미에 대한 교육 담론의 전개가 부족하였다. 학생인권조례는 학교라는 장에서 학생이 인간으로서의 존엄성을 유지하며 행복하게 생활하는 것을 보장하며, 그리고 학생의 교육권 보장을 목적으로 한다. 그렇다면 학생인권조례 제정 및 시행 과정에서 학생이 누려야 할 인간적인 존엄과 가치가 무엇인지, 학생인권조례 제정의 교육적 목적이 무엇인지 등에 대한 논의가 교육계를 둘러싸고 활발하게 이루어져야 한다. 학생인권 보장을 위해 학교 현장에서 교육공동체 구성원이 무엇을 어떻게 할 것이며, 학생인권조례가 인권적 기준이나 목적뿐만 아니라 교육적 기준이나 목적에서도 어떠한 의미를 지니는지 등에 대하여 진지하게 논의하여 학생인권 담론을 교육 담론으로 연결하여 견인할 필요가 있었다.

그러나 학생인권에 관한 담론은 "학생인권조례안이 학생 권리만 강조하고 교사의 권위와 책임을 무력화할 우려가 있다.", "선량한 학생들의 학습권이 침해받는 무법천지 학교를 만들 것이다."라는 식의 보수 담론에 적절하게 대응하지 못하였다. 나아가 마치 인권적 기준과 교육적 기준이 서로 상충하며, 교육적 기준이나 목적을 위해서는 인권적 기준의 도입이나 적용을 제한할 수 있다는 인식을 수용하는 형편이 되었다. 학생인권조례에서 "학습권과 안전을 위해 필요한 최소한의 범위 내에서 학교 규정으로 제한할 수 있다." 거나 "교육상 불가피한 경우 학교가 제한할 수 있다."고 하여, 교육을 위해 학교 규정으로 헌법에 보장된 기본적 자유권마저도 제한 가능한 여지를 남겨두었기 때문이다. 학교 규정으로 기본적 권리를 제한할 수 있는가는 법적 쟁점으로 중요하다. 하지만 간과해서 안 되는 것은 기본권을 제한할 수 있는 '학습권' 혹은 '교육상 불가피한 경우'가 무엇인지에 대한 교육적 논의가 충분했는가라는 점이다. 자칫하면 교육의 이름으로 학생의 인권 보장을 유보하는 현재의 실태를 개선하기 어렵고, 오히려 정당화하는 역효과를 낳을 가능성이 있기 때문이다. 인권적 목적이나 기준과 교육적 기준이나 목적이 별도로 존재하는지, 존재한다면 어느 경우에 대립하는지, 대립한다면 서로 상생할 수 있는 방안이 무엇인지 등에 대한 논의가 필요하다.

넷째, 학생인권조례 제정 과정에서 학생을 미성숙한 존재라고 가정하는 것이 타당한가 등과 같은 교육적 쟁점들이 적극적으로 의제화되지 못한 채 진보와 보수의 담론 틀에 가려 부차적인 문제로 밀려나버린 것은 안타까운 점이다. 학생인권조례 과정에서 중요하게 지적된 학생관에 대한 검토도 필요하다. 아울러 학생인권조례가 학생들에게 두발자유조례, 체벌금지조례 등으로 이해되고 있듯이 교육권 및 학생인권 개념이 협소화된 측면이 있다. 다른 한편으로 학생인권조례 반대 논리의 단골 메뉴인 성적 지향이나 임신 또는 출산 등을 이유로 한 차별 금지 조항이 마치 학생인권의 핵심 쟁점인 듯이 지나치게 부각되는 등 왜곡된 논의 지형이 만들어진 측면이 있다.

다섯째, 학교 단위 학생인권 보장의 정책 수단에 대한 준비가 부족하였다. 학생인권조례가 제정됨으로써 학생인권 보장이 자발적 노력에 의존하기보다는 행정적 강제성을 지니게 되었다는 점은 의미 있는 일이다. 그리고 정기적인 학생인권 실태 조사, 학생인권위원회와 학생 의회(학생인권 참여단)의 운영, 학생인권 옹호관 및 인권교육센터 설치와 운영, 인권 교육 실시 의무화, 학생인권 침해 구제, 학생인권 영향평가제 등의 제도적 장치를 마련한 것은 학생인권 보장의 실효성을 한층 더 높여줄 것이라 기대된다.

그런데 이러한 제도적 장치들은 대부분 교육청이나 지역 교육지원청 같은 교육행정 기구 단위 수준의 것으로, 학생들의 일상적인 생활의 장인 단위 학교 수준에서의 제도적 장치는 미흡하다. 학칙 개정 외에 단위 학교 수준의 일상적인 제도적 노력은 교사 대상 2시간, 학부모 대상 연 1회의 인권 교육 실시 등이 대부분이다. 학교 수준에서 학생의 제 권리를 보장하고, 친인권적인 학교문화를 조성하기 위해 자발적으로 노력해야 할 의무를 부과했지만 의무를 수행하기 위한 제도적 수단은 미흡한 편이다. 학생인권조례 시행이 떠들썩하게 회자되지만 실제 학교 현장에서 학생들에게 피부로 와 닿는 변화로 연결되지 못하는 사정이다. 물론 학생인권 보장이 행정적 강제를 통해 제대로 실현되기는 한계가 있다. 그러나 단위 학교 수준에서 교사와 학생을 비롯한 교육공동체 구성원 모두의 인권 역량을 강화하기 위한 행정적 제도적 수단은 다양하게 강구되어야 할 것이다.

5. 학생인권조례 – 교육 패러다임의 전환 계기

학생인권조례는 우여곡절에도 불구하고 우리 교육 현실을 규정하는 원리로서 도입되었다. 그렇다면 이제 학생인권조례가 학교교육에 시사하는 바가 무엇인지 살펴볼 필요가 있다. 학생인권조례 제정을 둘러싸고 교육과학기술부와 시·도 교육청이 갈등을 빚고, 교원단체 혹은 교육공동체 구성원들 사이에서 서로 다른 이해관계가 첨예하게 표출되는 것은 학생인권조례가 우리 교육 현실에 던지는 의미가 적지 않기 때문이다.

첫째, 학생인권조례는 지금까지 학생이라는 존재가 학교에서 어떻게 인식되고 위치되어왔는지 되돌아보게 한다. 학교에서는 대개 학생을 미성숙한 존재로 간주하는 것을 당연시한다. 판단 능력과 행위 능력의 결핍을 전제하고 성인의 관여를 정당화하며 권리 제한의 근거로 삼는다. 그러나 학생뿐만 아니라 모든 사람은 미성숙하며, 판단 능력과 행위 능력을 향상시키려고 노력하는 과정의 존재이다. 학생을 바라보는 인식의 전환이 필요하다. 학생을 학교공동체의 동등한 구성원으로 인정하고, 그들의 교육적 노력과 능력을 신뢰할 필요가 있다. 최근 학교 폭력 문제 해결에서 또래 상담, 또래 조정 등의 방법이 성과를 거두고 있는 것도 학생을 바라보는 인식의 전환에 기반한 것이다. 학생을 미성숙자라고 바라보는 학생관을 극복할 때 학교에서 새로운 관계 맺기가 시작될 것이다. 사실 학생의 위상에 대한 논의는 학교라는 공간의 구조적 특성과 학교라는 공간에서의 관계 맺기의 방향성과 직결되는 문제이다. 교육공동체 구성원들 사이의 수평적 관계 맺기가 가능해질 때 학생인권조례도 실질적인 의미를 발휘하게 될 것이다.

둘째, 학교에서 교사의 역할, 교사의 전문성에 대한 재정의를 요구한다. 정해진 교과 지식을 전달하고 기성세대의 생활 규율을 지도하기 위한 통제와 관리 위주의 전문성이 지속적으로 권위를 지니기는 어렵다. 학생들과 더불어 소통하고 협력하여 발달 과제를 해결하는 새로운 차원의 전문성을 요구한다. 변화된 교사의 역할 수행과 전문성 제고를 위해서는 교사의 변화된 역할 수행을 지원하는 시스템을 잘 갖추는 것이 필요하다. 그러나 무엇보다도 교사의 인간으로서의 기본 권리, 전문직 수행자로서의 권리와 교사로서의 교육할 권리 즉 전문성 및 자율성을 보장하는 직무상 권리가 보장되어야 한다. 학교교육공동체를 구성하는 학생, 교사, 학부모 모두의 기본적 권리는 동등하게 보장되어야 한다. 원칙적으로 시민 A와 시민 B의 권리는 직업이나 사회적 지위에 관계없이 동등하게 존중되어야 한다. 그리고 교사로서의 교육할 권리와 전문가로서의 권리는 직무를 부여한 국가로부터 보장받아야 한다. 종종 학교 현장에서 관계 당사자인 학생과 학부모와 교사가 서로의 권리를 침해하는 양상을 보이는데, 이는 모든 주체의 인권 역량을 강화해야 할 문제이지 권리 자체가 충돌 대립하기 때문에 생기는 문제가 아니다. 교권과 학생인권이 대립하는 것으로, 즉 주체 간의 권리 충돌로 구도화하는 것은 국가의 권리 보장 의무를 은폐하면서 개개 주체에게 대립의 책임을 전가하는 모양이 된다. 무엇보다 교사를 포함한 교육공동체 구성원 모두의 권리 보장과 인권 역량 강화가 이루어지는 가운데, 교사의 역할을 학생인권 옹호자로 재정립하는 것이 필요하다.

셋째, 교육적 관계 맺기에 대한 재접근을 요구한다. 교화와 계몽을 목적으로 하는 교수학습 관계는 그 의도의 선의성에도 불구하고, 약자 혹은 피교육자에게는 자칫하면 폭력적 관계가 되기 쉽다. 수평적인 인간관계 속에서 서로의 발달을 상호 지원하는 교수학습 관계가 형성되고 함께 성장하는 배움의 공동체를 형성하기 위해서는 학생에게 독점적으로 그리고 일방적으로 교육적 영향력을 행사하던 방식을 벗어나 동등한 상호 존중의 관계 맺기가 필요하다.

넷째, 학교의 역할에 대한 새로운 이해를 추구한다. 학교는 공동체 구성원으로서의 삶의 능력을 향상시키는 교육의 장이다. 학교의 공식적·비공식적 교육과정 모두가 교육공동체 구성원의 자발성과 창조성에 기반한 역량 강화를 중심으로 재구조화되어야 한다. 학교를 통해 소통, 배려, 협력하는 가운데 자존감과 자유로움을 향유하고 그 교육적 성장과 인권문화가 학교 울타리를 넘어 사회로 전파될 수 있도록 해야 할 것이다. 교육공동체 구성원들의 인권 역량 강화와 민주주의 체험장으로 학교를 재구성하는 것이 중요한 교육적 과제이다. 결국 이는 학교교육의 패러다임 전환을 요구한다. 학생인권에 대한 강조는 통제와 억압, 주입의 학교교육 체제를 유지할 것이냐 아니면 구성원들이 서로 동등하게 배움의 협력 공동체로 학교를 만들어갈 것이냐의 문제이다. 결론적 말하면 학생인권조례 제정은 새로운 몇 개의 프로그램을 학교에 도입하는 것이 아니라 기존의 학교교육 프레임을 바꾸는 일과 연결되어야 함을 시사한다. 사실 기존의 학생관, 교사의 역할, 교육적 관계를 극복하고, 교육적 관계의 재구성, 학교의 거듭나기를 요구한다는 측면에서 갈등과 충돌은 어쩌면 당연한 것인지도 모른다.

6. 학생인권 보장을 위하여 – 아동청소년인권법 제정 필요

학생인권을 위해 오랫동안 노력해온 활동가들과 진보적인 지역교육단체장들 덕분에 학생인권조례가 제정된 것은 중요한 역사적 성과이다. 역사적 성과를 바탕으로 향후 학생을 비롯한 비학생 아동청소년의 인권을 보장하고 학교문화의 혁신을 위해 학생인권 혹은 학생인권조례 제정의 흐름이 나아갈 방향을 모색하는 것이 필요하다.

첫째 국가 수준에서 법률로 아동청소년인권법을 제정하는 것이 필요하다. 아동청소년인권법의 제정을 통해 우리 사회의 아동청소년의 인권에 대한 사회적 기준과 틀을 제시함으로써 인권을 하나의 사회 규범으로 제시 확립하는 것이 필요하다.

조례 제정으로 학생인권이 제도화되고 행정적 강제력을 통해 추진력을 갖게 된 것은 큰 성과이다. 그러나 조례는 적용 범위가 지역적 차원이고 일종의 행정 규범이라는 측면에서 제한성을 가진다. 지역이나 공간에 관계없이 학생으로서 당연히 보장받아야 할 보편적인 권리가 예를 들어 서울 혹은 경기도 지역의 학교 공간에서의 인권으로, 지역과 학교라는 울타리 안으로 한정되는 것은 바람직하지 못하다. 또 지역교육자치단체의 학생인권 보장 책무를 진보적인 단체장의 정치 성향으로 치환하거나 국가가 이행해야 할 학생인권 보장 책무를 대신하는 듯한 인권 담론 구도를 극복해야 한다.

국가 수준의 아동청소년 인권법 제정은 헌장이나 선언이 아니라 법률로써, 아동청소년 인권에 대한 국가적 기준을 제시하고 사회권으로서의 교육권을 보장하기 위한 최소 핵심 기준을 규범적·선언적 의미에서라도 제시하는 것이 필요하다. 이를 통해 국가의 인권 보장 책무성을 분명히 하는 것이 필요하다.

아동청소년인권법이 제정되면 조례의 역할은 새롭게 정립될 필요가 있다. 현재 학생인권조례는 지역 조례임에도 불구하고 지역적 특성이 거의 반영되어 있지 않으며, 거의 유사한 내용과 구조로 제정되어 있다. 지역의 특성을 반영하되, 조례는 지역 조건에 따라 국가 기준보다 더 높은 인권 기준을 보장하겠다는 의지의 표현과 실천의 행정 규범을 담는 것으로 내용이 개정되어야 할 것이다. 예를 들어 소규모 학교 통폐합이 문제가 되는 지역의 경우 소규모 학교로의, 통학권 내의 취학 기회 보장 등과 같은 권리 항목들이 다양하게 포함되어야 한다. 그리고 보장 수준에서도 무상급식뿐만 아니라 교복이나 학용품, 의료비 등의 지원으로 확대되거나 심화된 조항이 포함되어야 할 것이다.

둘째 지역의 조례 수준에서 학생인권조례를 제정한다 하더라도 적용 대상을 학생에 한정하기보다 지역의 모든 아동청소년을 대상으로 하여 그들의 인권을 보장하기 위해 지역 아동청소년인권조례를 제정하는 것이 바람직하다. 현재 학생인권조례는 지방교육자치단체장의 인권 보장 책무에만 국한되어 있다. 그동안 일반 행정과 교육행정의 분리라는 명분으로 인해 지역자치단체가 지역 학생 혹은 학교에 지원을 하기 어려운 측면이 있었다. 학교교육을 위해 가정, 학부모, 지역사회가 협력할 수 있도록 일반 행정에서도 학교 지원이 가능하도록 함으로써 학교와 지역사회의 협력 네트워크를 강화할 필요가 있다. 실제로 지역의 학생 복지권 보장 등에 대해 지방자치단체들이 관심을 갖고 일정 역할을 수행하고 있는 곳도 적지 않다. 학생을 포함하여 지역 아동청소년의 인권 보호를 위해 지역자치단체가 무엇을 해야 하는가에 대한 법적 규범을 마련하기 위해, 또 지방자치단체장에게 지역의 아동청소년 인권 보장의 책무를 강화하기 위해서도 지역 아동청소년인권조례 제정이 필요하다.

그리고 무엇보다도 학생인권조례는 학교에 재적 중인 사람으로 한정되어 있어, 학교가 아닌 청소년의 생활 및 교육 공간과 비학생 아동청소년의 인권에 대한 고려가 없다. 예를 들어 학원에서의 체벌과 같은 학교가 아닌 곳에서의 인권 침해나 비학생 아동청소년의 학습과 건강, 노동 등에 대한 권리 보장은 여전히 사각지대에 놓여 있다. 학교 밖과 비학생 아동청소년의 인권 보장으로 적용 범위를 확대하여, 아동청소년의 권리 보장을 위한 촘촘하면서도 종합적이고 체계적인 망을 구축해야 한다. 이를 위해 지방자치단체장과 지방교육자치단체장의 인권 보장 책무를 동시에 부과하면서 아울러 학생뿐만 아니라 지역의 모든 아동청소년에게 보장되어야 할 권리의 기준을 규정하는 지역 아동청소년인권조례 제정이 필요하다.

셋째 학생인권 및 교육권 개념의 확대가 필요하다. 학생인권조례 제정을 계기로 학교라는 장에 권리라는 개념이 자리를 차지한 것은 중요하다. 그러나 앞서 언급하였듯이 교육적 준거 앞에서 인권적 준거는 무력하기 그지없는 현실이다. 또 학생인권은 교권과 대립한다, 학생은 미성숙하므로 권리의 제한이 필요하다, 교육적 목적은 인권적 준거에 우선한다라는 식의 왜곡된 인권 담론이 강고하게 자리 잡고 있는 지형이다. 사실 그동안 우리나라 교육 담론에서 교육권이 무엇이며, 보장되어야 할 학생 혹은 아동청소년의 권리가 무엇인가에 대한 논의가 성숙되지 못했다.

앞으로 시민의 인권, 아동청소년의 인권이라는 큰 틀에서 학교에서의 학생인권이 논의될 필요가 있다. 그리고 학생인권도 자유권, 평등권, 교육권 등을 비롯하여 포괄적이고 종합적인 범위로 확대될 필요가 있다. 나아가 모든 사람을 위한 교육을 목표로 하여 교육과 인권이 융합된 담론이 활발하게 전개되어야 할 것이다. 다행히도 부족하나마 학생인권조례에서 몇 가지 단초를 제공해놓았다. 예를 들면 학생인권조례에 규정된 학생인권영향평가제 실시 같은 항목은 학교 현장에 큰 파장을 가져올 요소이다. 교육정책이나 환경 조성에서 인권적 기준이라는 준거가 판단이나 행위 규범으로 학교교육 현장에서 제대로 논의된다면, 또 학생인권 지표와 같은 준거에 의해 학교교육이 평가된다면 학생인권 담론이 교육 담론으로 활성화되는 계기가 될 것이다.

참고문헌

● 강명숙(2010), 「교권 보호 방안 및 교권 보호 헌장 제정 연구」, 경기도 교육청.
● 교육과학기술부(2012. 2. 16), 서울 학생인권조례 무효확인소송 청구 보도자료.
● 국가인권위원회(2008), 「학교 자율화 조치와 학생인권」, 국가인권위원회.
● 김재황(2011), 「광주시학생인권조례(안)의 내용과 해설」, 「인권법평론」 7.
● 송기춘(2011), 「학생인권조례 제정과 시행에 관한 법적 논의」, 「교육법학연구」 23(2).
● 성열관 외(2012), 「학생인권조례 논쟁에 대한 비판적 담론 분석」, 「모드니 교육정책 포럼 토론 자료집」, 흥사단교육운동본부 · 한국교육연구네트워크.
● 안주열(2004), 「학교교육에서 아동의 일반 인권에 관한 법적 고찰」, 「헌법학연구」 10(1).
● 오동석(2010), 「학생인권조례에 관한 몇 가지 법적 쟁점」, 「교육법학연구」 22(2).
● 오동석(2012), 「아동청소년인권법 제정의 필요성과 그 입법 방안」, 「아동청소년인권 실태 진단 및 법 제정을 위한 토론회 자료집」, 경기도 교육청 · 한겨레사회정책연구소.
● 인권교육센터 '들'기획(2011), 「인권, 교문을 넘다-학생인권 쟁점 탐구」, 한겨레에듀.
● 정순원(2011), 「학생인권조례의 현황과 공법적 쟁점」, 「교육법학연구」 23(2).
● 한날 외(2012), 「가장 인권적인, 가장 교육적인-학생인권이 교육에 묻다」, 교육공동체 벗.
● 한상희(2011), 「체벌 및 초중등교육법 시행령 개정안의 문제점-학생인권 · 교육자치 훼손 문제를 중심으로」, 「민주법학」 45.

교권의 기초
-교육의 자유와 정치적 자유

김 언 순

이명박 정부 들어와 교권이 심각하게 침해받고 있다. 그런데 교권 침해 논란의 한가운데서 정부가 상반된 입장을 보이고 있다. 정부는 학생과 학부모의 폭력을 교권 침해의 원인으로 규정하고, 이러한 폭력으로부터 교권을 보호하기 위한 대책을 내놓았다. 그러나 정부의 교육정책에 비판적인 교사를 해임·파면 등 중징계함으로써 정부는 교권을 적극적으로 침해하고 있다. 이러한 교권 침해의 두 가지 양상은 교권이 정부에 의해 통제되고 있음을 보여주는 것으로서, 정부는 교권 보호의 주체인 동시에 교권 침해의 당사자가 되고 있다. 정부의 양면성은 교권에 대한 인식에서 비롯된 것으로서, 현재 우리 사회에서 통용되는 교권 개념에 대한 전면적인 재검토가 요구된다. 최근 인권에 기초한 교권 논의는 공교육의 주체인 교사의 역할 규정 및 교사와 국가의 새로운 관계 정립을 시도하고 있어 공교육의 근본적인 변화를 이끌어내는 데 기여할 것이다.

1. 학교 폭력 논란 뒤에 숨은 교권 침해 담론

2012년, 우리 사회에서 학교 폭력과 교권 침해 논의가 활발하다. 해마다 학생들의 졸업식 알몸 뒤풀이, 욕설문화, 왕따와 폭력, 성적 비관 자살 등이 심각한 사회 문제로 제기되었으나, 그때마다 학교의 인성 교육 부재, 가정 교육의 부실함 등이 지적되다가 이내 수그러들곤 하였다. 그런데 2011년 12월, 대구 중학생의 자살 사건 이후 학교 폭력은 우리 사회 공동체의 중요한 현안으로 떠올랐다. 또한 폭력은 학생들 사이에서만 일어나는 것이 아니라 교사를 향한 폭력이 점차 증가하고 있으며, 학부모까지 교사 폭력에 가담하면서 학교 폭력은 교권 침해의 가장 큰 변수로 등장하였다. 학교 폭력은 이제 '공교육의 위기', '교실 붕괴'에 이어 한국 교육을 설명하는 키워드가 되었다.

그런데 최근 학교 폭력과 교권 침해를 다루는 주요 논조는 학교 폭력과 교권 침해의 이유를 학생인권조례의 시행과 체벌 금지에서 찾고 있다. 신정기 교총 교권국장은 "학생인권조례는 학생에게만 일방적이고 과도한 자율권을 줘 여타 학생의 학습권과 교권은 물론 학교 운영의 자율성 등 학교의 고유한 권한마저 침해하고 있다. 특히 최근 학교 폭력 등 학생 간의 인권 침해 문제에 대해 학교와 교원이 적극 대처하기 어렵게 하고 있다. 학생인권조례는 외형상으로는 '인권'이라는 근본 규범을 전면에 내세우며 개인의 자유에 대해 말하고 있으나, 그 자유의 한계와 책임에 대해선 전혀 언급이 없다. 의무는 없고 권리만 강조된 부조화 속에서 오히려 교원들은 학생 생활지도를 포기하거나 기피하는 등 부작용으로 나타나고 있는 것이다. 이는 올해 4,743명으로 명예퇴직 교원이 급증한 데서도 알 수 있다(한국일보, 2012. 9. 21)."고 지적하였다. 즉 학생인권조례가 교권을 추락시켰다고 보고 있다.

교과부 역시 서울시 교육청의 체벌 금지와 경기 학생인권조례 시행 직후 작성된 '학교문화 선진화 방안(2011. 1)'에서 "체벌 금지 이후 교사의 교육활동이 위축되고 대다수 학생의 학습권이 침해되어 교실 붕괴를 초래하고 있다."고 진단하였다. 그리고 학생인권조례 시행의 법적 차단에 나섰다. 2012년 1월 26일에 공포된 서울시 학생인권조례에 대해 대법원에 조례무효확인 소송을 냈으며, 교육감의 학칙 인가권을 폐지해 학교장이 학생인권조례와 무관하게 학칙을 제·개정할 수 있도록 초중등교육법을 개정하였다. 법 개정을 통해 학생인권조례를 무력화한 교과부는 「학교폭력근절종합대책」(2012. 2. 6)을 발표하였다. 그런데 대책 가운데 학교 폭력 가해 사실을 학교생활기록부에 기록하고 졸업 후 5년 동안 보존하도록 해, 입시에 불이익을 주는 강경한 방식을 채택하고 있어 인권 침해 논란이 뜨겁다. 가해 학생의 인권 보호 차원에서 학생부 기재를 거부한 교육감과 교장 26명을 교과부가 검찰에 고발하고, 교장과 교육청 간부 33명을 해임, 파면, 정직 등 중징계를 교육청에 요청하였다.

교과부는 이어서 「교권보호종합대책」(2012. 8. 28)을 내놓았다. 이 대책은 교권 침해 학생과 학부모에 대한 특별교육 및 가중 처벌, 학부모의 학교 방문 예약제 실시, 심각한 교권 침해 학생과 학부모에 대한 교육청 직접 징벌 부과 등 학생과 학부모의 폭력으로부터 교권을 보호하는 데만 초점을 두고 있어, 교육 주체인 학생과 학부모를 교권 침해의 주범(예비 범죄자)으로 규정하는 결과를 낳았다는 비판을 받고 있다. 또한 이 대책은 교권 보호, 교권 침해 예방 및 근원적인 문제 해결보다는 사후 대책에 비중을 두고 있어 교권 침해 사건 처리 지침의 성격이 강하다. 교총은 이 대책에 대해 공개적으로 지지를 표명하였다. 안양옥 교총 회장은 "역대 가장 실효적이고 강력한 정부의 교권 대책이며, 교권 추락을 획기적으로 개선할 수 있는 방안이라 높이 평가하였다(교총 보도자료, 2012. 8. 28)." 또한 "정부의 이번 대책은 학생인권조례 제정 이후 급속도로 확산되어가는 교실 붕괴와 교권 추락의 어두운 교육 현실을 인정하고 그 개선에 나섰다는 점에서 고무적이다. 이를 계기로 교권 보호의 획기적 제도가 마련되어 교원의 긍지와 사기 진작에 실질적 효과가 나타날 것으로 기대된다(중부일보, 2012. 9. 12)."고 하였다.

이와 같이 교권 침해 문제를 학생인권 강조로 인한 학교 폭력이란 구도 속에서만 논의함으로써, 왜 학생들이 폭력적으로 변하고 있는지, 왜 교사가 폭력의 대상이 되고 있는지, 그리고 보다 근원적으로 왜 학교에 폭력이 만연한지에 대한 깊은 성찰은 논의에서 사라졌다. 반면에 학생인권조례와 교권조례를 만들고 지지했던 사람들, 특히 '진보 교육감'과 전교조에게 비난의 화살을 돌리고 있다. 이러한 논의 방식은 학교 폭력에 대한 근원적 성찰을 어렵게 할 뿐만 아니라, 교권의 의미를 왜곡하는 결과를 낳고 있다. 현재 교과부와 교총 그리고 보수 언론이 주도하고 있는 교권 침해 담론의 문제점은 다음과 같다.

첫째, 교사의 교권을 학생 통제권과 동일시하고 있다. 자율성을 제대로 행사할 능력이 없는 미성숙한 학생의 교육을 위해서는 일정한 타율적 통제와 체벌이 필요하며, 교사의 수업권과 다른 학생의 학습권 보장을 위해서도 체벌과 학생 통제가 불가피하다는 것이다. 이 과정에서 체벌은 그 폭력성이 사라지고 학교의 질서를 유지하기 위해 꼭 필요한 수단이 된다.

둘째, 교권의 의미를 축소시키고, 교권 침해의 원인을 왜곡한다. 교권 침해의 원인을 학생과 학부모의 폭력으로 규정함으로써, 세 교육 주체 간의 갈등 문제로 축소시키는 경향이 있다. 이로 인해 교사에게 보다 직접적인 영향력을 행사하는 교장, 교육청, 교과부와의 관계는 조명되지 않는다. 이런 논의 방식은 교권 침해가 일어나는 사회적·구조적 원인을 외면하고, 근본적으로 현재 학교교육 자체가 폭력적이라는 사실을 은폐하게 된다.

셋째, 학생인권조례와 교권 침해 간의 인과관계 설정은 오류이다. 교권 추락과 교실 붕괴는 전국적인 현상인 반면, 학생인권조례가 시행되고 있는 곳은 경기, 광주, 서울시 세 곳뿐이며, 시행 기간(경기도 2010. 10, 서울과 광주

2012. 1)도 얼마 되지 않는다. 더욱이 시·군·구 교육지원청과 학교장의 비협조로 학생인권조례는 100% 시행되고 있지 않으며, 조례의 내용을 모르는 학생이 상당수에 이르고 있다. 학교 폭력을 사회적 이슈로 부각시켰던 대구에서는 10개월간 11명의 학생이 자살하였는데, 대구는 학생인권조례를 시행하지 않는다.

넷째, 인권과 교권을 이념과 정쟁의 문제로 변질시키고 있다. '학생인권 강조 → 교권 추락 → 학교 폭력 심화 → 학교 붕괴'의 논리로 학생인권조례를 무력화하려는 정치적 의도가 깔려 있다. 나아가 진보 교육감에게 무책임과 교육 실패의 이미지를 덧씌우고, 인권 논의 자체를 불순한 정치적 의도로 해석하는 경향도 있다. 이로 인해 교과부와 상반된 교육철학으로 서로 갈등 관계인 진보 교육감의 공교육 강화 정책 전반에 대한 부정적 담론을 생산해내고 있다.

이러한 논의 방식은 학생의 인권과 교사의 교권에 대한 진지한 논의 자체를 왜곡시키고 있다. 결과적으로 정부가 교권 침해를 사회적 의제로 부각시켰으나, 그 의도는 교권 보호에 있다기보다는 학교교육을 인권 논의로부터 차단해 기존의 통제 중심적 교육구조를 유지하려는 것으로 보인다. 따라서 폭력의 장으로 변한 학교교육 문제를 해결하고, 추락한 교권을 살리기 위해서는 학교교육의 본질이 무엇인지에 대한 숙고가 필요하며, 이를 위해 학생과 교사의 교육적 권리에 대한 논의가 필요하다.

2. 정부, 적극적으로 교권을 침해하다: 비판적 교사 죽이기

현 정부 들어와 정부 정책에 비판적인 교사들이 중징계를 받고 교단에서 내쫓기고 있다. 1989년 전교조 가입 교사 1,500여 명 대량 해직 사태 이후 집단 해직이 다시 등장한 것이다. 일제고사 거부, 시국선언 참여, 그리고 민노당 후원이 징계 사유이다. 원래 공립 초중고 교사의 인사권은 교육감에게 있다. 그런데 위 사건들의 경우 교과부가 먼저 징계의 수준을 정하고 교육감이 이를 따르는 형국이다. 교육감이 응하지 않을 경우 교과부 장관은 직무이행 명령을 내리고, 교과부의 기준보다 경징계를 한 교육감에게는 직권취소를 하며, 대법원 최종 판결이 날 때까지 교사 징계 요구를 유보한 교육감들을 직무유기 혐의로 검찰에 고발함으로써 교사들에 대한 중징계 압력을 행사하고 있다. 교과부가 이렇게 비판적인 교사들을 중징계하는 이유는 교육을 국가권력이 통제할 수 있다고 보는 권위주의적 낡은 관념 때문이다.

일제고사 비판 교사 징계

이명박 정부는 1960년대부터 시행되다가 1998년에 폐지된 일제고사를 2008년 3월에 부활시켰다. 전국 단위로 시행되던 국가수준학업성취도평가, 기초학습 진단평가, 전국연합학력평가, 교과학습 진단평가 방식을 3~5% 표집조사에서 전수조사로 바꿔, 전국에서 동시에 시험을 보는 일제고사로 바꾼 것이다. 기초학력 미달 학생을 정확히 파악하고, 그 결과를 학교 홈페이지에 공개해 학교 간의 자발적인 경쟁을 유도함으로써 학력 신장을 가져온다는 것이 일제고사 부활의 명분이었다. 그러나 일제고사가 학생의 학력 측정에 그치지 않고, 교사와 학교 그리고 지역 교육청 평가의 의미를 가지면서 일제고사의 부작용이 일어나고 있다. 교원단체와 학부모 단체는 물론 학생들도 일제고사 비판에 참여하면서 사회적 저항이 거셌지만 현재까지 강행되고 있다.

2008년 10월에 치러진 국가수준학업성취도평가에서 학생과 학부모에게 시험 선택권이 있음을 알리고 체험학습을 안내한 공립학교 교사 11명(서울 7명, 강원 4명)과 사립학교 교사 1명이 파면과 해임을 당했다. 그리고 2009년에는 울산의 한 고등학교 교사가 해임되었다. 징계의 근거는 국가공무원법

56조 성실의 의무, 57조 복종의 의무, 63조 품위유지의 의무 위반이다. 그러나 법원은 해임(파면) 처분은 지나치게 무거운 것으로 형평의 원칙에 반해 징계권 남용이라며, 13명 교사 모두 1 · 2 · 3심에서 파면 · 해임 무효 판결을 내렸다. 현재 해직교사 가운데 12명이 복직했으나, 사립학교 교사 1명은 재단에서 법원의 판결을 무시하고 복귀를 막아 아직도 해직 상태이다. 전교조를 중심으로 교사들은 해마다 일제고사 반대 투쟁을 벌이고 있으며, 교과부 역시 징계 방침으로 강경 대응을 하고 있다. 일제고사의 부당함을 비판하다가 징계를 받은 공립학교 교사가 현재까지 26명이며, 올 6월에 실시된 일제고사에서도 4명의 교사가 일제고사 거부 혐의로 징계 대상이 되었다.

시국선언 교사 징계

2009년 5월 노무현 대통령의 서거 이후, 현 정부의 민주주의 퇴행을 우려하는 시국선언이 사회 각 분야에서 이루어졌다. 대학교수 주도로 시작된 시국선언은 문학인, 예술인, 의료인, 학생 등으로 확산되었으며, 교사들도 6월 18일에 '민주주의 후퇴와 경쟁 일변도의 교육정책 전환을 요구하는 시국선언'을 하였다. 교과부는 시국선언 참여 교사를 국가공무원법과 교원노조법 위반 혐의로 검찰에 고발하였으며, 참여 교사 17,189명 전원을 징계하고, 주도적인 교사 88명을 해임과 정직 등 중징계할 것을 시 · 도 교육감에게 지시하였다. 교과부의 조치에 반발한 교사들은 7월 19일에 2차 시국선언을 하였다. 2차에는 28,711명이 참여하였으며, 참여자 명단을 동영상으로 공개하였다. 시국선언에 참여해 징계를 받은 것은 교사와 공무원뿐이다. 시국선언으로 16명의 교사가 해임되고, 정직 45명, 20여 명이 기타 징계를 받았다. 교원소청심사위원회는 징계 처분 무효와 감경을 요구하는 교사들의 모든 소청을 기각하였다. 현재 해임 교사 16명 중 14명이 1 · 2심에서 해임무효 판결을 받았으며, 그중 5명이 검찰의 항소 포기와 법원의 해고집행정지 가처분인용으로 학교에 복귀하였고, 3명이 대법원 유죄확정 판결을 받았다(2012. 4. 19). 그리고 1명이 대법원 해임무효 판결(2012. 8. 30)을 받았으며, 2명은 아직 1심 계류 중이다(전교조 보도자료, 2012. 9. 4).

대법원 첫 유죄 판결에 대해 재판부는 "정치적·교육적 중립성이 요구되는 교원이 특정 세력에 대해 집단적으로 반대 의사를 표현한 것은 교원의 정치적 중립성과 국민의 신뢰를 직접적으로 침해하는 행위로서 공무원법상 금지하고 있는 '집단행위'에 해당한다."고 판시했다. 이어 "이 씨 등은 다른 전교조 간부들과 공모해 1, 2차 시국선언 및 규탄대회를 기획하고 적극적으로 주도했다."며 "교원의 정치적 중립성을 침해할 만한 직접적인 위험을 초래할 정도의 정치적 편향성 또는 당파성을 드러냈다."고 유죄 이유를 밝혔다. 그러나 대법관 13명 가운데 찬반 비율이 8 대 5로 무죄 취지의 반대 의견도 만만치 않았다.

정당 후원 교사 징계

2010년 1월 25일, 경찰은 정당 가입이 금지된 공무원과 교사가 민노당에 불법 가입을 하고 후원금을 냈다는 혐의로 전교조 소속 교사 190명, 공무원노조 공무원 103명을 소환 조사하였다. 이 가운데 전교조 183명과 공무원노조 90명을 검찰이 정당법, 국가(지방)공무원법, 정치자금법 위반 혐의로 기소하였다. 교과부는 기소만으로 시·도 교육청에 징계(공립학교 교사 134명 전원 파면·해임)를 종용해, 해임 9명, 정직 36명, 다수의 감봉 조치가 이루어진 반면, 소위 '진보 교육감'이 있는 서울·경기·강원·전북·전남·광주 교육청은 최종 판결을 기다리며 징계를 유보해 교과부와 갈등을 빚고 있다. 그러나 1심 선고(2011. 1. 26)에서 정당 가입은 공소시효 만료와 증거 부족으로 무죄 판결을 받았으며, 후원금 지급행위만 유죄 판결을 받았다. 2011년 7월에 다시 정당 후원금 관련 2차 수사가 이루어져 교사 1328명, 공무원 268명이 기소되었고, 해임 9명, 정직 44명의 징계가 이루어졌다.

그러나 인천지법은 민노당 불법 후원금을 이유로 해임과 정직 처분을 한 것은 부당하다는 판결을 내렸다. 재판부는 판결문에서 "공무원에게 요구하는 정치적 중립성은 공무원이 정치적 신념을 가지거나 의사를 표현해서는 안 된다는 의미로 해석할 것이 아니다."고 전제하고서 "시민으로서 당연히 누려야 할 정치적 기본권 행사인 정당 후원금 납부로 직무상 어떤 위험이 초래됐다고 단정할 수 없고, 이 때문에 징계가 이뤄지는 것은 헌법이 정한 사상과 양심의 자유, 정치적 의사 표현의 자유를 침해하는 행위"라고 밝혔다. 이어 "이른바 정부 반대 세력을 형성하는 정당에 대한 후원금 납부를 두고 이뤄지는 징계는 정권 반대자에 대한 탄압으로 비쳐 시민의 정치적 자유에 대한 침해로 오인될 수 있기 때문에 이에 대한 징계는 신중해야 한다."고 덧붙였다. 국가공무원법상 정치운동 금지 조항을 위반했다는 징계 사유에 대해서는 "특정 정당에 금전을 기부한다고 해서 반드시 그 정당을 지지한다고 볼 수 없어 위법하다."고 설명했다. 재판부는 또 "원고들에게 징계 사유가 일부 있더라도 공개적으로 소액을 기부한 것에 불과하고 형사재판에서 가벼운 벌금형을 선고받았을 뿐"이라며 "한나라당에 정치자금을 기부한 교장 등에 대해 징계 절차가 개시되지 않은 점 등을 고려할 때 이 사건 처분은 비례의 원칙과 평등의 원칙을 위반해 징계 재량이 남용됐다(연합뉴스, 2011. 12. 9)."고 밝혔다. 이후 경남, 대구, 부산, 울산, 제주, 충북, 경북에서 정당 후원금 지급 관련 교사들은 모두 무죄 판결을 받았다.

이상에서 살펴본 비판적 교사와 정치활동을 한 교사에 대한 교과부의 강경 대응은 몇 가지 문제점을 안고 있다. 첫째, 교과부는 교사의 전문성을 존중하지 않고 상명하복만을 강제하고 있다. 교사는 학부모와 국가로부터 공교육의 권한을 위임받아 직접 실천하는 수행자로서 국가의 교육정책에 충실할 의무가 있다. 그러나 맹목적인 교육 실천보다는 교육 전문가로서 주체적인 판단이 필요하며, 교과부는 교육정책에 대한 현장 교사의 전문가적인 판단과 평가에 귀를 기울여야 한다.

둘째, 시국선언 교사와 민노당 후원 교사를 징계한 것은, 시민으로서 교사의 정치적 기본권을 침해한 것이다. 교사는 교사이기 전에 대한민국의 국민이다. 국민으로서 사회 문제에 관심을 갖고 정치적 표현을 하거나, 정치활동을 하는 것은 민주국가 국민의 기본적인 권리이다. 더욱이 형평성에도 문제가 있다. 교과부는 한나라당에 거액을 후원한 교사와 교장에 대해 징계하지 않았으며, 과거 NEIS 파동, 사립학교법 개정반대 시국선언을 한 교총 소속의 교사는 처벌하지 않았다. 결국 현 정부의 정책에 반대한 교사들만 중징계한 것이다.

셋째, 지방교육자치의 훼손이다. 초중고 교원의 인사권은 본래 교육감의 소관이다. 그런데 교과부 장관이 인사조치의 지침을 내리고, 검찰 고발까지 한 것은 교육감의 고유한 권한을 침해하고 교육자치를 훼손한 것이다. 이명박 정부 교육정책의 방향을 담은 「학교자율화추진계획」(2008. 4. 15)에서는 '지방교육자치의 내실화'를 국정 과제로 채택하였다. 즉 "초중등교육에 관한 정책 수립과 집행 등을 시·도 교육청과 단위 학교로 이양"한다고 하였으나, 현재 진보 교육감의 자율적인 행정을 존중하지 않고, 검찰에 고발하는 등 일방적인 교육행정을 하고 있다.

넷째, 교사 중징계의 근거를 국가공무원법, 교원노조법, 정당법 등에서 찾고 있으나, 이 하위법들은 헌법정신을 충분히 구현하지 못하고 있다. 헌법은 불가침의 인권을 보호해야 한다고 규정하고 있지만, 현행법은 교사의 공무원 신분과 교육의 정치적 중립성 규정에 근거해 교사의 모든 정치활동을 금지하고 있다. 그러나 우리나라는 상위법 우선 원칙을 적용하고 있으므로, 헌법정신에 부합하도록 하위법을 개정할 필요가 있으며, 편향적인 법 해석도 경계해야 한다.

다섯째, 가장 근본적인 문제는 모든 교육을 통제하려고 하는 교과부의 권위주의적 교육관이다. 교육자치를 강조하면서도, 여전히 공교육을 중앙집중적 통제 체제로 운영하려고 비민주적 발상을 하고 있는 것이다. 국가의 통제를 벗어나 교육청 단위로 자율적인 행정을 하고, 교사도 전문가적 양식을 가지고 자율적으로 교육을 담당하며, 정부의 교육정책에 대해 적극 호응은 물론, 비판을 허용하는 민주적인 교육 풍토가 절실하다.

현재 교과부는 정부의 정책에 비판적이거나 명령에 복종하지 않는 교사를 검찰에 고발하고, 교육청에 중징계를 요청하고 있다. 이것은 비판적인 교사의 교권은 정부가 보호하지 않는다는 것을 의미하며, 역으로 공권력을 이용해 적극적으로 비판적인 교사의 교권을 침해하고 있음을 보여준다. 그러나 법원은 무죄 판결을 통해 교과부의 무리한 징계 남용을 일깨우고 있다. 학교교육을 지원하는 최고 행정기관인 교과부가 학교 현장으로부터 교사를 축출하기 위해 무리하게 징계권을 행사한 것은 부끄러운 일이다. 일제고사의 폐해가 세계적으로 입증되고 있는 상황에서 교사의 건강한 비판을 봉쇄하는 것은 교권 침해는 물론 정부가 교육의 자주성을 훼손한 것이다. 또한 대부분의 국가가 교사의 정치활동과 정당 가입을 허용하고 있는 현실을 볼 때, 위헌적 소지가 있는 현행법에 근거해 교사를 징계하고 있는 교과부는 낡은 국가주의적 교육관에 매여 교사의 교권을 적극적으로 침해하고 있다고 할 수 있다. 이러한 교권 침해를 막기 위해서는 기본적 인권 개념이 반영된 교권에 대한 개념 정립이 필요하며, 헌법정신을 해치는 하위법의 개정이 필요하다.

3. 학교 폭력과 교권 침해는 왜 발생하는가? – 일제고사를 중심으로

　이명박 정부의 대표적 교육정책인 일제고사는 왜 학교가 폭력적으로 되었는지, 그리고 교권 침해가 어떤 맥락에서 발생하는지를 잘 보여주고 있다. 2012년 6월 26일에 치러진 일제고사에서 일부 학교가 조직적인 시험 부정행위를 한 것이 드러나 충격을 주었다. 시험 당일 교사가 학생들에게 정답 힌트를 알려주고, 학생들의 커닝을 묵인하였으며, 심지어는 교감이 답안지를 수정하는 일이 벌어졌다. 교사는 학생들에게 상품권과 피자를 걸고 성적 향상을 촉구하였으며, 장학사는 일제고사 성적 향상을 위해 모의고사와 야간 자율학습의 시행을 장려하는 공문을 돌리기도 하였다. 그러나 더욱 문제가 되는 것은 일제고사 준비를 위해 '문제풀이 중심의 수업 진행'과 정규 수업 외에 0교시, 7·8교시 수업과 같은 파행적인 학교 운영을 한 것이다. 심지어 초등학생들에게 방학까지 반납하고 등교시켜 문제풀이를 하는 일까지 벌어졌으며, 운동장에서 노는 것을 금지시키고 점심시간을 40분으로 단축하는 학교도 나타났다.

　과도한 경쟁이 부작용을 낳을 것이라는 우려는 이미 2008년 일제고사 때 '임실의 기적'이라고 알려진 장학사의 성적 조작 사건으로 입증되었다. 그럼에도 불구하고 현재 일제고사 결과가 사실상 시·도 교육청 및 개별 학교 평가 및 성과급에 반영되면서, 일제고사에 대한 과열 경쟁이 학교교육 전체를 파행으로 몰고 가고 있는 것이다. 심지어 일부 학교에서는 기초학력 미달 학생이 학교의 평균을 낮춘다는 이유로 시험에 응시하지 못하도록 조치를 함으로써 평가의 본질을 왜곡하고 있다. 그 중심에 선 학생들은 입시 경쟁에 더해 일제고사로 인해 성적 경쟁에 대한 스트레스가 더욱 가중되고 있다.

　다시 부활한 일제고사는 미국의 NCLB(NO Child Left Behind, 낙제학생방지법)를 모방한 것으로서, 학업성취 평가 결과를 학교별·지역별로 공개해 학교선택제와 연계시킴으로써, 학교의 책무성을 강조해 교육의 질을 높인다는 신자유주의적 발상에 근거하고 있다. 그러나 일제고사는 학교 간 경쟁을 통해 교육의 질을 향상시킨 것이 아니라, 한국 교육을 반칙과 부도덕의 함정에 빠트렸다. 그동안 성적 경쟁의 주체가 학생이었던 반면, 일제고사는 학교와 교육청이 성적 경쟁의 주체가 되면서 비정상적인 방법으로 점수 올리기에 학생, 교사, 교감, 장학사가 총동원되고 있는 실정이다. 이러한 현상들이 교육이라는 이름으로 행해지고 있다는 사실 자체가 폭력적이다. 학생의 인격적 성장과 발달이라는 교육의 본질은 외면되고, 성적 경쟁을 위해 수단과 방법을 가리지 않는, 학생들의 학습권과 교사의 교육권이 훼손당하는 이런 조건이 바로 학교를 폭력적인 상황에 놓이게 하고, 교사의 교권을 침해하는 본질인 것이다.

일제고사 시행에서 또 한 가지 주목할 것은 현 정부의 신자유주의적 교육원칙이 중앙집중적 교육행정을 통해 실천되고 있는 점이다. 바로 교육 주체의 자율적인 선택권을 무시하고 관료적 교육행정 시스템을 활용해 강제적으로 일제고사를 추진한 것이다. 일제고사를 거부하고 체험학습을 추진한 교사, 학부모, 학생에 대해, 교과부는 해당 교사들을 파면·해임하고, 시험을 보지 않은 학생들은 무단결석 처리하였다. 현 정부는 「학교자율화추진계획」을 통해 교육 주체의 자율성과 선택권을 강조했지만, 교사의 전문적 판단을 존중하지 않았으며, 학생과 학부모의 선택권도 존중하지 않아 '자율'을 앞세운 교육정책의 원칙과도 모순되는 상황을 초래하였다. 일제고사는 경쟁 중심의 교육철학과 비민주적이고 관료적인 교육행정의 문제점을 극명하게 보여주는 사례이다.

결국 학교 폭력과 교권 침해의 근본적인 원인은 학교가 교육적 기능을 상실한 데 있다. 배움과 성장이 일어나야 할 학교에 성적 경쟁이 최우선 가치로 자리 잡으면서, 학생은 경쟁에 시달리며 학습노동을 하는 존재로, 교사는 학생의 성적 향상을 위한 도구적 존재로 전락하고 있다. 학교 폭력과 교권 침해는 이러한 교육 현실이 낳은 필연적 결과이다. PISA 성적 1위, 대학 진학률 72.5%(2012년)와 같이 학교교육의 외적 지표는 상당한 성과를 이룩했지만, 교육의 본질적 가치가 크게 훼손된 현행의 공교육은 대대적인 수술이 필요하다. 어떻게 가능할까? 여기서 공교육의 본래적 기능에 대한 돌아보기가 필요하다. 현재 우리의 공교육제도는 먼저 왜곡된 교육관을 바로잡고, 교육 주체의 권리를 최대한 보장하며, 교육에 대한 국가의 관계 설정을 재검토해야 한다. 최근 학교교육을 인권의 관점에서 조명하는 것은 교육관을 근본적으로 전환시키려는 시도이다. 학생인권조례와 교권조례가 바로 그 결과물인데, 정부가 앞장서서 조례를 무력화하고 이러한 담론을 왜곡하고 있다. 이로 인해 교육-인권 논의가 오해를 불러일으키고 있지만, 근대 교육 120년의 역사를 통해 비로소 공교육을 인권 차원에서 논의하는 계기를 마련했다는 점에서 매우 고무적이다. 교권 역시 인권의 맥락에서 재정의되어야 한다.

4. 교육기본권에 기초한 교권의 정의

교권이란 무엇인가? 교권 확립, 교권 추락, 교권 침해라는 표현이 많이 사용되고 있지만, 교권의 개념 자체는 막연하게 사용해온 경향이 있다. 그동안 교권은 교사의 권리, 권위, 권한 등의 의미로 이해되었으며, 최근 들어 인권 개념을 포함시켜 교권의 의미가 확장되었다. 여기에서는 교과부의 「교권보호종합대책」과 시·도 교육청의 교권조례에 나타난 교권 개념과, 교원단체인 교총과 전교조의 교권 개념에 대한 인식 수준을 살펴보겠다.

교과부는 「교권보호종합대책」에서 교권에 대한 명확한 개념 정의 없이, 학생과 학부모와의 관계 속에서만 교권을 다루고 있어, 교권을 학생과 학부모와의 관계에서 교사의 권위로 파악하고 있는 것으로 보인다. 교권의 의미를 권리가 아니라 권위로 보게 되면, 교장, 교육청, 교과부와의 관계에서 발생하는 교권 침해를 주목하지 않게 된다. 권위는 상대적으로 우월한 위치에 있는 사람에게는 영향력을 행사할 수 없기 때문이다. 따라서 교과부는 교권 침해를 학생과 학부모와의 관계에서 발생하는 문제로 국한함으로써, 교사의 권리에 대한 관심을 약화시켰다. 교총은 교권을 전문 직업으로서 법적으로 부여받은 교사의 권리와 교직 수행에 수반되는 권위로 이해하고 있다. 그러나 일상 속에서 교권은 권위로 사용되는 경향이 강하며, 교사가 징벌이나 통제적 권위를 상실하게 되면 교육 자체가 불가능하므로, 통제적 권위가 필수적이라고 보았다(권상혁, 2003: 136). 전문직으로서 교사의 권리를 주장하지만, 학생과의 관계를 수직적 관계로 이해하며, 체벌의 불가피성에 근거해 교권을 인식한 것이다. 인권에 대한 인식이 향상되고 있는 사회적 추세를 볼 때, 교과부와 교총은 교권을 인권 차원에서 인식하는 것이 부족해 보인다.

한편, 2012년 들어 광주, 서울, 경기도가 교권조례를 제정하였다. 「광주광역시 교권과 교육활동 보호 등에 관한 조례」와 「서울특별시 교권보호와 교육활동 지원에 관한 조례」는 교권을 "헌법과 국제조약이 보장하는 기본적 인권 및 교육권 등 교사의 직무 수행에 수반되는 제반 권한"으로 규정하였다. 즉 헌법과 국제적 기준에 따라 인권과 기본권의 관점을 도입해 교권의 의미를 폭넓게 정의한 것이다. 그리고 교권 보호의 기본 원칙으로 "교원은 국민이 누리는 자유와 권리를 당연히 누리며, 대한민국헌법과 개별 법률이 정한 이외의 이유로 부당하게 제한당하지 아니한다."고 정의하였다. 교총이 교권을 직무 수행상의 권리와 권위로 제한해 해석하는 반면, 교권조례는 시민으로서의 기본권을 교권에 포함시키고 있다. 또한 서울시 교권조례에서는 교권 침해를 교육행정 기관, 학교의 설립자·경영자, 동료 교원, 학교 행정직원, 학부모, 학생, 지역 주민, 언론 등에 의해 교권이 부당하게 간섭받거나 침해받는 현상으로 규정하였다.

현재 서울시 교권조례는 두 가지 쟁점을 안고 있다. 교사의 교육과정 재구성 및 평가의 자율성 보장 문제(4조)와 민주적 학교 운영을 학교장의 책무로 규정(7조)한 점이다. 교장단과 교총은 교권조례가 교사의 자율성을 강화한 반면, 학교장의 권한을 약화시켰다고 비판하고 있다. 더욱이 교육과정 및 교재 선택권은 학교운영위원회 소관이며(초중등교육법 32조), 학교장 책무 규정은 "교장은 교무를 통할하고, 소속 교직원을 지도·감독하며, 학생을 교육한다(초중등교육법 20조)."는 상위법을 침해한다고 비판하고 있다. 교과부는 교사의 지위와 학교장의 권한과 의무를 조례에서 정할 법적 근거가 없다며 서울시 교권조례에 대해 대법원에 효력 무효소송을 냈다. 그러나 교과부는 「교권보호종합대책」을 발표한 후 실효성을 거두기 위해 상위법 개정을 추진함으로써, 스스로의 주장을 부정하는 모순에 빠졌다. 상위법도 필요에 따라 언제든지 개정할 수 있다는 것을 보여준 것이다. 그리고 학교장 책무 규정은 사실상 초중등교육법상 학교운영위원회의 기능과 상당 부분 겹친다. 학교장의 독단적 학교 운영을 막고 교육 주체의 참여를 기반으로 하는 민주적 운영을 위한 장치가 학교운영위원회이다. 그런데 교사의 교육과정 운영 자율성을 비판하기 위해서 학운위를 내세우고, 학교장 책무에 대한 비판에서는 학운위를 모른 척하는 이중적 태도를 보이고 있다.

한편 교권조례는 교권의 개념 속에 '시민으로서의 기본권'을 포함시키고 있다. 이 규정은 교사의 정치적 기본권을 주장할 수 있는 근거가 될 수 있어 매우 뜨거운 쟁점이 될 수 있다. 그럼에도 불구하고 현재 논의조차 되지 않는 것은 의외의 일이다. 아마도 우리 사회가 아직 인권 차원에서 교권을 논의할 인식 수준에 도달하지 않았거나, 교권의 범주를 인권 차원으로 확장시키지 않기 위해 쟁점화하지 않은 것일 수 있다. 그러나 전교조는 적극적으로 교권의 개념 속에 시민적 권리를 포함시켰다. 「교권보호종합대책」에 대한 보도자료에서 "교권은 자연인으로서의 교원의 인권과 교육활동에 관한 교원의 교육권을 통칭하는 일반적인 개념으로 교권의 보호는 헌법과 교육기본법상 교육의 전문성과 자주성을 근거로 한다."고 정의하였다. 또한 전교조는 법제처가 발간한 교육기본법 해설서에 수록된 교사의 교육권 정의를 소개하였다. "교원의 교육권이란 학생의 교육권을 보장하기 위하여 교육의 본질상 인정되는 교육활동에 관한 교육 내용과 방법의 선택결정권으로서, 학생의 교육권, 부모의 교육권과 함께 교육기본권의 한 내용을 구성하여 헌법상의 기본적 인권의 성격을 가지"며, "교원의 교육권의 구체적인 내용으로는 교육과정 편성권, 교재의 작성·선택의 자유, 교수 방법과 내용의 선택·결정의 자유, 성적평가권, 생활지도권, 징계권 등을 들 수 있다." 이것은 교권조례의 교사 교육활동 규정과 거의 같은 맥락이다. 즉 전교조는 교권을 헌법이 부여한 기본적 인권과 교육권으로 정의하고 있으며, 학생의 교육권으로부터 교사의 교육권이 파생된 것임을 분명히 하였다.

학교 폭력과 교권 침해로 얼룩진 공교육을 살리기 위해서는 근본적인 교육개혁이 필요하다. 이 개혁은 우리 사회의 근간을 형성하는 헌법에 기초해 교육 질서를 새로 수립하는 것이다. 따라서 교권의 개념도 헌법정신에 충실하도록 재정의되어야 한다. 헌법이 보장하고 있는 교육권과 기본적 인권의 관점에서 공교육의 기능을 이해하고 교사의 존재적 위치를 새롭게 할 필요가 있다. 그동안 우리 사회에서 공교육은 의무교육(의무취학) 차원에서 이해되었다. 그리고 개인의 필요에 의해 교육을 받기 때문에 사적 영역에 해당하는 것으로 인식해왔다. 따라서 교육을 국가로부터 보장받아야 할 권리 또는 인권으로 인식하기 어려웠다. 그러나 헌법 제31조 1항에서는 '교육받을 권리'를, 2항에서는 부모의 '교육의 의무'를 동시에 규정하고 있다. '교육받을 권리'는 헌법 제10조의 '인간의 존엄과 가치 실현 및 행복 추구권', 즉 기본적 인권을 실현하기 위한 구체적인 권리로서, 자신을 형성해가는 주체적 인권의 성격을 갖는다. 따라서 '교육받을 권리'는 교육받는 자의 능동적 권리로서 교육에 관한 기본적 인권, 즉 '교육기본권'의 성격을 갖는다(신현직, 2003; 29). 국가는 국민의 기본적 인권을 보장할 의무가 있으며(헌법 제10조), 공교육제도는 이러한 국가의 의무를 제도화한 것이다. 따라서 공교육은 국민의 권리 차원에서 이해되어야 한다.

헌법은 교육기본권의 구체적 보장을 위해 두 가지 제도를 두었다. 첫째는 "교육 기회의 보장"을 위한 "무상의무교육제도"(제31조 2항과 3항)이다. 그것은 무상 범위의 확대 및 공교육비의 공적 부담화와 국민의 교육 조건 정비 청구권으로 나아가게 된다. 둘째는 "교육의 자주성·전문성·정치적 중립성 및 대학의 자율성"의 보장(제31조 4항)이다. 이를 통하여 "교육 내용의 보장"을 위한 교육자치제도의 보장으로 나아가며, 그것은 지역적 자치뿐 아니라 학교자치로 나아가게 된다(신현직, 2003; 22~23). 즉 국가는 국민의 교육기본권을 보장하기 위해 균등한 교육 기회를 제공하기 위한 교육 조건을 정비할 의무가 있으며, 교육 내용의 보장을 위해 교육의 자주성·전문성·정치적 중립성·자율성을 보장해야 한다.

그럼에도 불구하고 역사적으로 우리나라의 공교육제도는 정치권력에 의해 지배되었다. 교육 관련법은 국가주의적 요소가 강해, 교육 주체의 권리 보장이나 민주적 학교 관리와는 거리가 멀었다. 공교육제도는 헌법정신을 침해하는 하위법에 의해 운영되어왔다. 헌법은 광범위한 자유를 국민의 권리(기본권)로 보장하고 있지만, 교사는 하위법의 적용을 받아 기본권의 일부를 제약받고 있다. 교권에 대한 현 정부의 인식 수준은 바로 이런 현실의 결과이다.

이와 같이 공교육을 국민의 교육기본권을 보장하기 위한 제도로 이해할 경우 교권은 좀 더 넓은 범주에서 정의해야 한다. 교권의 정의는 세 가지 요소, 즉 첫째 학생의 교육기본권 보장을 위한 교사의 교육권, 둘째 교사의 인간으로서의 권리, 셋째 '교육의 자주성·전문성·정치적 중립성' 원칙 준수에 기준을 두어야 한다. 교권을 헌법이 보장한 인권과 교육기본권 차원에서 접근할 때, 현재 가장 필요한 것이 교사의 교육의 자유와 정치적 자유의 보장이다. 교육의 자유는 학생의 교육기본권 보장을 위해, 그리고 국가나 외부 세력으로부터 교육의 자주성과 전문성, 정치적 중립성 확보를 위해 전제되어야 하는 것이다. 곧 교사의 교육권을 보장하기 위해 교육의 자유가 필요하다. 정치적 자유는 시민으로서 기본권 가운데 현재 가장 침해받고 있는 부분이다. 교사의 정치적 자유는 시민으로서의 권리에 해당하지만, 교육권까지 침해하는 근거로 작용하고 있다.

5. 교사의 '교육의 자유'

공교육은 국민의 교육기본권 보장을 위해 부모로부터 국가가 교육권을 위임받아 수행하는 국가적 사업이며, 교사는 부모와 국가로부터 교육권을 위임받아 실행에 옮기는 주체이다. 모든 국민의 '교육받을 권리'가 실질적으로 보장되기 위해서는 먼저 학부모들의 '교육할 권리'와 그 수탁자인 교사의 '교육의 자유'가 전제적으로 보장돼야 한다. 우리 헌법의 국민 주권의 원리에 따른다면 교육에 관한 주권은 국민에게 있다. 교육 주권과 관련하여 전후 일본에서는 '국민의 교육권'인가 '국가(정부)의 교육권'인가 하는 논쟁이 있었다. 결론적으로 인간 형성이라는 교육의 본질적 기능에서 본다면 국가(정부)는 원칙적으로 교육의 내적 사항에는 개입할 수 없고, 교육의 외적 사항인 교육 조건의 정비에 주력해야 한다는 것이다(김영추, 2001; 91). 즉 교육의 자유는 일차적으로 교육 내적 사항에 대한 국가의 간섭으로부터의 자유를 의미한다.

교사가 교육의 주체로서 교육활동에 종사하기 위해서는 진리와 양심에 따라 외부의 부당한 간섭 없이 자유롭게 교육을 행할 수 있어야 한다. 이를 위해 교직의 독립성과 자주성 그리고 신분 보장이 이루어져야 하며, 교사의 전문성에 대한 사회적 신뢰가 있어야 한다. 신분 보장은 경제적·사회적 차원만이 아니고, 시민으로서의 기본권 보장도 해당된다. 교사의 신분 보장이 이루어지지 않으면, 교사의 교육활동도 제약을 받을 수밖에 없다. 일제고사 거부와 시국선언에 참여했다는 이유로 일부 교사가 해임되어 교육활동의 기회 자체를 박탈당한 현실이 그 예이다. 따라서 국민의 교육기본권 보장을 위해 공교육의 직접 수행자인 교사는 학교에서의 교육활동뿐만 아니라, 신분 보장에 영향을 미치는 시민으로서의 기본권까지 폭넓게 교권으로 규정되고 보호되어야 한다.

교육의 자유란 교육 내용에 관하여 국가의 개입을 원칙적으로 배제하고 스스로 결정할 수 있는 권리로서, 교육기본권 보장을 위한 핵심적 사안이다. 교사의 교육의 자유는 헌법 제31조의 교육의 자주성 보장 외에는 직접적 명문 규정이 없으나, 양심의 자유(제19조), 학문과 예술의 자유(제22조), 언론·출판의 자유(제17조) 등을 근거로 인정된다. 그런데 대학교수의 경우 학문의 자유와 교수(가르치는 일)의 자유가 폭넓게 보장되고 있지만, 초중고 교사의 교육의 자유는 국가마다 양상이 다르다. 우리나라의 학설과 판례는, 초중등 기관에 있어서의 교육의 자유는 연구의 자유 및 발표의 자유와는 성격상 다른 것으로 보고 있으며, 피교육자인 초중고생은 완성된 인격자가 아니므로 교육의 자유는 절대적 자유가 아니라는 소극적인 입장을 취하고 있다. 또한 실정법상으로도 헌법 제31조 제6항에서 교육제도의 기본적인 사항을 법률로 정하도록 규정하고 있어, 교육 내용·방법·교과목에 대하여 상당한 통제를 받도록 되어 있다. 그러나 일본에서는 학문과 교육의 불가분성을 내세워 중등교육의 자유를 적극적으로 인정하려는 경향을 띠고 있으며, 판례에서도 보통교육의 장에서 '일정 범위의 교육의 자유'가 보장되고 있다(노기호, 2006; 186).

대학교수와 달리 초중고 교사는 교육 내용 및 방법, 평가 등 수업 운영과 관련해 상당한 제약을 받고 있으며, 특히 교사 개인의 정치적 의견을 말하는 것이 제한되고 있다. 그 이유는 대상의 미성숙함과 정치적 중립 의무, 그리고 획일적인 교육과정 운영 때문이다. 초중고생은 아직 미성숙하기 때문에 비판 능력이 부족해 교사의 가치관이 맹목적으로 주입될 가능성이 있고, 정치적 중립 의무를 지켜야 하는 교사가 개인의 편향된 정치적 견해를 학생에게 주입하는 것은 학생의 교육기본권을 침해하는 것이라고 본다. 또한 교사의 자유로운 수업 내용 선정은 균질한 교육을 받아야 할 학생의 학습권을 침해한다는 논리를 펴고 있다.

그러나 이러한 비판은 교사의 전문성에 대한 불신을 깔고 있다. 교사에게 교육의 자유가 주어질 경우 교사는 그 자유를 무책임하게 자의적으로 사용할 것이라는 불신이다. 그러나 교사의 교육의 자유는 교육의 권력으로부터의 자유를 의미하는 것이지 결코 교사 개인의 교육적 자의를 뜻하는 것은 아니다. 무책임한 일부 교사가 있을 수 있지만, 전문직으로서 자부심을 갖는 교사라면 획일적인 교육과정을 탈피해 학생들의 상황을 고려한 창의적인 수업활동을 통해 최대한 학생의 교육기본권을 실현하기 위해 교육의 자유를 구현할 것이다. 또한 학생의 미성숙함은 교사의 자율성을 제약해야 하는 근거로 해석되어왔지만, 획일적인 교육이 학생의 성숙함에 기여하는 것은 아니다. 특히 문제가 되고 있는 정치적 편향 교육 못지않게 학생을 정치적 무지 상태에 방치하는 것도 미성숙을 고착시키는 것이다. 민주 시민으로의 역량을 형성하기 위해서는 다양한 정치적 견해, 갈등하는 사회적 쟁점들에 대한 각각의 주장을 접하는 것이 필요하다. 설사 특정 교사가 자신의 견해를 일방적으로 학생들에게 전달하더라도 학생들은 다양한 경로를 통해 다른 입장을 접할 수 있다. 그리고 교사와 학생의 관계가 느슨해진 오늘날, 교사의 견해를 맹목적으로 수용하는 학생은 거의 없다. 따라서 학생의 미성숙함을 들어 교사의 자유를 제한하는 것은 현실적 타당성이 결여된 것이다. 현재 우리 사회에서는 학생의 '미성숙' 논리가 오히려 학생의 자유로운 성장을 막는 이데올로기로 작용하고 있다.

따라서 공교육제도에서 학습자의 교육기본권을 보장하기 위해서는 교사의 전문성에 대한 신뢰를 기반으로 교사의 자율성이 보장되어야 한다. 그리고 교사 개인의 교육의 자유뿐만 아니라, 교육의 전문적 자율성과 자주적 책임성을 실현하기 위하여 교사집단의 교육의 자유가 권리로서 보장되어야 한다(노기호, 2006; 210). 교사의 자의적 교육활동을 막기 위해 교육의 자유를 제한해온 현재의 법률은 오히려 국가권력의 교육 지배를 용이하게 관철시키는 기능을 해왔다. 역사적으로 많은 국가권력이 자신들의 이해를 실현하려는 차원에서 국민들을 지배하기 위해 교육을 이용하고 통제를 해왔다. 따라서 교사의 교육과정 운영의 자율성 보장은 궁극적으로 국가 권력의 부당한 교육 지배를 막기 위해 필요하다. 즉 교사의 교육의 자유는 교육의 자주성을 확보하기 위한 전제 조건인 셈이다.

6. 교사의 '정치적 자유'

ILO-유네스코의 '교원 지위에 관한 권고'는 교사의 전문직으로서의 교육의 자유(학문의 자유, 교육 내용 선정 및 평가의 자유)와 시민으로서의 정치적 권리 보장을 주문하고 있다. 교사의 교권은 국민의 교육기본권 보장을 위한 전제 조건이기 때문이다. 교육의 자유가 교사 교육권의 핵심인 교육 내용 결정권과 관련되었다면, 정치적 자유는 기본권 가운데 현재 교사를 가장 위축시키고, 심지어 생존권까지 위협하는 정치활동과 관련된 사안이다. 정치적 자유는 시민의 기본적 권리인 정치적 표현의 자유, 공직선거 피선거권 보장, 정당 가입 및 후원 등 정치활동의 자유를 말한다.

세계적으로 교사의 정치활동이 폭넓게 보장되고 있는 데 반해, 우리나라는 교사의 정치적 중립을 요구하며 사실상 정치활동을 금지하고 있다. 교사의 정치적 중립 요구는 헌법 제31조의 '교육의 정치적 중립성'과 교육기본법 제6조의 '정치적·당파적 교육 금지'에 근거하고 있으며, 정치활동 금지는 교사의 법적 지위인 교육공무원 신분에 근거해 국가공무원법 제65조 '정치운동 금지', 제66조 '집단행위 금지', 교원노조법 제3조 '정치활동 금지'의 적용을 받고 있다. 그런데 헌법의 '교육의 정치적 중립성' 조항은 원래 교육의 본래적 기능이 정치체제로부터 부당한 간섭을 받지 않고, 교육이 본연의 기능을 일탈해 정치체제를 부당하게 간섭하지 않는 것을 뜻한다(신정철, 1988; 287). 역사적으로 국가권력의 교육지배를 막고 교육 본질에 입각한 교육의 자주성을 확보하기 위해 정치적 중립성을 요구한 것이다. 그러나 정치적 당파의 교육지배를 배제한다는 명분하에 교사의 정치적 기본권을 제한하였다. 정치적으로 민감한 사안에 대해 교사의 정치적 발언은 금지되었으며 침묵을 강요당했다. 그 결과 교사의 비정치화와 정치적 무지를 초래했다. 반면에 정치적 중립 의무는 중립자로 자처하는 국가권력의 일방적 지배를 관철시키는 원리로 악용되어왔다. 하지만 국가의 중립성이란 이상적 허구일 뿐이며, 정치권력에 의해 규정되는 중립성의 내용은 당파적일 수밖에 없다(신현직, 2003, 129).

다시 말해 교육의 정치적 중립성은 교육의 권력 지배로부터의 독립을 의미하는 것이며, 교육 내용으로부터 정치적 요소를 배제하는 것이 아니다. 교사의 비정치화 또는 정치 교육의 배제는 오히려 교육의 정치권력에의 예속을 가져온다. 결국 그동안 정치적 중립 의무는 교사의 정치적 자유뿐만 아니라, 교육의 자유를 제약하는 이데올로기로 활용되었다. 즉 정치적 중립 의무는 교사의 교육기본권과 시민으로서의 정치적 기본권을 침해해온 것이다. 교사의 정치적 자유는 당파적 교육의 자유가 아니라 교육의 정치적 중립성을 적극적으로 지키기 위한 자유로서 인정되어야 하며, 민주 시민 양성을 위한 적극적인 정치 교육이 보장되어야 한다.

<세계 각국의 교원의 정치활동 허용 여부와 범위>

나라	정치활동 제한/허용	구체적 내용
일본	일부 제한	국가공무원법과 인사원 규칙을 통하여 금지되는 행동을 규정하고 있지만, 정당 가입 및 정치자금 후원은 허용
미국	일부 제한	정당 가입, 정치자금 모금 및 기부, 공직 후보 출마와 선거운동 허용
독일	정치활동 허용	직위 이용 않으면 제한 없이 허용
영국	정치활동 허용	공무원을 3집단으로 나누어 규정하며 하위직 공무원, 교사는 거의 제약 없이 허용. 정당 가입과 후원은 모두 허용
프랑스	정치활동 허용	정당 활동, 정치자금 기부, 공직 후보 출마, 선거운동 등이 모두 허용
핀란드	제한 법률 자체가 없음	제한 없이 허용
스웨덴	제한 법률 자체가 없음	제한 없이 허용
노르웨이	제한 법률 자체가 없음	제한 없이 허용
덴마크	제한 법률 자체가 없음	제한 없이 허용
캐나다	정치활동 허용	업무 수행에 지장을 주지 않는 한 허용
호주	정치활동 허용	제한 없이 허용. 출마 시 상급자와 협의
뉴질랜드	정치활동 허용	제한 없이 허용. 출마 시 미리 통보

*출처 : 『교원·공무원의 정치기본권 보장 어떻게 볼 것인가?』, 2011. 8. 8, 58쪽(공청회자료집).

한편, 초중고 교사는 학교 내에서의 정치활동은 물론 학교 밖에서 일반 시민으로서의 정치활동도 전면 금지되고 있다. 그 이유는 국민 전체에게 봉사해야 하는 공무원이라는 사실과 미성년인 학생의 교육을 담당하고 있기 때문이다. 그러나 교사가 봉사해야 할 대상이 국가권력이 아니라 국민이기 때문에 정치활동을 금지해야 할 하등의 이유가 없다. 정치활동은 민주 시민의 기본권이고 기본권의 정당한 행사는 민주사회 발전에 기여하기 때문이다. 또한 교사의 정치활동은 판단력이 미숙한 학생들의 의식을 지배할 위험이 있기 때문에 교사의 정치활동을 금지해야 한다고 하지만, 학생들은 다양한 경로를 통해 의식을 형성하는 만큼 교사 한 사람이 미치는 영향력은 절대적이지 않으며, 다양한 정보를 바탕으로 비교 평가할 역량이 될 것이다. 그리고 교사의 적극적인 정치 참여는 민주 시민의 기본 권리인 참정권 행사라는 점에서 오히려 학생들에게 정치 교육의 일환이 될 수 있기 때문에 무조건 금지될 필요는 없다. 또한 오늘날의 교실 붕괴와 교권 추락 현상을 볼 때, 교사의 영향력은 과거에 비해 훨씬 감소된 것을 알 수 있다. 만일 교사의 정치활동이 학생들에게 상당한 영향을 미쳤다면, 그만큼 설득력이 있기 때문일 것이다. 따라서 초중고 교사의 정치활동을 금지하는 것은 민주사회의 핵심적인 기본권으로서 정당한 국민 주권을 침해한 것이다.

교사에게 요구된 '정치적 중립'과 '정치활동 금지'는 교사의 시민으로서의 기본적 인권(정치적 기본권)을 제약할 뿐만 아니라, 교육의 자주성과 민주 시민교육을 원천적으로 방해하기 때문에 폐기되어야 한다. 다행히 양대 교원단체는 교사의 정치적 중립과 정치활동 금지 요구가 파생시키는 문제점에 대해 일정한 공감대를 갖고 있다. 전교조는 보다 적극적으로 교사의 정치적 기본권 보장을 위해 노력하고 있으며, 시국선언과 정당 후원 등의 이유로 교권 침해를 받은 교사를 위해 별다른 노력을 하지 않은 교총도 기본적으로는 정치활동 보장에 대해 찬성하고 있다. 실제로 교사의 정치활동 보장은 전교조보다 교총이 먼저 요구해왔다. 1990년 윤형섭 회장 이후 이군현, 이원희, 안양옥 회장이 모두 공개적으로 교사의 정당가입 및 정치활동 보장을 꾸준히 요구하였다. 이것은 교권 보호를 위해 교사의 정치적 자유를 보장하는 것이 더 이상 미룰 수 없는 절실한 사안임을 의미한다. UN인권이사회, ILO, EI 등 대부분의 국제기구에서도 우리나라 교사의 정치적 자유를 보장하라고 권고하고 있다. 교사의 정치적 자유를 보장하기 위해서는 정치적 기본권이 법으로 보장되어야 한다. 현재 교사와 공무원의 정치활동의 기본권을 제한하는 국가(지방)공무원법, 교원노조법, 공무원노조법, 정당법 등에 대한 위헌신청이 계류 중이다. 헌법이 보장하고 있는 정치적 기본권을 제한하는 하위법의 개정이 마땅히 이루어져야 하며, 현재 시·도 교육청에서 제정 중인 교권조례에도 보다 명시적으로 교사의 정치적 자유를 반영할 필요가 있다.

참고문헌

● 교육과학기술부(2012. 8. 28), 「교권보호종합대책」.
● 전국교직원노동조합(2012. 8. 28), 「보도자료 – 교과부, 교권보호대책에 교권은 없다」.
● 한국교원단체총연합회(2012. 8. 28), 「보도자료 – 정부의 교권보호종합대책에 대한 교총 입장」.
● 연합뉴스(2011. 12. 9), 「법원, 정당 후원 교사 징계는 정치적 자유 침해」.
● 중부일보(2012. 9. 12), 「사설/칼럼: 교권 보호, 학생 학습권 보장의 전제 조건(안양옥)」.
● 한국일보(2012. 9. 21), 「시론: 교권 보호는 학습권 보장의 전제 조건(신정기)」.
● 한국일보(2012. 10. 17), 「교과부, '학교 폭력 기재 거부' 무더기 고발…… 거센 반발」.
● 권상혁(2003), 「교사의 권리·의무」, 한국교원단체총연합회 편, 『교사론(개정판)』, 교육과학사.
● 김영추(2001), 「교육기본권의 내용과 보장」, 『고시계』 2001년 10월호(통권 제536호), 82~95쪽.
● 노기호(2006. 8), 「헌법상 교원의 교육의 자유의 보장과 제한」, 『한양법학』 제19집, 185~212쪽.
● 신정철(1988), 「교육의 정치적 중립성」, 『고시계』 1988년 1월호(통권 제371호), 286~288쪽.
● 신현직(2003), 『교육법과 교육기본권』, 청년사.
● 오동석(2010), 「교사의 정치적 기본권」, 민주주의 법학연구회, 『민주법학』 44권, 99~224쪽.
● 허종렬(2006), 「교육기본권 영역의 헌법 개정 문제 검토」, 『헌법학연구(憲法學研究)』 제12권 제4호, 한국헌법학회, 357~391쪽.

학부모주의를 넘어서는 학교
-아이들과 선생님들의 공간

강 순 원

1. 학부모운동의 세력화 – 학부모주의를 경계하며

학부모란 누구인가? 학교는 무엇인가? 왜 학부모가 학교에 참여해야 하는가? 아주 단순하고 명료한 단답형의 이러한 질문이 선뜻 답하기 어려운 현실로 되어버린 오늘날, 다음과 같은 공익광고에 비친 부모와 학부모의 괴리는 왜 학부모주의를 넘어서야 하는지를 암시해주고 있다.

"부모는 멀리 보라 하고, 학부모는 앞만 보라 합니다. 부모는 꿈을 꾸라 하고 학부모는 꿈꿀 시간도 주지 않습니다. 부모입니까, 학부모입니까? 부모의 모습으로 돌아가는 길, 참된 교육의 시작입니다."

참된 교육이 이루어지는 학교를 만들기 위해서는 학부모를 부모로 바꿔 놓아야 한다는 공익광고의 콘텐츠는 학부모 참여의 방향이 경쟁 교육이 아닌 참교육을 향하도록 위치 지어져야 함을 말해준다. 그럼에도 아동인권의 담지자로서의 부모가 아동인권의 가해자인 학부모로 바뀐 시대적 상황에서 더 많은 교육적 권한을 요구하는 이기적인 학부모운동이 있는가 하면, 다른 한편에는 이러한 이기성을 벗고 공공의 학부모운동으로 나아가야 한다고 주장하는 학부모운동이 나란히 존재한다.

한국의 사회 발전은 우리나라 학부모의 놀라운 교육열이 일궈낸 결과라고 흔히들 말한다. 뭐든지 열심히 하는 문화 풍토는 학부모의 헌신적인 자녀 교육에서 비롯된 것이라고 이해되었다. 그 결과 학부모의 참여 증대를 통해 교육의 질을 개선한다는 목적으로 학부모회는 학교 단위로 후원회(1946~1953), 사친회(1953~1962), 기성회(1963~1970), 육성회(1970~1995)라는 틀을 거쳐 학교운영위원회(1996년 이후~)로 발전해왔다. 오늘날 단위 학교 안에서 학부모 목소리는 점차로 커지고 있다.

해방 후 우리 역사에서 가장 권위주의적이었던 박정희 정부 시절에서부터 상대적으로 민주적인 정부라고 지칭되었던 김대중·노무현 정부에 이르기까지 사회 통합과 교육 발전을 위한다는 명분하에 학부모의 참여는 엄청나게 장려되었다. 급기야 이명박 정부에 와서는 교육과학기술부에 학부모 지원과를 만들어 학교 단위로 학부모회를 조직하게 하고 이에 대한 재정적 지원을 하고 있다. 이미 법적 기구인 학교운영위원회에 학부모가 위원으로 참여하고 있음에도 불구하고 임의 조직인 학부모회를 만들게 하여 이를 지원하는 근거에 대해서는 여러 가지 이견이 있겠으나, 이러한 정책 변화로 학부모는 자녀의 학교를 후원하고 지원하던 간접적 역할에서 정부로부터 재정적 지원을 받아가며 학교 정책에 목소리를 낼 수 있는 적극적 주체로 부상하게 된 것이다. 그러한 가운데 교권이 이기적인 학부모들의 무분별한 학교 관여로 인해 심각하게 침해당한다면서 2012년 8월, 교과부는 '교권보호 종합대책'을 발표하였다. 이에 따르면 교권을 침해하는 학부모 소환이 가능하다. 이로써 단위 학교 차원에서 교권과 학부모 권리는 명백하게 대립한다.

다른 한편 지난 20여 년간 단위 학교 차원의 학부모회가 아닌 전국 단위의 자생적인 학부모운동단체들이 다양한 정치적 관점을 노정하면서 급성장하였다. 이른바 진보적인 성향의 '참교육을 위한 전국 학부모회'나 '평등교육 실현을 위한 전국 학부모회'에서부터 보수 성향의 '학교를 사랑하는 학부모모임'이나 '뉴라이트 학부모모임'까지 학부모운동의 이념적 스펙트럼은 교육정책의 향방에 영향을 주는 매우 중요한 변인으로 작용하고 있다. 진보 성향의 학부모단체들이 진보 교육감을 지지하는 반면, 이명박 정부 출범을 전후하여 발족한 10여 개의 학부모단체들은 이주호 교과부장관의 교육정책을 적극적으로 변호한다.

이렇듯 정부의 적극적인 학부모 지원 정책에 추동되어 학부모운동으로 결집된 학부모 세력의 주체적인 인식 전환 역시 학부모의 참여를 성격 지우는 중요 변수가 되고 있다. 그 결과 학부모운동의 세력화가 빚은 주체적 자기 방향은 교육운동 세력 간의 협력이 되기도 하지만 대부분은 세력 간 갈등으로 비치는 경향이 있다. 신자유주의적 교육개혁에 따른 교원 평가, 역사 교과서 논쟁, 국제중학교 및 자립형 사립교의 설립을 둘러싼 학교 다양성의 문제, 그리고 입학전형의 자율화로 상징되는 입학사정관제, 그리고 일제고사 실시에 따른 전국 단위의 교육평가 등도 교육 내적 문제로 이해되기보다는 정치경제적인 사회 문제로 이해되고 있다. 그 결과 교육정책이 정치 쟁점화될 때마다 교육 주체들 간의 갈등뿐만 아니라 교육정책 방향을 둘러싸고 학부모 단체들 간의 입장 차가 현격히 드러나는 경우가 왕왕 있다. 또한 권위주의 시절 '사랑의 매'로 미화되던 학생 체벌이 민주정부하에서는 학생 인권 침해로 지탄받게 되는 역사적 진화 과정에서 교권과 학생의 권리가 부딪힐 뿐 아니라 자연스레 학부모 권리와도 대립하지 않을 수 없게 된다. 이와 같이 학교교육에 관여하는 교육 주체 세력 형성의 변화는 학교교육 의사 결정 과정상의 정치세력화를 반영하는 것으로써 국가-교사-학부모(학생)의 총 역량이 조정되거나 충돌하는 경우를 보여주기도 한다.

우리나라뿐만 아니라 많은 국가에서 교육 민영화, 국가권력으로부터 지방자치기구로의 교육행정 이양, 학부모선택권의 강화, 교원 책무성 향상을 위한 교원 평가 등 학교교육 구조 조정 이슈가 신자유주의적 통치체제와 맞물려 쟁점화되고 있다. 여기서 교육의 효율성 신장을 넘어서 어떻게 사회적 약자들의 교육권까지를 보장하며 평등교육과의 균형을 맞출 수 있을 것인지를 둘러싸고 다양한 교육운동 주체 간의 갈등이 야기되는 것이다. 교육 세력 간의 이러한 역동성의 과정과 교육제도상의 변화과정에서 제3의 물결로서 학부모운동의 역사성이 때론 순기능을 하기도 하지만 때론 역기능을 낳기도 한다. 브라운(P. Brown)이 분류하듯이 초·중등학교의 의무교육화로 인한 교육 기회의 확대가 교육 흐름의 제1물결이라면, 업적주의 이념에 의해 교육의 양적 분화와 질적 제고가 이루어져 개인의 직업 지위 결정에 교육 성취가 가장 중요한 변인으로 작용하게 되는 소위 교육 기회 균등의 시기가 제2의 물결이다. 이후 21세기에 접어들면서 학부모주의(parentocracy)로 지칭되는 학부모선택권의 신장과 교육시장의 확대 등 소위 신자유주의적 교육 다양성의 슬로건에 의한 학부모의 참여 확대가 교육에 영향을 미치는 시기를 제3의 물결이라고 볼 수 있다.

제3의 물결에서는 교육개혁이 교육의 민주화와 교육 다양성으로 수렴되면서 제1, 2물결에서 지나치게 팽창한 안주한 교권주의를 경계하며 자기 자녀의 최상의 교육을 위한 학부모선택권이 교육개혁 세력에 의해 옹호된다. 그 결과 좋은 교육을 위해 그동안 협력관계에 있던 교사와 학부모가 이후 교권주의 대 학부모주의로 대립하는 양상을 띠게 된다. 신자유주의적 교육시장에서 안주하는 교권을 견제할 새로운 교육개혁 이념체로서 자기 자녀 교육을 향상시킨다는 명분으로 등장한 학부모 세력은 또 다른 교육 권력으로 학부모주의를 잉태한다. 결국 이러한 학부모주의는 신자유주의적 선택 논리에 힘을 더해주는 교육노동시장 왜곡 장치로 변질되어 평등교육을 약화시키는 이념태로 자리 잡는 경향이 있다. 교육 민주화의 견인으로서 학부모 참여를 장려해왔던 역사적 성찰 위에서 신자유주의적 교육개혁을 위한 학부모의 참여를 분리하여 조심스럽게 새로이 조망해보아야 하는 이유가 바로 여기에 있다.

2. 우리나라 교육 파동: 제3의 물결(the third wave)

한국 사회는 국가가 사회개혁을 주도하는 국가권력 주도형 사회라고 볼 수 있다. 특히 경제개혁과는 달리 민간 부문이 있더라도 자율적 권한이 크지 않은 학교교육에서는 국가의 교육정책이 단위 학교 행정뿐만 아니라 교사의 수업, 학부모의 권한 심지어는 학생들의 교육 태도에까지 영향을 미치고 있다. 해방 후 국가권력은 식민지하 억눌렸던 교육열 해소를 교육 원조에 힘입어 기초교육을 폭발적으로 확대해나가는 제1물결기를 맞는다. 이렇게 이룬 교육 팽창을 교육 기회 균등의 이념으로 체계화할 여력도 없이 교육 평준화 조치를 강행하면서 중등교육이 업적주의적 가치의 기준이 되는 제2의 물결에 직면하게 되었다. 그 결과 교육의 팽창이 수반할 교육의 기회 균등 이념이 초중등교육의 균형적 성장과 고등교육의 질적 발전으로 이어지지 못한 채, 공교육의 부실이 낳은 사교육의 난맥상으로 인해 강력한 정부 주도의 관제 개혁하에서 교육의 자율적 조정 기능을 상실하였다고 볼 수 있다. 초등교육의 과잉화가 빚은 2부제, 3부제 수업 그리고 60명이 넘는 과밀 학급이 1960~70년대까지 이어지는 상황에서 강행된 중학교 무시험제는 제1의 물결과 제2의 물결이 혼재하는 바다 속의 격랑 그 자체였다. 당시 관제적 평준화 조치는 오늘날까지 공교육의 부실로 이어지고 있고 이러한 공교육의 부실을 이겨낼 수 있었던 것은 사교육뿐이었기 때문에 사교육은 우리 사회에서 교육 불평등을 심화시키는 시장기제가 된 것이다.

우리 사회는 여전히 단기간의 교육 기회 확대에만 급급하여 교육의 질적 발전에는 소홀하다. 그 까닭에 유엔이 정한 전 세계인의 교육 발전 기본 원칙인 '모두를 위한 교육(EFA, education for all)'은 외면하고 교육의 물신적 목표인, 즉 우수를 보증하는 성적 결과만을 신봉하는 교육정책에 끌려다니고 있다. 이에 따라 좋은 점수를 보장한다고 믿게 되는 입시에 능통한 입시 만능 교사, 주요 교과 중심 교육, 족집게 과외, 정확한 입시정보 등과 같은 외적 교육 결과만을 추종하는 교육 팽창 사회가 되어버리고 말았다. 모든 자원이 부족하고 오직 인적 자원에만 의존할 수밖에 없다는 조급증과 경쟁 사회에서 이기고 살아남기 위한 가장 좋은 수단으로 학력이 부상하면서, 교육=학력이라는 등식에 의해 학부모들과 교사들 그리고 교육정책가들은 일류 학교 중심의 사고에서 한 치도 벗어나질 못했다. 1968년과 1974년의 이른바 중등교육 평준화는 당연히 입시 지옥으로 일컬어졌던 이러한 학력주의를 불식시키고 학교 간의 평등한 학력에 기초하여 균형 잡힌 교육 발전을 이룩하는 정책으로 교육 민주화를 지향해야 했으나 기존의 학력주의를 근절하지 못한 채 오히려 교육의 질적 저하 혹은 학군 간의 교육 격차만 심화시키는 결과만을 낳았다. 따라서 교육이 열린 실력주의 사회의 객관적 근거로서 작용하는 성취 요인(achievement factor)이 못 되고 학벌을 구성하는 닫힌 귀속 요인(ascribed factor)으로 작용하는 기현상을 보이고 있는 실정이다.

이러한 교육적 환경에서 공교육을 정상화하자는 취지로 기획된 1995년 5·31교육개혁안은 제3물결을 고스란히 담고 있는 교육 민주화/교육 다양화 방안으로서 신자유주의적 교육 다양화 논리를 탈권위주의적 교육 민주화 개혁 논리로 위장한 것이었다. 1998년 이래 상대적으로 민주적인 정부가 집권하고 있었을 때조차 학부모 목소리를 내세워 신자유주의적 교육 다양화 정책을 집행하고자 5·31교육안은 승계되었다. 그 결과 교육 선택권을 교육적 부담으로 여기는 교사들과 다른 한편에서 학생/학부모들은 교육 선택권을 교육 패권으로 인식하게 되면서 민주적인 학교공동체는 유지되기 어려운 상황에 놓이게 되었다. 여기서 교육 다양성은 학생의 개인차에 따른 학습권의 다양화가 아닌 교육 공급자 위주의 학교 양식의 다양성으로 귀결되었고 중등교육 평준화 조치는 교육 경직성의 원인으로 몰아쳐졌다. 즉, 학교 선택의 다양성이 학교 수준의 다양성으로 인식되면서 학교 평가와 연계되거나 혹은 사학의 다양한 형태를 가능하게 만듦으로써 결국 지역과 계층 간의 학교교육 수준 격차로 이어졌고 이는 곧 교육 불평등 기제가 심화되는 결과를 낳았다.

어느 사회이든지 간에 학교는 매우 관료적이고 교과 중심적이어서 외부에서 들어가기가 어렵다고 비판된다. 교육의 책임은 교사이고, 교사는 수업 독본인 교과서에 따라 학생들을 잘 가르치면 되고 그것에 대한 평가 권한을 가지고 있기 때문에 학부모를 비롯한 외부에서 도와줄 필요도 없고 도와줄 수도 없다고 생각한다. 그런 점에서 학교는 교사들이 주도하는 외부와 떨어진 섬이다. 그런데 이 섬에 대한 외부 간섭이 시작되었고 교과서에 대한 시비와 더불어 학교에서 다루어지는 교육과정에 대해 지역사회가 참여해서 협력하는 열린 학교가 되어야 한다고 했다. 급기야 학부모와 지역 인사가 참여하는 학교운영위원회가 만들어져 학교 운영에 대한 실질 심의 및 자문이 필수적으로 되었다. 이런 국면에서 단위 학교 행정의 권한이 커지고 학교 간의 경쟁에 의한 인센티브제가 도입되어 학교는 더 이상 교육청의 지시에 따라 교과서만 가지고 교사 혼자 주도하는 닫힌 섬으로 남아 있을 수 없게 되었다. 이것은 세계적인 동향이고 우리도 1995년 교육안에서 정부가 주도하던 교육정책 방향이었던 것이다. 물론 이러한 교육 선택권과 교육 다양화에 대한 엄청난 비판이 쏟아졌으나 대세는 획일적이고 권위주의적인 학교교육 혁파였다.

오늘날 중등교육 진학률이 98%에 달하고 대학 진학률이 82%를 웃도는 제3물결인 고등교육 대중화 단계에서 다양한 교육적 요구가 분출되는 것은 당연하다. 그 결과 정부도 획일적인 교육정책의 한계에 직면하여 교육 다양성을 대안으로 제시하는 상황에서 자연스럽게 다양한 교육 관련 세력들이 미래 교육의 방향을 놓고 갈등하게 되었다. 이것은 선택을 전제로 하지만 선택에 대한 훈련을 받지 못한 상태에서 선택도 획일적인 선에 의해 점수별로 이루어질 수밖에 없고 다양성은 기이한 품행으로 평가 절하된다. 또한 교육 주체들의 광범위한 참여를 전제로 학교 문을 열어야 한다고 원칙적으로 말하기는 하나 이것 역시 교육 관련 세력들 간의 동반자적 협력을 낳기보다는 교육 이해 당사자들 간의 갈등으로 비화된다.

주지하였듯이, 5·31교육안은 학부모들의 다양한 선택을 전제로 시장원리에 교육을 맡기자는 신자유주의적 교육 자율성 방안이다. 이것은 국가의 국민교육권적 의무를 방기한 채 이루어지는 가진 자 중심의 교육정책으로 교육 주체들 간의 갈등과 교육 혼선을 낳았다고 볼 수 있다. 공교육 정상화를 학교 평가와 교원 평가로 연계시키고 교육시장의 다양화를 위해 자립형 사립학교나 국제학교를 설립하는 기조 사이에서 개별 학교교육의 평판이 일방적으로 학부모가 관여하는 교육노동시장에 의해 결정되게 되었다. 실제로 학생 선택과 지원에 의해 학교 등급이 결정되고 발표되면서 부자 지역의 학교는 평가를 받기도 전에 이미 좋은 학교가 되며 가난한 지역의 학교는 결과와 상관없이 부정적인 결과를 얻게 되었던 것이다. 가치중립적 기조 위에서 학부모들의 협력을 학교 발전의 중요 요인으로 전제할 경우 교육은 단위 학교 자율 운영 논리에 빠져들게 되어, 그 결과 학부모 참여를 적극적으로 유인할 수 없는 가난한 지역의 학교 부실로 귀결되는 경향이 있다. 정부가 기본적으로 학교교육에 대한 적극적 방안과 대책을 내놓지 않고 수시로 입시정책을 변경하거나 일시적인 고등교육 지원 혹은 산발적인 교사 사기 앙양

대책 등 비본질적인 교육 대처 방책에만 급급할 경우, 국가교육정책이 교육시장에서 보이지 않는 자율적 힘에 의해 규제되기보다는 의도성이 보이는 손에 의해 교육시장이 왜곡되는 결과를 가져올 뿐이다. 따라서 중앙 정부는 장기적이고 평등주의적인 교육정책을 수립하고 집행하며 이를 관리하는 데에만 몰두하고 나머지 과도한 교육 권한을 가능한 한 빨리 제도적으로 지방교육청에 이관하여 일선 학교가 교육적 책무성을 지니고 아동 중심의 교육을 할 수 있도록 지원 행정을 하는 교육 민주화의 지평을 확대했어야 한다. 이것이 과거 권위주의적 국가권력에 의해 오도된 한국 교육을 탈권위주의화하고 교육 정상화할 수 있는 교육행정 개혁의 주요한 일면이다. 그리고 민족(국가)주의 교육에서 민주주의 교육으로 나아가기 위한 범세계적 지식기반 사회에 걸맞은 교육의 객관적 여건인 것이다. 이를 위한 아래로부터의 교육시민운동의 정치적 세력화가 필요하고 보편적인 교육권적 연대가 절실하였다.

학교에서의 민주주의란 지역공동체적 기반 위에서 교사가 학생과 학부모와 협력하여 아동을 위한 최선의 교육을 균형적으로 제공하는 것이다. 학부모운동의 초기엔 이러한 좋은 교육, 즉 참교육을 위한 교사와 학부모 협력이 이루어졌으나, 민주화 이후 국면에서 소위 민주정부에 의한 학교 문 열기에 학부모를 끌어들이려는 노력이 교사운동 진영과 갈등하는 국면에 이르게 되었고, 이는 신자유주의 교육 반대 대 학부모 권리 주장자 간의 심각한 갈등으로 비쳐졌다. 어떠한 경우에든 학생(아동)을 위한 학교와 학교 밖의 동반자적 협력관계의 구축은 학교 존폐를 가름하는 중요 사안으로 비치고 있다. 이런 점에서 교권주의 대 학부모주의라는 극단적인 대립이 아닌 아동을 위한 교육 최적화의 조건을 공통으로 모색한다는 대타협의 관점이 요청된다.

3. '참학'의 발전과정에서 나타난 학부모 세력화의 성격

우리나라에서 단위 학교 차원의 학부모회가 아닌 전국 차원의 학부모운동단체가 사회적 차원에서 설립된 시기는 1989년 '참교육을 위한 전국 학부모회' 그리고 이후 1990년에 설립된 '인간교육 실현을 위한 학부모연대'를 기점으로 잡을 수 있다. 1980년대 사회 전반적인 민주화의 열망과 함께 감독권자로서 국가의 권위주의적 교육 통제는 교육 주체로 하여금 교육 민주화에 대한 강한 열망을 지향하게 만들었고, 자녀 교육을 교사에게 의탁한 학부모로서는 기본적 인권으로서 자녀의 교육권에 대한 감시와 지원자로서 역할을 하는 학부모 권리 운동을 낳게 하였으며, 교육의 사회적 성격으로 인해 사회 민주화에 일정한 역할을 하게 만드는 시대적 상황은 부문 운동으로서의 학부모운동이 발전하도록 하였다. 이러한 교육운동 주체 구성상의 변화와 운동 역량은 1990년을 전후한 시기의 사회운동의 흐름을 반영하며 특히 민중운동에서 시민운동으로의 역사적 변화는 민주화 운동 진영 안에 학부모운동이라는 조건을 만들어주었다.

1960~80년대 군부독재라는 시대 상황에서 독재정권에 저항하는 민중운동이 성장, 발전하면서 군부독재 이후 민주화와 사회적 합리화를 추구하는 참여형 시민운동이 다양한 부문에서 이루어지는 한편, 1990년대 이후 자유주의 시민운동 진영은 다원화되어간다고 볼 수 있다. 이러한 맥락에서 출생하여 성장한 학부모운동은 초기 민중운동적 기조 위에서 이후 자유주의적 정서가 배가되면서 2000년 이후 극심한 분화와 다양화를 경험하게 되었다. 그 결과 앞선 두 단체 이외 보수적인 학부모단체도 합류하여 학부모운동 안의 보혁 구도로 재편되어갔다고 볼 수 있다. 이러한 맥락에서 참학과 학부모연대가 주도적으로 이끌어 온 민주, 민족, 인간화 교육을 향한 학부모운동은 발생기, 성장기 그리고 분화기를 거치면서도 여전히 우리나라 민주적

교육 풍토를 학교 현장에 착근시키는 데 상당한 기여를 하였다고 평가할 수 있다. 특히 참학은 전국적인 조직을 기반으로 학부모운동을 세력화하는 데 있어서 그 의미가 아주 크다.

1) 교육 민주화 운동의 한 축으로서

공교육체제가 역사적으로 실현되면서 국가가 교육의 내용과 형식을 좌우하는 주요 교육 주체로 부상하였고 이에 교육 감독권자로서 국가의 권한은 강화되었다. 그 결과 교육의 자주성과 중립성이라는 교육의 기본 원칙이 훼손될 정도로 국가의 감독권이 남용되고 있었다. 이에 교육 민주화의 이름으로 교육 주체의 기본적인 권리를 보호해야 한다는 운동이 일게 되었다. 여기서 교육의 3주체는 교사, 학생, 학부모라고 인식되어 선언되면서, 이에 촉발된 학부모운동은 '교육 주체로서의 의식을 자각한 학부모들이 그들의 권리 회복과 권리의 제도적 보장, 그리고 제반 교육 문제의 해결을 위해 벌이는 조직적이며 집단적인 노력'으로 교육 민주화 운동의 핵심 세력으로 자리 잡게 된다.

1984년 혜원이의 유서 '성적은 행복순이 아니잖아요'로 야기된 청소년 자살 사건은 권위주의 정부에 대한 정치투쟁을 넘어선 새로운 차원의 교육적 양심을 움직이게 만들었다. 우리 아이를 살리자는 교육 구호는 학부모뿐만 아니라 YMCA, YWCA 그리고 흥사단 같은 시민단체들도 교육 문제에 직접 대응하게 만들었다. 그런 와중에 1985년 '민중교육지' 사건이 터지고 『민중교육』 무크지에 기고한 교사 18명 전원이 학교에서 해고당하는 사태에 이르면서 교육권과 교사의 사회적 지위에 대한 새로운 인식에 당면하게 된다. 1986년 5월 10일 현장 교사들의 '교육 민주화 선언'에 표명된 "교사의 교육권과 제반 시민적 권리는 침해되어서는 안 되며 학생과 학부모의 교육권이 최대한 보장되어야 한다."는 주장에서 학생·학부모의 교육권 개념이 새롭게 인식되었다. 교육 민주화 선언 이후 전교조 결성에 이르기까지 당시 탄압국면에서 '참교육을 위한 학부모회'가 설립되었다. 당시는 정부당국이 서명 교사를 정치 교사로 몰며 정치적 중립성을 어겼다고 매도하며, 교사를 노동자라고 하는 사람들에게 어떻게 우리 아이의 교육을 맡기겠냐고 선전하던 공안정국이었다. 그런데 그러한 의식적인 교사들만이 인간화 교육을 하는 믿을 만한 선생님이라고 감싸며 이들의 조직화를 막지 말라는 학부모들의 요구는 정부의 교육정책에 반하는 것이었다. 이후 전교조와 참학은 '민주, 민족, 인간화 교육'이라는 참교육 슬로건을 공유하며 교육 민주화 운동의 공동 주체로서 협력해왔다. 실제로 참학의 활동 중심을 이루게 되는 교육정책 개발과 교육 민주화 운동 전선의 구축은 인간화 교육을 구현하기 위한 정치의식화 활동의 일환이었던 것이다. 이러한 맥락에서 촛불집회에서 '미친 교육 반대'를 위한 부스를 만든다거나 진보 교육감 선거 진영에 참여하는 것은 조직의 정치적 목표에서라기보다는 인간화 교육 실현을 위한 교육기반 구축을 위한 학부모 참여적 활동의 일환으로 해석해야 할 것이다.

2) 학부모 권리의 옹호자로서

학교의 민주화란 외부적으로 국가기관으로부터 부당한 간섭을 벗어나 교육의 자주성을 확보하는 것이며, 내부적으로는 교육 주체 간의 의견이 민주적으로 수렴되어 교사, 학생, 학부모의 기본적인 권리가 손상되지 않도록 하는 것이다. 이런 맥락에서 학부모의 교육권은 본질적으로 자녀를 양육, 보호, 교육하는 자연적 권리로서 아동이 성인이 될 때까지 한시적으로만 허용되는 권리이다. 따라서 학부모는 자녀 교육 진로결정권, 학교교육 참가권, 교육정보권 및 사생활비밀보호권, 학교 사고로 인한 손해배상청구권 등을 가지며, 학생인 자녀가 가진 제반 교육권을 보호할 권리를 동시적으로 가진다. 세계인권선언 26조 3항에서는 "부모는 그 자녀에게 부여하는 교육의 종류를 선택하는 우선권을 가진다."고 학교선택권의 관점에서 학부모 권리를 밝히고 있다.

하지만 우리나라는 오랫동안 중앙집권적 교육행정하에서 학부모의 교육 선택권에 대한 의미가 사회적으로 인지되지 못하였기 때문에 국가가 지정해 주는 학교로 가서 학습받는 것에 익숙해 있었다. 게다가 학부모의 학교 참여는 치맛바람이라는 부정적 화두의 대상으로 여겨져 조용히 교육행정에 복종하고 순응하는 것이 미덕으로 여겨졌다. 후원회, 사친회, 기성회, 육성회라는 역사적 변천과정에서 보이듯이 학부모회의 조직이 학교후원의 성격으로 굳어져 있던 상황에서 자율적인 학부모회의 설립을 지향하며 올바른 학부모의 교육권을 행사하자는 새로운 흐름은 우리나라 교육의 참여민주주의를 확대하는 결과를 가져왔고, 그 결과 자녀의 학교 내 인권 침해를 방지할 수 있게 되었다. 1998년 '참교육을 위한 전국 학부모회'는 학부모헌장을 발표하면서,

우리는 학교에서
내 아이만이 아닌, 모든 아이들을 위한 평등교육을 지향한다.
좋은 학교, 즐거운 교실을 만들어주기 위해 학교운영위원회와 학부모회에 관심을 갖고 적극 참여한다.
학교 발전과 교사의 교육활동을 돕는 학교 자원봉사에 앞장선다.
올바른 교육정책이 수립될 수 있도록 학부모의 교육권을 바르게 행사한다.

이렇게 학부모로서의 권리를 다할 것을 다짐하고 있다. 이런 관점에서 우리 아이의 교육권자로서 올바른 감시자와 올바른 교육에 대한 지원자의 역할로 변신하게 된다. 초기부터 문제가 되었던 육성회비 불법 징수에 대한 응징으로서 반환청구소송을 내고, 촌지거부 운동을 전개하였으며, 학교 내 체벌을 비롯한 학생인권을 유린하는 각종 침해 사항을 문제시하며 자주적 학생활동을 위한 결의를 하였고 동시에 학원 내 폭력 추방을 선언하였고, 아

동의 먹거리 안전을 보장하고 급식과 관련한 부조리를 근절시키기 위한 급식 실태 조사 및 국가 지원을 요청하는 등, 아동권리협약에 의거한 학생인권의 담지자로서 학부모교육권을 공론화하게 된다. 특히 지방자치 시대를 맞아 교육의 소비자이며 납세자인 학부모의 학교교육에 대한 참여 요구는 더욱 강해질 수밖에 없다. 이러한 학부모 권리는 학교 안에서 상대적으로 사회적 약자인 학생(아동)의 권리가 침해받지 않고 모두의 기본적 인권이 보장되기 위해선 학부모가 대리권자로서 적극적으로 관여해야 한다는 민주적 참여 원리에 의한 것이다. 따라서 참학은 학교운영위원회나 정부의 각종 교육정책위원으로 참여하면서 학부모운동 단체는 자기 아이의 관점이 아닌 모든 아이를 위한다는 공익적 입장에서 어린이(학생) 중심의 정책을 개진하고 비판하는 관점을 취하게 된다. 특히 학부모 상담실을 이용하여 학부모들이 자녀 교육과 관련하여 겪게 되는 고충을 상담해주고 그러한 사례를 중심으로 정책화하는 아래로부터의 학교개혁을 여는 시도를 하였다. 이러한 학부모교육권을 중심으로 한 학부모운동론적 관점은 학교의 민주화와 인권 개선에 큰 지평을 열어주었다고 평가할 수 있다.

3) 교육부문 운동 활성화로 귀결된 학부모교육운동가로서

해방 이후 권위주의 정부에 의한 교육과정 통제와 함께 학교 현장에서는 아동의 기본적 인권이 침해당하고 학교를 둘러싼 각종 교육 비리는 교육 민주화의 올바른 실현 자체를 불가능하게 만들었다. 특히 권위주의적 입시 위주의 학교교육으로 인한 청소년들의 자살, 촌지 등으로 불거진 성적 조작과 연계된 교육 비리, 극심한 학교 체벌 등과 같은 학생인권 침해 및 성적 공개 등과 같은 비인도적 교육행정에 대한 분노 그리고 '민중교육지' 사건으로 드러난 교육계 필화 사건 등은 조용히 자기 자녀의 교육에만 관심 갖던 학부모들을 자각시키는 결과를 낳았다. 당시 가부장적 사회에서의 성차별 극복을 지향하던 여성운동에 주요 여성 활동가들이 밀집되어 있던 상황에서 자녀들의 교육 문제를 좌시할 수 없다는 새로운 인식하에 등장한 학부모운동은, 여성운동적 성격과 교육 민주화 운동의 성격을 동시적으로 갖는 새로운 교육부문 운동으로서 자리 잡게 된다. 특히 전교조 교사들에 대한 강제 해직 상황에서 단순히 '전교조 교사들을 살리자'가 아닌 '우리 아이들을 마음 놓고 맡길 수 있는 참교육 교사들을 지킨다'라는 관점으로 시작한 초창기 참학 활동은 일반 사회운동과 같이 정치적 피해자의 보호와 후원 그리고 그것의 사회화된 의미 확산이라는 공식적 경로를 따른다. 그런 맥락에서 참학이 주도한 학부모운동은 진보적인 민중교육운동적 성격을 가지는 독자적인 교육시민운동의 성격을 지닌다.

부문 운동으로서의 학부모운동은 "자기 아이만이 아닌 우리 아이들이 좋은 환경에서 교육을 받도록 해야 할 책임과 권리를 자각하며 우리 교육의 진정한 발전을 위해 학부모들이 집단적으로 노력한다."는 학부모운동의 정체성을 분명히 하면서, 참학 학부모들은 사회에서 이렇게 다짐하고 있다.

학력과 학벌보다는 사람됨과 능력으로 평가하는 사회를 위해 노력한다.
성과 지역, 직업에 대한 편견과 차별이 없는 사회를 위해 실천한다.
분단의 아픔을 대물림하지 않고 이를 극복하기 위해 앞장선다.
올바른 교육개혁을 위해 모든 부문의 사회개혁에 참여한다.

이로써 참학은 학부모로서 각종 교육정책에 관한 입장을 개진하고 관련법 개정운동을 벌이며 특히 학벌 없는 사회 실현을 위한 각종 홍보활동을 전개하고 시·도 교육위원회 및 학교 평가 사업에 위원으로 참여하며 감시 역할 등을 해왔다. 또한 학부모의 의식개혁을 위한 교육 강좌 및 상담활동을 하고 있으며 특히 학교 내 비리 척결을 위한 불법 찬조금, 돈봉투, 급식 비리 등을 감시하고 대안을 내는 활동을 하며 공동 앨범 및 공동 교복 구매 등을 통해 학교의 투명한 재정 꾸리기에 나서고 있다. 그 외 청소년 인권 활동 및 신문 강제 구독 폐지 운동 등을 전개하며 아동(청소년)인권 보호 사업에 적극 나서고 있다. 분단 극복을 위한 민주 시민교육에도 적극적으로 동참하며 올바른 사학법 개정 운동 등 교육 관련 사회개혁에 적극적으로 관여해왔다. 이러한 학부모 주도의 교육부문 운동은 기존의 교육운동 단체나 여성운동 단체에서는 할 수 없는 아주 독자적인 운동 양식을 구축하였다.

4. 어떻게 학부모가 교육공동체운동을 구축할 것인가?

한국 학부모운동을 국가와 탈국가, 사적 그리고 공적 성격이라는 네 가지 차원으로 분류해볼 때, 오늘날 '전통적 친권 지향의 학부모운동'은 거의 사라진 반면 학부모선택권을 강조하는 탈국가적 및 사적 성격을 강조하는 '신자유주의 지향의 학부모운동'이 사회운동의 분화기에 역량을 발휘하고 있는 점은, 학부모주의의 긍정적·부정적 양면을 깊이 재고하게 만든다.

한국의 학부모운동은 1980년대 사회 민주화 운동과 그 맥을 함께하며 교육개혁의 주체로서의 자각을 통해 사회 민주화에 기여하고자 하는 저항적 시민세력의 자성을 바탕으로 주체적으로 대응하는 교육사회 문제 해결의 귀결태로서 자리 잡은 사회세력으로 정의할 수 있다. 하지만 지금과 같이 다양한 목소리를 내는 학부모단체의 춘추전국시대를 맞이하여 그 의미는 사뭇 다르다. 1980년대 말 참교육 지원 활동에서 촉발된 저항적 학부모운동이 이후 상대적으로 민주적인 정부의 교육개혁에 동참하며 그 외연이 확대되고 성장하는 과정에서, 신자유주의적 교육개혁 세력으로 매도되는 한편 다른 한편에서는 교육의 다원화와 교육의 식민성 극복을 위한 교육개혁 세력으로 평가되는 등, 오늘날까지 학부모운동 진영 내부가 엄청난 갈등을 겪어왔음은 주지의 사실이다. 더구나 현재는 공공성보다는 자기 자녀의 교육적 이해를 우선시하는 뉴라이트 계열의 학부모운동 단체가 신자유주의 정부 정책의 지지자로 기능하면서 보수와 진보의 이분법적 평가가 학부모운동까지 확대되고 있다. 하지만 학부모운동의 이념적 분화가 모호한 상태에서 단지 정치적 지지 대상을 둘러싸고 학부모단체의 색깔이 칠해지기 때문에 누가 진보이고 누가 보수이며, 누가 어느 집단의 이익을 대변하는지 정의하기도 애매하다. 실제로 선거철만 되면 급조되어 특정 후보를 지지하는 임의적인 학부모단체들이 회원에 기반한 성장보다는 정치적 목적하에서 영향력을 발휘하는 현재의 상황은 교육적이지도 않고 결국은 교육운동을 왜곡하는 학부모주의로 귀결되어 총체적으로 학부모운동의 역량 자체를 약화시키게 된다.

전 세계적으로 신자유주의 파고가 넘나들면서 학부모주의가 제3의 물결로서 학교교육을 특징짓게 하는 면이 있다. 시장에 기반한 학부모 선택이 궁극적으로 자기 자녀의 교육권을 침해하는 결과를 낳을 수도 있다는 우려에도 불구하고 교육의 다양성을 신장시키는 교육개혁으로 미화되고 교육의 질을 신장시키는 교육 재정 확보의 일환으로 도입되고 있다. 대부분의 국가에서 제2의 물결기에는 교육 기회 균등을 위해 교원노조와 학부모가 연대하는 경향을 보이다가, 교사들이 성찰적 전문가에서 단순 기술자로 변해가는 '안주'의 상황에 직면하면서 신보수주의적 학부모들이 더 나은 선택을 위한 교육개혁으로 교원 평가나 수준별 반편성 같은 차별화 전략을 용인하게 된다. 하지만 아래로부터의 견제나 공적 균형 장치가 부재한 경우 학부모 선택이 자칫 학생의 상품화뿐만 아니라 학부모의 상품화 현상까지도 목격하게 되는 상황에 이를지도 모른다는 우려는 현실화되고 있다. 그동안 교육 자율화의 맥락에서 이루어진 학교 선택이나 심지어 대학의 입학사정관제가 교육의 공공성을 심히 훼손하는 결과를 낳고 있음은 주지의 사실이다.

현재 이명박 정부가 주도하는 학부모 지원 방안은 교권을 견제하기 위한 학교 구조 조정의 견인자로서의 기능을 부과하기 위한 것으로 비친다. 이러한 학부모주의에 근거하여 교권을 견제하기 위해 정부가 직접 학부모회에 재정적 지원을 하였던 것이다. 하지만 교원이 안심하고 교육활동에 전념할 수 있도록 하기 위한 '교권보호종합대책'은 실제로 진보 교육감 진영의 '교권보호조례'를 상쇄시키기 위한 학부모 배제적 조치라고밖에 볼 수 없다. 이렇듯 학부모주의와 교권주의를 전략적으로 대립시켜 상호 견제토록 하는 시스템이 바로 신자유주의적 교육 다양화 논리이다.

학부모 권리의 기본 정신은 아동(학생)의 최대 이익에 적합한 교육환경을 만들어주기 위한 것으로 아동의 학습권을 공동으로 보장하기 위한 것이다. 교육 민주화 운동의 견인자로서, 학부모 권리의 옹호자로서, 교육부문 운동의 담지자로서 우리나라 학부모운동의 태동이 '우리 아이들' 때문에 시작된 것이고, 그래서 학부모들이 학교에 참여해야 하는 것이다. 따라서 '아이' 때문에 교사라는 직업도 있는 것이고 학부모도 존재하는 것이라는 점을 각성하고, 학부모와 교사들이 교육공동체를 회생시킬 수 있는 방안을 아래로부터 다 함께 만들어가야 할 것이다.

참고문헌

● 김명신(2004), 「한국 학부모운동의 성격과 변화에 관한 연구」, 성공회대학교 사회학과 석사학위 논문.
● 박이선 · 황수경(2009), 「학교 겁내지 말자」, 서울: 민들레.
● 사교육 걱정 없는 세상(2010), 「아깝다 학원비」, 서울: 비아북.
● 심성보 · 한만중(2004), 「한국 사회 민주화와 교육시민운동의 발전」, 「한국시민사회운동 15년사 1987－2002」, 서울: 시민의 신문, 129～148쪽.
● 이광원((2000), 「학부모 교육참여활동의 제도적 형성과정 연구」, 「교육이론과 실천」 제12권 제3호,

177〜189쪽.

● 이혜숙(2004), 「학부모운동 참여자들의 활동과 갈등에 대한 교육학적 해석」, 서울대학교 대학원 교육학과 박사학위 논문.

● 조희연(2004), 「민주항쟁 이후 사회운동 변화와 그 특성:4가지 측면을 중심으로」, 『한국시민사회운동 15년사 1987-2002』, 서울: 시민의 신문, 35〜65쪽.

● 참교육을 위한 전국학부모회(2009), 『참교육을 위한 전국학부모회 20년사』, 서울: 민들레.

● 최상근 외(2009), 『학부모 지원 중장기 계획수립을 위한 기본 방향 설정 연구』, 한국교육개발원, CR2009-29.

● Brown, Phillip(1990), "The 'Third Wave': Education and the Ideology of Parentocracy", Education: Culture, Economy, Society, ed. by Halsey et al, 1997, 393-408.

● Fine, Michelle(1993), "Apparent Involvement: Reflections on Parents, Power, and Urban Public Schools", Education and the Ideology of Parentocracy", Education: Culture, Economy, Society, ed. by Halsey et al, 1997, 460-447.

● Kang, Soon-Won(2007), "Democracy, Human Rights and the Role of Teachers", Pedagogy, Culture & Society, Vol. 15, Issue 1, 119-128.

● Shiffman, C. T. D(2005), "Unintended consequences: A Case Study of Parent involvement in Education in the era of Welfare Reform", Ph. D Dissertation, UMI, Whitty, G.(1998), 이병곤 외 옮김(2000), 『학교, 국가 그리고 시장』, 인천: 내일을여는책.

평생교육 정책
-'신자유주의 기획'에서 '시민 주체화'로

정 민 승

1. 평생교육, 행복의 순환고리

사람은 누구나 행복하게 살고 싶어 한다. 그리고 행복이란 '생활에서 기쁨과 만족감을 누려 흐뭇한 상태'를 말한다. 국가는 모든 구성원이 이런 '흐뭇한 상태'에서 살아가도록 환경과 제도를 만들어주는 것을 목적으로 한다. 자유와 평등, 자율성과 민주주의는 모든 사회 구성원이 좀 더 행복하게 살도록 하기 위해 등장한 정신이자 지향성이다.

본디 교육은 '모두가 흐뭇한 사회'를 추동하는 힘이다. 한 사회가 역사적으로 축적해놓았던 지식과 문화는 교육을 통해 개인에게 새로운 의미로 싹트며, 그 개인을 통해 더 발전된 지식과 문화로 재탄생한다. 개인을 의미 충만하게 하고, 사회를 역동적으로 만들며, 더 나은 사회로 만드는 유일한 과정, 그것이 교육이다.

하지만 이런 이야기는 '원론'일 뿐, 오늘날 소위 '교육'은 불행이나 좌절,

나아가 자살의 원인이 되고 있다. 어떻게 해서 행복의 근원이어야 할 교육이, 불행의 원천이 된 것일까? 하나의 진단은, 국가에서 단위 학교까지 이어지는 '제공자 중심'의 교육 시스템 때문이라는 것이다.

평생교육은 이런 문제의식 위에서, '본래적 교육'을 되살리는 것을 그 지향성으로 삼아 출발하였다(김신일, 2005). 교육은 본래 평생교육으로, 가르침과 배움이 이루어지는 일상적인 맥락과 문화에 주목하여 교육 본연의 모습을 회복해야 한다는 것이다. 이에 따라, 그간 도외시되었던 학습자들의 자율적 학습이 강조되었고, 교육은 이를 돕는 의도적-제도적 장치라는 차원으로 재조명되었다. 평생교육은 개인과 사회의 행복을 나선형으로 연결하는 순환고리로 등장했던 것이다.

이런 차원에서, 1990년대 중반부터 시작된 '열린 학습 사회'와 같은 평생교육의 슬로건은, 학교교육을 포함한 교육 전체의 지향성으로 설정되었다. 하지만 예산이나 제도적 차원에서 평생교육은 부차적이었으며, 부차적인만큼 평생교육적 패러다임으로 교육이 재편되는 것은 애초에 불가능한 기획이었다. 오히려 획일적 국가 지배력에 대한 평생교육의 비판이, 신자유주의의 강화라는 결과를 낳은 경우도 적지 않았다.

그렇다면 지난 10여 년에 걸쳐 급속히 확장되어왔던 평생교육에 대해 우리는 어떤 평가를 내릴 수 있을까? '평생학습사회'라는 국가적 비전 속에서 평생교육 정책은 과연 새로운 변화를 생성해내고 있는가? 이 글에서는 평생학습 사회의 구현을 위해 제시된 전략 가운데 '평생학습도시 진흥사업'을 사례로 평생교육 정책이 나아가야 할 방향을 제시하고자 한다.

2. 이데올로기적 유포니로서의 평생교육

우리나라의 교육정책의 큰 흐름은 1995년의 5·31교육개혁안에 의해 마련되었다. 이미 15년 이상이 지났음에도 불구하고, 5·31교육개혁안은 현재까지 영향력을 행사하고 있는 '교육정책 로드맵'이라고 볼 수 있다. 교육개혁안이 수립된 김영삼 정부 이후 매 정권마다 새로운 개혁안을 내놓았지만, 근본적으로는 5·31교육개혁안의 내용을 계승하고 있기 때문이다.

5·31교육개혁안은 문민정부가 1995년 5월 31일 발표한 보고서 「세계화, 정보화 사회를 주도하는 신교육체제 수립을 위한 교육개혁 방안」의 줄임말로, 평생교육은 이 보고서에서 처음으로 교육 전체의 비전으로 제시되었다. 구체적으로, 교육의 비전은 "누구나, 언제, 어디서나 원하는 교육을 받을 수 있는 길이 활짝 열려진 열린교육사회, 평생학습사회 건설"로 설정되었다(김신영 외, 2010). 즉, 5·31교육개혁안에서 제시된 평생교육은 전체 교육을 아우르는 이념이자 지향성이었다고 볼 수 있다.

문제는 '열린교육과 평생학습사회'의 실질적 내용이 무엇인가에 있다. 구체적인 교육개혁 방안을 보면, 한편으로는 학교장 초빙제, 교사 초빙제 등 초중등교육의 질 제고를 위한 정책이나 자율적 운영을 위한 학교공동체 구축, 1998년까지 교육 재정 GNP 5% 확보 및 국민의 고통을 덜어주는 대학 입학제도 도입 등 제도 개혁을 통해 교육의 공공성을 증진시키고자 하는 정책이 제안되어 있다.

그러나 다른 한편으로는, 대학의 다양화와 특성화, 대학 평가에 따른 차등 행재정 지원 체제 확립, 교육 공급자에 대한 평가 및 지원 체제 구축 등 개별 기관에 대한 평가를 통한 경쟁 체제의 도입을 통해 교육의 질을 제고하자는 개혁안도 제시되어 있다.

또한 인성 및 창의성을 함양하는 교육과정, 학습자의 다양한 개성을 존중하는 초중등교육 등 이데올로기적 특성이 애매한 제안도 포함되어 있다. 이런 여러 경향은 크게 '각 교육 실천 단위의 자율성 확보를 통해 교육의 질을 제고하며, 다양성을 통해 공공성을 증진시킨다.'라는 지향하에 묶일 수 있을 것이다. 한편으로는 '자율성'이라는 미명하에 무한 경쟁이 도입되며, 다른 한편으로는 '공공성'이라는 명목으로 평가제도가 유치되며, 또 다른 한편으로는 '학습자 존중'이라는 목적하에 '다양화'가 선언되는 것이다. 평생교육이라는 이념은 일종의 이데올로기적 유포니(euphony)로서, 누구나 거부감 없이 수용하고, 어떠한 특성의 정책이라도 그 안에 포함될 수 있는 애매한 용어로 선택된 측면이 다분히 있었던 것이다.

연대기적으로 보면, 5·31교육개혁안을 국민의 정부에서는 교원 정년을 단축하고 교원성과급제도로 도입, 대학 국제 경쟁력 강화를 위해 BK21 사업을 운영하였으며, 대학 평가와 차등 지원의 연계를 강화하였다. 참여정부는 '교육개혁과 지식문화 강국 실현'이라는 국정 과제와 교육 민주화, 교육의 공공성 강화, 공교육 내실화, 교육복지의 확대라는 정책 기조를 구현하고자 하였으나 결과적으로는 5·31개혁안 가운데 '자율'의 손을 들어주고 말았으며, 이명박 정부 시기로 들어오면서는 교원-학교-대학 평가 등 이전 정부들이 수행하지 못했던 평가에 기초한 기관별 차등화가 강력하게 전개되고 있다.

즉, 5·31교육개혁안의 애초의 목적이 담고 있던 '평생교육사회 구현'은 세 번의 정권 교체를 거치면서, '경쟁을 통한 교육의 질 제고'의 지향성을 가지게 되었다고 볼 수 있다. 개혁안의 실행과정에서 정부는 제도와 정책 개혁에 치중하여, 상대적으로 교육 현장에 대한 정신적·문화적 개혁은 미흡했으며, 따라서 교육 현장을 '선진적·혁신적 학습공동체'로 바꾸겠다는 애초의 목적은 달성되었다고 보기 힘들다(박세일, 2010). 이런 점에서 5·31교육개혁안을 경쟁 체제를 본격적으로 교육 영역에 도입한 '신자유주의적 개혁안'으로 규정했던 시각은(이종태, 2003) 정책 추진의 내부 역동을 일찍이 파악했던 판단이었다고 하겠다.

그렇다면 이런 상황에서 정책 혹은 실천으로서의 '평생교육'은 어떻게 위치 지어졌는가? 전적으로 '주변화'의 위치를 벗어나지 못하였다. 단적으로, 평생교육은 국가의 이념이지만 예산은 전체 교육 예산의 0.04%에 머무르고 있으며, 평생교육법은 학교와 대학, 사회교육을 아우르는 법이 아니라 교육기본법의 하위법으로 학교교육을 제외한 교육을 규정했던 1982년 제정된 '사회교육법'의 후신이다. 평생교육은 전체 교육을 이끄는 이념이 아니라 주변화된 취미교양 교육으로 간주되었던 것이다.

다시 말해, 슬로건상으로는 평생교육의 공공성을 강조하면서도, 실제로는 자율의 미명하에 경쟁주의적 개인주의를 강화하는 방향으로 나아갔던 것이다. 이런 양상은 시간이 지나면서 교육에서 '자기계발하는 주체'에 대한 강조로 이어진다. '시민운동적 주체'와 대립되는, 경쟁주의까지도 '긍정'하는 '자기계발의 주체'가 부상하는 것이다. 수많은 자기계발서가 담고 있는 '긍정적인 나 만들기' 프로젝트에는 빠지지 않고 '자본으로서의 평생교육'이 등장하며, 교육은 일종의 인적-사회 자본으로 규정된다.

하지만 이런 자본으로서의 인간에 대한 규정이 그대로 관철되기만 한 것은 아니다. 평생학습도시나 마을 만들기 운동, 지역과 함께하는 학교 사업 등 기존의 교육틀을 넘어서서 사회운동적 관점에서 진행된 평생교육 관련 실천들이 결실을 맺기 시작하면서 평생교육의 중요성에 대한 평가도 달라지고 있다. 사실, 푸코나 랑시에르 등 비판적 사회이론가가 주창하는 '주체화'는 평생교육을 통해 가능하기 때문이다.

이런 사실은, 평생교육이 전면화된 맥락과도 연동되어 있다. 기존의 산업사회적 패러다임을 지식기반 사회 혹은 정보 사회로 전환해야 한다는 시대적 요청에 국가적으로 부응하기에 평생교육이 유용하다는 경쟁력 담론과,

지역자치와 풀뿌리 민주주의에 대한 요구의 결정체가 평생교육이라는 사회운동적 담론이라는 서로 다른 지향이 상승적으로 결합되었기 때문이다. 평생교육은 빠져나갈 수 없는 긍정적 자기규정을 일으키는 피로사회(한병철, 2012)의 원흉인 동시에, 사회 구성원이 사회와 자신을 이해하는 '문화적 민주주의'의 확장 과정이자 지방자치의 상징적 아이콘인 것이다. 이제 살펴볼 학습도시 프로젝트는 그 교차 과정을 잘 보여준다.

3. 평생학습도시 사업의 이중적 지향성

2000년대 이래로 한국 교육의 담론을 주도한 것은 평생교육이라고 해도 과언이 아니다. 예산이나 조직, 인력과 같은 실질적 에너지를 얼마나 투여했는가를 묻는다면 평생교육은 '허상'에 불과하다고 해도 과언이 아닐 정도로 학교교육에 비해 미미한 위치를 차지하지만, 담론의 차원에서 보면 압도적 우위를 차지한다. 담론은 그저 말뿐이라고 여겨질 수도 있지만, 정책 결정 및 집행 과정에 있어 정당성을 부여하는 중요한 물질적 실천의 과정이기도 하다.

이런 차원에서 평생학습도시 사업을 보면, 그 정의는 상당히 이상적이다. 즉, 평생학습도시란, "개인의 자아실현, 사회적 통합 증진, 경제적 경쟁력을 제고하여 궁극적으로 개인의 삶의 질 제고와 도시 전체의 경쟁력을 향상시킬 수 있도록 언제, 어디서, 누구나 원하는 학습을 즐길 수 있는 학습공동체 건설을 도모하는 총체적 도시 재구조화 운동"(평생교육진흥원, 2011: 4)이다. 경제적 경쟁력에 대한 방점은 명시적이지 않으며, 중점이 어디에 있는지는 알기 어렵다. 더욱이 국가사업임에도 불구하고 국민들의 '운동'으로 정의되어 있다.

방법상에 있어서도, 평생학습도시는 지역사회의 모든 교육자원을 기관 간 연계, 지역사회 간 연계, 국가 간 연계시킴으로써 네트워킹 학습공동체를 형성하려는 시도로 규정된다. '지역 시민에 의한, 지역 시민을 위한, 시민의 지역사회 교육운동'으로 규정된다. 즉, 이는 '도시'를 정태적 환경으로 보는 것이 아니라, 시민에 의해 끊임없이 재창출되는 변화의 과정으로 파악했다는 점에서 중요한 의미를 가진다. '운동'으로 규정됨에 따라, 위 개념도의 각 부문과 목표와 비전이 실질적으로 움직일 수 있게 되기 때문이다. 이는 학습도시를 "사회관계와 제도관계의 힘을 활용하여, 학습의 가치에 대한 인식 속에서 문화적 변동을 이루어내는 사회 통합, 재생, 경제 발전의 방법"(LCN, 1998: 5)이라고 규정한 영국의 학습도시 정의와도 맥이 닿아 있다. '정태적인 규정에서 역동적 규정으로의 전환'인 것이다.

이런 점에서, 평생학습도시 조성사업은 전형적으로 교육적 '공공성'을 실현하기 위한 사업으로 평가되어왔다. '모든 이를 위한 평생교육'을 제공하기 위해서는 무엇보다도 '교육환경의 제공'이 필요한데, 가장 기본적이고 원초적인 환경은 바로 국민들이 살고 있는 마을-지역-도시이기 때문이다. 국가 정책은 '모든 국민'을 수혜자로 설정하지만, 실질적으로 정책을 추동해내는 힘은 조직에서 온다. 평생학습도시의 경우, 추동의 단위이자 근거는 지자체였던 것으로 보인다. 평생학습도시 조성사업에 대한 지자체의 관심은 '과열'이라고 할 정도로 뜨거워서 '예비 평생학습도시' 제도가 등장할 정도였다. 자치의 경험이 거의 없는 지자체에서, 평생학습 사업은 지역 주민의 지지를 유도해낼 수 있는 최적의 가시적 사업이었다.

따라서 문제는 이런 사업의 내실을 어떻게 마련할 것인가에 있었다. 지역 전체의 학습화를 구현하기 위해, 조성사업의 초점은 평생 고용 가능성 제고와 시민의식의 증진이라는 '두 마리 토끼'에 두어지게(이희수, 2006) 된다. 평생 고용 가능성이란 경제적 차원의 능력 제고이며, 시민의식 증진은 곧 사회 통합성을 의미하는 것으로, 평생학습도시의 사업 진행 축은 경제적 능력 제고와 사회 통합으로 정리된 셈이다.

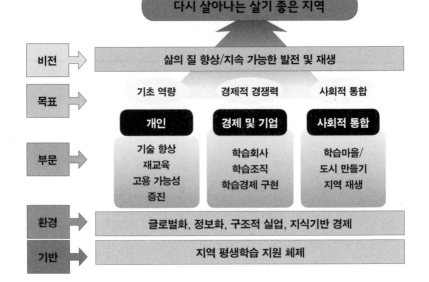

<그림 1> 평생학습도시 조성사업 개념도

　개념도를 보자. 〈그림 1〉에서 보이듯이, 학습도시의 최종적 지향은 '다시 살아나는 살기 좋은 지역'이다. 오래된 중앙집권적 문화 속에서 피폐화된 지역을 재생하겠다는 것이다. 그리고 그 방법은 위에서 말한 경제적 경쟁력과 사회 통합이다. 개인은 그 둘을 가능하게 하는 공통 자원이다. 개인은 학습을 통해 기초 역량을 다지고, 지역의 기업과 조직들은 경제적 차원의 경쟁력을 제고하며, 지역 전체의 차원에서는 학습을 통해 소외 계층을 끌어안아 통합을 이룬다는 구도이다.

　그런데 세목을 보면 그 초점은 매우 경제주의적이다. '환경'은 글로벌화와 정보화, 구조적 실업, 지식기반 경제 등 모두 '경제적' 차원의 문제로 설정되어, 양극화나 지역 차별, 지역 소외 등의 문제는 배제된다. '개인'의 차원에서도 기술 향상이나 고용 가능성을 키우는 것을 그 '기초 역량'으로 삼는다. 소통 능력이나 시민의식 등은 사라지고, 인적 자본 차원의 능력이 등장하고 있는 것이다. '경쟁력' 담론이 지배적인 것이다. 이는 지역이 경제 성장의 중심체가 되지 않고서는 국가의 발전을 이룰 수 없다는 판단하에, 경제적 경쟁력을 기본 축으로 사회 통합과 개인 학습 지원이 동반 작동하는 틀을 취한 것으로 해석할 수 있다.

즉, 평생학습도시 사업은, 목적이나 비전의 차원에서는 공공성을 중심으로 삼고 있지만, 구체적인 활동 영역이나 전략의 차원에서는 개인을 사회경제적 자원/자본이라 규정하고, 사회 통합도 실업 문제의 해결이나 경제적 성장의 차원에서 해석하는, 신자유주의적 정책의 특성을 담고 있다고 할 수 있다.

실행상에 있어서도 '학습'보다는 '인프라'가 중시된다. 학습도시 사업은 대외적으로나 사업의 목적상으로는 분명하게 지역 자치력의 회복을 위한 지역재생 운동이며 그 중심 수단은 학습으로 설정되지만, 실제로는 국가가 지역의 효율성 증대를 위하여 네트워크나 인프라를 잘 갖춘 지역을 선정하여 일정 금액을 지원하는 방식 이상이 되지는 못했다. '운동'이라면 당연히 갖추어야 할 목표와, 지역 주민의 자생적 조직, 지향하는 구조 등 활동 방향/주체/대상이 없기 때문에 학습도시 운동은 '사업'을 벗어나지 못했고, 결과적으로 새로운 '사업'에 기초한 정의를 부여받게 되었던 셈이다. 사업의 핵심이라고 할 수 있는 선정 기준을 보자. 초기 평생학습도시 선정 기준은 다음과 같다.

1) 평생학습도시 사업 계획의 현실성 및 타당성 여부
2) 해당 지방자치단체의 특생이 반영된 평생학습 사업 유무 여부
3) 지자체·교육청·지역평생교육센터·평생학습관과의 연계 추진 가능 여부
4) 향후 3년 이상 본 사업 추진의 지속성 담보 여부
5) 평생학습도시 조성사업 추진을 위한 핵심 평생학습 기반시설 존재 여부

6) 평생학습도시 조성에 필요한 관련 조례 제정 또는 제정 계획 여부

7) 기관장의 평생학습도시 사업 추진의 비전과 의지 확고 여부

8) 정부의 지원에 상응하는 대응 투자 규모의 적정성 여부

9) 사업 추진을 위한 전문 인력 확보를 위한 계획 수립 여부

10) 사업 예산 편성 및 지출 계획의 타당성 여부

11) 최근 3년간의 평생학습도시 및 지역 평생교육 프로그램 운영 실적

– 『2004년 평생교육백서』, 113쪽.

중앙 정부가 주민 학습을 위한 연계망이나 법적-물질적 인프라를 갖출 것 등 학습도시를 위한 요건을 지방 정부에게 요청하고 있는 것이며, 이런 기준은 5, 8, 9, 10, 11번에서 나타나듯이 일정 정도의 자립도를 요구한다. 대응 투자를 할 수 없거나, 예산 계획이 충분치 않은 경우, 기반기설이 부실하거나 기 평생교육 경험이 부족한 경우는 평생학습도시로 지정될 수 없다. 지역적으로 어려운 지자체는 평생학습도시가 될 수 없는 것이다. 이는 사회경제적으로, 교육적으로 소외된 계층이 지역적으로 차별받게 되는 결과를 낳는다.

이런 문제점은 2010년 5월 새로운 지표에서 상당 정도 보완되며, 이런 보완은 평생교육의 경우 교육부와 구별되는 평생교육진흥원이 지속적으로 사업을 추진하기 때문에 가능한 것으로 보인다. 일방향적으로 사업 계획을 수립하고 집행하는 것이 아니라, 지자체와의 교호작용 속에서 실질적으로 필요한 내역을 반영하는 고리가 만들어져 있기 때문이다. 그러나 일정하게 한계는 노정된다. 투입 내용은 '얼마나 평생학습의 인프라를 구축하고 있는가'에 두어지고 있으며, 산출은 주민의 학습 시간이나 자원봉사 시간, 취창업자와 자격증 등 경제적 지표 중심으로 이루어지고 있다. 학습자가 얼마나 지역 문제에 관심을 가지게 되었는지, 주민 주도적 학습과 운동은 어떻게 지방정부와 연결되어 있는지, 교육-경제-문화적으로 소외된 사람들의

통합 정도는 어떠한지 등의 항목, 즉 '개인의 삶의 질'과 '사회 통합'은 실질적 지표에서 빠져 있다.

이후 2011년과 12년, '최소 4년간 사업의 안정적 추진을 지원하는 의회 결의문 채택 여부'가 도입된다든가, 사업 명료성 영역이 30점으로 높아지고, 사업 과정의 안정성 영역은 20점으로 배점이 주는 등의 변화는 있지만, 전반적인 항목은 유사하다. 제도적-물적 체제를 갖추고 재정적으로 안정적인 지역이, 공동체적-실천적 능력을 갖춘 낙후 지역보다 '학습도시적'이라 평가받게 되는 것이다.

<표 1> 평생학습도시 사업 평가 지표(2010)

번		평가지표
1	사업 계획	지역 주민 요구 조사 실시 여부
2		지역 의견 수렴 공청회/간담회 수
3		평생학습도시 조성사업과 도시 장기 발전 계획 및 시책 연계성
4		평생학습도시 조성사업 사업 계획 수립을 위한 평생학습 운영 협의회 개최 수
5		정량화한 성과지표를 제시한 평생학습도시 조성사업 세부 사업 비율
6		요구 자원별 동원 계획을 제시한 평생학습도시 조성사업 비율
7	투입	평생학습도시 조성사업 세부 사업 시기별 실행 계획 유무
8		*평생교육 관련 조례 제정 수준*
9		*평생학습도시 조성사업 전담 인력 수*
10		*평생교육사의 근무시간 총합*
11		*평생학습도시 조성사업 예산 비율*
12		*평생학습도시 조성사업 관련 정보 인프라 구축 수준*
13	변환	평생학습도시 조성사업 내 네트워크사업 규모 및 다양성

14		평생학습 프로그램 개발 및 운영 효과성
15		학습자에게 피드백한 평생학습 프로그램의 비율
16		학습 상담 지원 서비스 제공 비율
17		학습 동아리 리더 육성 전문 연수 이수자 비율
18	변환	등록 학습 동아리 총 활동 시간
19		전문 강사 양성 프로그램 이수자 수
20		지역 지도자 양성 프로그램의 이수자 수
21		우수 사례 개발 및 공유 건수
22		만족도 조사 실시 프로그램 비율
23		지역 주민 1인당 총 학습 시간
24		평생학습도시 조성사업 자원봉사자 1인당 자원봉사 시간
25	산출	취업 지원 또는 창업 지원 관련 프로그램 이수자 중 신규 취업자 및 창업자 비율
26		자격증 취득 프로그램 이수자 중 자격증 취득자 비율

평생학습도시 사업은 온전한 공공적인 목적과 이상적인 정의에서 출발하였고, 바로 그 지향성으로 인하여 기존의 교육정책과는 다른 '총체적 변화'를 이루어가고 있다. 그러나 그런 공공적 의미와 평생교육진흥원이라는 전담 기관의 추진력에도 불구하고, 정책의 집행 과정에서는 '지자체의 성과'나 '제도화 정도' 등 가시적인 측면을 중심으로 하는 한계를 가지고 있다. 사업의 취지를 구현하는 과정에 지속적으로 경제주의적 관점에 의한 지표 설정 등의 편향이 작동한다. 교육보다는 행정, 학습보다는 이익, 과정보다는 결과가 중시되는 문화로 인해 그런 정책 지향성이 생겨나기 때문이다.

이런 점에서, 새로운 교육정책을 위해서는 교육학자나 교육정책 입안자, 정책 결정자의 관점 자체가 '경제 중심'에서 '교육 중심'으로 이동하는 것이 필요하다. 교육학자조차도 교육을 경제나 지역 발전을 위한 도구로 설정하는 발전주의적 교육관을 벗어나는 것은 쉽지 않으며, 평생교육도 학교적 패러디임에서 벗어나는 것은 의외로 쉽지 않다.

4. 학습하는 마을 사람들: 평생학습도시의 진정한 성과

학습도시의 성과를 평가하기 위해, 교육개발원과 평생교육진흥원 등 관련 기관에서 연구가 수행되었다(변종임, 2009). 그런데 그 결과가 그리 긍정적이지만은 않다. 비형식 교육과 정신적 건강, 자기계발, 취업·이직·창업에 대한 도움, 직무 능력 향상과의 관련에 대해서 평생학습도시와 비평생학습도시가 유사한 응답을 보였으며, 비형식 교육과 소득 증대, 고용 안정, 사회 참여 양상, 그리고 무형식 학습과 관련하여 과거 1년 동안 무형식 학습에 참여한 경험에 대해서조차 평생학습도시와 비평생학습도시 간에는 큰 차이가 나타나지 않았다. 무형식 교육 정도는 학습자들이 얼마나 스스로 학습하고 있는가를 드러내준다는 점에서 의미 있다고 볼 수 있는데, 하위 영역으로 '주변인 조언 활용 학습', '컴퓨터, 인터넷 활용 학습', '텔레비전, 라디오, 비디오 활용 학습', '인쇄매체 활용 학습', '방문 학습', '학습센터 활용 학습'으로 구분하여 체계적으로 조사한 결과에서도 평생학습도시와 비평생학습도시가 유사한 응답 분포를 보인 것이다.

여기서 다시, 우리는 '운동을 표방한 정책'이 갖는 한계를 확인할 수 있다. 사회운동이 되기 위해서는 대중, 주민 혹은 시민들이 공동의 목적과 연대감을 가지고 기존의 권력이나 문화 코드에 대하여 지속적이고 도전적인 행위를 해나가야 한다. 그것이 구조를 변화하게 하는 운동이다. 다시 말해서 평생학습도시가 운동이 되려면, 사람들은 학습 주체가 되는 경험을 하고, 집단을 이루어 기존의 교육 코드에 저항하는 '문화'를 만들었어야 했다. '프로그램'을 지원하거나 '네트워크'를 만드는 것으로는 지속성과 도전성이 담보되기 어렵다. 기존의 도시에 약간의 다른 정책을 얹은 것일 뿐, 유의미한 차이는 없게 되는 것이다.

그러나 그렇다고 해서 학습도시의 효과가 없는 것은 아니다. 평생학습 관련 기관이나 사업에 참여하는 수많은 지역 주민들은 다시 찾아온 학습 기회로 인해 "인생이 달라졌다"고 기쁨에 넘쳐 말한다. 지역을 떠나기 싫고, 사는 맛이 생겼다고 즐거워한다. 이런 뚜렷한 '현상'을 지표로 보면 이렇다. 우선 지역의 교육만족도와 관련해서 보면, 평생학습도시는 기타 도시에 비해 학습자의 참여 시간은 유의미하게 길며, 지자체의 지원으로 인해 비용은 낮은 편이다. 아래 그래프에서 볼 수 있듯이, 평생학습도시 거주민의 학습 참여 시간은 일반 시·군·구의 2배에 이르며, 비용은 2/3에 불과하다(백은순, 2011).

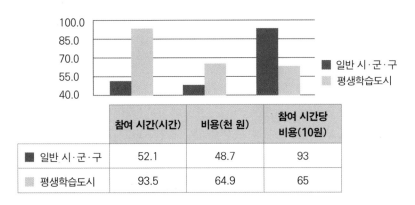

	참여 시간(시간)	비용(천 원)	참여 시간당 비용(10원)
■ 일반 시·군·구	52.1	48.7	93
▨ 평생학습도시	93.5	64.9	65

〈그림 2〉 학습자의 평생교육 참여 시간 증가 및 비용부담

이런 차이는 주민들의 정체성에도 일부 영향을 미친다. 주민자치센터나 평생학습관과 같은 비형식 교육기관에서 수강하는 과정이 자신에 대한 이미지와 삶의 태도에 변화를 일으키는 것이다. 몇몇 학습자의 이야기를 들어보자(유영신, 2008).

뭔가 배우는 것 같죠. 잘 모르고 어렵지만 재미있어요. TV 같은 데서 봤던 작품이 나오거나, 전시회에 가면, 이제 좀 알 수 있는 것 같기도 하고…… 세련되지는 것 같잖아요…… 옛날에 전시회 가면, 그냥 줄서서 지나갔는데 지금은 좀 달라졌어요. 뭔지 잘 모르지만, 달라지고 있어요(광명시 평생학습 원 시민대학 인문학부 학습자, 124쪽 재인용).

참 감사하죠. 수업 들으면서 많이 변했어요. 저는 손주 셋을 제가 맡아서 키우고 있는데 화가 날 때가 많아요. 그런데 "내가 좀 참자", "이해하자." 하면서 참는 부분이 생겼어요. 배우고 있는 내가 자부심도 있고, 자신감도 생기는 것을 느꼈어요. 많은 것을 배우는데 무료로 해주니 너무 고맙죠. 감사해요. 특히 교수님들이 저희 같은 사람에게 이런 강의를 해주시니 너무너무 감사하죠(광명시 평생학습원 시민대학 인문학부 클레멘트 코스 학습자, 128쪽 재인용).

비록, 이런 경험들이 모여서 지역사회가 변화하는 것이다. 상당수 학습도시에서 지자체 인구의 순유출이 감소되고, 재가 복지 시설과 문화 공간 수는 유의미하게 많으며, 지방선거 참여에도 긍정적인 영향을 미치고 있다(이창기 외, 2010: 91). 평생학습도시 조성 정책이 "문화적으로나 정치적으로 지역주민의 생각과 역량을 표출할 기회를 제공"하고 있으며, 지역사회의 자생적인 대립과 갈등도 한데 섞어 문제를 줄이는 순기능적 역할을 하기 때문이다.

사회 자본과 인적 자본의 차원에서 평생학습도시의 성과를 평가한 연구에서도 평생학습도시 지정 전과 후의 변화는 뚜렷한 것으로 나타난다(권대봉 외, 2010). 평생학습도시 지정 전과 후에 신뢰나 인적 자본, 자아정체성 등에서 뚜렷한 변화가 나타난다고 담당자들은 평가하고 있다는 것이다. '담당자의 의식'을 통한 성과 평가라는 한계는 명백하지만, 보다 중요한 것은 '자아정체성'과 같은 인격적 영역에도 뚜렷한 변화가 나타나고 있다는 것이다.
한 학습자는 이렇게 말한다.

> 뭔가 할 수 있을 것 같애요. 좀 더 배우면, 자신 있게 말하고, 자신 있게 이야
> 기 할 수 있을 것 같애요. 사람들 모이면 주눅 들었었는데 그러지 않아도 될
> 것 같애요. 좀 더 배운 후에 나 같은 사람에게 도움이 될 수 있는 일을 하고 싶
> 어요. 뭐 봉사활동 같은 것……(부천시 문해 관련 동아리 학습자, 134쪽 재인용).

평생학습이 사람들의 삶과 인식에 구조 접속되는 부분은 '지속적'인 만
남과 그 만남을 통한 학습의 기회를 갖게 될 때이다. 일회적인 학습 프로그
램을 수강하는 차원이 아니라 '학습 동아리'의 구성원이 된다거나, '자원봉
사단'으로 활동하게 될 때, 사람들은 새로운 비전을 갖게 되고, 지역에 대한
소속감을 가지게 된다.

학습도시 사업을 '사회의 재구조화 운동'으로 규정할 수 있는 고리가 여
기에 있다. 학습도시가 비학습도시와 유의미한 차이를 가지게 되기 위해서
는 학습도시의 구성원이 학습을 매개로 '새로운 생활구조'를 형성하는 것이
필요하다. 학습 동아리나 학습마을 만들기 운동, 학습축제 준비 팀, 문해교
육 자원봉사 팀 등의 일원이 되는 것, 그래서 지속적인 자기학습을 발전시켜
나가면서 지역사회의 '새로운 구조'를 형성해나갈 경우, 학습도시는 일회성
정책 구호가 아니라 주민의 삶을 재설계하는 환경이 될 수 있기 때문이다.

동일한 논리로, 학습도시 사업이 지속적인 힘을 갖지 못하는 것은, 학습
도시가 이런 '구조'를 갖추지 못했기 때문이다. 무수한 프로그램의 제공만
으로는 어떠한 '구조'도 만들지 못한다. 구조는 장기적이고 연속적인 생활
의 패턴이 구성해내는 결과물이다. 한번 구조가 만들어지면, 그 안에서 행
위자도 자신의 의미를 재창출해낸다. 즉, 학습도시에서 탄생한 '문해학습 동

아리'는 자원봉사 조직으로 진화하고, 처음 비문해자로 출발한 동아리의 구성원은 다른 비문해자를 돕는 '학습공동체'의 일원으로 '변신'한다. 이렇게 일정한 '구조'가 만들어지면, 그 이후의 비문해자가 지역 활동가로 변신하는 것은 시간문제다.

그러므로 학습도시 사업의 핵심은 얼마나 많은 학습 프로그램이 제공되었고 자격증 취득자 혹은 취업자가 늘었는가가 아니라, 얼마나 많은 주민이 학습 관련 조직에 참여하고 있는가가 되어야 한다. '학습공동체화'의 여부가, 학습도시의 성패를 좌우하는 것이다. 이것은 또한, 웰턴(Welton, 1995)이 이야기한 바, 권력관계와 이익에 의해 왜곡된 의사소통의 과정을 바르게 잡는 '생활세계의 보존' 방식이기도 하다.

이런 시각의 전환은 지난한 것이지만 명확히 민주주의를 진전시키는 일이다. 민주주의란 주민들이 자기 지역의 주체가 된 상태에 다름 아니다. 아무도 민주주의에서 교육의 중요성을 부인하지 않는다. 그런데 정작 주민을 주체화하는 교육이 무엇인지, 평생학습도시 사업이나 평생학습 마을 만들기, 학습 동아리 등의 활동에 대해서는 '취미나 놀이' 정도로 폄하한다. 평생교육이야말로 시민 세력화의 핵심적 동력임에도 불구하고, 교육계나 교육학계는 별 관심이 없다. 학교의 변화를 학교에서만 찾는 패러다임으로는 교육을 복원하지 못한다.

평생교육을 변방에 두지 않는 것. 학습이 모든 공간에서 나름의 방식으로 전개될 수 있도록 돕는 것. 운동이 '구조화'되게 하는 것, 각 지역의 차이가 차별/소외로 연결되지 않도록 하는 것. 여기에 정책의 중심이 두어져야 한다.

5. '신자유주의적 주체'와 '주체화'의 차이

2000년대 이후, IMF를 겪은 한국 사회는 모든 영역에서 '자본'을 우위에 놓기 시작하였다. '인간' 혹은 '교육'의 영역도 예외는 아니어서, 국민의 정부와 참여정부와 같은, '국민의 참여'를 중심에 놓고 인권과 주권을 강조한 정권에서도 '인간자본'과 '스펙'은 개개인을 호명하는 중심 기제가 되어갔다. 국가의 발전을 위해서는 개인의 스펙이 중요하고, 인간의 권리도 중요하지만, 경제적으로 쓸모 있는 인간이 되어야 한다는 강박 속에서, 세계화와 정보화가 사회의 기치가 되었다. 이명박 정부는 일제고사와 학교 평가, 교사 평가 등을 통해 '효율화'를 위한 개혁에 드라이브를 걸었고, 인권의 수위는 급속히 떨어졌다.

평생교육 역시 '국민의 권리'와 '인간자본'의 두 축을 오가며 진화해왔다. 모든 인간은 행복하게 스스로의 학습을 전개해나갈 권리를 가지지만, 또한 모든 사회 구성원은 자기 몫의 경제적 기여를 하기 위해 끊임없이 교육받아야 한다. 한편으로는 '언제 어디서나 누구나' 학습할 수 있도록 '보편적 인간의 삶의 질'을 강조하면서도, 다른 한편으로는 '어떻게 하면 인적 자본을 효율적으로 개발-배분-활용-유지-관리할 것이냐'라는 경쟁력 제고의 목적을 지향해왔던 것이다.

평생학습도시 사업은 비교적 분명하게 교육복지적 환경을 구축하는 '공공성'에 토대를 둔 사업이지만, 그 구조적 흐름을 보면 '인간' 지향성과 '자본' 지향성이 중첩되어 나타난다. 평생학습도시는 지방자치 시대에 적합한 주민참여 방식을 학습을 통해 계발하고 주민의 주인의식을 높이는 일종의 '지역시민운동'이지만, 그 중심에는 '지역 경쟁력'이 자리 잡고 있다. 도시 평가의 지표가 자격증이나 프로그램 이수자 수 등 '계량화된 인간'을 주축으로 삼고 있음은 이를 잘 보여준다.

지식기반 사회에서 국가는 '경쟁력 있는 국민', 즉 자기주도적으로 삶의 능력을 계발하고 실현하는 국민을 키워내고자 하며, 끊임없이 계발하고 혁신하는 주체를 원한다. 국가는 "자기주도적 학습자와 평생직업 능력 개발자를 새로운 국민 주체의 언표 속에 포개어 넣는 것이다(서동진, 2006: 117~118)." 이렇게 보면, 국민이 스스로 '국민'과 '행복한 나'를 결합시키도록 하는 것, 그래서 '능동적'으로 피로할 정도로 스스로를 계발하는 것이 지식기반 사회에 걸맞은 국가의 목적이자 지향성이다.

　그러나 실제로 평생학습도시의 거주자들은 이런 경쟁력 지향성에도 불구하고, 학습을 통해 새로운 참여 주체로서 거듭나는 모습을 보여준다. 평생학습의 과정 속에서 '국민으로서의 호명'을 거부하는 '지역 주체'를 만들어내는 모습도 나타난다. 문해 동아리의 학습자가 비판적 의식을 가져나가고 있다거나, 주부학습 동아리가 다문화 문제를 공부하는 과정에서 다문화 운동가로 전환하는 사례들은 '신자유주의적 주체'가 그리 쉽게 만들어질 수 있는 개념이 아님을 보여준다. 신자유주의는 국가가 국민을 호명하고 편입시키며 지배하는 방식일 수는 있으나, 학습은 학습자가 그런 통제로부터 끊임없이 '자기'를 불러내고, 스스로를 주체로 세워내는 힘을 가지고 있는 것이다.

　이미 오래전에 푸코는 그의 책 『주체와 권력』에서 '개별화함과 동시에 전체화'하는 근대적 권력의 이중적 억압구조에 대해 지적하였다. 평생학습의 사례가 정확히 지적해주는 것처럼, 개개인이 자신의 '스펙 쌓기'의 무한 경쟁으로 치닫는 것은 곧 전체화하는 글로벌 권력이 강화됨을 의미한다. 문제는 국가에 대해 저항하는 사람이 아니라, '국가에 결부되어 있는 개별화 방식으로부터의 해방'이다. 즉, 지속적인 자기계발의 명령을 거부하고, 스스로가 자기 통제의 주체로서 선택과 행위를 해나가는 것이 무엇보다 중요하다는 것이다. 문제는 '시장이나 국가권력이 제공하지 않은 개개인이 창조하는 선택'이라는 것이 과연 가능한가라는 점이다. 광고와 드라마, 성공 신화가 보여주는 인간상을 넘어서는 인간상이 가능할까?

여기에 평생학습의 힘이 있다. 학습 동아리나 자원봉사를 통한 연대의 체험은 개별화 코드를 뚫는 동시에 기업-국가가 요구하는 인간상을 넘어서는 '자기결정력'을 가능하게 한다. 하버마스가 말한 '생활세계의 식민화'를 벗어날 수 있는 고리는, 자신의 매우 주관적인 경험과 느낌을 서로 나누는 데서 싹터 오르는 '우리의 배움과 나눔'에 있다. 평생학습은 '나이되 나 아닌' 경험이다. 이해관계나 이익에 의해 '매개된' 기업과 국가로 대표되는 체제의 요구 반대편에, "그저 좋아서 배우는" 사람과 사람의 관계가 있다. 부버식으로 말하자면 '나와 그것'이 아닌 '나와 너'의 관계이다.

이런 점에서, 우리는 '조금 다른' 시각으로 평생교육의 사업들을 볼 필요가 있다. 평생학습도시와 같은 '국가 프로젝트'는 단순하게 신자유주의적이라거나 관료적이라고만 규정되어서는 안 된다. 평생학습은 인간의 변화를 경유하기 때문에 단순하게 일방향적인 '사업'이 될 수 없는 특성을 가진다. 이런 사업들은 국민-주민-시민이 가지고 있는 변혁의 에너지를 끌어내기 위한 구체적인 방법론 차원에서 논의될 필요가 있다. 예컨대 인간으로서의 삶의 질을 보장할 수 있는 지표를 만들어내는 것, '행복한 삶'의 구체적 내용을 마을마다 만들어내는 것, 학습 동아리를 공동체적으로 운영하는 방식을 지역 차원에서 공유하는 것, 학교를 평생학습의 원리에 따라 지역 프로젝트로 운영해보는 것, 지역자치의 평생학습적 운영 방식을 전향적으로 만들어내는 것 등등 무수한 논의거리들이 존재한다. 개인과 사회, 마을과 국가, 생산과 놀이가 결합될 수 있는 거의 유일한 단위가 평생학습이기 때문이다. 이것이 '학습공동체'의 초석이다. 평생학습은 '사업'이 아니라, 움직임이고 흐름이다. 정책과 제도의 경직화된 문화에 작은 구멍을 내어 스펀지 같은 유연함을 만들 수 있는 실천이 평생학습이다. 그 유연함은 인간 생태계의 속성이다. 이런 시각에서 몇 가지 제언을 해보면 다음과 같다.

1. 평생교육 정책은 '교육 프로그램 제공 사업'이 아니라 '학습자의 자율성 증진'에 초점을 둔 국가 프로젝트가 되어야 한다. 학교교육의 패러다임을 벗어나 평생학습도시 사업을 추진한다고 공언하고 있는 경우에도, 관계자들은 대부분 교육을 '교육 프로그램의 전달'로 본다. 훌륭한 건물이나 기자재 등의 인프라는 물론 좋은 교육환경이라는 점에서 지역사회 교육 자원으로서의 의미를 가진다. 그러나 더 중요한 것은 건물 너머 존재하는 사람들이다. 행정 위주의 사업 처리가 아니라 주민의 변화를 지향하는 교육과정이 핵심임을 명확히 해야 한다.

2. 평생교육 관련 정책의 중심에는 학습공동체성이 두어져야 한다. 스웨덴의 스터디 서클 사례에서 보이는 바와 같이, 국가는 리더에 대한 교육 및 재정 지원 등 지역의 학습공동체성에 필요한 자원을 제공하는 역할을 담당해야 한다. 적극적으로 참여하는 이들에게는 이들이 지속적으로 발전해 갈 수 있는 청사진을 제공할 수 있는 장기적 비전 제공이 이루어져야 한다.

3. 평생교육 정책은 지역 개혁 운동과 결합되며, 전 국민이 수혜자가 된다. 따라서 전 부처적 플래닝이 필요하다. 예컨대 평생학습도시 사업의 경우, 행안부나 정통부, 보건복지부와 연계하여 수많은 '도시 사업'과 함께 추진할 필요가 있으며, 지속 가능 발전 사업이나 교육도시 사업, 환경도시 사업 등 유사 사업과의 관련성을 설정하는 것이 필요하다.

4. 입시 문제, 폭력 문제의 해결의 주요 장치로 평생교육이 설정되어야 하며, 이 과정에서 지역사회의 평생학습화가 진행되어야 한다. 입시는 문화의 문제이기 때문에, 하나의 제도를 바꾼다고 해서 해결될 수 있는 문제가 아니다. 학부모 교육, 교장에 대한 지역사회의 기대 변화, 교사의 관점 변화가 없이는 입시 문화의 변화는 불가능하다. 평생교육 정책을 학교를 포함하여 지역 단위로 설정하여, 학교가 지역사회 소통 및 문화의 실질적 중심이 될 수 있도록 해야 한다.

5. 평생교육 정책은 중앙에서 지역에 이르기까지 일관된 흐름을 가져야 한다. 국가 전체의 차원에서는 노인-결혼 이주민의 문제를 심각하게 다루면서도, 정작 지역에서 이들은 주변인-섹터화되고 있으며, 교육 역시 프로그램 중심적으로 운영되어 중복 수혜의 문제 등 다양한 문제를 낳고 있다. 누구나 노인이 되며, 엄밀한 의미에서 누구나 다문화인이다. 향후 거시적 관점에서 전 사회적-전 생애적 학습을 결합하는 문제를 정책적 차원에 다룰 필요가 있다.

누구나 정책은 국민을 '위해' 존재한다고 말한다. 하지만 많은 정책은 '지원 방식'이나 '지원 단위'의 조항에 묶여 사람들의 자발적 실천을 가로막고 있다. 평생교육이 '평생학교'가 아니려면, 우리 시대의 '개별화'하는, '자기계발'하는, '지표화'하는 호명 방식에서 벗어나야 한다. 국가가 정책을 통해 해야 하는 일은 주체로 서는 시민들을 독려하고 지원하는 것이다. 교육개혁, 혁신 혹은 혁명은 별것이 아니다. 모든 주민들이 배우는 기쁨 그 자체에 몰입하여 다른 사람과 함께 지역에서 새로운 실천을 하는 그 순간이다. 그 순간이 모이고 얽히면 문화와, 관행과, 상상력이 달라진다. 평생학습을 목적 지향의 신자유주의의 담론에서 끄집어내어 배움의 생생한 즐거움이 되게 해야 한다. 단편적 긍정이 아닌 창조적 즐거움이 판을 바꾼다. 교육개혁이 평생학습의 판 위에서 전개되길 기대한다.

참고문헌

● 교육과학기술부 · 한국교육개발원(2011), 「2011 한국 성인의 평생학습 참여 실태조사」.
● 권대봉외(2010), 「평생학습도시의 사회경제적 의미」, 『HRD연구』 12(2), 19~44쪽.
● 김신일(2005), 『학습사회의 교육학』, 교육과학사.

● 백은순(2012), 「평생학습도시가 나아갈 길」, 2012 신규평생학습도시조성지원사업 착수협의회 발표 자료.

● 서동진(2009), 『자유의 의지 자기계발의 의지』, 돌베개.

● 손명호(2008), 「균형성과표를 활용한 평생학습도시 성과평가에 관한 연구」, 「금융지식연구」 3-30.

● 신헌석(2005), 「교육개혁의 이념과 철학: 교육개혁 10년의 반성과 과제」, 「교육정치학연구」 12(1), 19~50쪽.

● 박정수(2010), 「5 · 31 이후 교육개혁의 전개와 향후 과제」, 5 · 31 교육개혁 평가 및 미래교육 비전 심포지엄, 2010년 11월 5일.

● 김신영 외(2010), 『5 · 31 이후 교육평가 정책의 변화와 발전 방향』, 한국교육과정평가원.

● 이창기 · 고영상 · 박경호(2010), 「평생학습도시 조성정책의 질적 성과 분석」, 『한국 사회와 행정연구』 21(1), 75~96쪽.

● 유영신(2008), 「신자유주의 국가관리 방식과 평생학습도시」, 숙명여자대학교 박사학위 논문.

● 평생교육진흥원(2011), 「2011년 평생학습도시 조성사업 운영 결과 보고서」.

● 한병철(2012), 김태환 옮김, 『피로사회』, 문학과지성사.

삶의 행복을 꿈꾸는 교육은 어디에서 오는가?

미래 100년을 향한 새로운 교육

▶ **교육혁명을 앞당기는 배움책 이야기**
혁신교육의 철학과 잉걸진 미래를 만나다!

 핀란드 교육혁명
한국교육연구네트워크 총서 01 | 320쪽 | 값 15,000원

 일제고사를 넘어서
한국교육연구네트워크 총서 02 | 284쪽 | 값 13,000원

 새로운 사회를 여는 교육혁명
한국교육연구네트워크 총서 03 | 380쪽 | 값 17,000원

 교장제도 혁명
한국교육연구네트워크 총서 04 | 268쪽 | 값 14,000원

 새로운 사회를 여는 교육자치 혁명
한국교육연구네트워크 총서 05 | 312쪽 | 값 15,000원

 혁신학교에 대한 교육학적 성찰
한국교육연구네트워크 총서 06 | 308쪽 | 값 15,000원

 혁신학교
성열관·이순철 지음 | 224쪽 | 값 12,000원

 교육은 사회를 바꿀 수 있을까?
한국교육연구네트워크 번역 총서 02
마이클 애플 지음 | 강희룡·김선우·박원순·이형빈 옮김
352쪽 | 값 16,000원

 행복한 혁신학교 만들기
초등교육과정연구모임 지음 | 264쪽 | 값 13,000원

 비판적 페다고지는 세상을 변화시킬 수 있는
한국교육연구네트워크 번역 총서 03
Seewha Cho 지음 | 심성보·조시화 옮김 | 280쪽 | 값 14,0

 혁신교육, 철학을 만나다
브렌트 데이비스·데니스 수마라 지음
현인철·서용선 옮김 | 304쪽 | 값 15,000원

 서울형 혁신학교 이야기
이부영 지음 | 320쪽 | 값 15,000원

 미래교육의 열쇠, 창의적 문화교육
심광현·노명우·강정석 지음 | 368쪽 | 값 16,000원

 혁신교육 존 듀이에게 묻다
서용선 지음 | 292쪽 | 값 14,000원

 대한민국 교사, 어떻게 가르칠 것인가?
윤성관 지음 | 320쪽 | 값 15,000원

 프레이리와 교육
한국교육연구네트워크 번역 총서 01
존 엘리아스 지음 | 한국교육연구네트워크 옮김
276쪽 | 값 14,000원

 아이들을 어떻게 가르칠 것인가
사토 마나부 지음 | 박찬영 옮김 | 232쪽 | 값 13,000원

 아이들의 배움은 어떻게 깊어지는가
이시이 준지 지음 | 방지현·이창희 옮김
200쪽 | 값 11,000원

 다시 읽는 조선 교육사
이만규 지음 | 750쪽 | 값 33,000원

 북유럽 교육 기행
정애경 외 14인 지음 | 288쪽 | 값 14,000원

 독일 교육, 왜 강한가?
박성희 지음 | 324쪽 | 값 15,000원

 경쟁을 넘어 발달 교육으로
현광일 지음 | 288쪽 | 값 14,000원

 모두를 위한 국제이해교육
한국국제이해교육학회 지음 | 364쪽 | 값 16,000원

 대한민국 교육혁명
교육혁명공동행동 연구위원회 지음 | 152쪽 | 값 5,00

▶ 평화샘 프로젝트 매뉴얼 시리즈
학교 폭력에 대한 근본적인 예방과 대책을 찾는다

 학교 폭력 어떻게 만들어지는가
문재현 외 지음 | 300쪽 | 값 14,000원

 아이들을 살리는 동네
문재현·신동명·김수동 지음 | 204쪽 | 값 10,000원

 학교 폭력, 멈춰!
문재현 외 지음 | 348쪽 | 값 15,000원

 평화! 행복한 학교의 시작
문재현 외 지음 | 252쪽 | 값 12,000원

 왕따, 이렇게 해결할 수 있다
문재현 외 지음 | 236쪽 | 값 12,000원

 마을에 배움의 길이 있다
문재현 지음 | 208쪽 | 값 10,000원

▶ 비고츠키 선집 시리즈
발달과 협력의 교육학 어떻게 읽을 것인가?

 생각과 말
레프 세묘노비치 비고츠키 지음
배희철·김용호·D. 켈로그 옮김 | 690쪽 | 값 33,000원

 어린이의 상상과 창조
L.S. 비고츠키 지음 | 비고츠키연구회 옮김
280쪽 | 값 15,000원

 도구와 기호
비고츠키·루리야 지음 | 비고츠키연구회 옮김
336쪽 | 값 16,000원

 성장과 분화
L.S. 비고츠키 지음 | 비고츠키연구회 옮김
308쪽 | 값 15,000원

 어린이 자기행동숙달의 역사와 발달 I
L.S. 비고츠키 지음 | 비고츠키연구회 옮김
564쪽 | 값 28,000원

 비고츠키 생각과 말 쉽게 읽기
비고츠키 교육학 실천연구모임 지음 | 316쪽 | 값 15,000원

 어린이 자기행동숙달의 역사와 발달 II
L.S. 비고츠키 지음 | 비고츠키연구회 옮김
552쪽 | 값 28,000원

 비고츠키와 인지 발달의 비밀
A.R. 루리야 지음 | 배희철 옮김 | 280쪽 | 값 15,000원

▶ 창의적인 협력수업을 지향하는 삶이 있는 국어 교실
우리말 글을 배우며 세상을 배운다

 중학교 국어 수업 어떻게 할 것인가?
김미경 지음 | 332쪽 | 값 15,000원

 이야기 꽃 1
박용성 엮어 지음 | 276쪽 | 값 9,800원

 토론의 숲에서 나를 만나다
명혜정 엮음 | 312쪽 | 값 15,000원
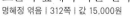

 이야기 꽃 2
박용성 엮어 지음 | 294쪽 | 값 13,000원

 교사, 선생이 되다
김태은 외 지음 | 260쪽 | 값 13,000원

▶ 교과서 밖에서 만나는 역사 교실
상식이 통하는 살아 있는 역사를 만나다

전봉준과 동학농민혁명
조광환 지음 | 336쪽 | 값 15,000원

남도의 기억을 걷다
노성태 지음 | 344쪽 | 값 14,000원

응답하라 한국사 1
김은석 지음 | 356쪽 | 값 15,000원

응답하라 한국사 2
김은석 지음 | 368쪽 | 값 15,000원

즐거운 국사수업 32강
김남선 지음 | 280쪽 | 값 11,000원

즐거운 세계사 수업
김은석 지음 | 328쪽 | 값 13,000원

한국 고대사의 비밀
김은석 지음 | 304쪽 | 값 13,000원

주제통합수업, 아이들을 수업의 주인공으로!
이윤미 외 지음 | 392쪽 | 값 17,000원

광주의 기억을 걷다
노성태 지음 | 348쪽 | 값 15,000원

교과서 밖에서 배우는 역사 공부
정은교 지음 | 292쪽 | 값 14,000원

통하는 공부
김태호·김형우·이경석·심우근·허진만 지음
324쪽 | 값 15,000원

팔만대장경도 모르면 빨래판이다
전병철 지음 | 360쪽 | 값 16,000원

빨래판도 잘 보면 팔만대장경이다
전병철 지음 | 360쪽 | 값 16,000원

김창환 교수의 DMZ 지리 이야기
김창환 지음 | 264쪽 | 값 15,000원

영화는 역사다
강성률 지음 | 288쪽 | 값 13,000원

친일 영화의 해부학
강성률 지음 | 264쪽 | 값 15,000원

강화도의 기억을 걷다
최보길 지음 | 276쪽 | 값 14,000원

▶ 살림터 참교육 문예 시리즈
영혼이 있는 삶을 가르치는 온 선생님을 만나다!

꽃보다 귀한 우리 아이는
조재도 지음 | 244쪽 | 값 12,000원

성깔 있는 나무들
최은숙 지음 | 244쪽 | 값 12,000원

아이들에게 세상을 배웠네
명혜정 지음 | 240쪽 | 값 12,000원

선생님이 먼저 때렸는데요
강병철 지음 | 248쪽 | 값 12,000원

서울 여자, 시골 선생님 되다
조경선 지음 | 252쪽 | 값 12,000원

행복한 창의 교육
최창의 지음 | 328쪽 | 값 15,000원

▶ 정의로운 세상을 여는 인문사회 과학
사람의 존엄과 평등의 가치를 배운다

 밥상혁명
강양구·강이현 지음 | 298쪽 | 값 13,800원

 좌우지간 인권이다
안경환 지음 | 288쪽 | 값 13,000원

 도덕 교과서 무엇이 문제인가?
김대용 지음 | 272쪽 | 값 14,000원

 민주시민교육
심성보 지음 | 544쪽 | 값 25,000원

 자율주의와 진보교육
조엘 스프링 지음 | 심성보 옮김 | 320쪽 | 값 15,000원

 민주시민을 위한 도덕교육
심성보 지음 | 496쪽 | 값 25,000원

민주화 이후의 공동체 교육
심성보 지음 | 392쪽 | 값 15,000원

 교과서 밖에서 배우는 인문학 공부
정은교 지음 | 276쪽 | 값 13,000원

 갈등을 넘어 협력 사회로
이창언·오수길·유문종·신윤관 지음 | 280쪽 | 값 15,000원

 오래된 미래교육
정재걸 지음 | 392쪽 | 값 18,000원

 동양사상과 마음교육
정재걸 외 지음 | 356쪽 | 값 16,000원

 수업과 교육의 지평을 확장하는 수업 비평
윤양수 지음 | 316쪽 | 값 15,000원

 교과서 밖에서 배우는 철학 공부
정은교 지음 | 280쪽 | 값 14,000원

 대한민국 의료혁명
전국보건의료산업노동조합 엮음 | 548쪽 | 값 25,000원

▶ 남북이 하나 되는 두물머리 평화교육
분단 극복을 위한 치열한 배움과 실천을 만나다!

 10년 후 통일
정동영·지승호 지음 | 328쪽 | 값 15,000원

 선생님, 통일이 뭐예요?
정경호 지음 | 252쪽 | 값 13,000원

▶ 출간 예정

근간 **관계의 교육학, 비고츠키**
천보선·손지희 지음

근간 **내일 수업 어떻게 하지?**
아이함께 지음

근간 **교사의 전문성은 어떻게 이루어지는가?**
김석규 옮김

근간 **인간 회복의 교육**
성래운 지음

근간 **교과서 밖에서 배우는 고전 공부**
정은교 지음

근간 **수업의 정치**
윤양수 외 지음

근간 **함께 만들어 가는 강명초 이야기**
이부영 외 지음

근간 **조선족 근현대 교육사**
정미량 지음

근간 **어린이와 시 읽기**
오인태 지음

참된 삶과 교육에 관한 생각 줍기